Hands-On Generative AI with Transformers and Diffusion Models

핸즈온 생성형 AI

| 표지 설명 |

표지 동물은 자이언트 아프리카 제비나비Giant African Swallowtail Butterfly(학명: *Papilio antimachus*)다. 이 나비는 세계적으로도 큰 나비에 속하며, 날개폭이 최대 9~10인치(약 23~25 cm)에 이르는데, 이는 큰 접시나 LP 레코드와 맞먹는 크기다. 이처럼 거대한 크기의 나비이지만 의외로 알려진 정보는 매우 적다.

1782년에 처음 기록된 이 종은 서아프리카와 중앙아프리카의 열대우림에 서식하며, 대부분의 시간을 숲의 캐노피(나무 꼭대기)에서 보낸다. 수컷은 흙이나 배설물 같은 습한 유기물에 모여들어 '머드 퍼들링mud-puddling'이라는 행동을 하며 영양분을 섭취하기도 한다.

특이한 먹이 습성 덕분에 독성이 강하며 알려진 천적이 없다. 서식지 파괴와 밀렵(표본은 희귀성이 높아 1,000달러 이상에 거래되기도 함)으로 개체 수 감소가 우려되지만, 국제자연보전연맹(IUCN)은 이 종을 '정보 부족'으로 분류한다. 즉, 보전 상태를 정확히 평가하려면 더 많은 정보가 필요한 상황이다.

오라일리 책의 표지에 등장하는 많은 동물이 멸종 위기에 처해 있으며, 이들 모두는 생태계에서 중요한 존재다.

표지 그림은 캐런 몽고메리가 그렸으며, 시리즈 디자인은 에디 프리드먼, 엘리 볼크하우젠, 캐런 몽고메리가 맡았다.

핸즈온 생성형 AI

GPT, 라마, 뮤직젠, 스테이블 디퓨전으로 배우는 트랜스포머와 확산 모델 활용법

초판 1쇄 발행 2025년 6월 30일

지은이 오마르 산세비에로, 페드로 쿠엥카, 아폴리나리우 파소스, 조나단 휘태커 / **옮긴이** 장윤경 / **펴낸이** 전태호
펴낸곳 한빛미디어(주) / **주소** 서울시 서대문구 연희로2길 62 한빛미디어(주) IT출판2부
전화 02-325-5544 / **팩스** 02-336-7124
등록 1999년 6월 24일 제25100-2017-000058호 / **ISBN** 979-11-6921-398-1 93000

책임편집 박지영 / **기획** 김지은 / **편집** 김민경 / **교정** 김가영
디자인 표지 윤혜원 내지 박정우 / **전산편집** 강창효
베타리더 김병규, 김설아, 이경심, 이석곤, 이효성, 조원양, 정현준
영업마케팅 송경석, 김형진, 장경환, 조유미, 한종진, 이행은, 고광일, 성화정, 김한솔 / **제작** 박성우, 김정우

이 책에 대한 의견이나 오탈자 및 잘못된 내용은 출판사 홈페이지나 아래 이메일로 알려주십시오.
파본은 구매처에서 교환하실 수 있습니다. 책값은 뒤표지에 표시되어 있습니다.

한빛미디어 홈페이지 www.hanbit.co.kr / **이메일** ask@hanbit.co.kr

© HANBIT MEDIA INC. 2025.
Authorized Korean translation of the English edition of *Hands-On Generative AI with Transformers and Diffusion Models* ISBN 9781098149246 © 2025 Omar Sanseviero, Pedro Cuenca, Apolinário Passos and Jonathan Whitaker.

This translation is to be published and sold by permission of O'Reilly Media, Inc., the owner of all rights to publish and sell the same.

이 책의 저작권은 오라일리와 한빛미디어(주)에 있습니다.
저작권법에 의해 보호를 받는 저작물이므로 무단 전재와 무단 복제를 금합니다.

지금 하지 않으면 할 수 없는 일이 있습니다.
책으로 펴내고 싶은 아이디어나 원고를 메일(writer@hanbit.co.kr)로 보내주세요.
한빛미디어(주)는 여러분의 소중한 경험과 지식을 기다리고 있습니다.

Hands-On Generative AI with Transformers and Diffusion Models

핸즈온 생성형 AI

지은이 소개

지은이 오마르 산세비에로 Omar Sanseviero

허깅 페이스의 라마(Llama) 최고 책임자이자 플랫폼 및 커뮤니티 책임자로서 개발자 지원 엔지니어링, 온디바이스 및 문샷 팀을 이끌었다. 구글에서 구글 어시스턴트와 텐서플로 그래픽 분야에서 폭넓은 엔지니어링 경험을 쌓았다. 오픈 소스, 제품, 연구 및 기술 커뮤니티가 교차하는 허깅 페이스에서 다양한 업무를 수행했다.

지은이 페드로 쿠엥카 Pedro Cuenca

허깅 페이스의 머신러닝 엔지니어로서 확산 모델 소프트웨어와 애플리케이션을 개발하고 있으며, iOS를 비롯한 소프트웨어 개발 분야에서 20년 이상의 경력을 쌓았다. LateNiteSoft의 공동 창립자이자 CTO로 재직하며 사진 화질 개선을 위한 맞춤형 머신러닝 모델을 적용한 아이폰 앱인 Camera+의 핵심 기술을 개발했다. 사진 화질 개선과 초고해상도 변환을 위한 딥러닝 모델을 직접 개발했으며, DALL·E mini 프로젝트의 개발과 운영에도 참여했다.

지은이 아폴리나리우 파소스 Apolinário Passos

허깅 페이스의 머신러닝 아트 엔지니어로, 여러 팀과 함께 예술과 창의성에 관련된 다양한 머신러닝 사용 사례를 연구한다. 10년 이상 미술 전시회 개최, 코딩, 제품 관리를 번갈아 가며 전문적이고 예술적인 경력을 쌓았으며, World Data Lab에서 제품 책임자로 근무했다. ML 생태계가 예술적 사용 사례를 이해하고 지원하도록 하는 것을 목표로 한다.

지은이 조나단 휘태커 Jonathan Whitaker

생성 모델링에 중점을 둔 데이터 과학자이자 딥러닝 연구자로, 허깅 페이스 확산 모델 수업과 '딥러닝 기초부터 스테이블 디퓨전까지(From Deep Learning Foundations to Stable Diffusion)' 등의 강의를 진행했다. 또한 컨설턴트로 근무하는 동안 이러한 기술을 업계에 적용했으며 현재는 Answer.AI에서 AI 연구와 개발에 전념하고 있다.

옮긴이 소개

옮긴이 장윤경 younkyung.genai@gmail.com

컴퓨터 공학 학·석사 졸업 후 LG전자 CTO 조직에서 자연어 처리 연구원으로 근무했다. 현재 LINE STUDIO에서 머신러닝 엔지니어로 재직하며 생성형 AI 활용과 머신러닝 파이프라인 구축을 담당하고 있다. 기술을 통한 예술 실현에 관심이 깊어 AI 음악 및 디지털 아트 작업을 꾸준히 병행하고 있다.

베타리더의 글

트랜스포머, 인코더-디코더 구조 같은 개념은 인터넷만으론 이해하기 어렵다. 이 책은 오토인코더, VAE, 디퓨전 모델 등 이미지 생성 기술의 발전 과정을 맥락 있게 설명하며 이해를 돕고, 예제와 참고 자료도 충실해 학습에 큰 도움이 된다. 기존 자료에서 생성형 AI의 개념이 막연했던 분들께 특히 추천한다.

김병규, 아이스크림에듀 AI연구소

AI 시대, 생성형 AI의 원리를 아는 것은 결정적인 차이를 만들어 낸다. 이 책은 직관적이고 실용적이면서도 기술적으로 깊이가 있다. 챗GPT나 미드저니 같은 최신 모델의 뿌리를 부담 없이 짚어내며, 예제 코드는 구글 코랩이나 로컬 환경에서 바로 실행할 수 있어 학습 효과를 극대화한다. 파이썬 기초가 없어도 따라가다 보면 어느새 생성형 AI에 대한 눈높이가 달라질 것이다.

김설아, 생성형 AI 강사

생성형 AI가 일상과 산업의 경계를 허물고 있는 지금, 이 책은 그 흐름을 실용적이고 의미 있게 따라갈 수 있도록 안내한다. 텍스트, 이미지, 오디오를 직접 만들어 보는 실습은 기술의 원리뿐 아니라, 생성형 AI가 사회에 미치는 영향까지 체감하게 한다. 허깅 페이스, 디퓨저, 구글 코랩 기반의 실습 환경은 접근성이 높고, 교육과 프로젝트, 실무에도 바로 활용할 수 있다. 또한 AI 윤리, 데이터 편향, 오픈 소스 철학까지 함께 고민하게 해 주어, 단순히 기술을 아는 사람을 넘어 책임 있게 활용하는 사람으로 성장할 수 있도록 돕는다.

이경심, NOLCO(SWAI융합교육) 대표

이론만으로는 부족한 생성형 AI 시대, 『핸즈온 생성형 AI』는 독자들이 직접 시스템을 구축하고 응용할 수 있도록 돕는 실전형 책이다. 단순히 기술을 나열하는 데 그치지 않고, 최신 시스템 설계부터 쿼리 재작성, 개인정보 처리, 모델 최적화 같은 현실적 고민까지 아우른다. 시행착오를 줄이는 실용적 팁은 물론, 입문자와 실무자 모두에게 든든한 가이드가 되어줄 것이다. 생성형 AI 역량을 한 단계 끌어올리고자 한다면 이 책을 강력히 추천한다.

이석곤, ㈜아이알컴퍼니 부설연구소 팀장

생성형 AI가 빠르게 확산하는 지금, 이 책은 꼭 알아야 할 핵심 원리와 실제 활용법을 쉽고 명확하게 안내한다. 트랜스포머, 디퓨전 모델, 프롬프트, RAG 같은 주요 개념은 물론, 파인튜닝과 실전 적용까지 폭넓게 다루며 비즈니스와 교육 현장에서 곧바로 활용할 수 있는 실용적인 가이드를 제공한다. 또한 오디오와 이미지 등 다양한 멀티 모달 사례를 들어 생성형 AI의 활용 가능성을 넓게 보여준다.

이효성, 코스콤 시니어 소프트웨어 개발자

생성형 AI의 원리를 이해하지 못한 채 무작정 도구를 사용하는 것에는 한계가 있다. 이 책은 생성형 AI가 동작하는 원리를 쉽지만 충실하게 설명하고, '핸즈온'이라는 제목에 걸맞게 실습하며 직접 체험할 수 있도록 구성되었다. 생성형 AI를 이론적 깊이와 실무 활용이라는 두 가지 목표를 동시에 만족시키는 보기 드문 책이다.

조원양, ㈜스마트사운드 AI연구소 소장

『핸즈온 생성형 AI』는 입문자부터 실무자까지, 모두를 위한 친절하고 깊이 있는 가이드이다. 생성형 AI의 전반을 실습과 함께 체계적으로 배울 수 있도록 구성되었으며 장마다 관련 예제와 추가 학습용 자료가 충실히 제공된다. 이 책으로 시작해 심화까지 자연스럽게 이어갈 수 있다.

정현준, 리디

추천사

스테이블 디퓨전 모델 구현과 언어 모델 파인튜닝에 관해 명확하게 알려준다. AI 개발자라면 꼭 읽어봐야 할 책이다.

비키 레이젤만, 메이브 스파크스, AI 솔루션 수석 아키텍트

생성형 AI를 배우고 싶은 분들에게 꼭 필요한 실용서이다. 기초가 되는 언어 모델과 확산 기법부터 실전에서 바로 사용할 수 있는 파인튜닝과 텍스트-이미지 변환 애플리케이션 개발까지, 모든 내용을 파이썬 코드와 함께 자세히 설명한다. 이 책으로 공부하면 빠르게 변화하는 AI 분야에서 한발 앞서갈 수 있을 것이다. 초보자부터 실무자까지 누구나 배울 점이 많은 책이다.

아닐 수드, 언스트 앤 영, 시니어 매니저

생성형 AI를 쉽게 풀어 설명한 책이다. 실무에서 바로 활용할 수 있는 팁과 다양한 예제가 있어 AI 기술에 관심이 있는 사람이라면 누구나 도움을 얻을 수 있다.

비쉬웨시 라비 쉬리말리, 자동차 산업 엔지니어

복잡한 AI 개념도 누구나 이해할 수 있게 설명한다. 특히 최근 주목받는 트랜스포머와 확산 모델을 명확하게 설명해 생성형 AI의 핵심을 제대로 파악할 수 있다. 다양한 독자층을 고려한 탁월한 안내서다.

사이 M 부팔라파티, 투비 TV, 데이터 및 AI/ML 플랫폼 제품 관리자

AI 생성 콘텐츠에 관심이 있다면 꼭 읽어봐야 할 책이다. 실제 문제를 해결하는 과정을 단계별로 보여주어 어려운 개념도 쉽게 이해할 수 있다. 생성형 AI를 배우고 싶은 학생부터 현업 전문가까지 모두에게 유용한 내용으로 구성되었다.

리피 디팍시 파트나익, 제타, 시니어 소프트웨어 개발자

생성형 AI를 배우는 데 이보다 더 좋은 책은 없다. 자세한 이론 설명부터 실전에서 사용할 수 있는 팁, 실습하며 직접 배울 수 있는 예제까지 필요한 내용이 모두 담겼다. AI 모델을 직접 사용하고 수정하고 평가하고 싶은 사람이라면 반드시 읽어보길 권한다.

루바 엘리엇, elluba.com, AI 아트 큐레이터

저자들의 깊이 있는 기술 설명과 명확한 가이드가 인상적이다. 트랜스포머와 확산 모델을 시작으로 텍스트, 이미지, 오디오 분야의 실제 개발 방법을 자세히 다룬다. AI 기술의 기술적, 윤리적, 실용적 과제를 해결해 나갈 미래 혁신가들에게 실질적인 도움이 될 것이다.

아디티야 고엘, AI 컨설턴트

생성형 AI 입문서로 제격이다. 복잡한 내용도 쉽고 직관적으로 설명해 누구나 이해할 수 있다.

지그문트 레니크, 오디세이, 리서치 엔지니어

생성형 AI의 기초부터 응용까지 모든 내용을 명확하게 설명하는 완벽한 안내서다. 트랜스포머와 확산 모델의 원리부터 실제 활용 사례까지 꼼꼼하게 다룬다. 생성형 AI 전문가가 되고 싶은 사람이라면 꼭 읽어야 할 책이다.

고우라브 싱 바이스, 알리안츠 서비스, 시니어 데이터 과학자 겸 시니어 기술 콘텐츠 작가

지난 10년간 일어난 AI 혁명을 이끈 핵심 기술을 마스터할 수 있는 완벽한 안내서로, 개발자라면 꼭 읽어봐야 할 책이다. 우리 책과 비교해도 너무 훌륭해서 경쟁이 될까 봐 걱정될 정도다!

루이스 턴스톨, 허깅 페이스 머신러닝 엔지니어 및 『트랜스포머를 활용한 자연어 처리』 공동 저자

옮긴이의 말

요즘 AI가 글을 쓰고, 그림을 그리고, 음악을 만드는 능력은 전문가 수준에 이르렀다. 더욱 흥미로운 점은 이런 첨단 기술을 누구나 쉽게 활용할 수 있다는 것이다. 허깅 페이스는 이런 변화의 중심에 있는 플랫폼이다. 이 플랫폼 덕분에 개발자들은 고성능 모델을 자신의 프로젝트에 쉽게 적용할 수 있게 되었고, 생성형 AI 기술이 더 많은 사람에게 널리 퍼지게 되었다. 이 책의 저자 오마르 산세비에로는 허깅 페이스에서 플랫폼과 커뮤니티를 총괄하며, 오픈 소스 AI 도구의 접근성을 높이는 데 기여하고 있다. 그의 실무 경험과 오픈 소스 커뮤니티에 대한 깊은 이해가 이 책 곳곳에 잘 녹아 있다.

개인적으로 과거 데이터 라벨링으로 어려움을 겪던 시절, 적은 데이터로 파인튜닝한 모델이 기존 모델을 뛰어넘었을 때의 희열을 잊을 수 없다. 허깅 페이스 같은 오픈 플랫폼이 아니었다면 불가능했을 일이다. 그런 허깅 페이스에서 활동하는 저자의 책을 번역하게 되어 매우 영광이다.

번역 과정에서는 저자의 의도를 정확히 전달하면서도, 한국 독자에게 자연스럽고 친숙하게 다가갈 수 있도록 표현을 다듬는 데 중점을 뒀다. 이 책을 읽고 나면 생성형 AI의 핵심 원리를 체계적으로 이해하고, 실제 프로젝트에 바로 적용할 수 있는 실무 지식을 얻을 수 있을 것이다.

이 책에서 사용하는 코드는 *https://github.com/yk-genai/genaibook*에서 주피터 노트북이나 코랩을 통해 실습해 볼 수 있다. 코드 실습 중 이해가 어려운 부분이 있다면 깃허브 이슈 트래커(*https://github.com/yk-genai/genaibook/issues*)에 등록하거나, 이메일(*younkyung.genai@gmail.com*)로 문의하면 된다.

마지막으로, 이 책의 번역을 마치는 데 도움을 주신 분들께 감사의 인사를 전한다. 번역 작업 내내 꼼꼼하게 살펴봐 주시고 든든한 길잡이가 되어준 분들, 바쁜 시간에도 소중한 피드백을 주신 베타 리더분들께 진심으로 감사드린다. 무엇보다 언제나 응원해 주시는 양가 부모님, 유머로 가족을 웃게 해 주는 남편, 다정한 민제, 밝은 민지에게 깊은 사랑을 전한다. 번역 작업을 지켜보던 아이들이 이를 통해 공부에 대한 호기심과 흥미를 갖게 되는 계기가 되었으면 한다. 독자들도 호기심을 가지고 생성형 AI를 탐구해 보길 권한다. 이 책이 새로운 기술을 배우는 즐거운 경험이 되기를 바란다.

장윤경

지은이의 말

이 책을 함께 만든 오라일리 팀, 특히 질 레너드에게 깊은 감사의 마음을 전한다. 훌륭한 지침과 지원 덕분에 이 책이 완성될 수 있었다. 티콜 버터필드, 캐런 몽고메리, 케이트 둘리, 그레고리 하이만, 크리스틴 브라운에게 감사드린다. 이들 덕분에 초기 기획부터 표지와 삽화 제작까지 원활하게 진행되었다.

기술 검토를 해 준 비시웨시 라비 쉬리말리, 데이비드 머츠, 리피 디팍시 파트나익, 루바 엘리엇, 아닐 수드, 사이 M 부팔라파티, 란지타 바타차리아, 라잣 두베이, 브라이언 비쇼프, 블라디슬라브 빌레이, 고우라브 싱 바이스, 아디티야 고엘, 락쉬마난 세투 산카라나라야난, 지그문트 레니크, 요세프 호스니, 비키 레이젤만, 루이스 턴스톨, 사약폴, 바이바브 스리바스타브에게도 감사의 인사를 전한다. 이들의 통찰력 있는 피드백은 이 책을 만들어가는 데 큰 도움이 되었다.

허깅 페이스 팀에게도 고마운 마음을 전한다. 팀의 도움과 협력 덕분에 많은 영감을 얻었고, 특히 모델 평가 과정에서 귀중한 조언을 준 클레망틴 푸리에, 오디오 관련 주제에 관해 지도해 준 산칫 간디, 책 집필 과정을 안내해 준 레안드로 폰 베라와 루이스 턴스톨에게 감사한다. 허깅 페이스 팀은 뛰어난 실력과 따뜻한 마음으로 우리에게 끊임없는 영감을 주었고 이 프로젝트를 성공적으로 이끄는 데 큰 힘이 되었다.

오픈 소스 생태계를 함께 만들어 온 수많은 동료와 협력자, 기여자분들께 진심으로 감사드린다. 이렇게 훌륭한 생태계의 일원이 된 것이 자랑스럽다. 이 책의 근간이 되는 연구와 도구, 자료를 발전시키는 데 힘써 주신 모든 ML 커뮤니티 여러분께도 감사를 전한다. 특히 주피터 노트북으로 이 모든 것을 가능하게 해 준 제레미 하워드, 하멜 후세인, 퀴토와 nbdev 개발에 참여한 모든 분께 깊은 감사를 드린다.

저자 일동

지은이의 말

아이디어를 공유하고 가능성을 확장해 나가는 데 기여한 연구자와 해커 커뮤니티에 매우 감사드린다. 제레미 하워드, 타니쉬크 아브라함, 생성형 AI 기술을 함께 탐구한 fastdiffusion 팀의 모든 구성원에게 감사의 인사를 전한다. 이 책을 함께 만들어 준 훌륭한 공동 저자들께 진심으로 감사드린다.

조나단 휘태커

이 책을 함께 만들어 준 공동 저자 오마르, 페드로, 조나단에게 감사하며 기술 교육과 창의력을 결합하는 것은 재미있는 도전 과제였다고 말하고 싶다. 또한 언제나 지지해 주고 응원을 아끼지 않는 허깅 페이스 동료들에게 감사드린다.

아폴리나리우 파소스

책을 쓰는 동안 많은 도움이 된 사랑하는 사람들에게 감사의 마음을 전한다.

내 인생의 동반자인 마리아 호세는 내가 집필에 전념할 수 있도록 든든하게 지원해 주었고, 어려움에 직면할 때마다 도움이 되는 조언을 해 주었다. 본가에 방문할 때마다 항상 노트북을 가져가서 부모님께 죄송하고, 아이들에게는 미안한 마음이 크다. 파블로가 좋아하는 게임을 자주 함께 해 주지 못했고, 하비에르에게는 삶에 관한 이야기보다 일 이야기를 너무 많이 했다. 하지만 나에겐 정말 우리 가족이 최우선이다.

작업을 진행하며 훌륭한 공동 저자들에게 큰 영감을 받았다. 그들을 본받으며 매일 배울 기회를 가질 수 있어 큰 행운이었으며, 허깅 페이스 팀에게도 감사를 전한다. 그들의 열정과 겸손은 모든 일이 가능하게 만든 기반이 되었다. 오픈 머신러닝 커뮤니티 전체에도 감사의 마음을 전하고 싶다. 그들의 연구는 이 분야를 계속해서 발전시키고 있지만, 마땅히 받아야 할 인정을 받지 못할 경우가 많다. 이 자리를 빌려 다시 한번 감사 인사를 전한다.

페드로 쿠엥카

2년의 집필 과정 동안 지속적으로 격려해 주고 함께 브레인스토밍해 준 미셸에게 감사한다. 미셸이 없었다면 이 프로젝트를 완성할 수 없었을 것이다. 다시 함께 하이킹을 떠날 수 있게 되어 기쁘다!

어릴 적부터 책에 대한 사랑을 키워주셨고 오늘날의 내가 될 수 있도록 변함없이 지지해 주신 부모님 아나와 월터에게도 감사를 전한다.

마지막으로 멋진 공동 저자들인 페드로, 아폴리나리우, 조나단에게 감사의 마음을 전한다. 즐거운 여정을 거쳐 함께 이룬 성과에 무척 뿌듯하다.

오마르 산세비에로

이 책에 대하여

생성형 AIgenerative AI는 실험적 데모에서 실제 응용 프로그램으로 빠르게 전환되어 수십억 명에게 영향을 미치는 혁신적인 기술이다. 기존 데이터의 패턴을 학습하여 이미지, 텍스트, 오디오, 비디오 등 새로운 콘텐츠를 생성함으로써 창의성을 향상하고 데이터를 증강하며 다양한 작업을 지원한다. 예를 들어 음악을 학습한 생성형 AI 모델은 새로운 멜로디를 작곡할 수 있고, 텍스트를 학습한 모델은 이야기를 만들거나 프로그래밍 코드를 생성할 수 있다.

이 책은 전문가만이 아니라 생성형 AI라는 새로운 분야를 배우려는 모든 사람을 위한 것이다. 이 책에서는 처음부터 모델을 구축하거나 어려운 수학을 깊이 배우는 데 중점을 두지 않는다. 대신, 기존 모델을 활용한 실제 문제 해결 방법을 소개하면서 이 기술들이 어떻게 작동하는지 이해하도록 돕는다. 이를 통해 독자들이 생성형 AI 기술의 기초를 탄탄히 다지고, 앞으로도 이 분야를 계속 연구하는 데 필요한 기반을 마련할 수 있다.

이러한 실무 중심 접근법으로 생성형 AI를 빠르고 효율적으로 시작할 수 있기를 바란다. 사전 학습된 모델을 사용하고, 이를 필요에 맞게 조정하며, 새로운 데이터를 생성하는 방법을 배우게 될 것이다. 또한 생성된 데이터의 품질을 평가하고 생성형 AI를 사용할 때 발생할 수 있는 윤리적 및 사회적 문제들도 함께 다룬다. 이러한 경험은 새로운 모델들의 동향을 파악하고 더 깊이 탐구하고 싶은 분야를 찾는 데 도움이 될 것이다.

대상 독자

생성형 AI와 관련된 제품이나 소식을 접했을 때, 흥분되거나 걱정되는 것은 자연스러운 일이다. 프로그램이 이미지를 생성하는 방법이 궁금하거나, 여러분의 스타일로 트윗을 작성하는 모델을 학습시키고 싶거나, 챗GPT와 같은 제품을 깊이 이해하고 싶다면 이 책이 적합하다. 생성형 AI를 활용해 다음과 같은 다양한 작업을 수행할 수 있다.

- 뉴스 기사 요약
- 설명을 바탕으로 이미지 생성
- 이미지 품질 향상

- 회의 기록
- 특정인의 목소리 스타일로 합성 음성 생성
- 이미지 생성 모델에 새로운 주제나 스타일 통합(예 '우주 비행사 복장을 한 고양이' 이미지 생성)

이유가 무엇이든, 생성형 AI를 배우고자 한다면 이 책이 훌륭한 출발점이 되어 줄 것이다.

필수 조건

이 책은 독자가 파이썬 프로그래밍에 익숙하고, 파이토치나 텐서플로와 같은 프레임워크 사용법을 알며, 머신러닝에 관한 이해가 있다고 가정한다. 모델 학습 경험이 필수는 아니지만, 내용을 더 깊이 이해하는 데 도움이 될 것이다. 이 책을 읽기 전에 참고하면 좋은 도서는 다음과 같다.

- 『핸즈온 머신러닝(3판)』(한빛미디어, 2023)
- 『fastai와 파이토치가 만나 꽃피운 딥러닝』(한빛미디어, 2021)

필요한 지식이나 경험이 부족하다고 걱정할 필요는 없다. 이 책은 실습 위주의 접근 방식으로 구성되어 쉽게 이해하고 시작할 수 있다.

구성

이 책은 총 3부로 나뉜다.

- **1부**: 생성형 AI의 기본 구성 요소를 소개한다. 사전 학습된 모델 pretrained model을 사용해 텍스트와 이미지를 생성하는 방법을 배울 수 있다. 1부는 생성형 AI 분야의 기초를 이해하고 전체적인 큰 그림을 파악하는 데 도움을 준다.
- **2부**: 기존 모델을 사용자가 원하는 대로 파인튜닝 fine-tuning 하는 방법을 소개한다. 확산 모델 diffusion model에 새로운 개념을 가르치는 방법, 텍스트를 분류하고 대화에 응답하도록 트랜스포머 transformer 모델을 사용자 정의하는 방법, 제한된 하드웨어에서 대형 모델을 다루기 위한 고급 기술을 탐색하는 방법을 안내한다. 트랜스포머 모델이나 확산 모델을 처음 들어도 곧 배울 테니 걱정할 필요는 없다.
- **3부**: 앞에서 다룬 아이디어를 확장해 오디오와 같은 새로운 모달리티를 생성하고 새로운 애플리케이션으

로 창의성을 발휘한다. 이 책을 읽고 나면 생성 애플리케이션을 구축하는 방법과 기술을 확실히 이해할 수 있을 것이다.

이 책을 읽는 법

이 책은 순서대로 읽도록 구성되었지만, 관심 있는 부분부터 바로 시작할 수 있도록 각 장을 최대한 독립적으로 구성했다. 여기서 다루는 많은 아이디어는 여러 모달리티에 적용되므로 특정 도메인(예 이미지 생성)에만 관심이 있더라도 다른 장을 훑어보면 유익할 수 있다.

직접 실습해 볼 수 있도록 연습 문제와 예제 코드를 수록했다. 학습을 진행하면서 이러한 연습 문제를 풀어 보고, 가능하다면 예제를 여러분의 활용 사례에 맞게 변형해 보자. 직접 실습하는 과정은 내용을 더 깊이 이해하는 데 큰 도움이 될 것이다.

각 장의 마지막에는 내용을 더 깊이 이해하도록 도와줄 참고 자료를 실었다. 다음 장으로 넘어가기 전에 이런 자료를 모두 읽을 필요는 없지만 관심 있는 주제를 깊이 있게 알아보고 싶을 때 자유롭게 읽어보기 바란다.

소프트웨어 및 하드웨어 요구사항

이 책을 최대한 활용하려면 예제 코드를 직접 실행해 보는 것이 좋다. 코드를 실험하고 변경하며 다양한 상황에 적용해 보면 이해력이 향상된다. 트랜스포머와 확산 모델을 다룰 때는 많은 컴퓨터 자원이 필요할 수 있는데, 엔비디아 GPU가 있는 컴퓨터를 사용하면 도움이 된다. GPU가 필수는 아니지만 학습 시간을 크게 단축할 수 있다.

구글 코랩[1]과 캐글 노트북[2] 같은 다양한 온라인 옵션을 사용할 수 있다. 다음을 참고해 환경을 설정하고 실행해 보자.

---

1   https://oreil.ly/y1MHw
2   https://oreil.ly/Pkqq7

구글 코랩 사용하기

대부분의 코드는 모든 구글 코랩 인스턴스에서 정상적으로 작동한다. 학습 반복문이 있는 장에서는 GPU 런타임을 사용하는 것이 좋다.

코드를 로컬에서 실행하기

컴퓨터에서 코드를 실행하려면 파이썬 3.10 가상 환경을 만들고 다음과 같이 `conda`를 이용해 설정할 수 있다.

```
conda create -n genaibook python=3.10
conda activate genaibook
```

최적의 성능을 내려면 CUDA 호환 GPU 사용을 권장한다.[3] 나중에 설명할 예정이니 지금은 CUDA가 무엇인지 몰라도 문제없다.

책 전반에 걸쳐 다양한 지원 유틸리티와 헬퍼 함수를 사용한다. 이를 이용하려면 `genaibook` 패키지를 다음과 같이 설치한다.

```
pip install genaibook
```

그러면 트랜스포머와 확산 모델을 실행하는 데 필요한 라이브러리들이 설치되며 `PyTorch`, `matplotlib`, `numpy` 등 필수 항목들도 함께 설치된다.

모든 예제 코드와 추가 자료는 책의 깃허브 저장소[4]에 있다. 모든 예제를 주피터 노트북에서 직접 실행할 수 있으며 저장소는 항상 최신 상태를 유지하도록 정기적으로 업데이트된다.

---

[3] GPU 대신 MPS 장치를 사용할 수 있다. MPS 장치는 애플 실리콘(Apple silicon)이 탑재된 맥(Mac)에서 사용할 수 있지만, 이러한 환경에서는 아직 충분한 검증이 이루어지지 않았다.

[4] https://github.com/yk-genai/genaibook

이 책에 대하여

예제 코드

보충 자료(예제 코드, 연습 문제 등)는 다음 깃허브 저장소에서 내려받을 수 있다.

- 번역서: *https://github.com/yk-genai/genaibook*
- 원서: *https://github.com/genaibook/genaibook*

이 책은 생성형 AI를 쉽게 이해하고 일을 효과적으로 수행하도록 돕는다. 일반적으로 여기서 제공한 예제 코드는 AI 프로그램이나 문서에 사용할 수 있다. 코드의 상당 부분을 복사하지 않는 한 필자에게 연락해 허락받을 필요는 없다. 예를 들어 별도의 허가 없이도 이 책의 여러 코드 조각을 복사해 프로그램을 작성해도 된다. 다만 본서의 예제를 판매하거나 배포할 때는 사전 허가가 필요하다. 이 책을 인용하고 예제 코드를 활용해 질문에 답변하는 것은 허가 없이 가능하지만, 예제 코드를 대량으로 제품 문서에 포함시키려면 반드시 허가를 받아야 한다.

SOTA: 끊임없이 발전하는 기술

머신러닝, 딥러닝 분야에서 **SOTA**$^{\text{state of the art}}$는 특정 도메인[5]에서 현재 달성된 최고 수준의 성과를 의미한다. 생성형 AI 분야에서는 새로운 모델이 개발되고 새로운 기술이 발견됨에 따라 SOTA도 끊임없이 변화한다. 이 책은 생성형 AI의 기본을 탄탄하게 다지는 데 중점을 두므로 여러분이 책을 읽을 시점에는 여기서 다룬 모델보다 성능이 우수한 새로운 모델이 등장할 가능성이 크다.

끊임없이 발전하는 **SOTA**를 쫓기보다는, 모델이 어떻게 작동하는지 이해하는 데 도움이 되는 일반 원칙에 집중했다. 이런 원칙은 이 분야가 발전하고 변화하더라도 유용할 것이다. 새로운 모델은 갑자기 등장하는 것이 아니라 대부분 이전 모델의 아이디어를 기반으로 발전하기 때문이다. 기본 원리를 이해하면 최신 개발 사항을 더 잘 이해할 수 있다.

---

5 옮긴이_ 머신러닝, 딥러닝 분야에서 특정 도메인이란 이미지 분류, 자연어 처리, 음성 인식, 객체 탐지와 같은 인공지능의 세부 응용 분야를 말한다. 도메인마다 표준화된 데이터셋과 평가 지표가 존재하며, 연구자들은 이를 기준으로 새로운 알고리즘이나 모델의 성능을 측정하고 비교한다.

목차

지은이 소개 4
옮긴이 소개 5
베타리더의 글 6
추천사 8
옮긴이의 말 10
지은이의 말 11
이 책에 대하여 14

1부 　개방형 모델 활용

1장　생성 미디어 입문

1.1　이미지 생성 32
1.2　텍스트 생성 35
1.3　사운드 클립 생성 37
1.4　윤리적 및 사회적 영향 38
1.5　생성 모델의 과거와 현재 39
1.6　생성형 AI 모델 개발 방법 39
1.7　요약 41

2장　트랜스포머

2.1　언어 모델의 활용 사례 44
　　2.1.1　텍스트 토큰화 45
　　2.1.2　확률 예측 48
　　2.1.3　텍스트 생성 52

목차

    2.1.4 제로샷 일반화 · **62**
    2.1.5 퓨샷 일반화 · **65**
2.2 트랜스포머 블록 · **67**
2.3 트랜스포머 모델 계보 · **70**
    2.3.1 시퀀스-투-시퀀스 작업 · **70**
    2.3.2 인코더 전용 모델 · **73**
2.4 사전 학습의 힘 · **76**
2.5 트랜스포머 요약 · **80**
    2.5.1 잠재적 문제점 · **81**
    2.5.2 활용 범위 · **84**
2.6 언어 모델을 이용한 텍스트 생성 프로젝트 · · · · · · · · · · · · · · · · · **88**
2.7 요약 · **88**
   `연습 문제` · **90**
   `도전 과제` · **91**
   `참고 자료` · **92**

3장 정보 압축과 표현

3.1 오토인코더 · **97**
    3.1.1 데이터 준비하기 · **98**
    3.1.2 인코더 모델링 · **101**
    3.1.3 디코더 · **105**
    3.1.4 학습 · **106**
    3.1.5 잠재 공간 탐색 · **111**
    3.1.6 잠재 공간 시각화 · **116**
3.2 변이형 오토인코더 · **120**
    3.2.1 변이형 오토인코더의 인코더와 디코더 · · · · · · · · · · · · **121**
    3.2.2 인코더 분포에서 샘플링하기 · **123**

3.2.3 변이형 오토인코더 학습하기 ·· 125
3.2.4 생성 모델링을 위한 변이형 오토인코더 ································ 134
3.3 CLIP ··· 134
    3.3.1 대조 손실 ··· 135
    3.3.2 단계별로 CLIP 사용하기 ··· 137
    3.3.3 CLIP을 활용한 제로샷 이미지 분류 ··························· 144
    3.3.4 제로샷 이미지 분류 파이프라인 ································ 146
    3.3.5 CLIP 사용 사례 ·· 147
3.4 CLIP의 대안 ··· 148
3.5 의미 기반 이미지 검색 프로젝트 ······································· 149
3.6 요약 ··· 150
연습 문제 ··· 152
도전 과제 ··· 152
참고 자료 ··· 153

4장 확산 모델

4.1 핵심 원리: 반복 정제 ··· 156
4.2 확산 모델 학습 ·· 160
    4.2.1 데이터 ·· 160
    4.2.2 노이즈 추가하기 ·· 163
    4.2.3 U-Net ·· 164
    4.2.4 학습 ·· 166
    4.2.5 샘플링 ·· 169
    4.2.6 평가 ·· 170
4.3 노이즈 스케줄 심층 분석 ··· 172
    4.3.1 노이즈를 추가하는 이유 ·· 172
    4.3.2 간단하게 시작하기 ·· 174

목차

   4.3.3 수학적 배경 · **177**

   4.3.4 입력 해상도와 스케일링의 효과 · **181**

 4.4 U-Net과 대안 심층 분석 · **183**

   4.4.1 간단한 U-Net · **184**

   4.4.2 U-Net 개선하기 · **187**

   4.4.3 대안 아키텍처 · **189**

 4.5 확산 목표 심층 분석 · **191**

 4.6 비조건부 확산 모델 학습 프로젝트 · **192**

 4.7 요약 · **193**

 `연습 문제` · **194**

 `도전 과제` · **195**

 `참고 자료` · **195**

5장 스테이블 디퓨전과 조건부 생성

 5.1 조건부 확산 모델을 위한 조건 추가하기 · **197**

   5.1.1 데이터 준비하기 · **198**

   5.1.2 클래스 조건부 모델 만들기 · **200**

   5.1.3 모델 학습하기 · **201**

   5.1.4 샘플링 · **205**

 5.2 효율성을 높이는 잠재 확산 · **207**

 5.3 스테이블 디퓨전 구성 요소 심층 분석 · **208**

   5.3.1 텍스트 인코더 · **209**

   5.3.2 변이형 오토인코더 · **212**

   5.3.3 U-Net · **216**

   5.3.4 스테이블 디퓨전 XL · **217**

   5.3.5 FLUX, SD3, 비디오 · **219**

   5.3.6 분류기 없는 가이던스 · **220**

5.4 주석이 달린 샘플링 루프 ·· 222
5.5 오픈 데이터, 오픈 모델 ··· 226
    5.5.1 LAION-5B의 한계점과 지원 중단 ·· 227
    5.5.2 대안 ··· 228
    5.5.3 공정하고 상업적인 사용 ·· 229
5.6 Gradio로 인터랙티브 머신러닝 데모 만들기 프로젝트 ······················· 229
5.7 요약 ·· 231
연습 문제 ·· 232
도전 과제 ·· 232
참고 자료 ·· 233

2부   생성 모델을 위한 전이 학습

6장   언어 모델 파인튜닝

6.1 텍스트 분류 ··· 238
    6.1.1 데이터셋 선정 ··· 239
    6.1.2 모델 유형 결정 ··· 241
    6.1.3 기본 모델 선택 ··· 242
    6.1.4 데이터셋 전처리 ··· 243
    6.1.5 평가 지표 정의 ··· 246
    6.1.6 모델 학습 ··· 248
    6.1.7 실용성 검토 ··· 256
6.2 텍스트 생성 ··· 257
    6.2.1 올바른 생성 모델 선택하기 ··· 259
    6.2.2 생성 모델 학습하기 ··· 263

6.3 지시 사항 ·· **268**
6.4 어댑터 소개 ······································· **273**
6.5 양자화 소개 ······································· **278**
6.6 통합 구현 ·· **282**
6.7 평가 방법에 대한 더 깊은 이해 ··············· **289**
6.8 검색 증강 생성 프로젝트 ······················ **292**
6.9 요약 ··· **294**
연습 문제 ··· **295**
도전 과제 ··· **296**
참고 자료 ··· **296**

7장 스테이블 디퓨전 파인튜닝

7.1 스테이블 디퓨전 전체 모델 파인튜닝 ······· **300**
  7.1.1 데이터셋 준비 ································· **301**
  7.1.2 모델 파인튜닝 ································· **303**
  7.1.3 추론 ·· **307**
7.2 드림부스 ·· **309**
  7.2.1 데이터셋 준비 ································· **311**
  7.2.2 사전 보존 ······································· **311**
  7.2.3 모델 드림부스 구현 ·························· **312**
  7.2.4 추론 ·· **314**
7.3 LoRA 학습 ·· **315**
7.4 스테이블 디퓨전에 새로운 기능 추가하기 · **318**
  7.4.1 인페인팅 ·· **318**
  7.4.2 특수 조건 처리를 위한 추가 입력 ········ **319**
7.5 SDXL 드림부스 LoRA 학습하기 프로젝트 · **319**

7.6 요약	321
연습 문제	322
도전 과제	322
참고 자료	322

3부 더 나아가기

8장 텍스트–이미지 모델의 창의적 활용

8.1 이미지–이미지 변환	325
8.2 인페인팅	328
8.3 프롬프트 가중치와 이미지 편집	330
8.3.1 프롬프트 가중치와 병합	331
8.3.2 시맨틱 가이던스를 활용한 확산 이미지 편집	333
8.4 인버전으로 실제 이미지 편집하기	337
8.4.1 LEDITS++로 편집하기	339
8.4.2 지시 기반 파인튜닝으로 실제 이미지 편집하기	340
8.5 컨트롤넷	343
8.6 이미지 프롬프팅과 이미지 변형	347
8.6.1 이미지 변형	347
8.6.2 이미지 프롬프팅	350
8.7 창의적 그림 생성 프로젝트	353
8.8 요약	353
연습 문제	354
참고 자료	355

9장 오디오 생성

- **9.1** 오디오 데이터 ·· **360**
  - 9.1.1 파형 ·· **364**
  - 9.1.2 스펙트로그램 ·· **366**
- **9.2** 트랜스포머 기반 아키텍처를 활용한 음성-텍스트 변환 ·· **375**
  - 9.2.1 인코더 기반 기법 ·· **376**
  - 9.2.2 인코더-디코더 기법 ·· **381**
  - 9.2.3 모델에서 파이프라인으로 ·· **385**
  - 9.2.4 평가 ·· **387**
- **9.3** 텍스트에서 음성으로, 생성 오디오로 ·· **395**
  - 9.3.1 시퀀스-투-시퀀스 모델로 오디오 생성하기 ·· **395**
  - 9.3.2 음성을 넘어서는 Bark의 활용 ·· **401**
  - 9.3.3 AudioLM과 MusicLM ·· **404**
  - 9.3.4 오디오젠과 뮤직젠 ·· **408**
  - 9.3.5 오디오 확산과 리퓨전 ·· **409**
  - 9.3.6 댄스 디퓨전 ·· **412**
  - 9.3.7 생성 오디오를 위한 그 밖의 확산 모델 ·· **413**
- **9.4** 오디오 생성 시스템 평가 ·· **414**
- **9.5** 향후 발전 방향 ·· **415**
- **9.6** 엔드-투-엔드 대화 시스템 프로젝트 ·· **416**
- **9.7** 요약 ·· **417**
  - 연습 문제 ·· **420**
  - 도전 과제 ·· **420**
  - 참고 자료 ·· **421**

10장　생성형 AI 분야의 발전과 최신 동향

- 10.1　선호도 최적화 · 425
- 10.2　긴 컨텍스트 · 428
- 10.3　전문가 혼합 · 431
- 10.4　최적화와 양자화 · 434
- 10.5　데이터 · 435
- 10.6　모든 것을 해결하는 단일 모델 · 437
- 10.7　컴퓨터 비전 · 438
- 10.8　3D 컴퓨터 비전 · 441
- 10.9　비디오 생성 · 442
- 10.10　멀티 모달리티 · 444
- 10.11　커뮤니티 · 447

부록 A　오픈 소스 도구

- A.1　허깅 페이스 스택 · 449
- A.2　데이터 · 450
- A.3　래퍼 · 451
- A.4　로컬 추론 · 452
- A.5　배포 도구 · 453

부록 B　LLM 메모리 요구사항

- B.1　추론 메모리 요구사항 · 455
- B.2　학습 메모리 요구사항 · 456
- B.3　추가 자료 · 457

목차

부록 C 엔드-투-엔드 검색 증강 생성

- C.1 데이터 처리 ·· 460
- C.2 문서 임베딩 ·· 463
- C.3 검색 ·· 464
- C.4 생성 ·· 466
- C.5 프로덕션 수준의 RAG ·· 467

찾아보기 ·· 470

1부
개방형 모델 활용

1부

1장 생성 미디어 입문

2장 트랜스포머

3장 정보 압축과 표현

4장 확산 모델

5장 스테이블 디퓨전과 조건부 생성

CHAPTER 1

생성 미디어 입문

생성 모델generative model은 최근 몇 년 사이 급격히 주목받으며 널리 사용되고 있다. 이 책을 읽는 독자라면 한 번쯤은 생성 모델을 접해 봤을 것이다. 예를 들어 챗GPT^ChatGPT로 글을 쓰거나, 인스타그램에서 사진 스타일 변환 기능을 사용하거나, 뉴스에서 딥페이크 동영상을 본 적이 있을지도 모른다. 이처럼 생성 모델을 활용하는 다양한 사례를 쉽게 찾아볼 수 있다.

이 책에서는 생성 모델을 전반적으로 다룬다. 먼저 트랜스포머transformer와 확산diffusion이라는 두 핵심 생성 모델의 기본 개념을 살펴보고 점차 더 심화 주제로 나아간다. 생성 모델의 종류, 작동 원리, 사용 방법을 설명하며 핵심 개념을 이해하도록 돕는다. 이번 장에서는 지금까지의 발전 과정을 살펴본 뒤, 책 전반에서 다룰 모델들이 제공하는 기능을 간단하게 소개한다.

생성 모델링generative modeling이란 무엇을 의미할까? 간단히 말해, 이는 **모델**model을 가르쳐서 학습 데이터training data와 닮은 새로운 데이터를 **생성**generate하는 것이다. 예를 들어 고양이 이미지 데이터셋으로 학습시킨 모델을 사용하면 원래 데이터셋에서 나온 것처럼 보이는 새로운 고양이 이미지를 생성할 수 있다. 이 기술은 매우 유용하여 이미지와 비디오부터 특정 스타일의 텍스트를 생성하는 것까지 다양한 분야에 활용된다.

이 책에서는 기존 생성 모델을 쉽게 활용하도록 해 주는 인기 있는 도구들을 소개한다. 머신러닝machine learning(ML) 분야에서는 방대한 데이터셋으로 학습된 **오픈 액세스**open access[1] 모델을 다양하게 제공한다. 이러한 모델을 처음부터 학습시키려면 많은 비용과 시간이 필요하지만 오픈

---

[1] 옮긴이_ 누구나 자유롭게 접근하고 사용할 수 있음을 의미한다. 여기서는 공개적으로 사용 가능한 AI 모델을 지칭한다.

액세스 모델을 활용하면 실용적이고 효율적인 방식으로 접근할 수 있다. 이렇게 **사전 학습된 모델**pretrained model[2]들은 새로운 데이터를 생성하거나 기존 데이터를 분류하며, 새로운 용도에 맞게 활용할 수도 있다. 오픈 액세스 모델을 찾을 수 있는 인기 있는 플랫폼인 허깅 페이스Hugging Face[3]에는 이미지 생성을 포함한 다양한 머신러닝 작업에 사용할 수 있는 200만 개 이상의 모델이 있다.

1.1 이미지 생성

오픈 소스 라이브러리의 예로 **디퓨저**diffusers를 알아보자. 디퓨저 라이브러리를 통해 SOTAstate-of-the-art 확산 모델diffusion model을 사용할 수 있다. 이는 확산 모델을 쉽고 빠르게 불러오고 학습하게 해 주는 유용한 도구이다.

허깅 페이스 허브Hugging Face Hub[4]에서 'text-to-image(텍스트 기반 이미지 생성)' 필터를 선택하면[5] 프롬프트를 기반으로 이미지를 생성하는 모델을 확인할 수 있다. 예를 들어, 스테이블 디퓨전Stable Diffusion과 SDXL 같은 모델이 대표적이다. 이 중에서 고품질 이미지를 생성하는 확산 모델인 스테이블 디퓨전 1.5를 사용해 보자. 모델 웹사이트에서 모델명을 클릭하면 **모델 카드**를 읽어볼 수 있다. 이는 모델을 검색하고 재현하는 데 중요한 문서로, 모델에 관한 설명, 학습 방법, 사용 사례 등을 보여준다.

모델(스테이블 디퓨전)과 모델을 사용할 수 있는 도구(디퓨저)를 이용해 첫 번째 이미지를 생성해 보자. 모델을 불러올 때는 CPU(cpu), GPU(cuda나 cuda:0), 맥 하드웨어 메탈(mps)과 같은 특정 하드웨어 장치로 전송해야 한다. 서문에서 언급한 genaibook 라이브러리에는 코드를 실행하는 환경에 따라 적절한 장치를 선택할 수 있는 유틸리티 함수가 있다. 다음 코드는 GPU가 있을 때 cuda를 device 변수에 할당하는 예시이다.

```
from genaibook.core import get_device
```

---

[2] 옮긴이_ 대량 데이터로 미리 학습을 마친 AI 모델로, 이를 기반으로 새로운 작업에 맞게 추가 학습하거나 바로 사용할 수 있다.
[3] https://oreil.ly/evFEx
[4] https://huggingface.co/models
[5] https://oreil.ly/oVajm

```
device = get_device()
print(f"Using device: {device}")
```

```
Using device: cuda
```

다음으로, 스테이블 디퓨전 1.5를 불러온다. 디퓨저 라이브러리는 StableDiffusionPipeline이라는 상위 레벨 래퍼를 제공한다. 모든 매개변수를 지금 완벽하게 이해하려고 할 필요는 없다. 핵심만 간단히 정리하면 다음과 같다.

스테이블 디퓨전 아키텍처를 사용하는 모델이 많으므로 사용하려는 모델을 정확히 지정해야 한다. 런웨이ML에서 공개한 원본 스테이블 디퓨전 1.5 모델의 미러mirror[6]인 stable-diffusion-v1-5/stable-diffusion-v1-5를 사용해 보자.

모델을 불러올 때 **정밀도**precision를 지정해야 한다. 정밀도는 나중에 더 자세히 다룰 예정이므로 우선 간단히 설명하겠다. 모델은 수많은 **매개변수**parameter(수백만부터 수십억 개)로 구성된다. 각 매개변수는 학습 중에 습득한 숫자이며, 다양한 수준의 정밀도로 저장할 수 있다(정밀도가 높을수록 모델 저장에 더 많은 비트가 필요하다). 정밀도가 높으면 모델이 더 많은 정보를 저장할 수 있지만 그만큼 메모리 사용량과 계산량이 늘어난다. 반면 torch_dtype=float16처럼 낮은 정밀도를 설정하면 기본값인 float32보다 적은 메모리를 사용한다. 모델을 추론inference용으로 실행할 때는 float16으로 설정해서 사용해도 성능에는 큰 차이가 없다.[7]

이 코드를 처음 실행할 때는 기가바이트 단위의 모델을 내려받아야 하므로 시간이 조금 걸릴 수 있다. 하지만 두 번째로 실행할 때는 원격 저장소에 변경 사항이 있을 때만 모델을 다시 내려받는다.[8] 허깅 페이스 라이브러리는 모델을 로컬 캐시에 저장하므로 이후 불러올 때는 훨씬 빠르게 수행된다.

```
import torch
from diffusers import StableDiffusionPipeline
```

---

6 옮긴이_ 접근성과 안정성을 위해 원본 데이터를 그대로 복사해 다른 위치에 저장해 둔 것을 의미하는 IT 용어다. 본문에서는 '런웨이ML이 공개한 원본 스테이블 디퓨전 1.5 모델의 복제본'으로 이해할 수 있다.

7 variant 매개변수는 사전 저장된 모델 체크포인트의 정밀도 버전을 선택하는 데 사용한다. 예를 들어, variant='fp16'을 지정하면 이미 float16 형식으로 저장된 체크포인트를 직접 내려받는다. 반면 torch_dtype=float16은 기본 float32 모델을 내려받은 후 메모리에서 float16으로 변환한다. variant='fp16'을 사용하면 다운로드 시간과 저장 공간을 절약할 수 있다.

8 허깅 페이스 저장소는 기본적으로 깃(Git) 기반의 저장소이다.

```python
pipe = StableDiffusionPipeline.from_pretrained(
    "stable-diffusion-v1-5/stable-diffusion-v1-5",
    torch_dtype=torch.float16,
    variant="fp16",
).to(device)
```

모델을 로드했으니 이제 **프롬프트**prompt(모델이 입력받을 텍스트)를 정의하고 모델에 전달하여 이를 기반으로 첫 번째 이미지를 생성할 수 있다. 다음 프롬프트를 입력해 보자.

```python
prompt = "a photograph of an astronaut riding a horse"
pipe(prompt).images[0]
```

이렇게 몇 줄의 코드로 간편하게 이미지를 생성했다. 프롬프트를 바꿔가며 새로운 이미지를 생성해 보면 두 가지 중요한 점을 알 수 있다. 첫째, 같은 코드를 실행해도 매번 다른 이미지가 생성된다. 이는 확산 과정이 본질적으로 **확률적**[9]이며 이미지를 생성하는 과정에서 무작위적인 요소가 작용하기 때문이다. 다음과 같이 **시드**를 설정하면 같은 조건에서 동일한 결과를 얻을 수 있다.

---

9 옮긴이_ '확률적'이라는 말은 생성 과정에 무작위적인 요소가 있어 같은 입력으로도 결과가 달라질 수 있다는 뜻이다. 확산 모델에서는 노이즈에서 시작해 점차 타겟 이미지를 목표로 변환한다. 이 과정에서 각 단계의 변화는 확률적이고 매번 다른 방식으로 이미지가 변형되므로 입력값이 같아도 결과물이 다를 수 있다. 이 덕분에 창의적이고 다양한 이미지를 생성할 수 있다.

```
import torch
torch.manual_seed(0)
```

둘째, 항상 완벽한 이미지를 생성하지는 않는다. 이미지에 결함이 있거나, 흐릿하거나, 프롬프트와 전혀 맞지 않을 수 있다. 이러한 한계점과 이미지의 품질을 개선하는 방법은 이후 장에서 다루는데, 간략하게 소개하면 다음과 같다.

- 4장과 5장에서는 확산 모델의 모든 구성 요소와 텍스트를 활용한 이미지 생성 방법을 소개한다. 이는 3장에서 소개할 오토인코더^{AutoEncoder}와 같은 방식을 기반으로 한다. 오토인코더는 입력 데이터에서 중요한 특성만을 효율적으로 학습하여 확산 모델을 구축하는 데 필요한 계산량을 줄이는 데 도움을 준다. 이로써 컴퓨팅 자원을 절약하면서 고품질의 이미지를 생성할 수 있다.
- 7장에서는 스테이블 디퓨전에 새로운 개념을 가르치는 방법을 설명한다. 예를 들어 스테이블 디퓨전에 '나의 강아지'라는 개념을 가르쳐서 '달을 방문하는 나의 강아지'와 같은 새로운 시나리오에서 강아지 이미지를 생성할 수 있다.
- 8장에서는 이미지 생성뿐만 아니라 프롬프트를 사용하여 이미지를 편집하거나 이미지의 빈 부분을 채우는 등 다양한 용도로 확산 모델을 활용하는 방법을 알아본다.

1.2 텍스트 생성

디퓨저 라이브러리가 확산 모델을 쉽게 다루게 해 주듯이 **트랜스포머**^{transformers} 라이브러리는 트랜스포머 모델을 다양한 작업에 맞게 활용하게 해 준다. 이 라이브러리는 텍스트 생성, 이미지 내 객체 감지, 오디오 파일의 텍스트 변환 등 다양한 작업에 유용한 표준화된 인터페이스를 제공한다.

트랜스포머 라이브러리는 필요에 따라 다양한 수준으로 활용할 수 있다. 내부 구조를 깊이 이해하지 않고서 간단하게 예측 결과를 얻고 싶다면 필요한 모든 처리를 추상화하는 pipeline을 사용하는 방법이 가장 쉽다. pipeline() 함수를 호출하고 텍스트 분류$^{text-classification}$와 같은 작업 유형을 지정하면 이를 처리할 파이프라인이 바로 생성된다.

```
from transformers import pipeline

classifier = pipeline("text-classification", device=device)
```

```
classifier("This movie is disgustingly good!")
```

```
[{'label': 'POSITIVE', 'score': 0.9998536109924316}]
```

입력된 텍스트의 감성이 긍정적임을 모델이 정확하게 예측했다. 기본적으로 텍스트 분류 파이프라인은 감성 분석 모델을 사용하지만 다른 트랜스포머 기반의 텍스트 분류 모델을 지정할 수도 있다.

작업을 텍스트 생성^{text-generation}으로 바꾸면 입력 프롬프트를 기반으로 새 텍스트를 만들 수 있다. 파이프라인은 기본 설정으로 GPT-2 모델을 사용한다. 트랜스포머 파이프라인은 기본적으로 생성할 수 있는 최대 단어 수가 정해져 있어 출력이 잘릴 수 있다. 이를 어떻게 변경하는지는 나중에 배울 예정이다.

```
from transformers import set_seed

# 시드를 설정하면 이 코드를 실행할 때마다 동일한 결과를 얻을 수 있다.
set_seed(10)
generator = pipeline("text-generation", device=device)
prompt = "It was a dark and stormy"
generator(prompt)[0]["generated_text"]
```

```
It was a dark and stormy year, and my mind went blank," says the 27-year-old,
who has become obsessed with art, poetry and music since moving to France.
"I don't really know why, but there are things
```

GPT-2는 현재 뛰어난 모델은 아니지만 트랜스포머 모델의 생성 능력을 보여주는 첫 번째 예시로 적합하다. GPT-2에서 배우는 개념은 라마^{Llama}나 미스트랄^{Mistral}과 같이 (집필 시점 기준) 성능이 좋은 오픈 액세스 모델에도 적용할 수 있다. 이 책에서는 최신 대형 모델의 성능을 소개하면서도, 독자들이 직접 실습할 수 있는 적정 규모의 모델을 활용해 이론과 실용성 사이의 균형을 맞추고자 한다. 일반적으로 모델의 크기가 클수록 성능이 더 좋지만 일반적인 컴퓨터나 구글 코랩^{Google Colab} 같은 무료 서비스에서도 실행할 수 있는 실용적 수준으로 다룰 예정이다.

- 2장에서는 트랜스포머 모델이 내부적으로 어떻게 작동하는지 설명한다. 다양한 트랜스포머 모델과 이를

활용한 텍스트 생성 방법을 자세히 알아본다.
- 6장에서는 용도에 따라 데이터로 트랜스포머 모델을 추가로 학습하는 방법을 소개한다. 이를 통해 챗GPT나 제미나이^{Gemini}처럼 대화가 가능한 모델을 직접 만들어볼 수 있다. 또한 일반 컴퓨터에서 트랜스포머 모델을 효율적으로 학습하는 방법도 함께 다룬다.

1.3 사운드 클립 생성

생성 모델은 이미지와 텍스트에만 국한하지 않고 비디오, 짧은 노래, 합성 음성, 단백질 구조 등 다양한 것을 생성할 수 있다.

9장에서는 회의 내용을 텍스트로 변환하거나 효과음을 생성하는 등의 오디오 관련 작업을 머신러닝으로 처리하는 방법을 알아본다. 지금은 트랜스포머 파이프라인을 사용하여 메타^{Meta}(구 페이스북)가 공개한 텍스트 기반 음악 생성 모델인 뮤직젠^{MusicGen}의 작은 버전을 살펴보자.

```
pipe = pipeline("text-to-audio", model="facebook/musicgen-small", device=device)
data = pipe("electric rock solo, very intense")
print(data)
```

```
{'audio': array([[[0.12342193, 0.11794732, 0.14775363, ..., 0.0265964 ,
    0.02168683, 0.03067675]]], dtype=float32), 'sampling_rate': 32000}
```

나중에 오디오 데이터가 어떻게 표현되는지와 이 숫자들이 무엇을 의미하는지 배울 것이다. 오디오 데이터는 파일로 저장한 후 외부 프로그램으로 재생하거나 다음과 같이 `IPython.display()`로 노트북에서 직접 재생할 수 있다.

```
import IPython.display as ipd

display(ipd.Audio(data["audio"][0], rate=data["sampling_rate"]))
```

1.4 윤리적 및 사회적 영향

생성 모델은 놀라운 기능을 제공하지만 활용 범위가 넓어짐에 따라 윤리적 및 사회적 측면에서 중요한 문제를 제기한다. 생성 모델의 기능을 살펴볼 때 이러한 점을 염두에 두어야 한다. 다음은 몇 가지 주요 고려 사항이다.

개인정보 보호와 동의

생성 모델은 아주 적은 데이터로도 현실적인 이미지와 비디오를 생성하므로 개인정보 보호 관련 문제를 일으킬 수 있다. 예를 들어 특정인의 실제 이미지 몇 장만으로도 합성 이미지를 만들어 잘못된 정보를 퍼뜨리거나 해를 끼치는 딥페이크를 만들 수 있다. 또한 개인의 동의 없이 데이터를 사용하는 문제도 발생한다.

편향과 공정성

생성 모델은 편향bias이 포함된 대규모 데이터셋을 바탕으로 학습하므로 모델이 편향을 그대로 반영하거나 더 확대할 수 있다. 예를 들어 이미지 생성 모델을 학습할 때 편향된 데이터셋을 사용하면 고정 관념적이거나 차별적인 이미지가 생성될 수 있다. 따라서 생성 모델을 공정하고 윤리적으로 활용하려면 편향을 최소화하는 방법을 고려해야 한다.

규제

생성 모델과 관련된 위험성을 고려할 때 책임감 있는 개발을 보장하기 위한 규제 감독과 책임을 묻는 체계의 필요성이 커지고 있다. 여기에는 투명성 요구사항[10], 윤리적 가이드라인, 생성 모델의 오용을 방지하기 위한 법적 체계가 포함된다.

생성 모델을 다룰 때는 신중하고 윤리적인 사고방식이 중요하다. 생성 모델의 기능을 살펴보면서 윤리적인 측면과 이를 책임감 있게 사용하는 방법도 함께 고려할 것이다.

---

10 옮긴이_ 모델의 작동 방식, 학습에 사용된 데이터, 결과 생성 과정에 관한 명확한 설명을 의미한다.

1.5 생성 모델의 과거와 현재

생성 모델의 연구와 개발은 수십 년 전에 규칙 기반 시스템을 중심으로 시작되었다. 컴퓨터 성능이 높아지고 사용 가능한 데이터가 풍부해지면서 생성 모델은 통계적 방법과 머신러닝을 활용하게 되었다. 딥러닝이 머신러닝의 강력한 패러다임으로 떠오르고 이미지 및 음성 인식 분야에서 획기적인 성과가 나오면서 생성 모델은 크게 진보했다. 합성곱 신경망$^{convolutional\ neural\ network}$(CNN)과 순환 신경망$^{recurrent\ neural\ network}$(RNN)은 수십 년 전에 고안되었지만 최근 10년 사이에 널리 활용되기 시작했다. CNN은 이미지 처리 작업에 혁신을 일으켰고 RNN은 순차 데이터를 모델링하는 능력을 제공하여 텍스트 번역과 생성 같은 작업을 가능하게 했다.

2014년, 이언 굿펠로$^{Ian\ Goodfellow}$가 제안한 생성적 적대 신경망$^{generative\ adversarial\ network}$(GAN)과 그 변형 모델인 심층 합성곱 GAN$^{deep\ convolutional\ GAN}$(DCGAN) 및 조건부 GAN$^{conditional\ GAN}$(CGAN)은 생성 모델의 새로운 장을 열었다. GAN은 고품질 이미지를 생성하는 데 활용되었으며, 스타일 전환$^{style\ stransfer}$과 같은 작업에서 이미지를 실제 예술 작품처럼 사실감 있게 바꿔 주었다. 그러나 최근에는 GAN보다 확산 모델이 더 좋은 성능을 보여준다.

언어 처리 분야에서는 한때 RNN을 주요 모델로 사용했지만 GPT 같은 트랜스포머 모델들이 자연어 처리$^{natural\ language\ processing}$(NLP)에서 최고 성능을 기록했다. 이 모델들은 언어 이해, 글 생성, 기계 번역과 같은 작업에서 뛰어난 성과를 나타냈다. 특히 GPT는 일관성 있고 맥락에 맞는 텍스트를 생성해 큰 인기를 끌었다. 그 후 대형 생성 언어 모델들이 급격히 발전하기 시작했다.

생성형 AI 분야는 최근 몇 년간 빠르게 성장한 연구와 자원 덕분에 어느 때보다 사용하기 쉬워졌다. 이 분야에 관심을 가진 커뮤니티의 성장, 풍부한 오픈 소스 생태계, AI 모델의 실제 서비스 구현을 촉진하는 연구들이 다양한 응용 프로그램과 사용 사례로 이어지고 있다. 2023년부터 고품질의 이미지, 텍스트, 코드, 비디오 등을 생성하는 새로운 세대의 모델이 출현했다. 예를 들어 챗GPT, DALL·E, 이마젠^{Imagen}, 스테이블 디퓨전, 라마, 미스트랄 등이 있다.

1.6 생성형 AI 모델 개발 방법

일반적으로 AI 모델은 막대한 예산을 들여 자체 개발하거나 오픈 소스 소프트웨어를 기반으로 만든다.

최근 몇 년간 주목받은 생성 모델들은 주로 대기업의 연구소에서 개발되었다. 오픈AI는 챗GPT와 DALL·E, 소라^{Sora}를 개발했다. 구글은 이마젠과 바드^{Bard}, 제미나이를 만들었다. 메타는 라마와 코드 라마$^{Code\ Llama}$를 제작했다.

이 모델들은 다양한 방식으로 공개된다. 특정 사용자 인터페이스(UI)에서 사용하거나 개발자 API로 접근하도록 공개되기도 하며, 연구 보고서로만 발표되어 일반 사용자들이 접근할 수 없는 모델도 있다. 모델을 하드웨어에서 실행하는 데 필요한 핵심 요소인 코드와 모델 가중치를 공개하기도 하는데, 이를 **오픈 소스 릴리스**$^{open\ source\ release}$라고 한다. 하지만 전략적인 이유로 이러한 정보를 비공개로 유지할 때도 많다.

한편, 오픈 소스 모델을 활용하는 열정적이고 활발한 커뮤니티들이 계속 성장하고 있다. 연구자, 엔지니어, 개발자, 아마추어 등 다양한 사람이 서로의 작업을 기반으로 새로운 해결책과 기발한 아이디어를 만들어내며 이 분야를 점점 발전시킨다. 이러한 아이디어 중 일부는 이론적 지식으로 정리되어 연구자들이 이를 기반으로 새로운 모델을 만들 수 있다.

비공개로 유지되는 대규모 모델들도 커뮤니티에 영감을 주며 전체 분야의 발전에 크게 기여한다.

이 사이클이 작동하는 이유는 일부 모델이 오픈 소스로 공개되어 커뮤니티에서 사용할 수 있기 때문이다. 기업들은 이타적인 이유가 아니라 경제적 가치 창출을 할 수 있다는 판단하에 오픈 소스 모델을 공개한다. 커뮤니티가 채택한 코드와 모델을 제공함으로써 버그 수정, 새로운 아이디어, 파생된 모델 아키텍처, 모델과 잘 맞는 새로운 데이터셋과 같은 공개적 검토를 받게 된다. 이러한 기여는 모두 기업에서 공개한 자산을 기반으로 이루어지며, 이를 **빠르게** 채택해서 더 **빠르게** 발전할 수 있다. 예를 들어 메타가 인기 있는 언어 모델인 라마를 공개했을 때, 그 주위에 유기적으로 번성하는 생태계가 형성되었다.

메타, 스테빌리티 AI$^{Stability\ AI}$(스테이블 디퓨전), 미스트랄 AI$^{Mistral\ AI}$와 같은 신생 기업과 기존 기업 모두가 오픈 소스를 비즈니스 전략의 중요한 부분으로 활용한다. 이러한 오픈 소스 전략의 채택은 핵심 기술을 비공개로 유지하는 타 기업들의 접근법과 마찬가지로 타당한 비즈니스 모델이다. 주목할 점은 비공개 모델을 주력으로 하는 기업들도 오픈 소스 커뮤니티에서 발전된 기술과 아이디어를 자사 제품에 적용하는 경우가 많다는 것이다.

모델을 공개한다고 해서 진정한 오픈 소스라고 할 수는 없다. 소프트웨어에서는 소스 코드만 있으면 충분하지만 머신러닝 시스템에서는 그렇지 않다. 학습 과정의 마지막 결과물인 모델의 가중치만으로는 모델을 완전히 이해할 수 없다. 기존 모델을 정확하게 재현하려면 (모델링 코드나 추론 코드만이 아니라) 모델을 학습시키는 데 사용한 소스 코드, 학습 과정과 매개변수, 학습에 사용한 데이터가 필요하다. 하지만 이들은 (특히 데이터는 더) 대개 공개되지 않는다.

이러한 세부 사항에 접근할 수 있다면 커뮤니티와 대중은 모델이 어떻게 작동하는지 이해하고, 모델에 잠재된 편향을 살펴보며, 모델의 강점과 한계를 더 잘 평가할 수 있을 것이다. 가중치와 모델 코드로도 이러한 지식을 어느 정도 추정할 수 있지만, 실제 데이터가 있다면 훨씬 더 정확하게 이해할 수 있다. 또한 모델을 공개하더라도 오픈 소스 이니셔티브$^{Open\ Source\ Initiative}$ (OSI)[11] 의 오픈 소스 정의를 따르지 않는 특별한 라이선스를 적용하기도 한다. 이러한 공개 방식이 잘못되었다거나 유용하지 않다는 의미가 아니라, 이를 염두에 두어야 한다는 뜻이다. 그리고 이 때문에 **오픈 소스** 대신 **오픈 액세스**라는 표현을 자주 사용한다.

지금이 생성 모델을 만들거나 생성 모델과 **함께** 작업하기에 가장 좋은 시기다. 최고 수준의 연구소에서 일하는 엔지니어가 아니더라도 관심 있는 문제를 해결하고 분야에 기여할 아이디어를 생각해 낼 수 있다. 이 책이 여러분의 여정에 도움이 되길 바란다.

1.7 요약

1장에서 처음으로 이미지, 텍스트, 오디오를 생성해 본 후, 확산 모델과 트랜스포머가 어떻게 작동하는지, 이를 새로운 용도에 어떻게 적용할지, 다양한 창의적인 작업에 어떻게 활용할지를 배우고 싶은 호기심이 생겼기를 바란다. 이 장에서는 주로 고수준 도구를 다뤘지만, 앞으로 생성 모델이 어떻게 작동하는지에 대한 기본 개념을 익히며 본격적으로 학습을 진행할 것이다. 이제 생성 모델의 원리를 알아보자.

---

11 옮긴이_ 오픈 소스 소프트웨어의 사용과 발전을 촉진하고자 설립된 비영리 단체이다. 오픈 소스 소프트웨어의 정의와 이를 지원하는 라이선스를 표준화하고, 소프트웨어 개발자들이 자유롭게 소스 코드를 사용하고 수정할 수 있도록 장려하는 역할을 한다.

CHAPTER 2

트랜스포머

2017년, **트랜스포머** 모델의 등장은 생성형 AI 발전의 중요한 전환점이 되었다. 이 모델은 특히 대규모 언어 모델^{large language model}(LLM)로 잘 알려졌으며, 대표적으로 라마와 GPT-4가 있다. 이러한 모델은 매일 수억 명이 사용하는 챗봇, 검색 시스템, 기계 번역, 콘텐츠 요약 등 다양한 서비스의 기반이 된다. 또한 텍스트 분야뿐만 아니라 컴퓨터 비전, 음악 생성, 단백질 구조 예측 같은 다양한 분야에서도 주목받고 있다. 이 장에서는 트랜스포머의 핵심 개념과 작동 방식을 살펴보며, 특히 언어 모델링이라는 응용 사례에 초점을 맞춘다.

트랜스포머의 세부 내용을 알아보기 전에 언어 모델링이 무엇인지 이해해야 한다. 언어 모델^{language model}(LM)은 확률적 모델로, 주어진 문맥(이전 단어나 주변 단어)을 기반으로 다음 단어(또는 **토큰**^{token})를 예측한다. 이를 통해 언어의 구조와 패턴을 학습하며 자연스럽고 일관된 텍스트를 생성할 수 있다. 예를 들어 'I began my day eating'이라는 문장이 있을 때, 언어 모델은 다음 단어로 'breakfast'를 높은 확률로 예측할 수 있다.

그렇다면 이 상황에서 트랜스포머를 어떻게 활용할까? 트랜스포머는 단어 간의 긴밀한 연관성과 복잡한 관계를 효율적이고 유연하게 처리하도록 설계되었다. 예를 들어 뉴스 기사를 요약한다고 생각해 보자. 뉴스 기사는 수백에서 수천 단어로 이루어진다. 기존의 순환 신경망(RNN) 기반 언어 모델은 긴 문맥을 처리하는 데 어려움을 겪으므로 기사 초반의 중요한 세부 사항을 놓칠 가능성이 높다. 반면, 트랜스포머 기반 언어 모델은 이러한 상황에서 뛰어난 성능을 보여 준다. 트랜스포머는 고품질의 텍스트를 생성할 뿐만 아니라 효율적인 병렬 학습, 뛰어난 확장성, 지식 전이knowledge transfer[1]와 같은 강점이 있어 다양한 작업에서 널리 사용한다. 이러한 혁신의 핵심에는 모델이 전체 문맥에서 각 단어의 중요도를 파악하고 반영하도록 돕는 **셀프 어텐션**self-attention[2]이라는 메커니즘이 있다.

기존 언어 모델이 어떻게 작동하는지 살펴볼 것이다. 예제와 관련된 주요 개념은 필요할 때마다 간단히 설명한다. 이제부터 차근차근 시작해 보자.

2.1 언어 모델의 활용 사례

이번 장에서는 사전 학습된 소규모 트랜스포머 모델transformer model[3]을 불러와 이를 직접 다루며 모델의 작동 방식을 살펴본다. 최근 몇 년간 기업과 연구소, 오픈 커뮤니티에서 누구나 사용할 수 있는 수천 개의 모델을 공개했다.

여기서는 로컬 하드웨어에서 실행할 수 있도록 소규모 모델을 선택하겠지만, 이러한 소규모 모델에 적용되는 원리는 이후 출시된 크기가 100배 이상 크고 성능이 뛰어난 대규모 모델에도 동일하게 적용된다. 소규모 모델의 대표적인 예는 다음과 같다.

GPT-2 (137M)

이 모델은 2019년 출시 당시 인상적인 텍스트 생성 능력으로 주목받았다. 현재 기준으로는 규모가 작고 다소 단순해 보이지만 언어 모델이 어떻게 작동하는지를 잘 보여주는 예시다.

Qwen2 (494M)

알리바바Alibaba의 Qwen 계열에 속한 모델이다. Qwen 계열은 매개변수가 5억 개에서 1,000억 개 이상인 다양한 모델로 이루어진다.

---

1 옮긴이_ 모델이 이미 학습한 정보를 새로운 작업에 활용하는 방법이다.
2 옮긴이_ 트랜스포머 모델의 핵심 메커니즘으로, 입력 데이터의 각 요소가 다른 모든 요소와의 관계를 학습하도록 돕는다. 이를 통해 문맥을 고려해 정보를 처리할 수 있으며 긴 문장에서도 중요한 부분을 효율적으로 추출할 수 있다.
3 옮긴이_ 입력 데이터의 흐름을 처리하며, 셀프 어텐션 메커니즘으로 문맥을 학습하는 딥러닝 모델 구조이다. 2017년에 발표된 「Attention is All You Need」 논문에서 처음 제안되었다.

SmolLM (135M)

허깅 페이스에서 고품질 데이터로 학습시킨 모델이다. 개발자들은 매개변수가 1억 3,500만 개, 3억 6,000만 개, 17억 개인 세 가지 모델을 공개했다.

적합한 모델을 선택하는 방법은 6장에서 자세히 설명한다. 지금은 앞에서 언급한 모델 중 하나(또는 모두)를 직접 살펴보기를 권한다.

2.1.1 텍스트 토큰화

초기 입력을 기반으로 텍스트를 생성하는 과정을 살펴보자. 예를 들어 'it was a dark and stormy'라고 입력한 후 모델이 이어지는 단어를 생성하기 원한다. 하지만 모델은 텍스트가 아니라 숫자로 표현된 데이터를 입력으로 받는다. 문장을 개별 단위로 나누어 숫자로 변환하는 과정을 **토큰화**tokenization라고 하며, 이는 모든 자연어 처리(NLP) 파이프라인에서 중요한 단계다.

가장 간단한 방법은 텍스트를 개별 문자로 분리한 뒤 각 문자에 고유한 숫자 ID를 할당하는 것이다(그림 2-1). 이 방식은 하나의 문자에 많은 정보가 있는 중국어와 같은 언어에서 유용할 수 있다. 반면, 영어처럼 문자당 정보량이 적은 언어에서 이 방법을 사용하면 작은 토큰 **어휘 사전**vocabulary[4]이 생성되며 추론 시 학습되지 않은 문자가 나타날 가능성이 적다. 하지만 문자열을 표현하는 데 많은 토큰을 사용해야 하므로 성능이 저하할 수 있고 텍스트의 구조와 의미가 일부 손실되어 정확도accuracy에 부정적인 영향을 미칠 수 있다. 각 문자에 담긴 정보량이 적어 모델이 텍스트의 구조를 효과적으로 학습하기 어렵게 된다.

```
a  l  l  a  m  a    l  e  a  r  n  s     r  u  n  n  i  n  g    a    l  l  a  m  a    f  a  r  m  .
1  0 12 12 1 13 1   0 12  5 1 18 14 19   0 18 21 14 14 9 14  7   0    1  0 12 12 1 13  1  0  6  1 18 13 0
```

그림 2-1 문자 수준 토큰화에서는 각 문자에 고유한 ID가 있으며, 같은 문자에는 항상 동일한 ID가 할당된다. 이 예시에서 ID는 알파벳의 순서를 나타낸다.

또 다른 방법은 텍스트를 개별 단어 단위로 나누는 것이다(그림 2-2). 이 방법에서는 각 토큰

---

4 옮긴이_ 자연어 처리에서 모델이 다루는 모든 토큰의 집합을 의미한다. 어휘 사전의 크기는 모델 성능, 메모리 사용량, 학습 및 추론 속도에 큰 영향을 미친다.

이 더 많은 의미를 담는다. 하지만 맞춤법 오류나 은어와 같은 낯선 단어를 처리해야 하며, 같은 단어의 다양한 형태(예 run, runs, running)를 다뤄야 한다는 단점이 있다. 또한 영어처럼 단어 수가 많은 언어에서는 어휘 사전의 크기가 지나치게 커질 수 있으며 단어의 총수가 50만 개를 넘을 때도 많다.

그림 2-2 단어 수준 토큰화에서는 같은 단어의 ID가 항상 동일하다.[5]

요즘은 앞서 언급한 두 가지 방식의 단점을 보완한 토큰화 방법을 사용하며, 텍스트를 구조와 의미를 모두 반영하는 하위 단어subword[6]로 나눈다. 이 과정에서 낯선 단어나 같은 단어의 다양한 형태를 처리하도록 설계되었다(그림 2-3). 일반적으로 함께 등장하는 문자들(예 자주 사용되는 단어)은 전체 단어나 단어 그룹을 나타내는 단일 토큰으로 할당될 수 있다. 반면 길고 복잡한 단어나 변형 형태가 다양한 단어는 여러 개의 토큰으로 분리되며, 각 토큰은 보통 단어의 의미 있는 부분을 나타낸다.

언제나 완벽한 토크나이저tokenizer[7]는 존재하지 않으며 각 언어 모델(LM)은 고유한 토크나이저를 사용한다. 토크나이저 간의 차이는 지원하는 토큰의 수와 토큰화 전략에 따라 결정된다. 예를 들어 GPT-2의 토크나이저는 단어당 평균 1.3개의 토큰을 생성한다.[8]

그림 2-3 이 하위 단어 토큰화 예시에서 llama는 두 개의 토큰(lla, ma)으로 나뉜다. 이는 토크나이저를 만드는 데 사용한 데이터에서 llama가 흔하지 않은 단어였기 때문일 가능성이 크다.

Qwen 토크나이저가 문장을 어떻게 처리하는지 살펴보자. 먼저 **트랜스포머** 라이브러리를 사

---

5 옮긴이_ [그림 2-2]에서는 'a'의 ID가 두 가지인데, 문장 시작 부분의 'a'(공백 없음)와 중간에 나오는 ' a'(공백이 포함됨)를 서로 다른 토큰으로 인식하기 때문이다. SentencePiece 등의 토크나이저는 공백을 '_' 문자로 표시하여 구분한다.
6 옮긴이_ 단어를 더 작은 단위로 나눠 처리하는 방식으로, 자주 쓰이는 단어는 하나의 토큰으로 유지하고 복잡하거나 드문 단어는 여러 부분으로 나눈다. 이로써 어휘 사전 크기를 줄이고 낯선 단어를 처리하는 유연성을 제공한다.
7 옮긴이_ 텍스트 데이터를 토큰 단위로 나누는 도구로, 언어 모델이 텍스트를 처리할 수 있도록 입력 데이터를 변환한다.
8 토크나이저를 다양한 방식으로 실험해 볼 수 있는 토크나이저 플레이그라운드(https://oreil.ly/fDJCc)를 활용해 보자.

용해 Qwen에 해당하는 토크나이저를 로드한다. 그런 다음, 입력 텍스트(**프롬프트**라고도 함)를 토크나이저에 전달해 문자열을 토큰을 나타내는 숫자로 인코딩한다. 그리고 decode() 메서드를 사용해 각 ID를 해당 토큰으로 다시 변환하며 동작을 확인한다.

```
from transformers import AutoTokenizer

# 사용할 모델 ID 설정
# GPT-2 "openai-community/gpt2"
# Qwen "Qwen/Qwen2-0.5B"
# SmolLM "HuggingFaceTB/SmolLM-135M"

prompt = "It was a dark and stormy"
tokenizer = AutoTokenizer.from_pretrained("Qwen/Qwen2-0.5B")
input_ids = tokenizer(prompt).input_ids
input_ids

for t in input_ids:
    print(t, "\t:", tokenizer.decode(t))
```

```
[2132, 572, 264, 6319, 323, 13458, 88]

2132    :   It
572     :   was
264     :   a
6319    :   dark
323     :   and
13458   :   storm
88      :   y
```

이처럼 토크나이저는 입력 문자열을 여러 토큰으로 나누고 각 토큰에 고유한 ID를 할당한다. 대부분의 단어는 토큰 하나로 표현되지만 Qwen과 GPT-2 토크나이저를 사용하면 'stormy'를 두 개의 토큰으로 나눈다. 바로 ' storm'(단어 앞의 공백 포함)과 접미사 'y'이다. 이렇게 분리하면 모델이 'stormy'가 'storm'과 관련이 있고, 접미사 'y'가 명사를 형용사로 바꾸는 데 자주 사용된다는 점을 학습할 수 있다. 반면 SmolLM 토크나이저는 이 문장에서 단어를 나누지 않는다. 일반적으로 각 모델은 자체 토크나이저와 함께 사용되므로 모델을 사용할 때는 항상 해당 모델에 맞는 토크나이저를 사용해야 한다. 이 절에서 소개한 세 모델에는 5만에서 15만 개의 토큰으로 구성된 어휘 사전이 있으며, 거의 모든 입력 텍스트를 표현할 수 있다.

> **NOTE** 토크나이저의 학습 과정은 모델 학습과는 다르다. 모델 학습에는 본질적으로 무작위성이 포함되지만, 토크나이저는 데이터를 분석해 어떤 하위 단어를 사용할지 통계적으로 결정한다. 따라서 토크나이저 학습 결과는 항상 동일하다. 다양한 토크나이저 알고리즘은 하위 단어를 선택하는 방식에서 차이가 있다. 이 책에서는 모든 토큰화 전략을 다루지는 않지만, 대표적인 하위 단어 방식으로는 GPT-2에서 사용한 바이트 페어 인코딩 Byte-level Byte-Pair Encoding(BPE)[9], 워드피스 WordPiece[10], 센텐스피스 SentencePiece[11]가 있다.

2.1.2 확률 예측

GPT-2, Qwen, SmolLM은 **인과 언어 모델** causal language model로 학습되었다. 이는 **자기회귀 모델** autoregressive model이라고도 알려졌으며, 앞에 나온 단어들을 기반으로 다음 단어를 예측하도록 학습되었음을 의미한다. 트랜스포머 라이브러리는 고수준의 도구를 제공하여 이러한 모델을 사용해 빠르게 텍스트를 생성하는 등의 작업을 수행하도록 도와준다. 언어 모델링 작업에서 모델이 어떻게 예측을 수행하는지 직접 확인해 보면 쉽게 이해할 수 있다. 먼저 모델을 불러오자.

```
from transformers import AutoModelForCausalLM

model = AutoModelForCausalLM.from_pretrained("Qwen/Qwen2-0.5B")
```

AutoTokenizer와 AutoModelForCausalLM을 사용했다는 점에 주목하자. 트랜스포머 라이브러리는 수백 개의 모델과 그에 대응하는 토크나이저를 지원한다. 각 토크나이저와 모델 클래스를 따로 외우지 않고 AutoTokenizer와 AutoModelFor*를 활용할 수 있다. 단, 자동 모델 클래스에서는 모델을 어떤 작업에 사용할지 명시해야 한다. 예를 들어 분류 작업에는 AutoModelForSequenceClassification, 객체 탐지 작업에는 AutoModelForObjectDetection을 사용한다. Qwen2에서는 인과적 언어 모델링 작업에 해당하는 클래스를 사용한다. 자동 클래스 사용 시, 트랜스포머는 모델의 설정을 바탕으로 적절한 기본 클래스를 고른다. 예를 들어 내부적으로 트랜스포머는 Qwen2Tokenizer와 Qwen2ForCausalLM을 사용한다.

---

9   옮긴이_ 자주 나타나는 문자 쌍을 결합하여 하위 단어를 생성한다(예 ['ma', 'chine', 'lea', 'rning']).
10 옮긴이_ 단어 빈도를 기준으로 하위 단어를 생성하며 드문 단어는 더 작은 단위로 나눈다(예 ['machine', 'learn', '##ing']).
11 옮긴이_ 공백을 포함한 연속 문자열을 처리하며 공백을 특수 문자로 간주한다(예 ['_machine', '_learning']).

이전 절에서 토큰화된 문장을 모델에 입력하면 입력 문자열의 각 토큰에 대해 151,936개의 값을 반환한다.

```
# 토크나이저를 다시 호출하되, 파이토치(PyTorch) 텐서를 반환하도록 지정
# 모델이 정수 리스트 대신 파이토치 텐서를 입력으로 받음
input_ids = tokenizer(prompt, return_tensors="pt").input_ids

outputs = model(input_ids)
outputs.logits.shape  # 입력 토큰마다 출력 생성
```

```
torch.Size([1, 7, 151936])
```

출력의 첫 번째 차원은 배치 크기를 나타낸다. 여기서는 하나의 문장만 모델에 전달했으므로 1이다. 두 번째 차원은 문장의 길이, 즉 입력 문장의 토큰 수(여기서는 7개)이다. 세 번째 차원은 어휘 사전 크기를 나타낸다. 결과적으로 원래 문장의 각 토큰에 대해 약 15만 개의 숫자 리스트가 생성된다. 이 값들은 어휘 사전의 토큰에 대응하는 **로짓**^{logit}으로, 모델의 초기 출력값이다. 모델은 입력된 각 토큰에 대해 어휘 사전의 모든 토큰이 해당 문장을 이어갈 가능성을 예측한다. 예를 들어 모델은 'It', 'It was', 'It was a'와 같은 문장 흐름에 대한 로짓을 예측한다. 로짓값이 클수록 해당 토큰이 문장을 이어갈 가능성이 높다고 모델이 판단했다는 의미이다. [표 2-1]은 입력 문장, 가장 가능성이 높은 토큰 ID, 이에 대응하는 토큰을 보여준다.

> **NOTE** 로짓은 모델의 초기 출력값으로, [0.1, 0.2, 0.01, …]과 같은 숫자 리스트다. 이 로짓을 사용해 순서를 이어갈 가장 가능성이 높은 토큰을 선택할 수 있다. 또한 로짓을 확률로 변환하는 방법도 있으며 곧 살펴볼 것이다.

표 2-1 Qwen2 모델에 따라 입력 시퀀스를 이어갈 가능성이 가장 높은 토큰

입력 순서	가장 가능성이 높은 다음 토큰의 ID	해당 토큰
It	374	is
It was	264	a
It was a	2244	great
It was a dark	323	and

입력 순서	가장 가능성이 높은 다음 토큰의 ID	해당 토큰
It was a dark and	13458	storm
It was a dark and	88	y
It was a dark and stormy	3729	(이 부분을 분석해 보자.)

이제 전체 프롬프트의 로짓을 살펴보고 문맥을 이어갈 다음 단어를 예측하는 방법을 알아보자. argmax() 메서드를 사용해 값이 가장 높은 토큰의 인덱스를 찾을 수 있다.

```
final_logits = model(input_ids).logits[0, -1]  # 마지막 로짓값 집합
final_logits.argmax()  # 최댓값의 위치
```

```
tensor(3729)
```

3729는 모델이 'It was a dark and stormy'라는 문장을 보고 다음에 올 가능성이 가장 높은 단어를 나타내는 ID이다. 이 ID를 디코딩하면 'night'라는 단어가 나오며, 이로써 모델이 흔히 사용되는 이야기 흐름을 학습했음을 알 수 있다.

```
tokenizer.decode(final_logits.argmax())
```

```
' night'
```

따라서 'night'가 가장 가능성이 높은 토큰이다. 이는 입력 문장의 시작 부분을 고려했을 때 자연스러운 결과이다. 모델은 트랜스포머의 핵심 구성 요소인 **셀프 어텐션** 메커니즘을 사용해 각 토큰이 문맥에서 얼마나 중요한지를 파악하는 법을 학습한다. 직관적으로, 셀프 어텐션은 각 토큰이 문맥의 의미에 얼마나 기여하는지를 판단하도록 도와준다.

> **NOTE** 트랜스포머 모델에는 이런 어텐션 층이 여러 개 있으며, 각 층은 입력의 특정 특성을 처리하는 데 특화되었다. 휴리스틱 시스템[12]과 달리, 이런 특성은 사전에 정의되지 않고 학습 과정에서 자동으로 학습된다.

---

12 옮긴이_ 문제를 해결할 때 경험적 규칙이나 직관에 의존하는 방식이다. 사람이 직접 설계한 규칙을 기반으로 작동하며 빠른 계산과 근사치를 제공하는 데 유용하지만 최적의 결과를 보장하지는 않는다.

이제 topk()를 사용해 가능성이 높은 상위 10개의 토큰을 찾아보자.

```
import torch

top10_logits = torch.topk(final_logits, 10)
for index in top10_logits.indices:
    print(tokenizer.decode(index))
```

```
 night
 evening
 day
 morning
 winter
 afternoon
 Saturday
 Sunday
 Friday
 October
```

로짓을 확률로 변환해야 모델이 각 예측에 대해 얼마나 확신하는지 더 잘 이해할 수 있다. 그러려면 각 값을 다른 예측값들과 비교한 뒤, 모든 숫자의 합이 1이 되도록 정규화한다. 소프트맥스softmax 함수가 바로 이 작업을 수행한다. 다음 코드는 소프트맥스를 사용해 모델이 예측한 상위 10개의 가능성이 높은 토큰과 해당 확률을 출력한다.[13]

```
top10 = torch.topk(final_logits.softmax(dim=0), 10)
for value, index in zip(top10.values, top10.indices):
    print(f"{tokenizer.decode(index):<10} {value.item():.2%}")
```

```
 night      88.71%
 evening    4.30%
 day        2.19%
 morning    0.49%
 winter     0.45%
 afternoon  0.27%
```

---

[13] print문 내에서 <를 사용하여 토큰을 왼쪽으로 정렬했고, 필드의 너비를 10으로 지정했으며, .2%로 확률값을 소수점 두 자리까지 퍼센트 형식으로 표시했다.

```
Saturday  0.25%
Sunday    0.19%
Friday    0.17%
October   0.16%
```

다음으로 넘어가기 전에 앞서 언급한 코드를 직접 실험해 보고 다음과 같은 작업도 시도해 보길 권장한다.

단어 변경하기

입력 문자열에서 형용사(❶ 'dark'와 'stormy')를 바꿔 모델 예측이 어떻게 달라지는지 확인해 보자. 예측된 단어가 여전히 'night'인지, 확률 분포가 어떻게 달라지는지도 살펴보자.

입력 문자열 변경하기

다른 입력 문자열을 입력해 모델 예측이 어떻게 달라지는지 분석해 보자. 모델의 예측에 동의하는지 생각해 보자.

문법 오류 실험해 보기

문법적으로 올바르지 않은 문장을 입력해 보자. 모델이 이를 어떻게 처리하는지 확인하고 상위 예측의 확률 분포를 살펴보자.

2.1.3 텍스트 생성

모델이 문장에서 다음 토큰을 예측하는 방법을 알게 되면, 예측 결과를 모델에 반복해서 입력하여 텍스트를 쉽게 생성할 수 있다. `model(ids)`을 호출해 새 토큰 ID를 생성하고 이를 리스트에 추가한 뒤 다시 함수를 호출하면 된다. 여러 단어를 더 편리하게 생성할 수 있도록 트랜스포머의 자기회귀 모델은 `generate()` 메서드를 제공한다. 다음 코드를 살펴보자.

```python
output_ids = model.generate(input_ids, max_new_tokens=20)
decoded_text = tokenizer.decode(output_ids[0])

print("Input IDs", input_ids[0])
print("Output IDs", output_ids)
```

```
print(f"Generated text: {decoded_text}")
```

```
Input IDs tensor([ 2132,    572,    264,   6319,    323,  13458,     88])
Output IDs tensor([ 2132,    572,    264,   6319,    323,  13458,     88,   3729,
           13,    576,  12884,    572,   6319,    323,    279,   9956,    572,   1246,
         2718,     13,    576,  11174,    572,  50413,   1495,    323,    279])
Generated text: It was a dark and stormy night. The sky was dark and the
wind was howling. The rain was pouring down and the
```

이전 절에서 model()을 실행하면 내부적으로 forward() 함수를 수행하고 어휘 사전의 각 토큰에 대한 로짓 리스트(총 151,936개)를 반환한다. 이후 확률을 계산하고 가장 가능성이 높은 토큰을 선택한다. generate() 메서드는 이 과정을 추상화해 준다. 이 메서드는 여러 차례 순전파forward[14] 연산을 실행하며, 반복해서 다음 토큰을 예측하고 이를 기존 입력에 추가한다. 결과적으로 최종 텍스트의 토큰 ID(초기 입력 토큰과 새로 생성된 토큰 포함)가 제공된다. 이후 tokenizer.decode() 메서드로 토큰 ID를 다시 텍스트로 변환할 수 있다.

텍스트 생성을 수행할 때는 다양한 전략을 사용할 수 있다. 방금 사용한 방법은 가장 가능성이 높은 토큰을 선택하여 텍스트를 생성하는 방식으로, **탐욕적 디코딩**greedy decoding[15]이라고 한다(그림 2-4). 이 방법은 단순하고 직관적이지만 특히 긴 텍스트를 생성할 때 최적의 결과를 얻지 못할 수 있다. 전체 문장의 확률을 고려하지 않고 바로 다음 단어만을 기반으로 예측하기 때문이다. 예를 들어, 시작 단어가 'Sky'이고 다음 단어로 'blue'와 'rockets' 중 선택해야 하는 상황을 가정하면, 탐욕적 디코딩은 'blue'가 'Sky' 뒤에 나올 가능성이 더 높다고 보고 'Sky blue'를 선택할 것이다. 그러나 이 접근 방식은 'Sky rockets soar'와 같이 더 자연스럽고 전체적으로 적합한 문장을 놓칠 수 있다. 결과적으로 탐욕적 디코딩은 최적화되지 않은 텍스트 생성을 초래할 수 있다.

---

[14] 옮긴이_ 신경망에서 입력값이 각 층을 거쳐 출력값으로 변환되는 과정이다.
[15] 옮긴이_ 디코딩은 기계 번역이나 텍스트 생성 과정에서 모델이 예측한 확률로부터 실제 출력 시퀀스를 생성하는 과정을 의미한다. 대표적인 방식으로는 탐욕적 디코딩, 빔 검색, 샘플링 등이 있다.

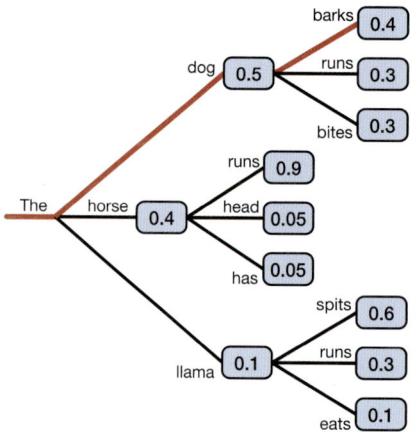

그림 2-4 이 탐욕적 디코딩 예시는 'The dog barks'를 생성한다. 'dog'가 두 번째로 가장 가능성이 높은 토큰이며 확률이 0.5이고, 'The dog' 다음에는 'barks'가 가장 가능성이 높은 토큰이기 때문이다.

한 번에 하나의 토큰을 선택하는 대신, **빔 검색**beam search[16] (그림 2-5)과 같은 기법은 여러 후보 문장들을 탐색한 후 가장 적절한 결과를 반환한다. 다음 예제 코드는 텍스트 생성 중 가장 유력한 num_beams개의 후보를 유지하다가 그중 최적의 것을 선택하는 방식을 보여준다.

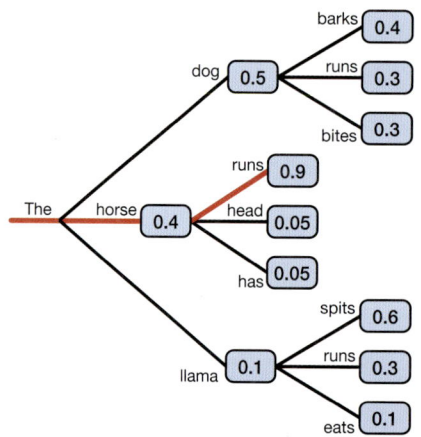

그림 2-5 이 빔 검색 예시는 더 가능성이 높은 시퀀스를 찾는 과정을 보여준다. 예를 들어 'The dog barks'는 총확률이 0.2(0.5×0.4)이고 'The horse runs'는 0.36(0.4×0.9)이다.

---

16 옮긴이_ 가능성이 있는 여러 문장의 전개를 동시에 고려하며 확률이 가장 높은 결과를 찾는 탐색 알고리즘이다.

```
beam_output = model.generate(
    input_ids,
    num_beams=5,
    max_new_tokens=30,
)

print(tokenizer.decode(beam_output[0]))
```

> It was a dark and stormy night. The wind was howling, and the rain was pouring down. The sky was dark and gloomy, and the air was filled with the

모델에 따라 다소 반복되는 결과가 나올 수도 있다. 자주 사용하지는 않지만, 반복 생성을 피하도록 조정하는 여러 매개변수가 있다. 그중 두 가지를 살펴보자.

repetition_penalty
이미 생성된 토큰에 페널티를 부여해 반복을 방지하는 정도를 설정한다. 적절한 기본값은 1.2이다.

bad_words_ids
생성되지 않아야 할 토큰 목록을 지정한다. 예를 들어 공격적인 단어 생성을 방지할 때 사용한다.

반복을 줄이면 어떤 결과가 나올지 알아보자.

```
beam_output = model.generate(
    input_ids,
    num_beams=5,
    repetition_penalty=2.0,
    max_new_tokens=38,
)
```

> It was a dark and stormy night. The sky was filled with thunder and lightning, and the wind howled in the distance. It was raining cats

```
and dogs, and the streets were covered in puddles of water.
```

어떤 생성 전략을 사용할지는 상황에 따라 달라진다. 빔 검색은 텍스트의 길이가 어느 정도 예상되는 작업(예 요약, 번역)에 적합하다. 반면 출력 길이가 크게 달라질 수 있는 개방형 생성 open-ended generation[17] 작업에서는 반복이 발생할 가능성이 있다. 모델이 스스로 반복하지 않도록 제어할 수도 있지만, 성능 저하로 이어질 가능성도 있다. 또한 빔 검색은 여러 빔에 대해 동시에 추론을 수행해야 하므로 탐욕 검색보다 속도가 느리다. 이는 대형 모델에서 문제가 될 수 있다.

탐욕 검색과 빔 검색을 사용하면 [그림 2-6]과 같이 모델이 확률이 높은 다음 단어들의 분포에 따라 텍스트를 생성한다.[18] 흥미로운 점은 실제 사람이 사용하는 고품질 언어는 이러한 분포를 따르지 않는다는 것이다. 사람이 작성한 텍스트는 더 예측하기 어려운 경향이 있다. 이러한 역설적인 현상을 연구한 논문[19]의 저자들은 사람의 언어가 예측 가능한 단어를 피하는 경향이 있다고 추측한다. 즉, 사람은 너무 뻔한 표현을 피하려 한다는 뜻이다. 이 논문에서는 뉴클리어스 샘플링 nucleus sampling[20]이라는 방법을 제안한다.

뉴클리어스 샘플링을 살펴보기 전에 먼저 일반적인 샘플링에 관해 알아보자. 샘플링을 사용하면 다음 토큰들의 확률 분포에서 한 토큰을 선택해 예측한다. 즉, 샘플링은 결정론적 방식이 아니라 확률적 방식으로 텍스트를 생성한다. 예를 들어 가능한 다음 토큰들의 확률이 'night'는 60%, 'day'는 35%, 'apple'은 5%라고 해 보자. 탐욕 검색에서는 'night'를 선택하겠지만 샘플링을 사용하면 'apple'을 선택할 확률이 5% 존재한다. 이 과정에서 의미가 통하지 않는 텍스트를 생성하기도 하지만, 반복되는 텍스트 생성을 피할 수 있어 더 다양한 생성 결과를 만들어 낼 수 있다.

---

17 옮긴이_ 출력 길이나 형식이 미리 정해지지 않은 자유로운 텍스트 생성 방식이다.
18 통계에서 분포란 변수의 값이 어떻게 퍼져 있는지를 설명하는 방식이다. 서로 다른 값들이 얼마나 자주 발생하는지를 보여준다.
19 https://arxiv.org/abs/1904.09751
20 옮긴이_ 누적 확률이 특정 임곗값을 넘는 토큰만을 대상으로 샘플링하는 방식이다.

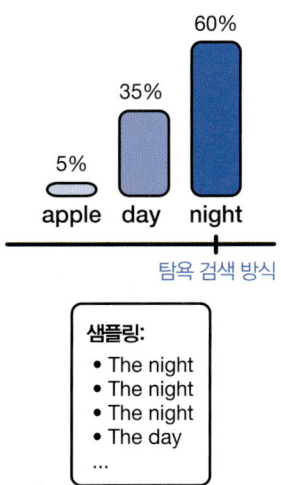

그림 2-6 탐욕 검색 항상 가장 확률이 높은 다음 토큰을 선택하지만 샘플링은 확률 분포에서 다음 토큰을 샘플링하여 선택한다.

트랜스포머에서는 do_sample 매개변수를 사용하여 샘플링을 수행한다.

```
from transformers import set_seed

# 시드를 설정하면 코드를 실행할 때마다 동일한 결과를 얻을 수 있다.
set_seed(70)

sampling_output = model.generate(
    input_ids,
    do_sample=True,
    max_new_tokens=34,
    top_k=0,  # 이 매개변수는 나중에 다시 살펴볼 것이다.
)

print(tokenizer.decode(sampling_output[0]))
```

```
It was a dark and stormy night. Kevin said he was going to stay up all
night, staring at the cloudless stars, wondering, what if I lost my
dream.He'd been teasing her about
```

샘플링하기 전에 temperature[21] 매개변수를 사용하여 확률 분포를 더 뾰족하거나 더 평평하게 조절할 수 있다. temperature가 1보다 크면 분포의 무작위성이 높아지며, 확률이 낮은 토큰이 생성될 가능성을 높여 더 창의적인 텍스트를 생성할 수 있다. temperature가 0에서 1 사이라면 무작위성이 낮아지며, 확률이 높은 토큰이 생성될 가능성을 높여 예상치 못한 예측을 피하게 된다. temperature가 0이면 모든 확률이 가장 가능성이 높은 다음 토큰으로 집중되어 탐욕적 디코딩과 동일해진다(그림 2-7).

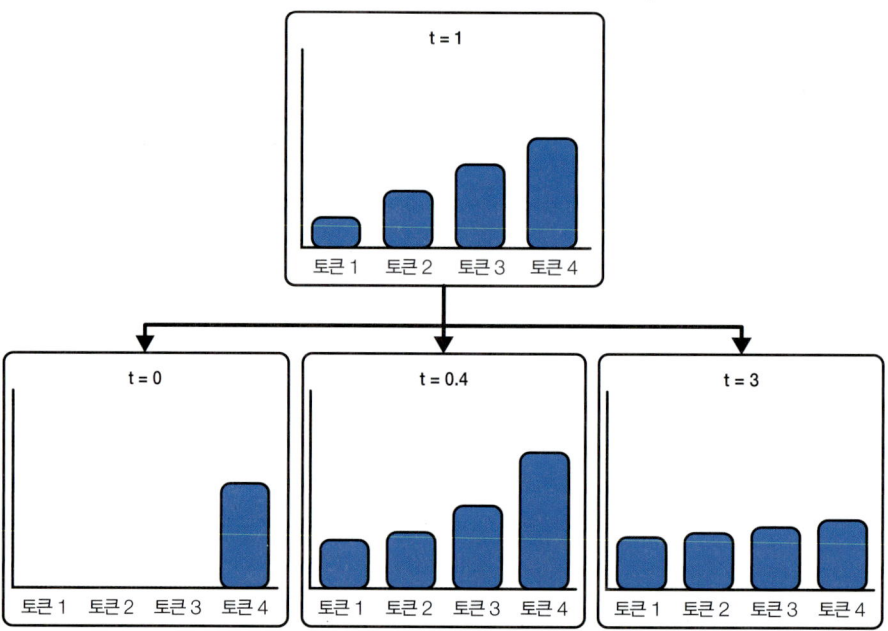

그림 2-7 temperature 매개변수가 토큰 확률 분포에 미치는 영향

생성된 텍스트에 temperature 매개변수가 어떤 영향을 미치는지 테스트해 보자.

```
sampling_output = model.generate(
    input_ids,
    do_sample=True,
    temperature=0.4,
```

---

21 옮긴이_ 생성 모델의 출력 확률 분포를 조절하는 매개변수다. 높을수록 더 다양하고 창의적인 출력을, 낮을수록 더 안정적이고 보수적인 출력을 생성한다.

```
    max_new_tokens=40,
    top_k=0,
)

print(tokenizer.decode(sampling_output[0]))
```

> It was a dark and stormy night in 1878. The only light was the moon, and the only sound was the distant roar of the thunder. The only thing that could be heard was the sound of the storm

```
sampling_output = model.generate(
    input_ids,
    do_sample=True,
    temperature=0.001,
    max_new_tokens=40,
    top_k=0,
)

print(tokenizer.decode(sampling_output[0]))
```

> It was a dark and stormy night. The sky was dark and the wind was howling. The rain was pouring down and the lightning was flashing. The sky was dark and the wind was howling. The rain was pouring down

```
sampling_output = model.generate(
    input_ids,
    do_sample=True,
    temperature=3.0,
    max_new_tokens=40,
    top_k=0,
)
print(tokenizer.decode(sampling_output[0]))
```

> It was a dark and stormy清晨一步
>   女人们都BL咻任何时候 ص ب ن attendees*sinruitmentโดnuresindi ambassadors eventData原来是exanENCE hemisphere worldsѡ.Anyar久◆ Sous dapat HV₁şísdía.inventory emptiedfuncpping {\Sex

첫 번째 테스트가 두 번째 테스트보다 훨씬 더 일관성 있다. 매우 낮은 temperature 매개변수를 사용한 두 번째 테스트는 (탐욕적 디코딩과 유사하게) 반복적이며 극도로 높은 temperature 매개변수를 사용한 세 번째 테스트는 난해한 텍스트를 생성한다.

여기서 사용한 매개변수 top_k는 텍스트 생성에서 중요한 역할을 한다. **Top-K 샘플링**은 단순한 샘플링 방식으로, 가장 가능성 높은 다음 토큰 중 K개만 고려한다. 예를 들어 top_k=5를 사용하면 먼저 가장 가능성 높은 다섯 개의 토큰을 필터링하고 확률을 재분배하여 1이 되도록 한다.

```
sampling_output = model.generate(
    input_ids,
    do_sample=True,
    max_new_tokens=40,
    top_k=5,
)

print(tokenizer.decode(sampling_output[0]))
```

> It was a dark and stormy night in New York. The city was on the brink of a violent storm. The sky above was painted with a mix of bright red and orange. It was a sign, but the storm had arrived

이 방식은 더 개선할 여지가 있다. Top-K 샘플링의 주요 문제는 실제로 관련성이 있는 후보의 수가 크게 달라질 수 있다는 점이다. 예를 들어 top_k=5로 설정했을 때 어떤 분포에서는 매우 낮은 확률의 토큰까지 포함되고, 다른 분포에서는 높은 확률의 토큰만 포함될 수도 있다.

마지막으로 살펴볼 생성 전략은 **Top-P 샘플링**(또는 뉴클리어스 샘플링)으로, 누적 확률이 특정값을 초과하는 가능성 높은 단어를 모두 사용한다. 예를 들어 top_p=0.94를 사용하면 누적 확률이 0.94 이상이 되는 가능성 높은 단어들만 남기고 필터링한다(그림 2-8). 그 후 확률을 재분배한 뒤 일반적인 샘플링을 진행한다.

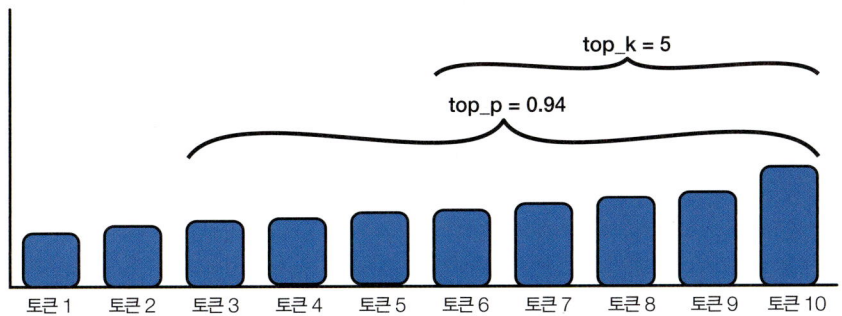

그림 2-8 top_k와 top_p가 토큰 확률 분포에 미치는 영향. top_k=5일 때는 가능성 높은 상위 다섯 개의 토큰만 고려한다. 반면 top_p=0.94일 때는 누적 확률이 0.94에 도달할 때까지 모든 토큰이 포함된다.

트랜스포머에서는 `top_p` 매개변수로 확률을 조정해 Top-P 샘플링을 사용할 수 있다.

```
sampling_output = model.generate(
    input_ids,
    do_sample=True,
    max_new_tokens=40,
    top_p=0.94,
    top_k=0,
)

print(tokenizer.decode(sampling_output[0]))
```

> It was a dark and stormy night in the skies of Morrowind, and a particularly ruthless fighter had decided that these careless tourists at Carrabine should be dealt with with maximum cruelty. The chief of this important operation was appointed by

Top-K와 Top-P는 실무에서 흔히 사용된다. 이 두 가지를 결합하여 낮은 확률의 단어를 걸러내면서 생성을 더 정교하게 제어할 수도 있다. 그러나 확률적 생성 방법의 문제는 생성된 텍스트가 일관성을 유지하지 않을 수도 있다는 점이다.

지금까지 살펴본 생성 방법은 크게 세 가지다. 탐욕 검색, 빔 검색, 샘플링(`temperature`, top-K, top-P를 사용한 추가 조정 포함)이다. 이런 다양한 접근 방식을 상황에 맞게 효과적으로 활용할 수 있다. 모델의 생성 결과가 기대에 미치지 못할 수도 있지만, 수억 개의 매개변수가 있는 모델이 일관된 텍스트를 생성할 수 있다는 점은 주목할 만하다. 최근에는 매개변수가 수십억 개에서 수천억 개에 이르는 모델이 등장했으며, 더 높은 품질의 데이터로 학습되는 이러한 대규모 모델을 활용하면 더 나은 결과를 얻을 가능성이 높다. 온라인 인터랙티브 데모[22]를 사용하면 `temperature`, `top_p`, `top_k`가 생성 분포에 어떤 영향을 미치는지 시각화할 수 있다.

다음과 같은 방법으로 추가 실험을 해 봐도 좋다.

- 매개변수의 값을 다양하게 조정해 보자. 빔의 개수를 늘리면 생성 품질에 어떤 영향을 미치는가? `top_p` 값을 줄이거나 늘리면 어떤 결과가 나타나는가?
- n-그램^{n-gram}(단어 *n*개로 이루어진 단어 시퀀스)에 페널티를 부여해 빔 검색에서 반복을 줄여 보자. 이는 `no_repeat_ngram_size`로 설정하며, 동일한 n-그램의 반복을 방지한다. 예를 들어 `no_repeat_ngram_size=4`를 사용하면 생성된 텍스트에 동일한 네 단어가 연속으로 포함되지 않게 된다.
- Top-K는 높은 품질의 토큰을 버릴 수 있고 Top-P는 낮은 확률의 토큰을 포함할 수 있다는 단점이 있다. 더 동적인 접근법인 Min-P(`min_p`)를 사용해 보자. 이는 `min_p`를 가장 높은 토큰의 확률과 곱한 후 해당 비율 이상의 토큰만 포함하는 방식이다. 즉, Min-P는 토큰의 가장 높은 확률을 기반으로 동적인 임곗값을 정의한다.
- 반복을 피하면서도 긴 길이의 일관된 출력을 생성하는 대조 검색^{contrastive search}을 사용해 보자. 이는 모델이 예측한 확률과 문맥 간의 유사성을 모두 고려하여 이루어지며, `penalty_alpha`와 `top_k` 매개변수로 제어할 수 있다.[23]

지금까지 설명한 내용이 다소 실험적으로 보일 수 있는데, 실제로도 그렇다. 생성형 AI는 현재 활발한 연구 분야이며 더 정교한 필터링과 같은 다양한 제안을 담은 새로운 논문이 계속 등장하고 있다. 이러한 내용은 마지막 장에서 간단히 다룰 예정이다. 모든 모델에 통용되는 단일 규칙은 없으므로 다양한 기법을 실험해 보는 것이 중요하다.

2.1.4 제로샷 일반화

텍스트 생성은 트랜스포머의 흥미로운 활용 사례이지만 단순히 허구의 이야기를 만들어내는 것이 트랜스포머가 주목받는 이유는 아니다.[24] 다음 토큰을 잘 예측하려면 이러한 모델이 세상에 관한 상당한 지식을 학습해야 한다. 이러한 특성을 활용하여 다양한 작업을 수행할 수 있다.

---

[22] https://oreil.ly/bH8AJ

[23] 톈 란(Tian Lan)이 작성한 'Generating Human-Level Text with Contrastive Search'(https://oreil.ly/VFc42)에서 대조 검색에 관한 심층 분석을 볼 수 있다.

[24] GPT-2 출시 블로그 게시물의 첫 번째 글은 유니콘에 대한 가짜 뉴스 기사로 유명하다.

예를 들어 번역 전용 모델을 학습시키는 대신 고성능 언어 모델에 다음과 같은 입력을 제공할 수 있다.

```
Translate the following sentence from English to French:
Input: The cat sat on the mat.
Translation:
```

필자는 깃허브 코파일럿^{GitHub Copilot}[25]을 활성화한 상태에서 이 입력을 작성했는데, 프롬프트의 다음 내용으로 적절한 번역인 'Le chat était assis sur le tapis'를 제안해 주었다. 이는 언어 모델이 명시적으로 학습하지 않은 작업도 수행할 수 있음을 보여주는 좋은 예시다. 모델의 성능이 높아질수록 추가 학습 없이도 더 많은 작업을 수행할 수 있다. 이러한 유연성이 트랜스포머의 강력한 특징이며 최근 몇 년간 큰 인기를 얻게 된 이유이다.

Qwen을 분류 모델로 사용해 이를 직접 확인해 보자. 구체적으로는 영화 리뷰가 긍정적인지 부정적인지 분류하는 작업을 할 것이다. 이는 자연어 처리 분야에서 자주 사용하는 기준 평가 작업이다. 접근 방식으로는 **제로샷**^{zero-shot}[26]을 사용해 모델에 (라벨링된 데이터를 전혀 제공하지 않고) 리뷰 텍스트를 입력해 감성을 예측하도록 요청할 것이다.

생성 모델을 분류기로 사용하는 방법은 여러 가지가 있다. 일반적으로는 영화 리뷰를 프롬프트 템플릿에 삽입하여 모델에 문맥을 제공한다. 이 프롬프트 템플릿은 모델에 리뷰의 감성을 단순히 반환하도록 (positive나 negative로 제한하여) 지시할 수 있다. 하지만 GPT-2나 소형 Qwen과 같은 작은 모델에서는 다음 토큰에 대한 예측을 살펴보고 positive와 negative 중 어느 토큰의 확률이 더 높은지 확인하는 방법이 더 효과적일 수 있으므로 여기서는 이 접근 방식을 사용한다. 우선 해당 토큰들의 ID를 찾아보자.

```
# ' positive'와 ' negative' 단어의 토큰 ID 확인
# (단어 앞의 공백에 주의)
tokenizer.encode(" positive"), tokenizer.encode(" negative")
```

([6785], [8225])

---

[25] 옮긴이_ 깃허브와 오픈AI가 개발한 AI 기반 코드 자동 완성 도구이다.
[26] 옮긴이_ 사전 학습 과정에서 얻은 지식만을 활용하여 새로운 유형의 문제를 즉시 처리하는 방법이다.

ID를 확보했으니 이제 모델로 추론을 실행하고 확률을 기반으로 레이블을 생성할 수 있다.

```python
def score(review):
    """ 긍정적인지 부정적인지 예측

    이 함수는 효과적인 프롬프트 구성을 통해 리뷰가 긍정적인지
    부정적인지 예측한다. positive와 negative 토큰에 대한
    예측값을 확인하고 점수가 가장 높은 레이블을 반환한다.
    """
    prompt = f"""Question: Is the following review positive or
negative about the movie?
Review: {review} Answer:"""

    input_ids = tokenizer(prompt, return_tensors="pt").input_ids  ①
    final_logits = model(input_ids).logits[0, -1]  ②
    if final_logits[6785] > final_logits[8225]:  ③
        print("Positive")
    else:
        print("Negative")
```

① 프롬프트를 토큰화한다.
② 어휘의 각 토큰에 대한 예측값을 구한다. model()은 어휘 사전의 각 토큰에 대한 로짓을 반환하지만 model.generate()는 선택된 토큰만 반환하므로 여기서는 model()을 사용한다.
③ positive 토큰의 예측값이 negative 토큰의 예측값보다 높은지 확인한다.

이 제로샷 분류기를 몇 가지 가상의 리뷰에 적용하여 성능을 평가해 보자.

```python
score("This movie was terrible!")
# 결과: Negative
score("That movie was great!")
# 결과: Positive
score("A complex yet wonderful film about the depravity of man")  # 잘못된 분류 예시
# 결과: Negative
```

이 책의 깃허브 저장소[27]에는 레이블이 표시된 리뷰 데이터셋과 이 제로샷 접근 방식의 정확도를 평가하는 코드가 있다. 프롬프트 템플릿prompt template[28]을 수정하여 모델의 성능을 개선할 수

---

[27] https://github.com/yk-genai/genaibook
[28] 옮긴이_ AI 모델에 입력하는 지시문의 기본 구조이다. 일관된 형식으로 입력을 제공하여 모델의 출력 품질을 향상하는 데 사용한다.

있을까? 이와 유사한 접근 방식을 사용하여 수행할 수 있는 다른 작업은 무엇이 있을까?

최신 AI 모델들의 제로샷 성능 향상은 획기적인 변화를 불러왔다. 별도의 학습 없이 다양한 작업을 즉시 수행할 수 있게 되면서 모델의 활용도가 크게 높아졌다. 이는 사용자들이 더욱 쉽게 AI를 활용할 수 있게 했을 뿐만 아니라, 개별 작업마다 특화된 모델을 준비해야 하는 부담도 크게 줄였다.

2.1.5 퓨샷 일반화

챗GPT가 출시되고 완벽한 프롬프트를 찾기 위한 노력이 계속되고 있지만, 제로샷 일반화나 프롬프트 튜닝[29] 외에도 다양한 방식으로 언어 모델을 활용할 수 있다.

제로샷은 **퓨샷**few-shot 일반화라는 기법의 극단적인 적용 사례다. 퓨샷 일반화에서는 수행하려는 작업의 몇 가지 예시를 언어 모델에 제공하고 유사한 답변을 생성하도록 요청한다. 즉 모델을 학습시키는 대신, 몇 가지 예시를 제공해 생성된 텍스트가 프롬프트와 유사한 구조와 패턴을 따를 확률을 높이는 방식이다.

다음 예시를 살펴보며 이를 직접 확인해 보자. 모델이 해야 할 일에 관한 간단한 설명(예 영어를 스페인어로 번역)을 추가하면 결과의 품질이 더 높아진다.

```
prompt = """\
Translate English to Spanish:

English: I do not speak Spanish.
Spanish: No hablo español.

English: See you later!
Spanish: ¡Hasta luego!

English: Where is a good restaurant?
Spanish: ¿Dónde hay un buen restaurante?

English: What rooms do you have available?
Spanish: ¿Qué habitaciones tiene disponibles?
```

---

29 옮긴이_ 입력 프롬프트를 최적화해 모델의 출력을 개선하는 과정을 의미한다.

```
English: I like soccer
Spanish:"""
inputs = tokenizer(prompt, return_tensors="pt").input_ids
output = model.generate(
    inputs,
    max_new_tokens=10,
)

print(tokenizer.decode(output[0]))
```

```
Translate English to Spanish:

English: I do not speak Spanish.
Spanish: No hablo español.

English: See you later!
Spanish: ¡Hasta luego!

English: Where is a good restaurant?
Spanish: ¿Dónde hay un buen restaurante?

English: What rooms do you have available?
Spanish: ¿Qué habitaciones tiene disponibles?

English: I like soccer
Spanish: Me gusta el fútbol

English:
```

작업 내용을 명시하고 문맥을 제공하는데 네 가지 예시를 제공했으므로 4샷 four-shot 일반화 작업이라고 할 수 있다. 그런 다음 모델이 주어진 예시 패턴을 바탕으로 텍스트를 생성해 번역하도록 했다.

추가로 다음과 같은 실험을 해 볼 수 있다.

- 더 적은 예시로도 작동할까?
- 작업 설명 없이도 작동할까?
- 다른 작업에도 적용할 수 있을까?
- GPT-2와 SmolLM은 이런 상황에서 얼마나 잘 작동할까?

> **NOTE** GPT-2는 모델의 크기와 학습 방식 때문에 퓨샷 작업에 뛰어난 성능을 보이지 못하며 제로샷 일반화에서는 더욱 취약하다. 그렇다면 이전 절에서 감성 분류에 어떻게 GPT-2를 활용할 수 있었을까? 사실 약간 요령을 부린 셈이다. 모델이 생성한 텍스트를 확인한 것이 아니라 "positive"와 "negative" 토큰의 확률값을 비교하는 방식을 사용했기 때문이다. 이처럼 모델의 내부 동작 원리를 이해하면 작은 모델로도 강력한 기능을 구현할 수 있다. 따라서 문제를 깊이 있게 분석하고 다양한 접근 방식을 시도해 봐야 한다.

GPT-2와 Qwen 0.5B는 **기본 모델**base model의 예시다. Qwen 스타일의 일부 기본 모델에는 추론 시에 사용할 수 있는 제로샷 및 퓨샷 기능이 있다. 기본 모델을 **파인튜닝**fine-tuning해서 사용할 수도 있다. 이는 기본 모델을 가져와서 특정 도메인이나 작업에 관한 데이터로 추가 학습을 진행하는 방식이다. 최고 수준 모델의 뛰어난 일반화 능력이 모든 상황에서 필요한 것은 아니다. 특정 작업만 수행할 때는 작은 모델을 파인튜닝하여 배포하는 것이 더 저렴하고 효과적일 수 있다.

또한 **기본 모델은 대화형이 아니라는 점**에 주의해야 한다. 적절한 프롬프트를 작성하면 기본 모델로 챗봇을 만들 수도 있지만 대화 데이터로 기본 모델을 파인튜닝하는 것이 일반적으로 더 편리하다. 이렇게 하면 모델의 대화 기능이 향상된다. 이는 6장에서 자세히 다룰 예정이다. 최근 출시되는 대규모 언어 모델들은 기본 모델과 대화 기능을 갖춘 공식 모델을 모두 포함하는 경우가 많다. 예를 들어 소형 Qwen 모델에 대화 기능을 추가한 모델은 Qwen2-0.5B-Instruct[30]이다.

2.2 트랜스포머 블록

이제 트랜스포머 기반 언어 생성 모델의 아키텍처 다이어그램을 살펴보자(그림 2-9).

---

[30] https://oreil.ly/W02QB

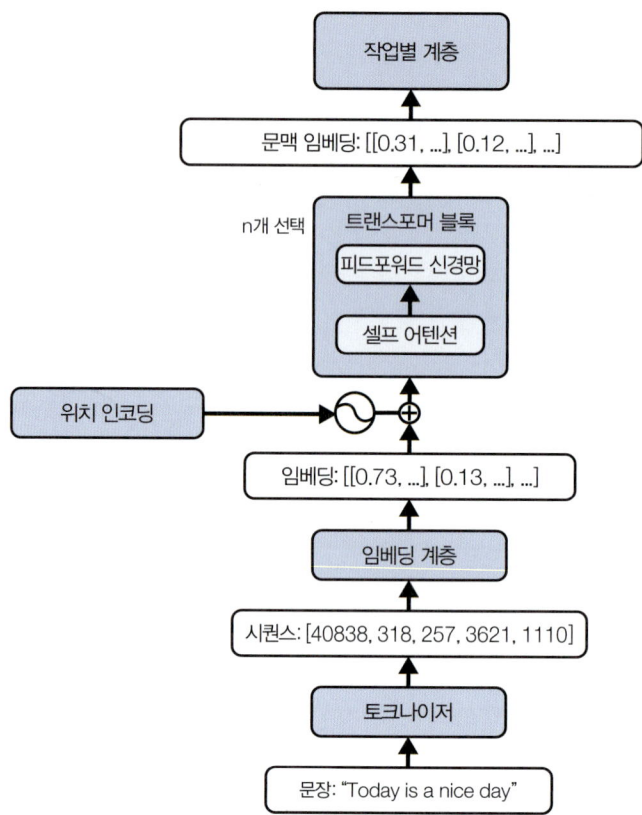

그림 2-9 트랜스포머 기반 언어 모델의 구조

주요 구성 요소는 다음과 같다.

토큰화

입력 텍스트를 개별 토큰으로 나눈다. 각 토큰에는 토큰 임베딩을 참조하는 데 사용하는 고유한 ID가 있다.

입력 토큰 임베딩

토큰을 **임베딩**embedding이라는 벡터로 표현한다. 이러한 임베딩은 각 토큰의 기본 정보를 담는 수치 표현이다. 벡터는 (긴) 숫자 목록과 같으며, 각 숫자는 토큰 의미의 특정 측면을 나타낸다. 학습 과정에서 모델은 각 토큰을 해당 임베딩에 매핑하는 방법을 학습한다. 토큰 임베딩은 입력 시퀀스 내의 위치와 관계없이 항상 동일하다.

위치 인코딩

트랜스포머 모델은 순서 개념이 없으므로 토큰 임베딩에 위치 정보를 추가해야 한다. 이는 토큰 임베딩에 위치 인코딩positional encoding을 더하는 방식으로 수행한다. 위치 인코딩은 입력 시퀀스에서 각 토큰의 위치를 표현하는 벡터 집합이다. 이를 통해 모델은 시퀀스 내 위치에 따라 토큰을 구분할 수 있으며, 이는 같은 토큰이라도 위치에 따라 의미가 달라질 수 있으므로 중요하다.

트랜스포머 블록

트랜스포머 모델의 핵심은 트랜스포머 블록transformer block이다. 트랜스포머의 성능은 여러 블록을 쌓아 입력 토큰 간의 점점 더 복잡하고 추상적인 관계를 학습하도록 하는 데서 나온다. 이는 두 가지 주요 구성 요소로 이루어진다.

셀프 어텐션 메커니즘

셀프 어텐션 메커니즘은 모델이 전체 시퀀스의 맥락에서 각 토큰의 중요도를 평가할 수 있게 한다. 이 덕분에 모델은 입력된 토큰 간의 관계를 더 깊이 이해할 수 있다. 이 메커니즘은 트랜스포머가 장거리 의존성[31]과 단어 간의 복잡한 관계를 파악할 수 있게 하는 핵심이며, 문맥에 맞는 일관된 텍스트를 생성하도록 도와준다.

피드포워드 신경망

셀프 어텐션의 출력은 피드포워드 신경망feed-forward neural network을 통과하며, 이는 입력 시퀀스의 표현을 더욱 정교하게 만든다.

문맥 임베딩

트랜스포머 블록의 출력은 입력 시퀀스에서 토큰 간의 관계를 포착하는 문맥 임베딩contextual embedding[32]의 집합이다. 입력 임베딩은 각 토큰에 고정되지만, 문맥 임베딩은 토큰 간의 관

---

31 옮긴이_ 텍스트에서 멀리 떨어진 단어나 구문 간의 의미적 또는 문법적 연관 관계를 의미한다.
32 옮긴이_ 주변 문맥을 고려하여 동적으로 생성되는 단어의 벡터 표현이다.

계에 기반하여 트랜스포머 모델의 각 계층에서 업데이트된다. 문맥 임베딩은 토큰이 나타나는 문맥의 풍부하고 복잡한 의미 정보를 표현한다.

예측

추가 층이 최종 표현을 작업별 최종 출력으로 처리한다. 텍스트 생성에서는 선형 계층을 통해 문맥 임베딩을 모델의 어휘 사전에 있는 가능한 모든 단어에 매핑하며, 이후 소프트맥스 연산을 수행해 시퀀스의 다음 토큰을 예측한다.

이는 트랜스포머 아키텍처를 요약한 설명이다. 셀프 어텐션의 작동 방식이나 트랜스포머 블록의 내부 구조는 이 책에서 자세히 다루지 않는다. 다만 트랜스포머 모델의 고수준 아키텍처를 이해하면 이러한 모델의 작동 방식과 다양한 작업에 적용하는 방법을 파악하는 데 도움이 된다. 이 아키텍처 덕분에 트랜스포머 모델은 다양한 작업과 도메인에서 뛰어난 성능을 보여준다. 이 책뿐만 아니라 AI 분야 전반에서 트랜스포머 모델을 계속 접하게 될 것이다.

2.3 트랜스포머 모델 계보

이 장의 시작 부분에서 Qwen을 사용하여 자기회귀적[33]으로 텍스트를 생성하는 실험을 진행했다. Qwen은 디코더 기반[34] 트랜스포머로, 단일 트랜스포머 블록 스택을 사용해 입력 시퀀스를 처리한다. 이는 현재 널리 사용되는 접근 방식이지만, 그동안 다른 아키텍처들도 개발되어 왔다. 이 절에서는 트랜스포머 모델의 계보를 간단히 살펴본다.

2.3.1 시퀀스-투-시퀀스 작업

트랜스포머 원저 논문[35]은 인코더-디코더 아키텍처라는 다소 복잡해 보이는 구조를 사용했다 (그림 2-10). 인코더-디코더 구조는 2023년까지 인기가 있었지만 현재 대부분의 연구소에서는 디코더를 더 많이 사용한다.

---

[33] 옮긴이_ 이전 출력을 다음 입력으로 사용하여 순차적으로 처리하는 방식이다.
[34] 옮긴이_ 입력을 순차적으로 처리하여 출력을 생성하는 구조의 모델이다.
[35] https://arxiv.org/abs/1706.03762

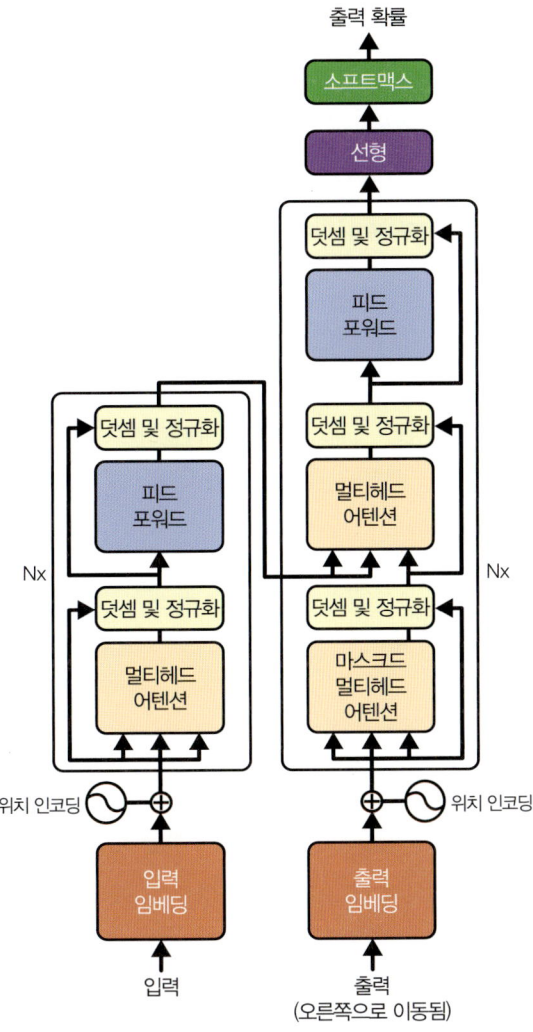

그림 2-10 인코더-디코더 트랜스포머(원본 트랜스포머 논문의 이미지에서 가져옴)

트랜스포머 논문은 시퀀스-투-시퀀스sequence-to-sequence 작업의 예시로 기계 번역에 초점을 맞췄다. 당시 기계 번역 분야에서 최고 성능을 보인 것은 장단기 메모리long short-term memory (LSTM)와 게이트 순환 유닛gated recurrent unit (GRU) 같은 RNN이었다(이런 용어에 익숙하지 않아도 괜찮다). 하지만 이 논문은 **어텐션** 방식에만 집중하여 더 나은 결과를 보여주었고, 확장성이 뛰어나며 학습이 훨씬 쉬움을 입증했다. 우수한 성능, 안정적인 학습, 뛰어난 확장성과 같은 중요한 요소들 덕분에 트랜스포머는 빠르게 발전했고 (다음 절에서 자세히 살펴볼) 여러 작업에 적용되었다.

인코더-디코더 모델에서는 논문에서 설명한 기존 트랜스포머 모델과 같이 **인코더**라는 트랜스포머 블록 스택이 입력 시퀀스를 풍부한 표현으로 처리한다. 이후 **디코더**라는 또 다른 트랜스포머 블록 스택이 이를 출력 시퀀스로 디코딩한다. 한 시퀀스를 다른 시퀀스로 변환하는 이 방식을 **시퀀스-투-시퀀스**(또는 **seq2seq**)라고 부르며 번역, 요약, 질의응답과 같은 작업에 적합하다.

예를 들어 번역 모델에서는 영어 문장을 인코더에 입력하면 그 문장의 의미를 포괄적으로 담은 수치화된 임베딩 데이터가 생성된다. 그런 다음 디코더는 이 임베딩을 사용하여 해당하는 프랑스어 문장을 생성한다. 앞서 설명한 시퀀스 생성과 마찬가지로 디코더에서도 한 번에 한 토큰씩 생성된다. 그러나 순차적으로 생성되는 각 토큰에 대한 예측은 이미 생성된 시퀀스의 이전 토큰들뿐만 아니라 인코더의 출력도 함께 고려된다.

인코더 쪽의 출력을 디코더 스택에 통합하는 메커니즘을 **교차 어텐션**cross-attention이라고 한다. 이는 셀프 어텐션과 유사하지만 입력의 각 토큰이 자신의 시퀀스 내의 다른 토큰이 아닌 인코더에서 전달된 정보에 주목한다는 점이 다르다. 교차 어텐션 층은 셀프 어텐션과 교차해서 배치되며, 이를 통해 디코더는 자체 시퀀스 내의 정보와 인코더에서 전달된 정보를 함께 사용할 수 있다.

트랜스포머 논문이 발표된 이후, 마리안 NMT^{Marian NMT}[36]와 같은 기존의 시퀀스-투-시퀀스[37] 모델들은 이러한 기법을 아키텍처의 핵심 요소로 도입했다. 이러한 아이디어를 바탕으로 새로운 모델들이 개발되었으며 그중 주목할 만한 것이 **BART**^{bidirectional and auto-regressive transformers}[38]이다. 사전 학습 과정에서 BART는 입력 시퀀스의 일부를 손상시키고 디코더 출력에서 이를 원래대로 복원하려고 시도한다. 이후 사전 학습 과정에서 얻은 풍부한 시퀀스 표현을 활용하여 다른 생성 작업(예 번역, 요약)에 맞게 파인튜닝된다. 참고로 입력 손상^{input corruption}은 4장에서 다룰 디퓨전 모델의 핵심 아이디어 중 하나이다.

---

[36] 옮긴이_ 기계 번역을 위해 설계된 오픈 소스 신경망 기계 번역 프레임워크다.
[37] 옮긴이_ 입력 시퀀스를 다른 형태의 출력 시퀀스로 변환하는 모델 구조다.
[38] http://arxiv.org/abs/1910.13461

2.3.2 인코더 전용 모델

앞서 언급했듯이 초기 트랜스포머 모델은 인코더-디코더 아키텍처를 기반으로 만들어졌으며 이후 BART나 T5와 같은 모델에서 더욱 발전되었다. 또한 인코더나 디코더는 독립적으로 학습되고 사용될 수 있어 서로 다른 트랜스포머 계열을 만들어낸다. 이 장의 첫 부분에서는 디코더 전용, 즉 자기회귀[39] 모델을 살펴보았다. 이러한 모델은 앞서 설명한 기법들을 사용하여 텍스트 생성에 특화되었으며 챗GPT, 클로드^{Claude}, 라마, 젬마^{Gemma} 등에서 인상적인 성능을 입증했다.

한편 인코더 모델은 텍스트 시퀀스로부터 풍부한 의미를 추출하는 데 특화되었다. 이를 텍스트 분류 작업에 활용할 수 있으며, 검색 시스템에서 다량의 문서를 의미론적 임베딩$^{semantic\ embedding}$[40]으로 변환하는 데도 사용한다. 트랜스포머 기반 인코더 모델 중 가장 잘 알려진 것은 아마도 **BERT**$^{bidirectional\ encoder\ representations\ from\ transformers}$[41]일 것이다. BERT는 텍스트의 일부를 가리고 예측하는 마스크드 언어 모델링$^{masked\ language\ modeling}$ (MLM)[42] 방식을 도입했고, 이후 BART 모델에서 채택해 한층 더 발전되었다.

인과적 언어 모델링$^{causal\ language\ modeling}$[43]은 이전 토큰들을 기반으로 다음 토큰을 예측하는 방식으로, 앞서 Qwen에서 수행했던 방식이다. 이 모델은 주어진 토큰의 왼쪽에 있는 문맥만을 참조할 수 있다. 반면 인코더 모델에서는 **마스크드 언어 모델링**이라는 접근 방식을 사용한다. 이는 유명한 BERT 논문에서 제안된 방식으로, '빈칸 채우기'를 학습하도록 모델을 사전 학습시킨다. 입력 텍스트가 주어지면 일부 토큰을 무작위로 마스킹하고 모델은 숨겨진 토큰들을 예측해야 한다(그림 2-11). 인과적 언어 모델링과 달리 마스크드 언어 모델링은 마스킹된 토큰의 왼쪽과 오른쪽 시퀀스를 모두 사용한다(BERT의 B는 양방향을 의미한다). 이는 주어진 텍스트의 문맥적 의미를 더 정확하게 파악하는 데 도움이 된다. 내부적으로 이러한 모델은 트랜스포머 아키텍처의 인코더 부분을 사용한다.

지금까지 인코더-디코더와 디코더 전용 아키텍처를 살펴보았다. Qwen이나 라마와 같은 디코더 전용 모델도 좋은 성능을 보여주는데 번역 같은 작업에 왜 인코더-디코더 모델이 필요한

---

[39] 옮긴이_ 이전 출력값을 다음 입력값으로 사용하는 순차적 처리 방식이다.
[40] 옮긴이_ 텍스트의 의미를 수치 벡터로 표현한 것으로, 의미가 비슷한 텍스트는 벡터값도 비슷하게 된다.
[41] http://arxiv.org/abs/1810.04805
[42] 옮긴이_ 입력 텍스트의 일부 단어를 가린 후 문맥을 보고 가려진 단어를 예측하도록 하는 학습 방식이다.
[43] 옮긴이_ 이전 토큰들의 순서에 따라 다음 토큰을 예측하는 방식이다.

지에 관한 의문이 자주 제기된다. 인코더-디코더 모델은 전체 입력 시퀀스를 출력 시퀀스로 변환하도록 설계되어 번역 작업에 적합하다. 반면 디코더 전용 모델은 시퀀스에서 다음 토큰을 예측하는 데 중점을 둔다. 초기의 GPT-2와 같은 디코더 전용 모델은 GPT-4와 같은 최신 모델보다 제로샷 학습[44] 시나리오에서 성능이 떨어졌는데, 이는 단순히 인코더가 없어서만은 아니었다. GPT-4와 같은 고도화된 모델의 제로샷 성능 향상은 더 방대한 학습 데이터, 발전된 학습 기법, 더 큰 모델 크기에서 비롯되었다. 시퀀스-투-시퀀스 모델에서 인코더는 입력 시퀀스의 전체 맥락을 이해하는 핵심 요소이다. 하지만 디코더 전용 모델의 발전으로 이제는 기존 시퀀스-투-시퀀스 모델이 주로 처리하던 작업도 효과적으로 수행하게 되었다.

이제 코드를 살펴보자. 이전에 사용한 `AutoModel`과 `AutoTokenizer` 클래스 대신, 더 상위 수준의 트랜스포머 API인 `pipeline`[45]을 소개하고자 한다. `pipeline` API는 주어진 작업에 맞는 모델을 쉽게 불러오며, 모든 전처리pre-processing[46]와 후처리post-processing[47]를 자동으로 처리해주므로 모델을 빠르게 시험해 볼 좋은 방법이다.

```python
from transformers import pipeline

fill_masker = pipeline("fill-mask", model="bert-base-uncased")
fill_masker("The [MASK] is made of milk.")
```

```
[{'score': 0.19546695053577423,
  'token': 9841,
  'token_str': 'dish',
  'sequence': 'the dish is made of milk.'},
 {'score': 0.1290755718946457,
  'token': 8808,
  'token_str': 'cheese',
  'sequence': 'the cheese is made of milk.'},
 {'score': 0.10590697824954987,
  'token': 6501,
  'token_str': 'milk',
  'sequence': 'the milk is made of milk.'},
 {'score': 0.04112089052796364,
```

---

[44] 옮긴이_ 특정 작업에 대한 사전 학습이나 파인튜닝 없이도 모델이 해당 작업을 수행할 수 있는 능력을 의미한다.
[45] 옮긴이_ 허깅 페이스 트랜스포머 라이브러리에서 제공하는 고수준 API로, 복잡한 모델 설정 과정을 단순화하여 제공한다.
[46] 옮긴이_ 원본 데이터를 모델이 처리할 수 있는 형태로 변환하는 과정을 의미한다.
[47] 옮긴이_ 모델의 출력을 최종 사용자가 이해할 수 있는 형태로 변환하는 과정을 의미한다.

```
    'token': 4392,
    'token_str': 'drink',
    'sequence': 'the drink is made of milk.'},
 {'score': 0.03712352365255356,
    'token': 7852,
    'token_str': 'bread',
    'sequence': 'the bread is made of milk.'}]
```

'우유로 만들어진 것'에 해당하는 마스크 토큰 중 '우유' 토큰이 가장 높은 점수를 받았다. 이 과정이 내부적으로 어떻게 동작하는지 살펴보자. 인코더는 입력 시퀀스를 받아 각 토큰에 대한 문맥화된 표현contextualized representation[48]을 생성한다. 이 표현은 전체 시퀀스의 맥락 안에서 해당 토큰의 의미를 담은 숫자 벡터이다. [그림 2-11]에서 볼 수 있듯이, 인코더 다음에는 일반적으로 문맥화된 표현을 사용하여 분류, 질의응답, 마스크드 언어 모델링과 같은 작업을 수행하는 작업별 층이 따라온다. 인코더는 입력을 깊이 이해해야 하는 작업에서 유용한 표현을 생성하도록 학습된다.

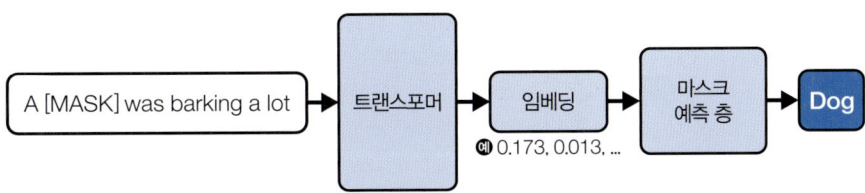

그림 2-11 시퀀스 중간 토큰 예측과 같은 작업을 수행하는 데 사용하는 인코더 모델의 의미론적 임베딩 출력

인코더 전용, 디코더 전용, 인코더-디코더 모델 분야에서 기업과 연구소들은 GPT-4, 미스트랄, 팔콘Falcon, 라마, Qwen, Yi, 클로드, 블룸Bloom, 젬마를 비롯한 수백 개의 공개 및 비공개 언어 모델을 출시했다. [그림 2-12]는 2024년까지 트랜스포머 모델이 자연어 처리 분야에 끼친 영향과 발전 과정을 계보도로 보여준다.

---

[48] 옮긴이_ 주변 문맥을 고려하여 생성된 단어나 토큰의 의미 표현이다.

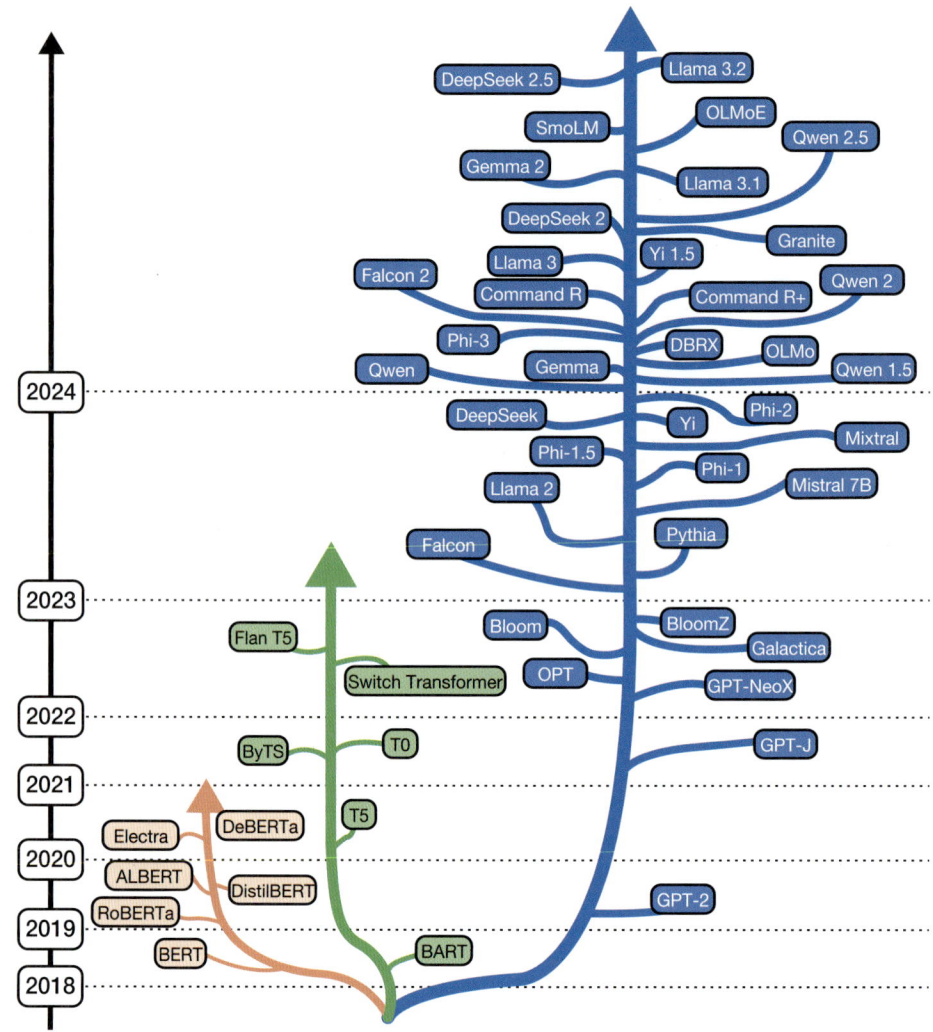

그림 2-12 인코더 전용(빨간색), 인코더-디코더(녹색), 디코더 전용(파란색) 모델 공개 계보도

2.4 사전 학습의 힘

기존 모델을 활용할 수 있다는 것은 큰 장점이다. 트랜스포머 모델은 텍스트 분류, 기계 번역, 텍스트 기반 질의응답 등 다양한 언어 작업에서 최고 수준의 성능을 보여준다. 그렇다면 트랜

스포머의 성능이 이렇게 뛰어난 이유는 무엇일까?

첫 번째 핵심은 이 장에서 계속 언급한 어텐션 메커니즘attention mechanism의 활용이다. 어텐션 메커니즘은 트랜스포머 모델이 긴 시퀀스를 처리하고 장거리 관계를 학습하게 해 준다. 즉, 트랜스포머는 특정 토큰들이 다른 토큰들과 얼마나 연관되는지를 계산할 수 있다.

두 번째 핵심은 확장성이다. 트랜스포머 아키텍처는 병렬 처리에 최적화되었으며, 연구를 통해 이러한 모델이 복잡도가 높은 대규모 데이터셋을 처리할 수 있음이 입증되었다. 트랜스포머 아키텍처는 원래 텍스트 데이터용으로 설계되었지만 다양한 데이터 유형을 지원하고 불규칙한 입력도 처리할 만큼 유연하다.

세 번째 핵심은 **사전 학습**과 **파인튜닝**이 가능하다는 점이다. 영화 리뷰 분류와 같은 작업에 대한 전통적인 접근 방식은 라벨링된 데이터의 부족이라는 한계가 있다. 모델은 라벨링된 대규모 예제 데이터로 처음부터 학습을 시작하여 입력 텍스트로부터 직접 레이블을 예측하려 했다. 이를 지도 학습supervised learning이라고 한다. 그러나 이 방식으로 효과적인 학습을 하려면 대량의 라벨링된 데이터가 필요하다는 중대한 단점이 있다. 데이터에 레이블을 붙이는 작업은 비용과 시간이 많이 소요되며 특정 분야에서는 가용 데이터 자체가 없을 수도 있다.

이러한 문제를 해결하고자 연구자들은 기존 데이터로 모델을 사전 학습한 뒤 특정 작업에 맞게 파인튜닝하는 방법을 모색하기 시작했다. 이러한 접근 방식을 **전이 학습**transfer learning이라고 하며, 자연어 처리와 컴퓨터 비전과 같은 많은 분야에서 현대 머신러닝의 기초가 되었다. 자연어 처리 분야의 초기 연구들은 언어 모델 사전 학습 단계에서 도메인별 특화 데이터를 찾는 데 초점을 맞추었다. 하지만 ULMFiT[49]과 같은 연구에서는 위키피디아 등의 일반 텍스트로 사전 학습을 하더라도 감성 분류나 질의응답과 같은 하위 작업에서 파인튜닝했을 때 인상적인 결과를 얻을 수 있음을 보여주었다. 이러한 발전은 트랜스포머가 등장하는 토대가 되었고, 트랜스포머는 언어의 풍부한 표현을 학습하는 데 매우 적합한 모델임이 입증되었다.

사전 학습은 레이블이 없는 대규모 데이터셋으로 모델을 학습하는 과정이다. 이렇게 사전 학습된 모델을 새로운 목표 작업에 파인튜닝하면 훨씬 적은 라벨링 데이터가 필요하다(그림 2-13). 자연어 처리 분야에 도입되기 전에, 전이 학습은 이미 현대 컴퓨터 비전의 근간을 이루는 합성곱 신경망에서 큰 성공을 거두었다. 이 시나리오에서는 먼저 대량의 라벨링된 이미

---

[49] http://arxiv.org/abs/1801.06146

지로 분류 작업을 수행하는 대규모 모델을 학습시킨다. 이 과정에서 모델은 서로 다르지만 연관된 문제에 활용할 수 있는 공통 특징을 학습한다. 예를 들어 수천 개의 클래스로 모델을 사전 학습한 후 이를 파인튜닝하여 특정 이미지가 핫도그인지를 분류하는 데 활용할 수 있다.

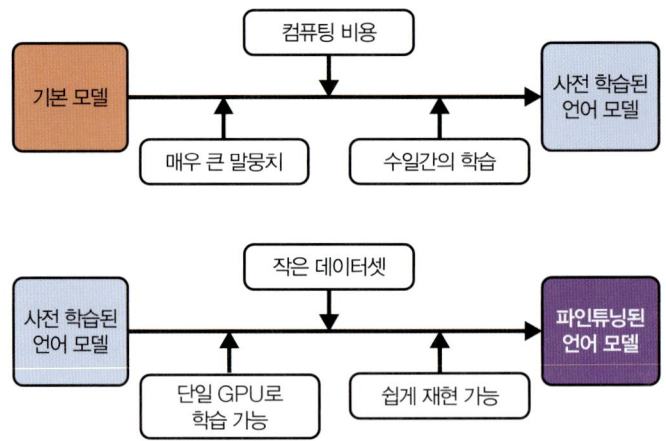

그림 2-13 기본 모델을 사전 학습하는 데는 많은 자원이 필요할 수 있지만, 기존 모델을 새로운 작업이나 분야에 맞추어 파인튜닝하면 훨씬 적은 자원이 들어간다.

트랜스포머는 자기 지도 사전 학습self-supervised pretraining[50]으로 한 단계 더 발전했다. 대규모의 레이블이 없는 텍스트 데이터로 모델을 사전 학습할 수 있다. GPT와 같은 인과적 모델은 다음 토큰을 예측하는 방식으로 동작한다. 이러한 방식에서는 학습 데이터를 얻기 위한 레이블이 필요하지 않다. 텍스트 코퍼스(말뭉치)corpus에서 시퀀스 이후의 토큰을 마스킹하고 모델이 이를 예측하도록 학습시킬 수 있다. 컴퓨터 비전에서처럼, 모델은 사전 학습으로 기본 텍스트에 관한 의미 있는 표현을 학습한다. 이후 (트윗이나 특정 도메인의 스타일로 텍스트를 생성하는 등) 다른 작업을 수행하도록 모델을 파인튜닝할 수 있다. 모델이 이미 언어의 표현을 학습했으므로 파인튜닝은 처음부터 학습할 때보다 훨씬 적은 데이터만 필요하다.

다음 토큰을 예측하는 것보다 입력 텍스트의 문맥적 의미를 정확히 파악하는 것이 더 중요한 작업도 많다. 예를 들어 영화 리뷰의 감성을 예측하도록 모델을 파인튜닝할 때는 마스크드 언어 모델이 더 효과적이다. GPT-2와 같은 모델은 텍스트의 의미 분석보다는 텍스트 생성에 초점을 맞추도록 설계되었다. 반면 BERT와 같은 모델은 의미 분석 작업에 적합하다. 앞서 설명

---

50 옮긴이_ 별도의 레이블 없이 데이터 자체에서 학습 신호를 얻는 학습 방식이다.

했듯이, 인코더 모델의 마지막 층은 입력 시퀀스를 수치화된 형태인 **임베딩**으로 변환하여 출력한다. 이 임베딩은 인코더 위에 간단한 신경망을 추가하고 특정 작업에 맞게 모델을 파인튜닝함으로써 활용될 수 있다. 예를 들어 BERT 인코더의 출력값 위에 간단한 선형 계층을 추가하여 문서의 감성을 예측하는 분류기를 만들 수 있다. 이러한 접근 방식은 다양한 작업에 활용할 수 있다.

토큰 분류
문장에서 사람, 장소, 기관과 같은 각 개체를 식별한다.

추출 질의응답 extractive question answering[51]
주어진 단락에서 특정 질문에 대한 답변을 찾아 입력 텍스트에서 답을 추출한다.

의미 기반 검색[52]
인코더가 생성한 특징을 사용하여 검색 시스템을 구축한다. 수백 개의 문서가 있는 데이터베이스가 주어지면 각 문서에 대한 임베딩을 계산한다. 그런 다음 추론 시점에 입력 임베딩과 문서들의 임베딩을 비교하여 데이터베이스에서 가장 유사한 문서를 찾아낸다.[53]

이는 예시일 뿐이며 텍스트 유사도 측정, 이상 탐지, 개체명 연결, 추천 시스템, 문서 분류 등의 작업에도 활용할 수 있다.

이제 텍스트의 감성이 긍정적인지 부정적인지를 판단하는 시퀀스 분류 sequence classification[54]를 수행하도록 파인튜닝된 BERT 기반 모델을 사용해 보자. 다시 한번 `pipeline` API를 사용하여 모델을 로드하고 분류를 수행한다.

```
from transformers import pipeline

classifier = pipeline(
    "text-classification",
```

---

51 옮긴이_ 주어진 문서에서 질문의 답변을 직접 찾아내는 방식이다.
52 옮긴이_ 단순 키워드 매칭이 아닌 텍스트의 의미를 기반으로 검색하는 방식이다.
53 여기서는 의미 기반 검색의 작동 방식을 상당히 단순화해 설명했지만, '도전 과제'에서 의미론적 임베딩을 사용하는 간단한 검색 시스템을 구축할 기회가 있을 것이다. 이는 검색 증강 생성의 핵심이다.
54 옮긴이_ 입력된 텍스트 시퀀스를 미리 정의된 범주로 분류하는 작업이다.

```
    model="distilbert/distilbert-base-uncased-finetuned-sst-2-english",
)
classifier("This movie is disgustingly good!")
```

```
[{'label': 'POSITIVE', 'score': 0.9998536109924316}]
```

이 분류 모델은 2.1.4절 '제로샷 일반화'와 2.1.5절 '퓨샷 일반화'와 같이 리뷰를 분석하고 감성을 예측할 수 있다. 2장의 '도전 과제'에서는 분류 모델을 평가하고 제로샷 방식과 이 파인튜닝된 모델을 비교하는 방법을 설명한다.

2.5 트랜스포머 요약

지금까지 세 가지 종류의 아키텍처를 살펴봤다.

인코더 기반 아키텍처

BERT, DistilBERT, RoBERTa와 같은 인코더 기반 아키텍처는 전체 입력을 이해해야 하는 작업에 적합하다.[55] 이러한 모델은 입력 시퀀스의 의미를 포착하는 문맥 임베딩을 출력한다. 이러한 임베딩 위에 작은 신경망을 추가하여 의미론적 정보를 활용하는 새로운 특정 작업에 맞춰 학습시킬 수 있다.

디코더 기반 아키텍처

GPT-2, Qwen, 젬마, 라마와 같은 디코더 기반 아키텍처는 새로운 글을 생성하는 데 적합하다.

인코더-디코더 구조

인코더-디코더 아키텍처또는, BART와 T5와 같은 시퀀스-투-시퀀스 모델은 주어진 입력을 기반으로 새로운 문장을 생성하는 요약이나 번역과 같은 작업에 탁월하다.

---

[55] DistilBERT는 원래 BERT의 성능의 95%를 유지하면서도 매개변수를 40% 줄인 작은 모델이다. RoBERTa는 다른 하이퍼매개변수로 더 오래 학습된 강력한 BERT 기반 모델이다.

챗GPT나 라마로 이 모든 작업을 처리할 수 있다고 생각할 수 있다. 이는 사실이다. 방대한 학습 데이터와 강력한 컴퓨팅 성능, 학습 최적화 덕분에 생성 모델의 품질은 크게 향상했다. 제로샷 성능도 몇 년 전과 비교하면 현저히 높아졌다.

이에 관한 두 가지 주요 관점이 존재한다. 첫 번째는 자원이 충분하다면 특정 작업과 도메인에 맞게 모델을 파인튜닝하는 것이 일반적인 사전 학습 모델을 사용하는 것보다 더 나은 결과를 낸다는 관점이다. 예를 들어 게임 내에서 실시간으로 캐릭터 대화를 생성하는 데 GPT와 같은 모델을 사용하려면, 유사한 데이터로 사전에 파인튜닝을 수행해 성능을 높일 수 있다. 또한 화학 논문 데이터셋에서 개체를 추출하는 모델이 필요하다면 화학 관련 텍스트로 인코더 기반 모델을 파인튜닝하는 것이 합리적일 수 있다.

반면 다양한 작업에서 우수한 성능을 보이는 고품질의 저비용 범용 모델이 등장함에 따라, 대부분의 사용 사례에서 파인튜닝이 불필요할 수 있다는 관점도 있다. 대신 프롬프트 엔지니어링 prompt engineering[56]이 더 효과적이고 경제적인 접근 방식이 될 수 있다.

시퀀스-투-시퀀스 모델은 초기에 입력 시퀀스를 변수 길이의 임베딩으로 인코딩할 수 있다는 점에서 성공을 거두었다. 디코더는 이후 이 정보를 바탕으로 출력을 생성한다. 최근에는 디코더 전용 모델이 단순성, 확장성, 효율성, 병렬화 측면에서 장점이 있어 인기를 얻었다. 실제로 모든 문제에 적합한 '만능' 모델은 없으며 작업에 따라 다양한 모델을 사용한다.

100만 개가 넘는 공개 모델 중에서 무엇을 사용해야 할지 고민될 수 있다. 6장에서는 특정 작업과 요구사항에 맞는 모델을 선택하는 가이드라인과 함께 특정 요구사항에 맞게 모델을 파인튜닝하는 방법을 제시할 것이다.

2.5.1 잠재적 문제점

트랜스포머의 잠재적인 문제점 중 몇 가지를 간단히 살펴보겠다.

규모가 매우 큼

연구에 따르면 더 큰 모델의 성능이 더 뛰어난 경향이 있다. 이는 흥미로운 발견이지만 동시에 몇 가지 우려를 불러일으킨다. 첫째, 강력한 모델을 학습시키는 데(순수 컴퓨팅 비용

---

[56] 옮긴이_ 인공지능 모델에 최적의 결과를 얻기 위해 입력 프롬프트를 설계하고 최적화하는 기술을 의미한다.

만으로도) 수천만 달러가 들 수 있다. 따라서 소수의 기관만이 대규모 기본 모델을 학습시킬 수 있으며, 이러한 자원이 없는 기관의 연구 범위가 제한될 수밖에 없다. 둘째, 막대한 컴퓨팅 자원 사용은 환경 문제를 야기할 수 있다. 수백만 GPU 시간을 사용하는 것은 당연히 대량의 전력을 소비한다. 셋째, 모델이 오픈 소스로 제공되더라도 실행하는 데 여러 대의 GPU가 필요할 수 있다. 6장에서는 여러 대의 GPU가 없는 환경에서도 이러한 LLM을 사용할 수 있는 방법을 살펴볼 것이다. 하지만 자원이 제한된 환경에서 이런 모델을 배포하는 일은 여전히 도전 과제로 남아 있다.

순차 처리

앞서 디코더를 설명할 때 언급했듯이, 새로운 토큰을 생성할 때마다 이전의 모든 토큰을 처리해야 했다. 따라서 시퀀스의 10,000번째 토큰을 생성하는 데 걸리는 시간은 첫 번째 토큰보다 훨씬 더 길어진다. 컴퓨터 공학 용어로 말하자면, 트랜스포머는 입력 길이에 대해 2차 시간 복잡도$^{quadratic\ time\ complexity}$를 가진다.[57] 이는 처리 시간이 입력 길이의 제곱에 비례해 증가한다는 의미이므로 매우 긴 문서나 실시간 시나리오를 처리할 때 이러한 모델을 사용하기가 어렵다. 트랜스포머가 많은 작업에서 뛰어난 성능을 보이지만, 프로덕션 환경에서 사용할 때는 컴퓨팅 요구사항을 신중하게 고려하고 최적화해야 한다. 그러나 클레버 캐싱$^{clever\ caching}$[58], 링 어텐션$^{ring\ attention}$[59], 무한 어텐션$^{infini-attention}$[60] 등 이런 문제를 개선하는 연구도 활발히 진행 중이다.

고정 입력 크기

트랜스포머 모델은 처리할 수 있는 최대 토큰 수가 정해져 있으며, 이는 기본 모델에 따라 달라진다. 모델이 처리할 수 있는 토큰의 수인 **컨텍스트 윈도**$^{context\ window}$[61]는 사전 학습된 모델을 선택할 때 반드시 고려해야 할 사항이다. 단순히 백과사전 전체를 트랜스포머에 입력하여 요약하기를 기대할 수는 없지만, 이는 빠르게 변화하고 있다. 기존 사전 학습 모델은 최대 512개의 토큰만 처리할 수 있었지만 현재는 32,000개의 토큰을 처리할 수 있는 모델

---

[57] 이미 처리된 토큰을 다시 처리하지 않도록 캐싱할 수 있다. 그러나 각각의 새로운 토큰에 대해서는 여전히 이전의 모든 토큰을 참조해야 한다.
[58] 옮긴이_ 이전에 처리한 데이터를 효율적으로 저장하고 재사용하는 고급 캐싱 기법이다.
[59] 옮긴이_ 어텐션 메커니즘을 원형 구조로 구성하여 메모리 효율성을 개선한 기법이다.
[60] 옮긴이_ 무한한 길이의 시퀀스를 처리할 수 있도록 설계된 어텐션 메커니즘이다.
[61] 옮긴이_ 모델이 한 번에 처리할 수 있는 입력 토큰의 최대 개수를 의미한다.

이 더 일반적이다. 더 나아가 새로운 기술 덕분에 수십만에서 수백만 개의 토큰을 처리하는 모델도 등장했다. 예를 들어 라마 3.1은 이 책의 길이와 비슷한 131,000개의 토큰을 처리할 수 있다.

이해하기 어려움

트랜스포머는 자주 해석하기 어렵다는 비판을 받는다.[62]

이러한 제한 사항을 극복하려는 연구가 활발히 이루어지고 있다. 연구자들은 더 적은 컴퓨팅 파워로 모델을 학습하고 실행하는 방법(예 6장에서 살펴볼 QLoRA), 생성 속도를 높이는 방법(예 플래시 어텐션$^{flash\ attention}$[63], 어시스티드 생성$^{assisted\ generation}$[64]), 입력 크기를 무제한으로 지원하는 방법(예 회전 위치 임베딩$^{rotary\ position\ embedding}$(RoPE)[65], 어텐션 싱크$^{attention\ sink}$[66]), 어텐션 메커니즘을 해석하는 방법을 연구하고 있다.

모델에 존재하는 편향도 큰 우려 사항이다. 트랜스포머를 사전 학습하는 데 사용한 학습 데이터에 편향이 포함되면 모델이 이를 학습하고 지속해서 강화할 수 있다. 이는 머신러닝 전반에 존재하는 문제이지만 특히 트랜스포머에서 더욱 관련성이 높다. `fill-mask` 파이프라인을 다시 살펴보자. 가장 가능성 있는 직업을 예측할 때, 'man'과 'woman'이라는 단어에 따라 다른 결과가 나온다.

```
unmasker = pipeline("fill-mask", model="bert-base-uncased")
result = unmasker("This man works as a [MASK] during summer.")
print([r["token_str"] for r in result])

result = unmasker("This woman works as a [MASK] during summer.")
print([r["token_str"] for r in result])
```

```
['farmer', 'carpenter', 'gardener', 'fisherman', 'miner']
['maid', 'nurse', 'servant', 'waitress', 'cook']
```

---

62 이와 관련된 연구 분야 중에서, 희소 오토인코더(sparse AutoEncoders)를 사용하여 트랜스포머에서 해석 가능한 특성을 추출하는 방법이 점점 더 주목받고 있다.
63 옮긴이_ 메모리 사용을 최적화하여 어텐션 계산을 가속하는 기술이다.
64 옮긴이_ 다른 모델의 도움을 받아 생성 속도를 개선하는 기법이다.
65 옮긴이_ 위치 정보를 효율적으로 인코딩하는 기법이다.
66 옮긴이_ 긴 시퀀스 처리를 위해 어텐션 메커니즘을 최적화하는 기법이다.

이러한 현상이 발생하는 이유는 무엇일까? 사전 학습에는 일반적으로 많은 양의 데이터가 필요하므로 찾을 수 있는 모든 콘텐츠를 수집하게 된다. 이 과정에서 들어온 유해한 콘텐츠는 어느 정도 필터링할 수 있지만 완전히 제거하기는 어렵다. 기본 모델은 파인튜닝될 때 이러한 편향을 내재화하고 계속 유지할 수 있다. 대화형 모델에서도 이와 비슷한 문제가 발생할 수 있으며, 최종 모델이 사전 학습 데이터셋에서 학습한 유해한 콘텐츠를 생성할 위험이 있다.

2.5.2 활용 범위

트랜스포머는 데이터를 텍스트로 표현하는 다양한 작업에 사용되어 왔다. 대표적인 예로 코드 생성을 들 수 있다. 영어 데이터로 언어 모델을 학습하듯이, 많은 양의 코드를 사용해 앞서 배운 원리를 적용하면 코드를 자동 완성하는 방법을 학습할 것이다. 또한 스프레드시트와 같은 표 데이터를 기반으로 질문에 답하도록 트랜스포머를 사용할 수도 있다.

트랜스포머 모델이 텍스트 영역에서 큰 성공을 거두면서 다른 분야에서도 이러한 기술을 적용하려는 관심이 높아졌다. 그 결과, [그림 2-14]와 같이 이미지 인식, 분할, 객체 감지, 비디오 이해 등의 작업에 트랜스포머 모델을 사용하게 되었다.

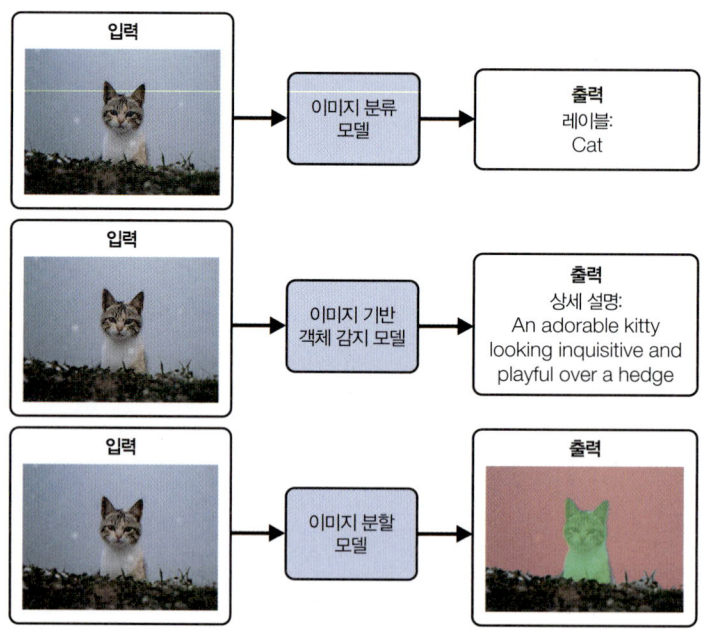

그림 2-14 트랜스포머 모델은 이미지를 분류하거나 객체를 감지하고 이미지를 분할하는 작업에 사용할 수 있다.

합성곱 신경망(CNN)은 대부분의 컴퓨터 비전 기술에서 최첨단 모델로 널리 사용되었다. 그러나 비전 트랜스포머$^{vision\ transformer}$(ViT)[67]의 도입으로 최근 몇 년 동안 어텐션과 트랜스포머 기반 기술을 사용하여 비전 작업을 해결하는 방향으로 전환되고 있다. 비전 트랜스포머는 합성곱 신경망을 완전히 배제하지는 않는다. 이미지 처리 파이프라인에서 합성곱 신경망은 높은 수준의 엣지, 텍스처 및 기타 패턴을 감지하는 특성 맵$^{feature\ map}$을 추출한다. 합성곱 신경망에서 얻은 특성 맵은 겹치지 않는 고정 크기의 패치^{patch}로 나뉜다. 이러한 패치는 토큰 시퀀스와 유사하게 처리될 수 있어 어텐션 메커니즘이 서로 다른 위치에 있는 패치 간의 관계를 학습할 수 있다.

안타깝게도 비전 트랜스포머는 합성곱 신경망보다 더 많은 데이터(3억 개의 이미지)와 컴퓨팅 자원이 필요했다. 그러나 최근 몇 년간 이와 관련된 추가 연구가 진행되었다. 예를 들어 DeiT$^{data-efficient\ image\ transformer}$[68] 모델은 CNN에서 일반적으로 사용되는 증강^{augmentation}[69]과 정규화^{regularization}[70] 기법을 활용해 중간 규모의 데이터셋(120만 개의 이미지)으로도 트랜스포머 기반 아키텍처를 활용할 수 있게 되었다. DETR, SegFormer, Swin Transformer 같은 모델은 이미지 분류, 객체 감지, 이미지 분할, 비디오 분류, 문서 이해, 이미지 복원, 초해상도 등 다양한 작업을 지원하며 이 분야를 더욱 발전시켰다.

제로샷 이미지 분류는 트랜스포머 기반 이미지 모델의 대표적인 예다. 기존의 이미지 분류 모델은 고정된 클래스 집합으로 학습되지만, 제로샷 이미지 분류는 추론 시점에 클래스를 지정할 수 있다. 이는 명시적으로 학습하지 않은 이미지 분류 작업에도 단일 모델을 사용할 수 있는 유연성을 제공한다. 이를 직접 실험해 보자. 먼저 비전 관련 전처리에 널리 사용하는 도구인 **PIL 라이브러리**로 이미지를 로드한다.

```
import requests
from PIL import Image

from genaibook.core import SampleURL

# 이미지 다운로드 후 PIL 라이브러리로 로드
```

---

[67] http://arxiv.org/abs/2010.11929
[68] 옮긴이_ 적은 데이터로도 효과적인 학습이 가능한 이미지 트랜스포머 모델이다.
[69] 옮긴이_ 기존 데이터를 변형하여 더 많은 학습 데이터를 생성하는 기법이다.
[70] 옮긴이_ 모델의 과적합을 방지하는 기법이다.

```
url = SampleURL.CatExample
image = Image.open(requests.get(url, stream=True).raw)
image
```

이제 상위 수준의 pipeline을 사용하여 주어진 작업에 맞는 모델을 활용해 보자.

```
pipe = pipeline(
    "zero-shot-image-classification", model="openai/clip-vit-base-patch32"
) ❶
labels = ["cat", "dog", "zebra"] ❷
pipe(image, candidate_labels=labels) ❸
image
```

```
[{'score': 0.9936687350273132, 'label': 'cat'},
 {'score': 0.006043245084583759, 'label': 'dog'},
 {'score': 0.0002880473621189594, 'label': 'zebra'}]
```

❶ openai/clip-vit-base-patch32 모델[71]을 로드한다.

❷ 추론 시 사용할 클래스를 정의한다.

❸ 모델의 예측을 얻기 위해 이미지와 레이블을 파이프라인에 전달한다.

9장에서 살펴보겠지만, 트랜스포머 모델은 오디오를 텍스트로 변환하거나, 합성 음성이나 음악을 생성하는 등의 오디오 작업에도 사용할 수 있다. 내부적으로 사전 학습과 어텐션 메커니즘의 기본 원리는 동일하게 유지되지만 모달리티^{modality}[72]마다 데이터 타입이 달라 그에 맞는

---

[71] https://oreil.ly/Q2tPc

[72] 옮긴이_ 데이터의 유형이나 입력 형식을 의미한다. 예를 들어 텍스트, 이미지, 음성 등의 다양한 형태가 존재한다.

접근 방식과 수정이 필요하다.

이 외에도 다양한 모달리티에서 트랜스포머를 활용한다.

그래프

클레망틴 푸리에^{Clémentine Fourrier}의 '인공지능 그래프 학습 소개^{Introduction to Graph Machine Learning}[73]'는 그래프 머신러닝에 입문하기 좋은 자료다. 그래프에 대한 트랜스포머 연구는 아직 탐색 단계이지만, 이미 의미 있는 성과가 나오고 있다. 예를 들어 분자의 독성 예측, 시스템 발전 과정 예측, 새로운 분자 구조 생성 등에 활용되었다.

3D 데이터

자율 주행에서 LiDAR 점 구름^{LiDAR point cloud}이나 CT 스캔을 활용한 장기 분할^{organ segmentation} 등 3D로 표현할 수 있는 데이터를 분할하는 작업에서 활용한다. 또한 물체의 6 자유도^{six degrees of freedom}[74]를 추정하는 데 사용해 로봇 공학 응용에 도움을 주기도 한다.

시계열 데이터

주식 가격을 분석하거나 날씨 예보를 수행한다.

멀티 모달

멀티 모달^{multimodal}[75]은 일부 트랜스포머 모델이 여러 타입의 데이터(텍스트, 이미지, 오디오 등)를 함께 처리하거나 출력하도록 설계되었음을 의미한다. 즉 사용자가 말하거나, 글을 쓰거나, 이미지를 제공하면 단일 모델이 이를 처리할 수 있다. 또 다른 예로는 제공된 이미지에 대한 질문에 답하는 시각적 질의응답이 있다.

---

[73] https://oreil.ly/TK9vt
[74] 옮긴이_ 3차원 공간에서 물체의 위치(x, y, z)와 회전(roll, pitch, yaw)을 나타내는 6가지 독립적인 움직임을 의미한다.
[75] 옮긴이_ 여러 데이터 형태를 동시에 처리할 수 있는 시스템이나 모델을 의미한다.

2.6 언어 모델을 이용한 텍스트 생성 프로젝트

2.1.3절 '텍스트 생성'에서는 generate() 메서드를 사용해 다양한 디코딩 기법을 수행했다. 이번에는 이를 직접 구현해 보며 내부적으로 어떻게 작동하는지 더 깊이 이해해 보자.

목표는 다음 함수의 코드를 완성하는 것이다. 모델을 사용할 때 model.generate() 대신에 이전 토큰을 입력으로 전달하면서 model()을 반복 호출하는 방식을 사용한다. do_sample=False일 때는 탐욕 검색[76]을, do_sample=True일 때는 샘플링을, do_sample=True이고 top_k가 None이 아닐 때는 Top-K 샘플링[77]을 사용해야 한다. 이는 어려운 작업이므로 바로 해결책을 찾지 못하더라도 괜찮다. 먼저 탐욕 검색을 구현한 다음에 이를 기반으로 발전시키기를 추천한다.

```
def generate(
    model, tokenizer, input_ids, max_length=50, do_sample=False, top_k=None
):
    """시퀀스를 model.generate()를 사용하지 않고 생성한다.
    Args:
        model: 생성에 사용할 모델
        tokenizer: 생성에 사용할 토크나이저
        input_ids: 입력 ID
        max_length: 시퀀스의 최대 길이
        do_sample: 샘플링 사용 여부
        top_k: 샘플링할 토큰의 수
    """
    # 여기에 코드를 작성하자.
    # 가장 간단한 접근법인 탐욕적 디코딩부터 시작하는 것을 추천한다.
    # 그런 다음 샘플링을 추가하고 마지막으로 상위-k 샘플링을 구현해 보자.
```

2.7 요약

트랜스포머를 다양한 작업에 활용하는 방법을 배웠다. 이 장에서는 트랜스포머 모델이 텍스트

---

76 옮긴이_ 각 단계에서 확률이 가장 높은 토큰을 선택하는 방식이다.
77 옮긴이_ 확률이 가장 높은 K개의 토큰 중에서 샘플링하는 방식이다.

와 같은 순차적 데이터를 처리하는 방식과 이를 통해 새로운 텍스트 생성이나 분류에 필요한 유용한 특징을 어떻게 학습하는지 살펴봤다. 모델의 규모가 커질수록 성능도 함께 향상하며, 현재는 매개변수가 수천억 개인 대규모 모델들이 과거에는 불가능했던 복잡한 작업을 수행하게 되었다.

고성능 사전 학습 모델을 선택하여 파인튜닝으로 특정 도메인과 사용 사례에 맞게 조정할 수 있다. 더 크고 성능이 높은 모델이 등장하면서 사용자들의 활용 방식도 변화했다. 작업별 특화 모델은 범용 LLM과의 경쟁에서 밀려났으며, 대부분의 사용자는 API, 호스팅 서비스, 로컬 배포, 채팅 기반 인터페이스를 활용해 모델과 상호작용한다. 한편 라마와 같은 고성능 오픈 액세스 모델이 등장하면서 일반 컴퓨터에서도 고품질 모델을 실행하려는 움직임이 활발해졌고, 이는 개인정보 보호 중심의 솔루션 개발로 이어졌다. 이러한 추세는 추론을 넘어 학습 영역까지 확장되었다. 최근에는 대규모 컴퓨팅 자원 없이도 개인이 모델을 파인튜닝할 수 있는 새로운 학습 방식이 등장했다. 6장에서는 이를 자세히 살펴보고 기존 방식과 새로운 파인튜닝 기법을 심도 있게 다룰 것이다.

트랜스포머의 작동 방식과 학습 방법을 다뤘지만, 모델의 내부 구조(예 어텐션 메커니즘의 수학적 원리)나 사전 학습 모델을 처음부터 구축하는 방법은 이 책의 범위를 벗어난다. 다행히도 이를 학습할 수 있는 훌륭한 자료들이 있다.

- 제이 알라마르Jay Alammar의 'The Illustrated Transformer'[78]는 트랜스포머를 상세하고 직관적으로 설명하는 뛰어난 시각적 가이드이다.
- 특정 작업에 맞게 모델을 파인튜닝하는 내부 원리를 더 깊이 이해하고 싶다면 루이스 턴스톨Lewis Tunstall 등이 저술한 『트랜스포머를 활용한 자연어 처리』(한빛미디어)[79]를 추천한다.
- 허깅 페이스에는 다양한 자연어 처리 과제를 해결하는 방법을 가르치는 무료 오픈 소스 강의[80]가 있다.

GPT 모델군에 관해 더 깊이 알고 싶다면 다음 논문을 살펴보기를 추천한다.

『Improving Language Understanding by Generative Pre-training』[81]

이 논문은 2018년에 알렉 래드포드Alec Radford 등이 발표한 최초의 GPT 연구 논문이다. 대

---

78 https://oreil.ly/FL3cz
79 https://product.kyobobook.co.kr/detail/S000200330771
80 http://hf.co/course
81 https://oreil.ly/ND5Bk

규모 텍스트 데이터로 사전 학습된 트랜스포머 기반 모델을 사용하여 일반적인 언어 표현을 학습하고, 이를 특정 하위 작업에 파인튜닝하는 개념을 소개했다. 또한 당시 여러 자연어 이해 벤치마크에서 GPT 모델이 최고 성능을 달성했음을 보여주었다.

『Language Models Are Unsupervised Multitask Learners』[82]

알렉 래드포드 등이 2019년에 발표한 이 논문은 WebText라는 대규모 웹 텍스트 데이터로 사전 학습되었으며 매개변수가 15억 개인 GPT-2를 소개했다. 또한 GPT-2가 파인튜닝 없이도 텍스트 생성, 요약, 번역, 독해, 상식 추론과 같은 다양한 자연어 작업에서 우수한 성능을 보임을 입증했다. 더불어 대규모 언어 모델의 잠재적인 윤리적, 사회적 영향에 관해서도 논의했다.

『Language Models Are Few-Shot Learners』[83]

톰 B. 브라운^{Tom B. Brown} 등이 2020년에 발표한 이 논문은 언어 모델의 규모를 크게 확장하면 파인튜닝이나 그레이디언트^{gradient} 업데이트 없이도 몇 가지 예시나 간단한 지시 사항만으로 새로운 언어 작업을 수행하는 능력이 극적으로 향상함을 보여주었다. 또한 매개변수가 1,750억 개인 자기회귀 언어 모델인 GPT-3를 소개했으며, 이 모델은 많은 자연어처리 데이터셋과 작업에서 뛰어난 성능을 달성했다.

연습 문제

1. 텍스트 생성에서 어텐션 메커니즘의 역할은 무엇인가?
2. 문자 기반 토크나이저는 언제 더 선호되는가?
3. 모델과 다른 토크나이저를 사용하면 어떻게 되는가?
4. 텍스트 생성할 때 no_repeat_ngram_size를 사용하면 어떤 문제가 발생할 수 있는가? (힌트: 도시 이름을 생각해 보자.)
5. 빔 검색과 샘플링을 결합하면 어떻게 되는가?

---

82 https://oreil.ly/m5bBi
83 http://arxiv.org/abs/2005.14165

6. 생성형 AI가 샘플링을 사용해 코드 편집기에서 코드를 생성한다고 가정해 보자. 낮은 temperature와 높은 temperature 중 어느 쪽이 더 적합할까?
7. 파인튜닝의 중요성은 무엇이며 제로샷 생성과 무엇이 다른가?
8. 인코더, 디코더, 인코더-디코더 트랜스포머의 차이점과 응용 분야를 설명하라.

연습 문제와 도전 과제의 해답은 이 책의 깃허브 저장소[84]에 있다.

도전 과제

1. **요약하기:** 요약 모델을 사용해 단락의 요약을 생성해 보자(🤗 pipeline("summarization")). 제로샷 결과와 비교하면 어떠한가? 퓨샷 예제를 제공하면 더 나은 결과를 얻을 수 있는가?
2. **감성 분석:** 제로샷 분류의 성능 측정 결과와 비교해 보자. 감성 분석을 할 수 있는 distilbert-base-uncased-finetuned-sst-2-english 인코더 모델을 사용해 보자. 어떤 결과를 얻을 수 있는가?
3. **의미 기반 검색:** FAQ 시스템을 만들어 보자. 문장 트랜스포머는 텍스트의 의미적 유사성을 측정할 수 있는 대표적인 모델이다. 트랜스포머 인코더는 일반적으로 각 토큰에 대한 임베딩을 출력하지만 문장 트랜스포머는 전체 입력 텍스트에 대한 임베딩을 출력하여 두 텍스트의 의미가 유사한지 유사도 점수를 기반으로 판단할 수 있다. sentence_transformers 라이브러리를 사용한 간단한 예시를 살펴보자.

```
from sentence_transformers import SentenceTransformer, util

sentences = ["I'm happy", "I'm full of happiness"]
model = SentenceTransformer("sentence-transformers/all-MiniLM-L6-v2")

# 두 리스트에 대한 임베딩 계산
embedding_1 = model.encode(sentences[0], convert_to_tensor=True)
embedding_2 = model.encode(sentences[1], convert_to_tensor=True)

util.pytorch_cos_sim(embedding_1, embedding_2)
```

```
tensor([[0.6003]], device='cuda:0')
```

특정 주제에 관한 5개의 질문과 답변 목록을 작성해 보자. 새로운 질문이 주어졌을 때 사용자에게 가장 적절한 답변을 제공하는 시스템을 구축하는 것이 목표이다. 문장 트랜스포머를 어떻

---

[84] https://github.com/yk-genai/genaibook

게 활용하여 이 문제를 해결할 수 있을까? 깃허브 저장소[85]에 해답이 있지만 어렵더라도 먼저 직접 시도해 보기를 권장한다.

> **NOTE** 대표적인 기법인 **검색 증강 생성**retrieval-augmented generation(RAG)은 텍스트 생성과 임베딩을 결합하여 관련 문서를 검색한다. 부록 C에서는 최소한의 RAG 파이프라인을 구축하는 전체 예시를 보여준다. 하지만 그전에 6장에서 다루는 파인튜닝과 이를 활용하여 특정 작업에 모델을 적용하는 방법을 먼저 살펴보는 것이 좋다.

참고 자료

1. Brown, Tom B., et al. "Language Models Are Few-Shot Learners." arXiv, July 22, 2020. *http://arxiv.org/abs/2005.14165*.
2. Devlin, Jacob, et al. "BERT: Pre-Training of Deep Bidirectional Transformers for Language Understanding." arXiv, May 24, 2019. *http://arxiv.org/abs/1810.04805*.
3. Dosovitskiy, Alexey, et al. "An Image Is Worth 16x16 Words: Transformers for Image Recognition at Scale." arXiv, June 3, 2021. *http://arxiv.org/abs/2010.11929*.
4. Fourrier, Clementine. "Introduction to Graph Machine Learning." Hugging Face blog, January 3, 2023. *https://oreil.ly/TK9vt*.
5. Gao, Leo, et al. "Scaling and Evaluating Sparse Autoencoders." arXiv, June 6, 2024. *https://arxiv.org/abs/2406.04093*.
6. Holtzman, Ari, et al. "The Curious Case of Neural Text Degeneration." arXiv, February 14, 2020. *http://arxiv.org/abs/1904.09751*.
7. Howard, Jeremy, and Sebastian Ruder. "Universal Language Model Fine-Tuning for Text Classification." arXiv, May 23, 2018. *http://arxiv.org/abs/1801.06146*.
8. Lan, Tian. "Generating Human-Level Text with Contrastive Search in Transformers." Hugging Face blog, November 8, 2022. *https://oreil.ly/VFc42*.
9. Lewis, Mike, et al. "BART: Denoising Sequence-to-Sequence Pre-training for Natural Language Generation, Translation, and Comprehension." arXiv, October 29, 2019. *http://arxiv.org/abs/1910.13461*.

---

85 *https://github.com/yk-genai/genaibook*

10. Radford, Alec, et al. "Improving Language Understanding by Generative Pretraining." OpenAI Blog, June 11, 2018. https://oreil.ly/ND5Bk.

11. Radford, Alec, et al. "Language Models Are Unsupervised Multitask Learners." OpenAI Blog 1, no. 8 (2019): 9. https://oreil.ly/m5bBi.

12. Raffel, Colin, et al. "Exploring the Limits of Transfer Learning with a Unified Text-to-Text Transformer." arXiv, July 28, 2020. http://arxiv.org/abs/1910.10683.

13. Vaswani, Ashish, et al. "Attention Is All You Need." arXiv, June 12, 2017. https://arxiv.org/abs/1706.03762.

14. Yang, Jingfeng, et al. "Harnessing the Power of LLMs in Practice: A Survey on ChatGPT and Beyond." arXiv, April 27, 2023. http://arxiv.org/abs/2304.13712.

CHAPTER 3

정보 압축과 표현

이 장에서는 이미지, 비디오, 텍스트와 관련된 작업을 위해 효율적인 데이터 표현을 학습하는 머신러닝 모델과 기술을 소개한다. 효율적인 표현을 사용하면 데이터의 본질은 유지하면서도 저장과 처리에 필요한 정보량을 최소화할 수 있다. 풍부한 표현rich representation은 특정 작업에 특화한 모델을 학습하게 해 주며, 표현을 압축하면 데이터 집약적 모델의 학습과 작업에 필요한 컴퓨팅 자원도 줄여 준다. 예를 들어 이미지의 벡터 임베딩을 사용해 학습하면 픽셀을 직접 사용할 때보다 더 효율적이고 표현력이 뛰어날 수 있다.

ZIP이나 JPEG와 같은 전통적인 압축 방식은 특정 데이터 유형에 초점을 맞추고 수작업으로 만든 알고리즘을 사용해 파일 크기를 줄인다. 이러한 방식은 의도된 목적에는 효과적이지만, 학습된 압축 기술만큼 유연하거나 적응력이 뛰어나지 않다. 예를 들어 ZIP은 반복 패턴을 식별하고 인코딩하여 일반 데이터를 무손실 압축하는 데 탁월하다. JPEG는 이미지 압축에 특화되었으며 눈에 덜 띄는 시각 정보를 제거해 크기를 크게 줄일 수 있다. 하지만 이러한 전통적인 방식은 압축하는 데이터의 특성을 스스로 배울 수 없다. 따라서 단순히 파일 크기를 줄이는 것 이외의 목적으로 활용하기 어렵고 새로운 타입의 콘텐츠가 들어왔을 때 자동으로 대응하지 못한다. 머신러닝 모델을 활용하면 이러한 한계를 극복할 수 있다.

먼저 오토인코더를 살펴보자. 오토인코더는 데이터를 '압축'하는 인코더와 잠재 임베딩 벡터[1] 만을 사용하여 데이터를 재구성하는 디코더로 구성된 머신러닝 모델 계열이다. 인코더는 [그림 3-1]의 왼쪽 패널과 같이 디코더가 원래 형태로 되돌릴 수 있도록 데이터에서 집중해야 할 핵

---

[1] 옮긴이_ 원문에서는 representation을 사용했으나 이해를 돕고자 잠재 임베딩 벡터로 의역했다.

심 특징을 학습한다. 이러한 학습 방식은 수작업 알고리즘에 의존하지 않고 자동으로 압축기를 구축한다. (손실이 있더라도) 정보 압축은 그 자체로 유용하지만 데이터셋의 임베딩을 얻고 나면 다른 유용한 작업을 수행할 수 있다.

시스템이 제대로 학습되고 디코더가 인코딩된 정보로부터 원본을 복원할 수 있다면, 이는 학습된 임베딩이 핵심 정보를 잘 추출했다는 의미이다. 따라서 잠재 임베딩 벡터를 다루는 것은 원본을 다루는 것과 동일하지만 훨씬 적은 메모리와 컴퓨팅 자원을 사용한다. 이는 스테이블 디퓨전과 같은 모델의 주요 설계 특징이다. 5장에서 설명하겠지만 대규모 이미지를 생성하고 편집하는 작업을 할 때 대부분의 연산은 잠재 임베딩 벡터가 존재하는 저차원 **잠재 공간**latent space 에서 수행된다.

학습된 특징 표현이 핵심 정보를 포착하므로 오토인코더가 학습된 후에는 인코더와 디코더를 분리하여 인코더를 특성 추출기feature extraction component로 사용할 수 있다. [그림 3-1]의 중앙 패널과 같이 인코더의 출력 위에 작은 신경망을 추가하면 텍스트나 이미지 분류와 같은 다양한 작업에 맞는 모델을 학습할 수 있다. 이러한 작은 신경망은 전체 입력 이미지가 아닌 인코더가 추출한 핵심 특성들에 대해 동작한다.

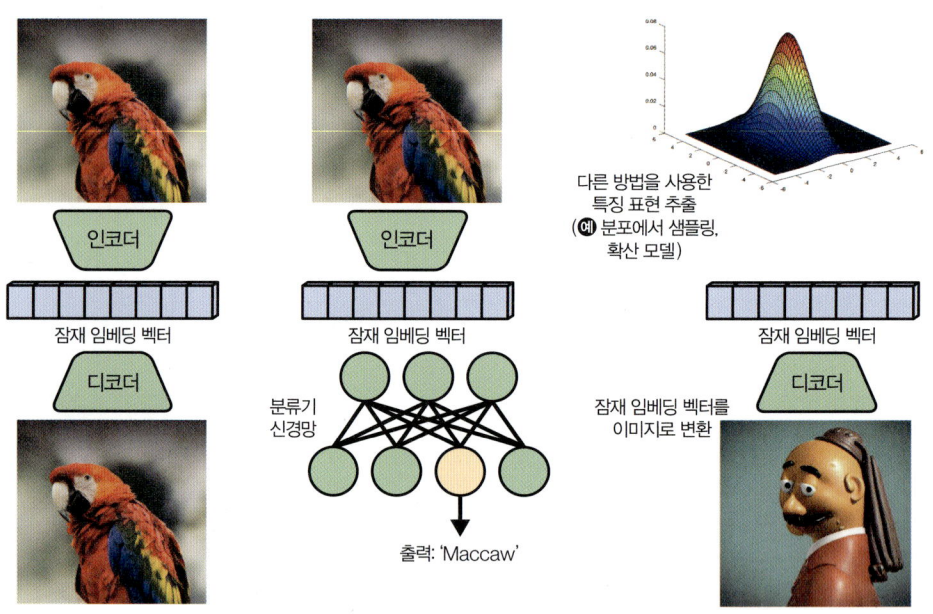

그림 3-1 효율적인 데이터 표현 방법은 분류와 같은 작업에 활용하거나 새로운 콘텐츠를 생성하는 데 사용할 수 있다 (왼쪽: 기본 구조, 가운데: 분류 모델, 오른쪽: 생성 모델).

다양한 데이터 타입을 동일한 잠재 공간의 임베딩으로 인코딩할 수 있다. 2장에서 살펴봤듯이, 시퀀스-투-시퀀스 언어 모델은 인코더-디코더 구조를 사용하여 번역이나 요약과 같은 다양한 작업을 수행한다. 이러한 시스템을 설계할 때 고려해야 할 세부 사항이 더 있지만, 핵심은 인코더가 입력 텍스트의 의미 정보를 충분히 담는 필수적인 특성을 추출하는 것이다. 이는 다른 형식의 데이터에서도 작동한다. 예를 들어 이미지 캡셔닝$^{\text{image captioning}}$ 모델은 이미지의 임베딩을 텍스트 설명으로 변환하는데, 이때 내부 작업 데이터로 잠재 공간을 사용한다.

오토인코더의 마지막 활용 예시는 생성 모델링에 사용된다([그림 3-1]의 오른쪽 패널). 인코더-디코더 쌍을 학습한 후에는 인코더를 제거하고 잠재 공간의 무작위 분포에서 샘플링하여 새로운 데이터를 생성할 수 있다. 이것이 변이형 오토인코더$^{\text{variational autoencoder}}$(VAE)의 기본 원리이며 3.2절에서 작동 원리와 사용 방법을 살펴본다.

오토인코더와 변이형 오토인코더가 어떻게 작동하는지 보여주는 데 이미지 데이터를 사용할 것이다. 하지만 이러한 기술은 이미지뿐 아니라 모든 데이터에 적용할 수 있다. 3.3절에서는 CLIP과 같은 멀티 모달 표현 학습 시스템$^{\text{multimodal representation learning system}}$이 어떻게 텍스트와 이미지를 연결하고, 의미 검색, 데이터 필터링, 텍스트-이미지 생성 등 흥미로운 활용 사례에 적용될 수 있는지 살펴본다.

3.1 오토인코더

오토인코더는 인코더와 디코더라는 두 개의 모델이 결합한 형태로, [그림 3-2]에 이를 구조적으로 표현했다. 두 모델은 함께 학습되며 인코더가 중간 단계의 특성 표현을 생성하면 디코더는 이를 사용하여 입력 데이터를 재구성한다. 학습이 성공적으로 이루어지면 오토인코더는 입력 데이터의 핵심 특성을 추출하는 방법을 학습하게 된다.

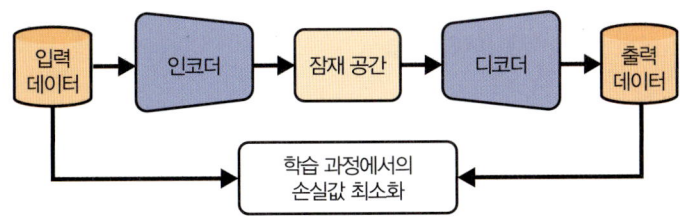

그림 3-2 오토인코더 아키텍처

3.1.1 데이터 준비하기

이 절에서는 MNIST 데이터셋을 사용하여 간단한 오토인코더를 구축한다. **MNIST**는 70,000개의 저해상도(28×28) 흑백 손 글씨 숫자 이미지로 구성된 고전적인 데이터셋이다. 여기서는 허깅 페이스에서 호스팅하는 데이터셋 복제 버전을 datasets[2]라는 라이브러리를 사용해 내려받을 것이다.[3] datasets 라이브러리는 모든 타입의 데이터에 대해 수천 개의 데이터셋에 접근할 수 있는 통합 API를 제공한다. 현재로서는 작동 방식의 세부 사항이 중요하지 않으며 추후 활용을 위해 다운로드와 캐싱을 처리한다는 점만 알면 된다. 이 라이브러리는 60,000개의 이미지가 있는 **학습 데이터셋**과 10,000개의 이미지가 있는 **테스트 데이터셋**을 제공한다.

```
from datasets import load_dataset

mnist = load_dataset("mnist")
mnist
```

```
DatasetDict({
    train: Dataset({
        features: ['image', 'label'],
        num_rows: 60000
    })
    test: Dataset({
        features: ['image', 'label'],
        num_rows: 10000
    })
})
```

데이터셋에는 손 글씨 이미지가 포함된 image 열과 이미지가 나타내는 숫자가 들어있는 label 열이 있다. 오토인코더를 학습시켜 이미지를 압축하고 재구성할 것이므로 실제로는 레이블 데이터는 필요하지 않다. 인코더에 무작위 샘플들의 배치를 입력하고, 디코더가 입력과 유사한 이미지를 재생성하도록 하는 것이 목표다. 입력 데이터 자체가 학습에 필요한 정보를 모두 포함하므로 오토인코더 학습은 **자기 지도 학습**self-supervised learning 과정의 한 예시이다.

학습 중에는 레이블이 필요하지 않지만 나중에 시각화를 위해 사용할 것이다. 생성 모델을 학

---

[2] https://oreil.ly/VxsPo
[3] https://oreil.ly/_8IgI

습하기 전에 데이터셋을 살펴보자.

```
mnist["train"]["image"][1]
```

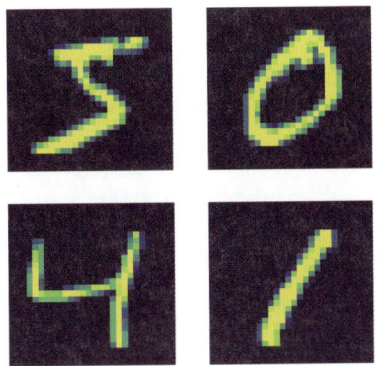

해상도가 28×28인 이미지는 현재의 이미지 처리 기준으로 보면 매우 작다. show_images() 유틸리티 함수를 사용하여 더 높은 해상도로 이미지를 표시할 것이다. 이 함수는 파이썬의 matplotlib 라이브러리 기반이며 기본적으로 흑백 이미지 데이터를 표현하는 데 높은 대비의 색상 팔레트를 사용한다.

```
from genaibook.core import show_images

show_images(mnist["train"]["image"][:4])
```

원본이 흑백이므로 matplotlib가 회색 계열만 사용하도록 할 것이다. 흰색 배경에 검은 숫자가 표시되도록 역회색$^{\text{reversed gray}}$(gray_r)으로 설정한다. 참고로 원본은 이와 반대로 숫자가 있는 픽셀이 흰색이고 배경은 모두 0(즉 검은색)이다.

```
import matplotlib as mpl

mpl.rcParams["image.cmap"] = "gray_r"
show_images(mnist["train"]["image"][:4])
```

다음 예제에서는 이미지를 파이토치 텐서로 변환하고 학습 데이터셋을 섞는다. **torchvision** 라이브러리[4]에서 입력 픽셀을 ToTensor()로 사용하여 파이토치 텐서로 변환한다. 이때 [0, 255] 범위의 값을 0에서 1로 변환하고 다른 조작은 하지 않는다. show_images() 함수는 이미지를 나타내는 텐서도 시각화할 수 있다.

```python
from torchvision import transforms

def mnist_to_tensor(samples):
    t = transforms.ToTensor()
    samples["image"] = [t(image) for image in samples["image"]]
    return samples
mnist = mnist.with_transform(mnist_to_tensor)
mnist["train"] = mnist["train"].shuffle(seed=1337)
```

데이터셋에서 이미지를 하나 확인하고 입력 픽셀이 0에서 1 사이인지 확인해 보자.

```python
x = mnist["train"]["image"][0]
x.min(), x.max()
# 결과: (tensor(0.), tensor(1.))
show_images(mnist["train"]["image"][0])
```

---

4 torchvision 라이브러리의 transforms는 일반적인 이미지 변환, 변형, 증강 및 조작 루틴의 모음이다.

다음 코드로 파이토치 DataLoader를 만들어 학습 데이터를 준비한다. 오토인코더를 학습시키는 것은 자가 지도 학습 과정이므로 데이터셋의 image 열을 활용하고 레이블은 무시한다. 나중에 결과를 시각화할 때 레이블을 사용할 것이다. 데이터 로더(DataLoader)는 입력을 정리하는 추상화 클래스로, 개별 샘플을 동일한 형태의 학습 배치로 수집하고 결합하는 작업을 한다. 이 예제에서는 모든 이미지의 크기가 같으므로 모든 텐서의 형태도 같으며 DataLoader가 이를 함께 연결한다. 하지만 입력 크기가 제각각일 때는 DataLoader가 패딩이나 잘라내기 같은 전략을 사용해야 할 수도 있다.

```
from torch.utils.data import DataLoader

bs = 64
train_dataloader = DataLoader(mnist["train"]["image"], batch_size=bs)
```

3.1.2 인코더 모델링

먼저 오토인코더의 인코더 부분에 대한 모델을 정의해 본다. 이미지 데이터를 다루므로 이미지 특성을 효과적으로 추출하는 합성곱 층을 사용하는 것이 적합하다. 하지만 이 문제를 해결하는 데 선형 계층, 트랜스포머 블록, 잔차 스킵 연결residual skip connection[5] 등 다양한 대안을 사용할 수도 있다. 우수한 **pythae** 라이브러리[6]의 합성곱 오토인코더 구현[7]을 기반으로 간단한 합성곱 인코더를 사용해 보자.

> **NOTE** 합성곱 층은 입력 이미지의 다른 영역에 반복 적용되는 작은 2D 필터의 모음이다. 이러한 필터는 선이나 원형 영역과 같은 패턴을 감지할 수 있다. 전통적으로 2D 필터는 디지털 이미지 처리에서 사용되었으며 입력 이미지의 특정 특성과 일치하도록 수작업으로 신중하게 제작되었다. 하지만 합성곱 층은 필터를 미리 준비하지 않는다는 점에서 큰 차이가 있다. 대신 합성곱 층은 신경망 학습 과정의 일부로 **필터를 학습**한다. 여러 합성곱 층을 쌓음으로써 모델은 입력 이미지에서 점진적으로 더 추상적인 특성을 추출하며, 작업

---

5 이러한 디자인 선택과 여러 다른 선택에 관한 깊이 있는 논의와 더불어 생성형 AI에 관한 훌륭하고 실용적인 개요를 보고 싶다면 『fastai와 파이토치가 만나 꽃피운 딥러닝』(한빛미디어, 2021)(https://www.hanbit.co.kr/store/books/look.php?p_code=B7970422863)을 추천한다.

6 옮긴이_ 변이형 오토인코더 구현을 위한 파이썬 라이브러리로, 다양한 변이형 오토인코더 모델들을 쉽게 학습하고 사용할 수 있도록 통합된 인터페이스를 제공한다.

7 https://oreil.ly/og_9i

> 을 효과적으로 해결하는 필터를 학습한다. 또한 모델 계층의 내부 작동을 시각화하고 어떻게 작동하는지 설명하려는 해석성interpretation[8]과 설명 가능성explainability[9]도 주목할 만한 연구 분야이다. 이런 연구에 따르면 신경망이 학습한 필터는 때때로 사람이 직접 만든 전통적인 엣지, 색상, 윤곽 감지 필터와 유사한 형태를 띤다. 합성곱에 관한 자세한 내용은 제러미 하워드Jeremy Howard와 실뱅 거거Sylvain Gugger의 『fastai와 파이토치가 만나 꽃피운 딥러닝』(한빛미디어, 2021)의 13장을 추천한다.

여러 개의 합성곱 층을 쌓을 예정이므로 이를 생성하는 간단한 헬퍼 함수인 `conv_block()`을 작성한다. 이 헬퍼 함수는 2D 합성곱을 수행한 후 배치 정규화 계층과 비선형성을 추가한다. 이 예제에서는 ReLU 활성화 함수를 사용한다. 학습 중에는 배치 정규화가 현재 배치의 평균과 표준 편차를 사용하여 입력 데이터를 정규화한다. 이를 통해 데이터가 예측 가능한 범위 내에서 유지되며 대체로 더 부드럽고 빠른 학습으로 이어진다.

`conv_block()`을 구현해 보자.

```python
from torch import nn


def conv_block(in_channels, out_channels, kernel_size=4, stride=2, padding=1):
    return nn.Sequential(
        nn.Conv2d(
            in_channels,
            out_channels,
            kernel_size=kernel_size,
            stride=stride,
            padding=padding,
        ),
        nn.BatchNorm2d(out_channels),
        nn.ReLU(),
    )
```

설명한 대로 인코더 구현은 합성곱 층의 시퀀스가 된다. 각 층은 점진적으로 이미지 해상도를 줄이면서 표현의 채널 수를 1,024까지 올린다. 마지막으로 16차원 벡터 표현을 생성하기 위해 선형 층을 추가한다. `forward()` 메서드의 주석은 입력 데이터가 층을 통과하면서 어떻게 형태

---

[8] 옮긴이_ 모델의 입력, 매개변수 등에 따라 예측 결과가 어떻게 도출되었는지 이해하는 과정을 의미한다.
[9] 옮긴이_ 모델의 의사결정 과정을 인간이 이해할 수 있는 방식(시각화, 중요도 표시 등)으로 설명하는 능력을 가리킨다.

가 변환되는지 보여준다.

```python
class Encoder(nn.Module):
    def __init__(self, in_channels):
        super().__init__()
        self.conv1 = conv_block(in_channels, 128)
        self.conv2 = conv_block(128, 256)
        self.conv3 = conv_block(256, 512)
        self.conv4 = conv_block(512, 1024)
        self.linear = nn.Linear(1024, 16)

    def forward(self, x):
        x = self.conv1(x)  # (batch size, 128, 14, 14)
        x = self.conv2(x)  # (bs, 256, 7, 7)
        x = self.conv3(x)  # (bs, 512, 3, 3)
        x = self.conv4(x)  # (bs, 1024, 1, 1)
        # 배치 차원을 유지하면서 평탄화
        x = self.linear(x.flatten(start_dim=1))  # (bs, 16)
        return x
```

인코더를 통해 입력 이미지를 실행할 수 있는지 확인해 보자. 이미지는 픽셀 데이터가 하나의 채널(흑백)만 포함하므로 [1, 28, 28] 형태를 띤다. 하지만 인코더를 일반적인 방식으로 코딩했으므로 3채널 이미지에도 사용할 수 있다.

```python
mnist["train"]["image"][0].shape
```

```
torch.Size([1, 28, 28])
```

파이토치의 **None** 인덱싱을 사용하여 이미지를 선택하고 배치 안에 하나의 이미지로 넣어 새로운 차원을 만든다. 또한 인코더를 eval 모드로 설정해야 한다. 이 모드는 모델을 학습이 아닌 추론 목적으로 설정한다. 이렇게 하지 않으면 마지막 **BatchNorm2d** 층이 [1, 1024, 1, 1] 형태의 텐서를 받게 되어 실패한다. 단일 샘플의 평균과 표준 편차를 계산할 수 없기 때문이다.[10]

---

[10] 평가 모드에서 BatchNorm2d는 학습 과정의 모든 미니 배치에서 학습된 평균과 표준 편차를 적용한다. 아직 모델이 학습되지 않았으므로 이 값들은 무작위 데이터이지만, 여기서는 모델 정의가 제대로 작동하는지 확인하는 것이 목적이다. 실제 학습 시에는 배치 크기를 1보다 크게 설정하므로 BatchNorm2d는 정상적으로 작동하게 된다.

```python
in_channels = 1

x = mnist["train"]["image"][0][None, :]
encoder = Encoder(in_channels).eval()

encoded = encoder(x)
encoded.shape
```

```
torch.Size([1, 16])
```

인코더 모델이 정상적으로 작동한다. 28×28 이미지(784픽셀)를 단 16개의 숫자로 된 벡터로 변환한다. 모델이 효과적으로 학습이 되었다면, 인코더가 계산한 표현은 원래 픽셀 데이터보다 훨씬 낮은 차원을 가지고도 핵심적인 정보를 담고 있을 것이다.

물론 모델이 아직 학습되지 않았으므로 현재 표현은 의미가 없다.

```
encoded
```

```
tensor([[-0.0145, -0.0318, -0.0109,  0.0080,
         -0.0218,  0.0305,  0.0183, -0.0294,
          0.0075,  0.0178, -0.0161, -0.0018,
          0.0208, -0.0079,  0.0215,  0.0101]],
       grad_fn=<AddmmBackward0>)
```

64장의 이미지를 한꺼번에 처리할 수 있는지 확인해 보자.

```python
batch = next(iter(train_dataloader))
encoded = Encoder(in_channels=1)(batch)
batch.shape, encoded.shape
```

```
(torch.Size([64, 1, 28, 28]), torch.Size([64, 16]))
```

이미지를 중간 표현으로 변환하는 Encoder 모델이 완성되었다. 이제 Decoder 부분을 살펴보자.

3.1.3 디코더

디코더는 인코더로부터 얻은 **잠재 표현**^{latent representation} (16차원 벡터)으로 시작하여 원래 크기의 이미지로 변환한다.

디코더 구조는 인코더의 역순일 필요가 없다. 인코더 표현을 '이해'하고 이를 이미지로 변환할 수 있는 어떤 구조도 가능하다. 여기서는 인코더와 거의 대칭적인 신경망을 생성한다. 전치 합성곱^{transposed convolution}을 적용하여 해상도를 높이면서 채널 수를 점차 줄여 원하는 출력 해상도인 28×28픽셀에 도달하게 된다.[11]

전치 합성곱 앞에 선형 층을 추가하여 16,384(1024×4×4)픽셀의 텐서를 생성한다. 이 층은 4×4 해상도([1024,4,4])로 재구성되어 첫 번째 전치 합성곱의 입력이 된다. 여기서부터 채널을 점차 줄이고 해상도를 높여 원본 이미지 형태에 도달한다. 이를 달성하는 다른 방법들도 있다. 입력이 16개의 채널이 있는 평탄 벡터이고 출력이 1개의 채널과 28×28픽셀로 구성되어야 한다는 점만 기억하면 된다.

이제 `Decoder` 구현을 살펴보자.

```python
def conv_transpose_block(
    in_channels,
    out_channels,
    kernel_size=3,
    stride=2,
    padding=1,
    output_padding=0,
    with_act=True,
):
    modules = [
        nn.ConvTranspose2d(
            in_channels,
            out_channels,
            kernel_size=kernel_size,
            stride=stride,
            padding=padding,
            output_padding=output_padding,
```

---

[11] 전치 합성곱은 일반적인 합성곱과 유사하게 작동하지만, 2D 입력 데이터에 직접 적용하는 대신 확장된 버전에 적용된다(2D 입력의 행과 열 사이에 0이 채워진 형태). 따라서 필터가 적용된 후에는 입력보다 더 큰 2D 행렬이 출력된다. 아킬 안와르(Aqeel Anwar)의 블로그 포스트(https://oreil.ly/blQzh)에서 합성곱과 전치 합성곱의 작동 방식에 관한 상세한 시각화 자료를 확인할 수 있다.

```python
        ),
    ]
    if with_act:  # 나중에 다시 다룰 것이다.
        modules.append(nn.BatchNorm2d(out_channels))
        modules.append(nn.ReLU())
    return nn.Sequential(*modules)

class Decoder(nn.Module):
    def __init__(self, out_channels):
        super().__init__()

        self.linear = nn.Linear(
            16, 1024 * 4 * 4
        )  # forward 메서드에서 형태가 재구성됨
        self.t_conv1 = conv_transpose_block(1024, 512)
        self.t_conv2 = conv_transpose_block(512, 256, output_padding=1)
        self.t_conv3 = conv_transpose_block(256, out_channels, output_padding=1)

    def forward(self, x):
        bs = x.shape[0]
        x = self.linear(x)  # (bs, 1024*4*4)
        x = x.reshape((bs, 1024, 4, 4))  # (bs, 1024, 4, 4)
        x = self.t_conv1(x)  # (bs, 512, 7, 7)
        x = self.t_conv2(x)  # (bs, 256, 14, 14)
        x = self.t_conv3(x)  # (bs, 1, 28, 28)
        return x

decoded_batch = Decoder(x.shape[0])(encoded)
decoded_batch.shape
```

```
torch.Size([64, 1, 28, 28])
```

3.1.4 학습

지금까지 입력 이미지의 차원을 줄이는 Encoder와 잠재 표현을 원본 이미지 해상도로 확장하는 Decoder를 만들었다. 현재 이 두 구성 요소는 연결되지 않은 상태이며 무작위 가중치로 초기화되었다. 이제 두 요소가 동일한 잠재 표현을 이해할 수 있도록 함께 학습시켜야 한다.

이를 위해 인코더를 거쳐 디코더까지 입력 데이터를 순차적으로 통과시키는 AutoEncoder 모델을 생성한다. 출력에서 나온 디코딩된 이미지와 입력으로 제공한 원본 이미지 간의 차이를 최소화하도록 학습시킨다. 학습이 성공적으로 이루어지면 출력 이미지가 입력과 유사해질 것이다.

이 과정은 데이터 압축에 유용하며, 학습 후에 두 구성 요소를 별도로 사용할 수 있다는 점에서 더욱 흥미롭다. 이를 활용해 다음 장들에서 여러 흥미로운 작업을 수행할 것이다. 예를 들어 인코더를 사용해 임의의 이미지를 더 압축된 표현으로 변환하고 이를 다른 모델의 입력으로 사용할 수 있다. 또한 디코더를 사용해 학습 데이터셋의 이미지와 유사한 새로운 이미지를 생성할 수도 있다.

그럼, 오토인코더 학습을 시작해 보자.

```python
class AutoEncoder(nn.Module):
    def __init__(self, in_channels):
        super().__init__()
        self.encoder = Encoder(in_channels)
        self.decoder = Decoder(in_channels)

    def encode(self, x):
        return self.encoder(x)

    def decode(self, x):
        return self.decoder(x)

    def forward(self, x):
        return self.decode(self.encode(x))
model = AutoEncoder(1)
```

torchsummary 라이브러리를 사용해 모델의 요약 정보를 출력할 수 있다. 이는 각 층의 매개변수 수와 출력 형태를 보여준다. 이 도구는 모델이 올바르게 정의되었는지 확인하고 모델의 아키텍처를 이해하는 데 유용하다.

```python
import torchsummary

torchsummary.summary(model, input_size=(1, 28, 28), device="cpu")
```

```
----------------------------------------------------------------
        Layer (type)               Output Shape         Param #
```

```
================================================================
        Conv2d-1          [-1, 128, 14, 14]           2,176
   BatchNorm2d-2          [-1, 128, 14, 14]             256
          ReLU-3          [-1, 128, 14, 14]               0
        Conv2d-4            [-1, 256, 7, 7]         524,544
   BatchNorm2d-5            [-1, 256, 7, 7]             512
          ReLU-6            [-1, 256, 7, 7]               0
        Conv2d-7            [-1, 512, 3, 3]       2,097,664
   BatchNorm2d-8            [-1, 512, 3, 3]           1,024
          ReLU-9            [-1, 512, 3, 3]               0
       Conv2d-10           [-1, 1024, 1, 1]       8,389,632
  BatchNorm2d-11           [-1, 1024, 1, 1]           2,048
         ReLU-12           [-1, 1024, 1, 1]               0
       Linear-13                   [-1, 16]          16,400
      Encoder-14                   [-1, 16]               0
       Linear-15                [-1, 16384]         278,528
ConvTranspose2d-16           [-1, 512, 7, 7]       4,719,104
  BatchNorm2d-17            [-1, 512, 7, 7]           1,024
         ReLU-18            [-1, 512, 7, 7]               0
ConvTranspose2d-19         [-1, 256, 14, 14]       1,179,904
  BatchNorm2d-20          [-1, 256, 14, 14]             512
         ReLU-21          [-1, 256, 14, 14]               0
ConvTranspose2d-22           [-1, 1, 28, 28]           2,305
  BatchNorm2d-23            [-1, 1, 28, 28]               2
         ReLU-24            [-1, 1, 28, 28]               0
      Decoder-25            [-1, 1, 28, 28]               0
================================================================
Total params: 17,215,635
Trainable params: 17,215,635
Non-trainable params: 0
----------------------------------------------------------------
Input size (MB): 0.00
Forward/backward pass size (MB): 2.86
Params size (MB): 65.67
Estimated Total Size (MB): 68.54
----------------------------------------------------------------
```

다음 코드에서는 학습 데이터를 반복 처리하고 일정한 학습률을 사용하는 간단한 학습 루프를 생성한다. 핵심 사항에 집중하려고 테스트 데이터셋 검증은 생략한다(하지만 연습 삼아 직접 해 보기를 권장한다). 여기서 자세히 설명하지는 않지만 인기 있는 **tqdm** 라이브러리를 사용해 진행 상황을 표시한다. 다른 장에서 더 많은 예제를 볼 수 있을 것이다. 모든 내용을 이해할 필요는 없으며 다음과 같은 핵심 작업에 주목하면 된다.

1. DataLoader에서 배치를 로드한다.
2. 모델 예측을 얻는다.
3. 원본 이미지와 비교하여 손실^{loss}을 계산한다.
4. 최적화 단계를 수행해 모델 가중치를 업데이트한다.

```python
import torch
from matplotlib import pyplot as plt
from torch.nn import functional as F
from tqdm.notebook import tqdm, trange

from genaibook.core import get_device

num_epochs = 10
lr = 1e-4

device = get_device()
model = model.to(device)
optimizer = torch.optim.AdamW(model.parameters(), lr=lr, eps=1e-5)

losses = []  # 손실값을 저장하여 그래프로 표시하기 위한 리스트
for _ in (progress := trange(num_epochs, desc="Training")):
    for _, batch in (
        inner := tqdm(enumerate(train_dataloader), total=len(train_dataloader))
    ):
        batch = batch.to(device)

        # 모델을 통과시켜 재구성된 이미지 얻기
        preds = model(batch)

        # 예측값을 원본 이미지와 비교
        loss = F.mse_loss(preds, batch)

        # 손실값을 표시하고 그래프를 위해 저장
        inner.set_postfix(loss=f"{loss.cpu().item():.3f}")
        losses.append(loss.item())

        # 이 손실을 기반으로 최적화를 통해 모델 매개변수 업데이트
        loss.backward()
        optimizer.step()
        optimizer.zero_grad()
```

```
progress.set_postfix(loss=f"{loss.cpu().item():.3f}", lr=f"{lr:.0e}")
```

손실 곡선을 그려 학습이 어떻게 진행되었는지 확인해 보자.

```
plt.plot(losses)
plt.xlabel("Step")
plt.ylabel("Loss")
plt.title("AutoEncoder - Training Loss Curve")
plt.show()
```

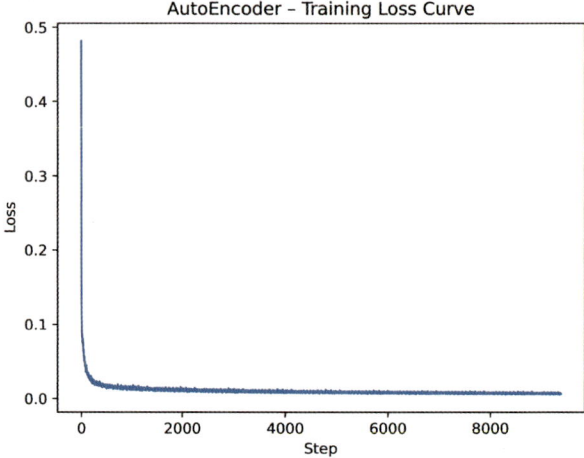

학습 루프에서 검증을 수행하지 않았지만 테스트 데이터셋에서 오토인코더가 어떻게 수행되는지 확인할 수 있다. 시각적 데이터를 활용해 학습하면 최종 결과를 직접 보고 판단할 수 있어서 학습 과정을 이해하고 반복적으로 수행하며 모델을 개선하는 데 사용할 수 있다.

테스트 데이터셋에서 16개의 샘플로 배치를 만들어 학습된 인코더와 디코더를 통과시킨 다음 재구성된 결과를 표시한다. 먼저 평가용 `DataLoader`를 생성해 보자.

```
eval_bs = 16
eval_dataloader = DataLoader(mnist["test"]["image"], batch_size=eval_bs)
```

`model.eval()`을 사용하여 모델을 평가 모드로 설정하고(여기서는 `BatchNorm` 업데이트를 비활성화), `inference_mode` 컨텍스트 관리자를 사용하여 그레이디언트 계산을 비활성화한다.

```
model.eval()
with torch.inference_mode():
    eval_batch = next(iter(eval_dataloader))
    predicted = model(eval_batch.to(device)).cpu()
```

예측을 했으니 이제 원본 이미지와 재구성된 이미지를 표시해 보자.

```
batch_vs_preds = torch.cat((eval_batch, predicted))
show_images(batch_vs_preds, imsize=1, nrows=2)
```

7 2 1 0 4 1 4 9 5 9 0 6 9 0 1 5
7 2 1 0 4 1 4 9 5 9 0 6 9 0 1 5

첫 번째 줄의 원본 MNIST 이미지와 두 번째 줄의 오토인코더 재구성 이미지가 상당히 유사하다. 두 번째 줄의 숫자들은 디코더가 간단한 벡터 표현에서 얻은 원본의 근삿값이라는 점을 기억해야 한다.

다음 절을 읽기 전에 앞서 소개한 개념들을 이해했는지 확인해 보자. 또한 다음과 같은 아이디어를 활용해 재구성 결과를 개선해 보기를 추천한다.

- 학습률을 점진적으로 낮춘다.
- 다양한 배치 크기를 시도해 본다.
- 디코더의 끝에 시그모이드 함수를 사용해 최종 픽셀값이 흑백이 되도록 유도한다. 입력 데이터가 0과 1 사이의 값이므로 시그모이드 출력도 해당 범위와 일치해야 한다는 점에 주의한다.
- 신경망 깊이와 구조를 조정해 본다.

또한 학습 중에 평가 손실을 추가하고 기록하여 학습 루프를 실험해 보기를 제안한다.

3.1.5 잠재 공간 탐색

인코딩된 입력을 표현하는 데 사용하는 차원의 수는 오토인코더의 중요한 하이퍼매개변수이다. 임의로 16을 선택했는데, 결과를 보면 MNIST 데이터셋의 다양한 손 글씨 숫자를 표현하기에 충분해 보인다.

다음 실험에서는 잠재 공간의 벡터를 표현하는 데 단 2차원만 사용한다. 인코더가 입력 이미지에 관한 정보를 두 개의 실수로 압축하도록 설계하고 이 정보만으로 입력을 복원할 수 있는지 확인한다. 또한 2차원 표현은 시각화하기에 매우 편리하다. 새로운 모델을 학습한 후에는 2D 공간에서 그래프를 그려 더 많은 통찰을 얻을 수 있다.

다음과 같이 코드를 약간 리팩터링할 것이다.

- 잠재 공간의 차원을 하이퍼매개변수로 포함한다.
- 나중에 신경망 깊이를 실험하기 쉽도록 합성곱 층에 컨테이너(nn.Sequential)를 사용한다.
- 마지막 디코더 합성곱 이후의 활성화 함수를 ReLU 대신 시그모이드로 교체한다. 디코더가 흑백에 가까운 픽셀을 생성하도록 유도하는 데 시그모이드 활성화 함수가 더 적합하다. 시그모이드 함수가 출력을 (0, 1) 범위로 압축하는데, 이는 이미지의 픽셀과 동일한 범위이기 때문이다.

모델 구조를 개선하는 이 시점에 학습 루프를 함수화하면 코드의 재사용성과 실험 효율성이 크게 향상할 수 있다.

> **TIP** 처음부터 옵션과 매개변수가 많은 코드를 만들려고 하지 마라. 작성할 수 있는 가장 간단한 작동 코드로 시작하여 필요한 만큼만 점진적으로 더 풍부하게 만드는 것이 좋다.

[그림 3-3]은 ReLU와 시그모이드 함수를 비교한 그래프다. 시그모이드를 활성화 함수로 사용함으로써 각 층 이후의 출력이 입력 이미지와 동일하게 (0, 1) 범위 내에 있게 한다. 이는 네트워크가 학습하는 데 꼭 필요하지는 않지만 원하는 출력 범위를 알기 때문에 모델 학습에 도움이 될 수 있다.

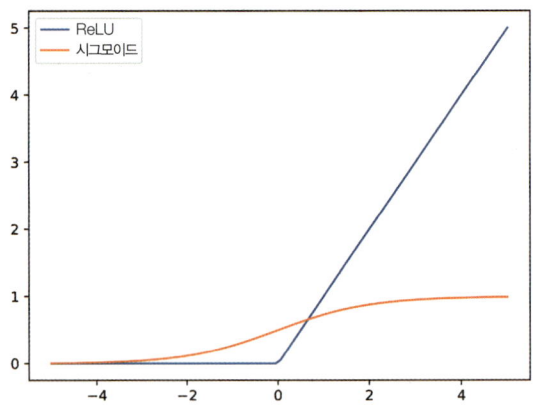

그림 3-3 활성화 함수 ReLU 대 시그모이드

이러한 변경 사항을 적용해 리팩터링한 코드는 다음과 같다.

```python
class Encoder(nn.Module):
    def __init__(self, in_channels, latent_dims):
        super().__init__()

        self.conv_layers = nn.Sequential(
            conv_block(in_channels, 128),
            conv_block(128, 256),
            conv_block(256, 512),
            conv_block(512, 1024),
        )
        self.linear = nn.Linear(1024, latent_dims)

    def forward(self, x):
        bs = x.shape[0]
        x = self.conv_layers(x)
        x = self.linear(x.reshape(bs, -1))
        return x

class Decoder(nn.Module):
    def __init__(self, out_channels, latent_dims):
        super().__init__()

        self.linear = nn.Linear(latent_dims, 1024 * 4 * 4)
        self.t_conv_layers = nn.Sequential(
            conv_transpose_block(1024, 512),
            conv_transpose_block(512, 256, output_padding=1),
            conv_transpose_block(
                256, out_channels, output_padding=1, with_act=False
            ),
        )
        self.sigmoid = nn.Sigmoid()

    def forward(self, x):
        bs = x.shape[0]
        x = self.linear(x)
        x = x.reshape((bs, 1024, 4, 4))
        x = self.t_conv_layers(x)
        x = self.sigmoid(x)
        return x
```

AutoEncoder는 이전 버전과 거의 동일하며 인코더의 출력을 디코더에 전달한다. 다만 잠재 표현의 원하는 차원을 지정할 수 있도록 추가 인자인 `latent_dims`를 받는다.

```python
class AutoEncoder(nn.Module):
    def __init__(self, in_channels, latent_dims):
        super().__init__()
        self.encoder = Encoder(in_channels, latent_dims)
        self.decoder = Decoder(in_channels, latent_dims)

    def encode(self, x):
        return self.encoder(x)

    def decode(self, x):
        return self.decoder(x)

    def forward(self, x):
        return self.decode(self.encode(x))
```

학습 루프는 이전과 동일하지만, 함수를 만들어 재사용하고 필요할 때마다 호출할 수 있게 했다.

```python
def train(model, num_epochs=10, lr=1e-4):
    optimizer = torch.optim.AdamW(model.parameters(), lr=lr, eps=1e-5)

    model.train()  # 모델을 학습 모드로 설정
    losses = []
    for _ in (progress := trange(num_epochs, desc="Training")):
        for _, batch in (
            inner := tqdm(
                enumerate(train_dataloader), total=len(train_dataloader)
            )
        ):
            batch = batch.to(device)

            # 모델을 통과시켜 다른 이미지 세트 얻기
            preds = model(batch)

            # 예측값을 원본 이미지와 비교
            loss = F.mse_loss(preds, batch)

            # 손실값을 표시하고 그래프를 위해 저장
            inner.set_postfix(loss=f"{loss.cpu().item():.3f}")
```

```
            losses.append(loss.item())

            # 이 손실을 기반으로 최적화를 통해 모델 매개변수 업데이트
            loss.backward()
            optimizer.step()
            optimizer.zero_grad()
        progress.set_postfix(loss=f"{loss.cpu().item():.3f}", lr=f"{lr:.0e}")
    return losses
```

두 개의 잠재 변수를 사용하여 오토인코더를 생성하고 학습한다.

```
ae_model = AutoEncoder(in_channels=1, latent_dims=2)
ae_model.to(device)
losses = train(ae_model)
plt.plot(losses)
plt.xlabel("Step")
plt.ylabel("Loss")
plt.title("Training Loss Curve (two latent dimensions)")
plt.show()
```

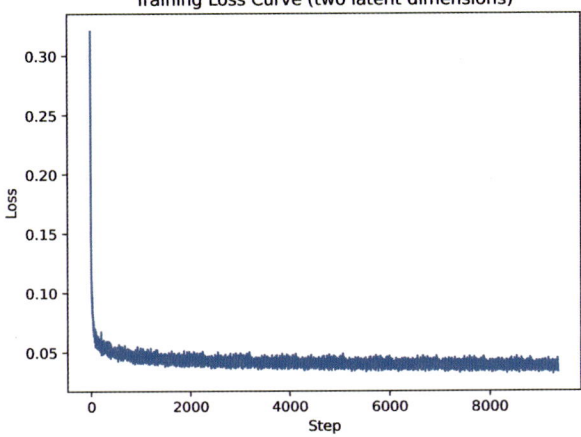

다시 한번 학습된 모델을 불러와서 재구성 결과를 살펴보자.

```
ae_model.eval()
with torch.inference_mode():
    eval_batch = next(iter(eval_dataloader))
```

```
        predicted = ae_model(eval_batch.to(device)).cpu()
batch_vs_preds = torch.cat((eval_batch, predicted))
show_images(batch_vs_preds, imsize=1, nrows=2)
```

72104149590690159
72104179990690168

이전 결과만큼 좋지는 않지만 28×28 손글씨 이미지를 단 **두 개**의 실수로 표현한다는 점을 고려해야 한다. 4, 5, 9와 같은 일부 숫자에서 혼동이 있지만 복원된 이미지는 전반적으로 입력 이미지와 매우 유사하다.

3.1.6 잠재 공간 시각화

잠재 공간의 구조를 쉽게 시각화하려고 단 두 개의 차원을 사용했다. 이제 테스트 데이터셋의 모든 인코딩된 벡터를 표현해 보자. `label` 열을 사용해 각 클래스에 다른 색을 할당한다. 인코딩된 벡터의 첫 번째 값은 x축에, 두 번째 값은 y축에 표시한다.

```
images_labels_dataloader = DataLoader(mnist["test"], batch_size=512)
import pandas as pd

df = pd.DataFrame(
    {
        "x": [],
        "y": [],
        "label": [],
    }
)

for batch in tqdm(
    iter(images_labels_dataloader), total=len(images_labels_dataloader)
):
    encoded = ae_model.encode(batch["image"].to(device)).cpu()
    new_items = {
        "x": [t.item() for t in encoded[:, 0]],
        "y": [t.item() for t in encoded[:, 1]],
        "label": batch["label"],
```

```python
    }
    df = pd.concat([df, pd.DataFrame(new_items)], ignore_index=True)
plt.figure(figsize=(10, 8))

for label in range(10):
    points = df[df["label"] == label]
    plt.scatter(points["x"], points["y"], label=label, marker=".")

plt.legend();
```

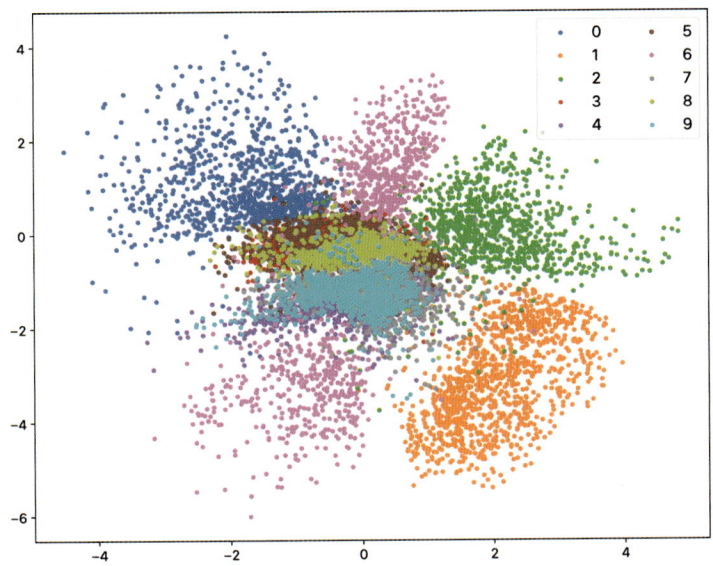

오토인코더는 데이터셋의 다양한 이미지에 대해 잠재 공간의 서로 다른 영역을 분리하는 데 좋은 성과를 보였다. 예를 들어 숫자 0을 나타내는 이미지(짙은 파란색 점)가 숫자 1의 표현(주황색 점)과 얼마나 떨어졌는지에 주목해 보자. 학습 중에는 이미지의 레이블 정보를 사용하지 않았지만 데이터 포인트들은 시각적 특징에 따라 자동으로 다른 영역으로 그룹화되었다. 그러나 이 과정은 완전히 제약 없이 이루어졌기 때문에 잠재 공간의 형태나 구조에 대한 보장은 없다.

따라서 잠재 공간은 데이터셋의 관련 이미지 특성을 포착하기에 충분히 풍부하지만, 이를 생성 작업에 어떻게 사용할지는 아직 불분명하다. 이상적으로는 MNIST와 유사한 새로운 이미지를 생성하기 위해 인코더 없이 잠재 공간에서 무작위 샘플을 뽑아 디코더에 넣어주면 될 것이다. 그러나 그래프에서 몇 가지 문제를 발견할 수 있다.

- 표현이 차지하는 공간은 모든 방향으로 퍼져 있다.
- 중앙에는 많은 겹침이 있고 큰 공간이 있다.
- 그래프가 비대칭이다. y축의 음숫값이 양숫값보다 더 많이 사용된다.

이 때문에 좋은 생성물을 만들 수 있는 잠재 공간의 적절한 영역을 선택하기가 어렵다. 디코더를 사용한 이미지 생성의 예를 살펴보자. 먼저 무작위 잠재 샘플(일반적으로 z로 표시)을 생성한다.

```
N = 16  # 16개의 포인트를 생성한다.
z = torch.rand((N, 2)) * 8 - 4
```

생성된 잠재 샘플을 이전에 본 잠재 공간 표현 위에 겹쳐서 시각화해 보자.

```
plt.figure(figsize=(10, 8))

for label in range(10):
    points = df[df["label"] == label]
    plt.scatter(points["x"], points["y"], label=label, marker=".")

plt.scatter(z[:, 0], z[:, 1], label="z", marker="s", color="black")
plt.legend();
```

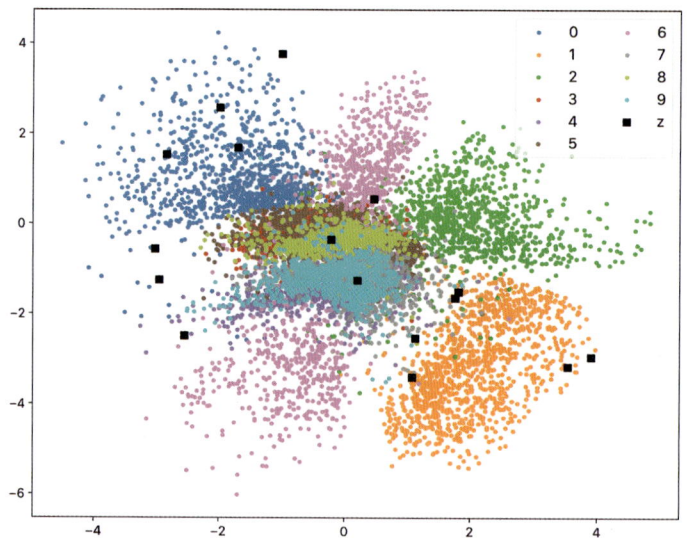

마지막으로 방금 만든 잠재 샘플에서 이미지를 생성하도록 디코더에 요청해 보자.

```
ae_decoded = ae_model.decode(z.to(device))
show_images(ae_decoded.cpu(), imsize=1, nrows=1, suptitle="AutoEncoder")
```

AutoEncoder
0 6 / 1 0 / 0 / 0 / 8 6 / 0 4 7

생성된 이미지는 샘플이 모델의 잠재 공간에서 형성한 영역 중 하나에 가까울 때는 합리적이지만, 이러한 영역 밖에 있을 때는 설득력이 크게 떨어진다. 또한 잠재 공간 내에서 특정 숫자에 할당된 영역의 크기가 다른 숫자보다 더 크면 해당 숫자의 이미지가 더 자주 생성되어 전체 결과에서 과도하게 표현될 수 있다.

다음 절에서는 잠재 공간에 순서를 부여하여 생성을 용이하게 하는 새로운 오토인코더를 살펴볼 것이다.

개념 이해를 돕는 난이도별 연습 문제를 준비했으니 지금 (또는 3장을 다 읽고) 풀어보기 바란다.

1. 모델이 16개의 잠재 차원으로 학습될 때 생성이 얼마나 잘 작동하는가?
2. 이전과 동일한 매개변수를 사용하되 다른 난수 초기화값[12]으로 모델을 다시 학습하고(동일한 코드 실행) 잠재 공간을 시각화해 보라. 아마도 형태와 구조가 달라질 것이다. 이러한 결과를 예상했는가? 그렇다면 그 이유는 무엇인가?
3. 인코더가 추출한 이미지 특성이 얼마나 좋은가? 오토인코더의 디코더 부분을 버리고 인코더 위에 숫자 분류기를 구축해 보라. 예를 들어 중간에 비선형성을 넣은 여러 선형 층을 학습시킬 수 있다. 최종 선형 층은 데이터셋의 10개 레이블을 나타내는 10차원 벡터를 출력해야 한다. 인코더의 가중치를 업데이트하지 않고 이러한 층만 학습시킨다. 정확도가 어느 정도인가? 잠재 차원이 16개인 모델과 2개인 모델에는 어떤 차이가 있는가?

---

12 무작위 시드를 지정하려면 torch.manual_seed(num)을 사용하자.

3.2 변이형 오토인코더

이전 절에서는 단순 오토인코더가 어떻게 입력 데이터의 효율적인 표현을 저차원 잠재 공간에서 학습하는지 살펴보았다. 오토인코더는 모든 샘플을 충실하게 **인코딩**하고 나중에 이를 복구(또는 **디코딩**)할 수 있다. 이는 특성 추출이나 데이터 표현에는 적합하지만 새로운 샘플을 생성하는 데는 적절하지 않다.

앞서 논의했듯이 오토인코더의 잠재 공간은 학습 데이터의 분포를 반영하지 않는 방식으로 구성된다. 데이터에 대응하는 의미 있는 잠재 표현이 생성되지만, 잠재 공간에서 무작위로 추출한 샘플이 반드시 유효한 이미지로 디코딩되지는 않는다. 또한 오토인코더의 잠재 공간은 불연속적이고 빈 영역이 많을 수 있다.

오토인코더를 확장한 변이형 오토인코더(VAE)는 더 구조화된 잠재 공간을 구성하기 위해 추가 제약을 도입한다. 변이형 오토인코더의 목표는 특정 확률 분포(일반적으로 정규 분포$^{gausian\ distribution}$[13])를 따르는 잠재 공간을 만드는 것이다. 이는 단순히 각 입력 샘플을 고정된 잠재 벡터에 매핑하는 것이 아니라, 평균과 분산으로 정의되는 확률 분포에 매핑한다.

예를 들어 여러 품종의 개와 고양이 이미지로 구성된 데이터셋을 생각해 보자. 인코더가 어떤 특성을 추출할지 정확히 알 수 없지만 털 무늬, 눈, 귀, 다리, 꼬리와 같은 특성을 표현할 것이라 예상할 수 있다. 이러한 특성은 데이터셋의 모든 이미지에서 상당히 중첩되더라도 세부 특성은 서로 다를 수 있다. 예를 들어 개와 고양이 모두 두 개의 귀, 네 개의 다리, 하나의 꼬리가 있지만 개와 고양이의 귀 모양은 다르다. '귀' 특성은 모든 이러한 변동성을 포함하는 정규 분포로 표현될 수 있으며 분포의 평균은 평균적인 동물 귀의 형태를 나타낸다. 평균에서 다른 방향으로 이동하면, 다양한 품종에서 나타날 수 있는 다른 귀 모양으로의 연속적이고 균일한 전환이 이루어진다.

이 방법은 [그림 3-4]에 개념적으로 표현되었으며, 더 구조적인 잠재 공간을 생성한다. 이러한 분포에서 샘플링하면 새롭고 개연성이 높은 인스턴스를 생성할 수 있다. 오토인코더와 마찬가지로 변이형 오토인코더에서도 클래스 정보는 일반적으로 사용되지 않는다.[14] 이제 코드로 구현하고 학습하는 방법을 살펴보자.

---

13 가우시안 분포라고도 한다. 종 모양의 곡선으로 나타나며 대부분의 값이 평균 주변에 군집되고 극단적인 값은 드물다.
14 조건부 VAE(C-VAE)라고 불리는 변이형 오토인코더 계열은 클래스 정보를 사용하여 정규 분포 특성 표현을 유지하면서도 잠재 공간의 분포를 더 명확하게 분리한다. 이로써 관심 있는 특정 클래스와 유사한 샘플을 더 쉽게 생성할 수 있다.

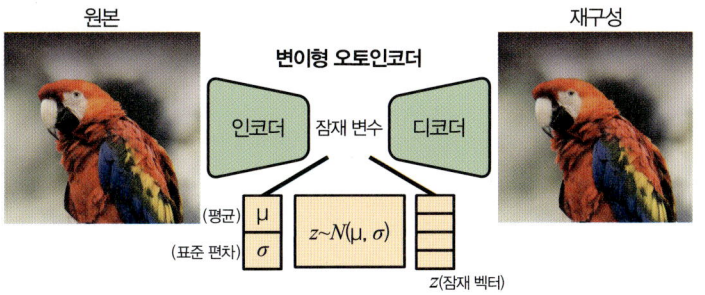

그림 3-4 변이형 오토인코더는 특성을 나타내는 정규 분포 표현을 학습하고 그 특성들을 평균(μ)과 분산으로 설명한다. 잠재 공간의 점 z에서는 예측된 정규 분포에서 샘플을 추출한다.

3.2.1 변이형 오토인코더의 인코더와 디코더

변이형 오토인코더의 인코더는 이전 절의 기본 인코더와 매우 비슷하다. 예시에서는 합성곱 층 몇 개와 선형 층 하나를 사용해 원하는 크기의 잠재 표현으로 투영projection[15]했다.

첫 번째 변이형 오토인코더의 인코더를 만들 때도 동일한 아키텍처를 사용한다. 유일한 차이점은 선형 계층을 이미지의 잠재 공간을 예측하는 데 사용하는 것이 아니라 분포를 학습하는 데 사용한다는 점이다. 분포는 평균과 분산이라는 두 가지 매개변수로 특징지어지므로 두 개의 선형 계층이 필요하다.

- 선형 층 중 하나는 학습하려는 분포의 **평균**을 나타낸다.
- 다른 선형 계층은 분포의 **분산**을 학습한다.[16]

첫 번째 변이형 오토인코더의 인코더 코드는 다음과 같다.

```python
class VAEEncoder(nn.Module):
    def __init__(self, in_channels, latent_dims):
        super().__init__()

        self.conv_layers = nn.Sequential(
            conv_block(in_channels, 128),
```

---

[15] 옮긴이_ 서로 다른 차원의 벡터를 동일한 차원의 공간으로 변환하는 과정이다.
[16] 곧 알 수 있겠지만 진짜 분산은 아니다.

```
            conv_block(128, 256),
            conv_block(256, 512),
            conv_block(512, 1024),
        )

        # 평균과 로그-분산을 위한 완전 연결 층 정의
        self.mu = nn.Linear(1024, latent_dims)
        self.logvar = nn.Linear(1024, latent_dims)

    def forward(self, x):
        bs = x.shape[0]
        x = self.conv_layers(x)
        x = x.reshape(bs, -1)
        mu = self.mu(x)
        logvar = self.logvar(x)
        return (mu, logvar)
```

이 코드 스니펫을 이전 절의 Encoder 예제와 비교하면 차이점이 거의 없다. 컨볼루션 계층에서 추출된 같은 표현으로부터 두 가지 다른 값을 계산하는 데 하나 대신 두 개의 선형 계층을 사용하고, forward() 메서드에서 이 두 값을 반환한다.

이렇게 계산된 두 값의 목적은 확률 분포의 평균과 분산을 나타내는 것이다. 하지만 처음에는 두 개의 똑같은 선형 계층일 뿐이며 학습 과정에서 평균과 분산을 표현하도록 학습시켜야 한다.

그 전에, 계산된 값 mu는 평균을 나타내고 logvar는 분산의 로그를 나타낸다는 점을 알아두자. mu는 수학에서 정규 분포의 평균을 나타낼 때 자주 사용하는 그리스 문자 μ에서 따왔다. 분산을 직접 출력하는 대신 logvar를 사용하는 이유는 주로 수치적 안정성 때문이다. 이는 나중에 설명할 예정이다.

디코더는 어떨까? 사실 변경할 필요가 없다. 변이형 오토인코더와 단순 오토인코더는 입력 항목을 표현하기 위해 잠재 공간에서 지점을 찾는 방식이 다르지만, 디코더의 임무는 동일하다. 즉, 잠재 공간의 점(z)이 주어지면 인코딩된 표현이 z와 가장 유사한 픽셀을 보여주는 것이다. 일반 오토인코더에서 z는 합성곱 층에서 추출한 특성을 선형 변환한 결과이다. 변이형 오토인코더 인코더를 사용할 때는 정규 분포의 매개변수(평균과 분산)를 얻은 다음, 그 분포에서 실젯값을 추출(**샘플링**)하여 z를 얻는다. 결론적으로 디코더 자체는 이전 절에서 사용한 Decoder 클래스를 그대로 사용할 수 있다. 단, 분포에서 샘플링하는 부분을 모델에 추가해야 한다.

3.2.2 인코더 분포에서 샘플링하기

수정된 변이형 오토인코더의 인코더는 입력 데이터 표현과 일치하려는 정규 분포의 평균과 분산을 반환한다. 디코딩된 출력을 얻으려면 다음과 같이 해당 분포에서 샘플링해야 한다.

```python
class VAE(nn.Module):
    def __init__(self, in_channels, latent_dims):
        super().__init__()
        self.encoder = VAEEncoder(in_channels, latent_dims)  ❶
        self.decoder = Decoder(in_channels, latent_dims)

    def encode(self, x):
        # mu, log_var 반환
        return self.encoder(x)

    def decode(self, z):
        return self.decoder(z)

    def forward(self, x):
        # 정규(가우시안) 분포의 매개변수 획득
        mu, logvar = self.encode(x)  ❷

        # 분포에서 샘플링
        std = torch.exp(0.5 * logvar)  ❸
        z = self.sample(mu, std)  ❹

        # 잠재 포인트를 픽셀 공간으로 디코딩
        reconstructed = self.decode(z)  ❺

        # 분포 손실을 계산할 수 있도록
        # 재구성된 이미지와 함께 mu, logvar도 반환
        return reconstructed, mu, logvar  ❻

    def sample(self, mu, std):
        # 재매개변수화 기법
        # N(0, I)에서 샘플링하고, 이동 및 스케일 조정
        eps = torch.randn_like(std)  ❼
        return mu + eps * std
```

❶ latent_dims 차원을 사용해 분포의 평균과 로그 분산을 표현한다.

❷ 인코더는 이제 평균과 로그 분산 두 가지 변수를 계산한다.

❸ 로그 분산에서 표준 편차를 구한다.
❹ 계산된 평균과 표준 편차를 사용해 분포에서 샘플링한다.
❺ 디코더는 샘플을 이미지로 변환한다.
❻ 재구성된 이미지뿐만 아니라 평균과 로그 분산도 함께 반환한다.
❼ 재매개변수화 기법: 표준 정규 분포에서 샘플링한 다음 이동 및 스케일 조정한다.

지금까지 변이형 오토인코더가 어떻게 작동하는지 직관적으로 설명했다. 이제 조금 더 정확한 용어를 사용하고자 두 가지 통계적 개념을 간단히 살펴보겠다. 이 부분은 건너뛰거나 나중에 읽어도 된다. 이를 몰라도 변이형 오토인코더를 사용하거나 학습할 수 있지만, 이 주제를 더 깊이 공부하고 관련 논문을 읽고 싶은 독자에게는 도움이 될 것이다.

먼저 단순한 1차원 정규 곡선이 아닌 다차원 정규 분포를 사용한다는 점에 주목하자. 이 변이형 오토인코더의 인코더 예제에서는 평균과 분산 모두에 `latent_dims`를 사용한다. 시각화에 용이하도록 2차원을 사용하거나, 첫 번째 MNIST 오토인코더처럼 16차원 등 임의의 차원 수를 선택할 수 있다. 실숫값(1차원) 정규 분포는 $N(\mu, \sigma^2)$로 표기되며 두 가지 크기(분포의 평균인 μ, **분산** σ^2의 제곱근인 **표준 편차** σ)로 정의된다.

정규 분포의 유용한 특성 중 하나는 모든 정규 분포가 이동 및 스케일 조정을 통해 평균이 0이고 분산이 1인 **표준** 정규 분포로 표현될 수 있다는 것이다.

$$N(\mu, \sigma^2) = \mu + \sigma N(0, 1)$$

이는 임의의 정규 분포 $N(\mu, \sigma^2)$에서 샘플을 얻기 위해 $N(0, I)$에서 샘플링한 다음, σ를 곱하고 μ를 더할 수 있음을 의미한다. 이를 **재매개변수화**reparametrization라고 하며 확산 모델을 살펴볼 때 큰 도움이 될 것이다.

다차원 정규 분포는 **다변량**multivariate이라고 불린다. 여전히 두 개의 매개변수로 정의할 수 있지만 μ는 벡터이고 σ는 행렬(Σ로 표기되는 공분산 행렬)이라는 차이가 있다. 따라서 분포는 $N(\mu, \Sigma)$로 정의된다. 분포가 모든 차원에서 독립적이라면, 즉, 각 변수가 다른 변수와 상관관계가 없고 분산이 동일하다면 이를 **등방성**isotropic이 있다고 한다. 등방성 다변량 정규 분포에서 공분산 행렬 Σ는 대각선 행렬이며, 대각선의 모든 항목이 동일하고 $\sigma^2 I$로 표현될 수 있다. 여기서 I는 항등 행렬이다. 표준 다변량 정규 분포는 $N(0, I)$로 표현된다.

이전에 설명한 변이형 오토인코더 예시는 여러 변수로 구성된 등방성 정규 분포를 모델링한다.

이는 표본 좌표가 서로 의존한다고 생각할 이유가 없고 이 방식이 더 간단하기 때문이다. 따라서 재매개변수화 기법을 사용하여 **표준** 정규 분포에서 표본을 추출한 후 이를 변환하고 스케일링하여 디코딩할 잠재 공간 벡터를 얻을 수 있다.

재매개변수화 기법은 단순히 편의상 사용하는 것이 아니라, 학습의 필수 요소이다. 표현식 mu+eps*std를 사용할 때, eps는 표준 정규 분포에서 샘플링된 값이다. 모델 입력에 대한 그레이디언트는 확률적 과정(분포에서의 샘플링)과 독립적이므로 계산할 수 있다. 이렇게 하면 신경망을 학습할 때 사용하는 익숙한 경사하강법$^{gradient\ descent}$으로 모델을 학습시킬 수 있게 된다.

안정성 측면에서 살펴보면, 본 모델은 분산 대신 분산의 **로그**를 예측해 수치적 안정성을 높이고 학습을 용이하게 한다. 수학적으로 둘 중 하나를 계산하는 것은 큰 차이가 없다. 실제로 분산은 항상 0에 가까운 양수이다. 그러나 학습을 시작할 때 모델이 양수이고 작은 값을 생성할 이유는 없다. 또한 부동 소수점 형식으로 수를 표현하므로 매우 가까운 값들을 구별하기 어렵다. **로그**를 취하면 다음과 같은 두 가지 이점이 생긴다.

- 허용 가능한 값의 범위가 $-\infty$까지 확장되므로 모델이 부동 소수점값을 사용하여 결과를 더 자유롭게 표현할 수 있다.
- logvar의 지수 함수이기 때문에 분산이 항상 양수임을 보장한다.

> **NOTE** 정규 분포는 머신러닝의 다양한 영역에서도 자주 사용되며, 때로는 그 수학적 특성이 잘 알려져 있기 때문에 편의상 활용된다. 4장에서는 확산 모델의 핵심인 노이즈 손상$^{noise\ corruption}$을 모델링하는 데 정규 분포가 어떻게 사용되는지를 살펴볼 것이다.

3.2.3 변이형 오토인코더 학습하기

변이형 오토인코더를 학습하는 핵심은 손실 함수이다. 3.1절 '오토인코더'에서 사용한 손실 함수는 재구성된 이미지와 원본 이미지 간의 차이를 측정한다. 재구성된 이미지가 원본과 최대한 유사하기를 원하지만, 변이형 오토인코더 제약을 적용하기 위해 손실에 두 번째 요소를 추가한다. 즉, 특성이 (대략) 정규 분포를 따르도록 유도한다.

이 목표는 분포 간의 **쿨백-라이블러 발산**$^{kullback-leibler\ divergence}$(KL 발산, KLD)을 사용해 달성할 수 있다. 쿨백-라이블러 발산은 **상대 엔트로피**$^{relative\ entropy}$라고도 하며 한 확률 분포가 다른 확률 분포와 얼마나 다른지를 측정하는 방법이다. 다변량 등방성 정규 분포에서 KLD는 다음과 같이 계산할 수 있다.

$$D_{KL}[N(\mu,\sigma^2) \| N(0,1)] = -\frac{1}{2}\sum(1+log(\sigma^2)-\mu^2-\sigma^2)$$

두 손실 요인을 결합하기 위해 원본 이미지와 인코더의 출력을 받아 다음을 수행하는 손실 함수 vae_loss()를 만든다.[17]

- 디코더가 생성한 픽셀과 원본 이미지 사이의 평균 제곱 오차(MSE)로 재구성 손실reconstruction loss을 계산한다. 이 손실 요소는 오토인코더를 학습하는 데 사용한 것과 동일하다.
- 방금 제시한 공식을 따라 KLD 항을 계산한다.
- 이들을 함께 더한다. 한쪽에 더 높은 가중치를 부여해 재구성 충실도와 정규 분포 준수 사이의 균형을 맞출 수도 있다. 여기서는 단순히 더하지만, 이 균형을 조정해 보는 것도 의미 있는 실험이 될 것이다.

손실 함수는 세 가지 값인 총손실, 재구성 손실, KLD 항을 반환한다. 학습에는 총손실만 필요하지만 시각화와 분석용으로 다른 손실들도 기록한다.

```python
def vae_loss(batch, reconstructed, mu, logvar):
    bs = batch.shape[0]

    # 픽셀에서의 재구성 손실: 이미지당 1개
    reconstruction_loss = F.mse_loss(
        reconstructed.reshape(bs, -1),
        batch.reshape(bs, -1),
        reduction="none",
    ).sum(dim=-1)

    # KL-발산 손실, 입력 이미지당
    kl_loss = -0.5 * torch.sum(1 + logvar - mu.pow(2) - logvar.exp(), dim=-1)

    # 두 손실을 결합하고 이미지 전체에서 평균을 구함
    loss = (reconstruction_loss + kl_loss).mean(dim=0)

    return (loss, reconstruction_loss, kl_loss)
```

손실을 정의했으므로 이제 모델 학습을 시작할 수 있다. 총손실을 사용해 모델 가중치를 업데이트하며, 재구성 손실과 KLD 항을 추적해 모델 학습 과정을 살펴본다.

---

[17] 변이형 오토인코더는 재구성된 이미지뿐만 아니라 분포의 평균과 로그 분산도 반환한다는 점을 기억하자.

```python
def train_vae(model, num_epochs=10, lr=1e-4):
    model = model.to(device)
    losses = {
        "loss": [],
        "reconstruction_loss": [],
        "kl_loss": [],
    }

    model.train()
    optimizer = torch.optim.AdamW(model.parameters(), lr=lr, eps=1e-5)
    for _ in (progress := trange(num_epochs, desc="Training")):
        for _, batch in (
            inner := tqdm(
                enumerate(train_dataloader), total=len(train_dataloader)
            )
        ):
            batch = batch.to(device)

            # 모델을 통과
            reconstructed, mu, logvar = model(batch)

            # 손실 계산
            loss, reconstruction_loss, kl_loss = vae_loss(
                batch, reconstructed, mu, logvar
            )

            # 손실 표시 및 플롯을 위해 저장
            inner.set_postfix(loss=f"{loss.cpu().item():.3f}")
            losses["loss"].append(loss.item())
            losses["reconstruction_loss"].append(
                reconstruction_loss.mean().item()
            )
            losses["kl_loss"].append(kl_loss.mean().item())

            # 총손실을 기반으로 모델 매개변수 업데이트
            optimizer.zero_grad()
            loss.backward()
            optimizer.step()
        progress.set_postfix(loss=f"{loss.cpu().item():.3f}", lr=f"{lr:.0e}")
    return losses
vae_model = VAE(in_channels=1, latent_dims=2)
losses = train_vae(vae_model, num_epochs=10, lr=1e-4)
```

학습 중에 저장한 세 가지 손실 항목을 분석해 보자.

재구성 손실
출력 이미지가 원본과 얼마나 유사한지 측정한다.

KLD
특징이 정규 분포를 얼마나 잘 따르는지를 측정한다.

총손실
이전 두 손실의 합계다.

변이형 오토인코더를 학습시키는 동안 손실 구성 요소를 그래프로 표시해 보자. 총손실은 재구성 손실과 KL 항의 합이다.

```
for k, v in losses.items():
    plt.plot(v, label=k)
plt.legend();
```

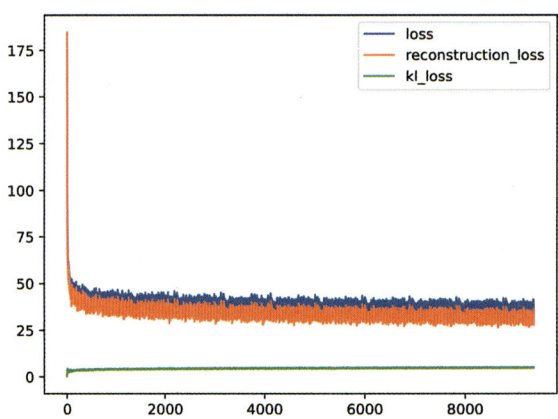

총손실은 두 손실의 합으로 계산했지만 여기서는 재구성 손실이 KLD보다 훨씬 커서 총손실의 주를 이룬다. [그림 3-5]와 같이 각 손실 항을 별도로 그래프로 표시해 손실 구성 요소가 학습 중에 어떻게 발전하는지 살펴보자.

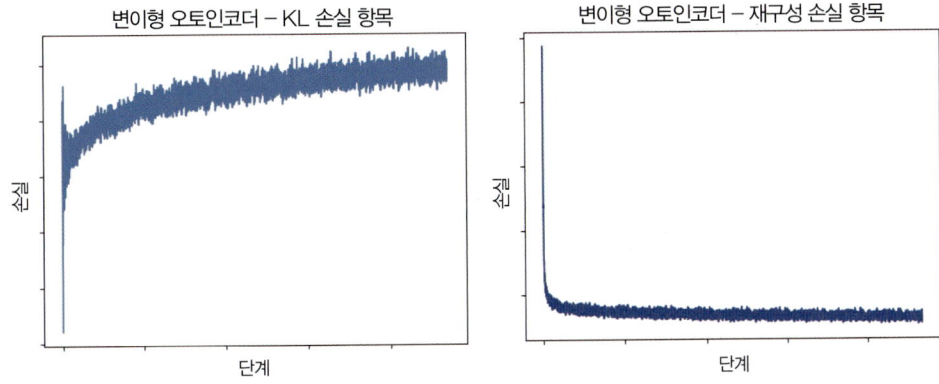

그림 3-5 변이형 오토인코더 학습 중 KL 손실과 재구성 손실 구성 요소

KL 손실 그래프는 초기 학습 시 급등했다가 감소하고, 다시 천천히 **증가**하는 특이한 형태다. 왜 그럴까? 학습을 진행할 때 KLD는 개념적으로 다음과 같은 단계를 거친다.

1. 학습이 시작될 때 변이형 오토인코더의 인코더와 디코더는 무작위 가중치로 초기화되며, 모델은 입력 데이터를 전혀 알지 못한다. 따라서 출력은 무작위 분포와 비슷하고 KLD는 매우 낮다.
2. 모델이 데이터의 몇 배치만 보았을 때, 재구성의 질은 낮지만 더는 무작위가 아니며 KLD가 급증한다.
3. 초기 학습 단계에서 모델은 입력 데이터의 평균 특성 정도는 나타낼 수 있게 된다. KLD 항은 모델이 정규 분포에 점점 더 가까운 출력을 생성하도록 유도하여 KLD 손실을 낮춘다.
4. 인코더와 디코더가 더 충실한 표현을 생성하는 법을 배울수록 정규 분포와 일치하면서도 품질을 높이기가 더 어려워진다. 재구성 손실이 지배적이 되고 KLD는 증가하지만 둘 사이에 균형이 있다. 손실 항에서 KLD의 가중치를 높이면 더 나은 정규 분포 일치를 달성할 수 있지만, 그 비용은 더 나쁜 픽셀 표현이 될 것이다.

변이형 오토인코더를 시각화해 보자. MNIST 샘플에서 몇 가지 이미지를 재구성하고 결과를 확인한다.

```
vae_model.eval()
with torch.inference_mode():
    eval_batch = next(iter(eval_dataloader))
    predicted, mu, logvar = (v.cpu() for v in vae_model(eval_batch.to(device)))

batch_vs_preds = torch.cat((eval_batch, predicted))
show_images(batch_vs_preds, imsize=1, nrows=2)
```

시각적 결과는 오토인코더에서보다 좋지 않다. 이는 모델이 입력 이미지를 인코딩하는 방법을 배우는 것뿐만 아니라 정규 분포에서 많이 벗어나지 않도록 제약해야 하기 때문이다. 이 새로운 목표를 추가한 후 어떤 일이 일어났는지 살펴보자.

테스트 데이터셋에 대해 모델이 인코딩한 표준 분포의 평균을 그래프로 표시하면 오토인코더에서보다 약간 더 나은 형태를 확인할 수 있다. 결과는 이제 0을 중심으로 더 잘 분포되며 오토인코더에서처럼 멀리 벗어나지 않는다. 클래스들이 차지하는 영역은 크기가 비슷하지만 비슷하게 생긴 숫자 사이에는 여전히 중첩이 있다.

```python
df = pd.DataFrame(
    {
        "x": [],
        "y": [],
        "label": [],
    }
)

for batch in tqdm(
    iter(images_labels_dataloader), total=len(images_labels_dataloader)
):
    mu, _ = vae_model.encode(batch["image"].to(device))
    mu = mu.to("cpu")
    new_items = {
        "x": [t.item() for t in mu[:, 0]],
        "y": [t.item() for t in mu[:, 1]],
        "label": batch["label"],
    }
    df = pd.concat([df, pd.DataFrame(new_items)], ignore_index=True)

plt.figure(figsize=(10, 8))

for label in range(10):
    points = df[df["label"] == label]
    plt.scatter(points["x"], points["y"], label=label, marker=".")

plt.legend();
```

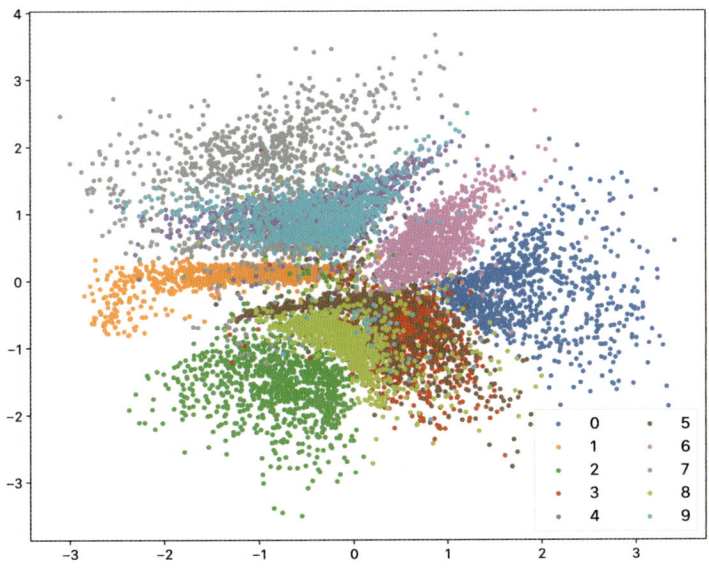

인코더를 정규 분포에 맞추면 분포에서 임의의 데이터를 샘플링하고 입력 데이터셋과 유사한 이미지를 얻을 수 있다는 장점이 있다. 오토인코더와 변이형 오토인코더 모두에서 어떻게 작동하는지 살펴본다.

```
z = torch.normal(0, 1, size=(10, 2))
ae_decoded = ae_model.decode(z.to(device))
vae_decoded = vae_model.decode(z.to(device))
show_images(ae_decoded.cpu(), imsize=1, nrows=1)
show_images(vae_decoded.cpu(), imsize=1, nrows=1)
```

정규 분포에서 순수한 무작위 데이터를 샘플링한 다음 오토인코더(위쪽 행)와 변이형 오토인코더(아래쪽 행)의 디코더를 사용해 이러한 점이 어떻게 재구성될지 보여준다. 오토인코더와 변이형 오토인코더는 별도로 학습되었고 각 클래스에 다른 부분의 잠재 공간을 할당했으므로 다른 재구성을 볼 수 있다.

변이형 오토인코더의 결과는 오토인코더에서보다 더 숫자와 비슷하다. 이는 변이형 오토인코더는 학습 과정에서 인코더가 정규 분포에서 너무 많이 벗어나지 않도록 권장했지만 오토인코더에는 그러한 제한이 없었기 때문이다. 샘플링 코드를 여러 번 실행하면서 결과를 관찰해 보라.

2D 잠재 공간을 통해 이동할 때 표현이 어떻게 변화하는지 확인해 보면 흥미로울 것이다. [그림 3-6]과 같이 x = -0.8에 수직선을 고정하고 이 선 위의 다른 점들을 탐색할 수 있다.

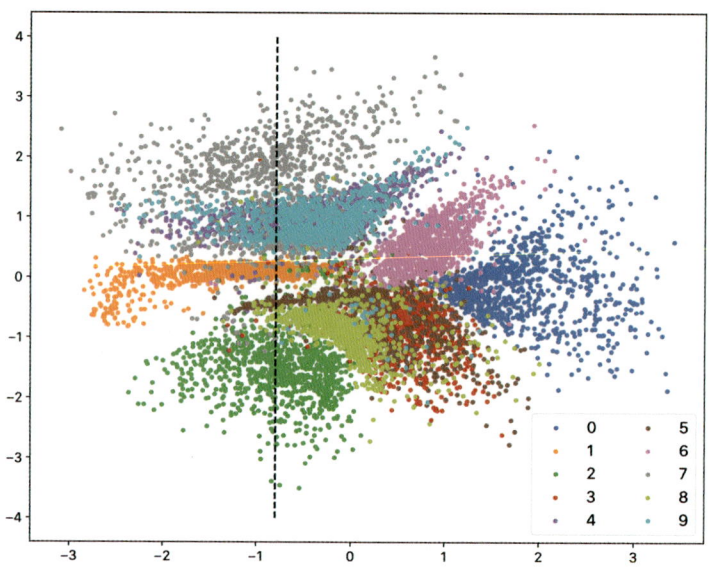

그림 3-6 변이형 오토인코더 잠재 공간에서 x= -0.8인 샘플에 집중한다.

점들을 y= -2에서 y= 2까지 선택하면 재구성이 다양한 숫자를 나타내는 잠재 공간 영역과 일치함을 볼 수 있다.

```
import numpy as np

with torch.inference_mode():
    inputs = []
    for y in np.linspace(-2, 2, 10):
        inputs.append([-0.8, y])
    z = torch.tensor(inputs, dtype=torch.float32).to(device)
    decoded = vae_model.decode(z)
    show_images(decoded.cpu(), imsize=1, nrows=1)
```

잠재 공간을 탐색하는 아이디어를 2D 격자로 확장해 보자. 이는 모델이 학습한 내용을 시각적으로 표현한 것으로 변화가 지나치게 급격하지 않다는 점이 흥미롭다.[18]

```python
inputs = []
for x in np.linspace(-2, 2, 20):
    for y in np.linspace(-2, 2, 20):
        inputs.append([x, y])
z = torch.tensor(inputs, dtype=torch.float32).to(device)
decoded = vae_model.to(device).decode(z)
show_images(decoded.cpu(), imsize=0.4, nrows=20)
```

---

[18] 이는 모델이 학습한 다양체를 보여주는 다소 단순한 방법이다. 이 결과를 더 잘 표시하고 추가 실험을 수행하려면 재키 룽(Jackie Loong)의 pytorch-mnist-vae 깃허브 저장소(*https://oreil.ly/IyBnn*)를 참고하는 것이 좋다.

이 주제들을 이해하는 데 도움이 되는 연습 문제를 준비했다.

1. 변이형 오토인코더를 학습할 때 재구성 손실과 KL 발산 손실을 더했다. 그러나 둘 다 규모가 다르다. 한쪽에 더 중요도를 부여하면 어떻게 될까? 몇 가지 실험을 실행하고 결과를 설명할 수 있는가?
2. 이 절에서 다룬 변이형 오토인코더는 분포의 평균과 **로그 분산**을 표현하는 데 두 개의 차원만 사용한다. 16차원을 사용하여 유사한 탐색을 반복할 수 있는가?
3. 인간은 얼굴을 보고 비현실적인 특징을 쉽게 식별하도록 학습되었다. 얼굴이 포함된 데이터셋에 대해 오토인코더와 변이형 오토인코더를 학습시키고 결과를 분석할 수 있는가? 변이형 오토인코더 논문에서 사용한 Frey Face 데이터셋으로 시작해 보자. 이는 동일한 사람의 다른 표정을 보여주는 단색 이미지들로 구성된 데이터셋이다. 더 도전적인 과제를 원한다면 허깅 페이스 허브[19]에서 쉽게 사용할 수 있는 CelebFaces Attributes 데이터셋[20]을 시도해 볼 수 있다. 또는 Oxford pets 데이터셋[21]을 사용해 봐도 좋다. 이 데이터셋은 허깅 페이스 허브[22]에서도 이용할 수 있다.

3.2.4 생성 모델링을 위한 변이형 오토인코더

분포에 가까워지도록 제약된 인코더를 학습하는 것은 변이형 오토인코더의 핵심 개념이며 생성 모델링의 기본 요소이다. 오토인코더를 사용하면 데이터셋의 효율적인 표현을 학습할 수 있지만, 모델이 학습한 잠재 공간이 원본과 유사한 새 데이터를 생성하는 데 도움이 된다는 보장은 없었다. 변이형 오토인코더는 분포 학습을 목표로 삼음으로써, 잠재 공간의 임의의 점에서 시작해 그럴듯한 새 이미지를 생성할 수 있게 해 준다. 확산 모델은 이 과정에 반복 개선을 통합하여 무작위 노이즈에서 샘플링하는 이 아이디어를 한 단계 더 발전시킨다. 이는 이후 장들에서 자세히 다룬다.

3.3 CLIP

지금까지는 이미지 데이터에 중점을 두었다. 대조적 언어-이미지 사전 학습 Contrastive Language-Image Pre-training (CLIP)을 통해 오토인코더와 변이형 오토인코더 방법에서 벗어나 이미지와 텍

---

[19] https://oreil.ly/mnpbI
[20] https://oreil.ly/R75gg
[21] https://oreil.ly/rKMkI
[22] https://oreil.ly/oz8hw

스트를 매칭하는 다른 기술을 살펴본다. 이 방법은 입력 데이터의 풍부한 표현을 생성한다는 점에서 유사하지만, 접근 방식이 다르고 이미지와 텍스트를 동시에 처리할 수 있다는 장점이 있다.

데이터셋은 이미지와 그 이미지를 설명하는 텍스트 캡션이라는 두 가지 **모달리티**[23]로 구성된다. CLIP의 목표는 임의의 텍스트–이미지 쌍에서 주어진 텍스트가 이미지를 얼마나 정확히 설명하는지를 평가하는 것이다. 여기서도 핵심은 손실 함수에 있다.

3.3.1 대조 손실

CLIP은 오픈AI가 2021년에 발표한 모델이다.[24] 세계를 놀라게 한 초창기 텍스트–이미지 모델인 DALL·E[25]를 만들 때 개발된 도구의 일부였다. DALL·E와 다르게 CLIP은 오픈 소스로 제공되었다. 이미지와 텍스트를 연결하는 능력이 여러 가지 놀라운 기술을 가능하게 하므로, 이는 놀라운 소식이었다. CLIP과 유사한 모델들은 생성형 AI 분야의 필수 도구가 되었다.

CLIP은 **대조 손실**contrastive loss이라는 손실 함수를 사용한다. [그림 3-7]에 나타난 바와 같이, CLIP의 학습 데이터셋은 설명이 포함된 수백만 개의 이미지로 구성되며 각 이미지–캡션 쌍에 대해 이미지 인코더를 사용해 이미지를 인코딩하여 잠재 공간에서 **임베딩 벡터**를 생성한다. 그림의 $I_1, I_2, ..., I_n$ 상자는 각각 다른 이미지의 임베딩 벡터를 나타낸다. 텍스트도 인코딩되며 일반적으로 (2장에서 살펴본 것과 같은) 트랜스포머 모델이 사용된다. 중요한 점은 이미지와 텍스트 임베딩 벡터의 차원이 동일하도록 인코더를 학습한다는 것이다. 이를 통해 텍스트와 이미지 임베딩 간의 내적inner product (또는 점곱dot product)[26]을 계산하여 두 벡터 간의 유사도를 측정할 수 있다.

CLIP의 학습 과정에서는 한 번의 배치마다 여러 개의 이미지–텍스트 쌍이 입력된다. 배치 내 모든 이미지 임베딩과 모든 텍스트 임베딩 간의 내적을 계산한 후, 정답 쌍(즉, 원래 동일한 이미지–텍스트 쌍)의 내적값(그림의 파란색 대각선)이 최대화되도록 학습하고, 나머지 잘못된

---

23 옮긴이_ 데이터의 서로 다른 형태를 의미하며 데이터 여기서는 이미지와 텍스트라는 두 가지 모달리티를 다룬다.
24 https://oreil.ly/Anejl
25 https://oreil.ly/4DUf7
26 옮긴이_ 두 벡터 사이의 유사도를 측정하는 연산으로, 점곱이라고도 불린다. 일반적으로 내적이 클수록 두 벡터의 방향이 유사함을 의미한다.

쌍의 내적값은 최소화한다. 이러한 방식으로, 의미적으로 **유사한** 이미지와 텍스트는 잠재 공간에서 가까운 벡터로 표현되며, 서로 관련이 없는 개념들은 멀리 떨어진 벡터로 배치된다.

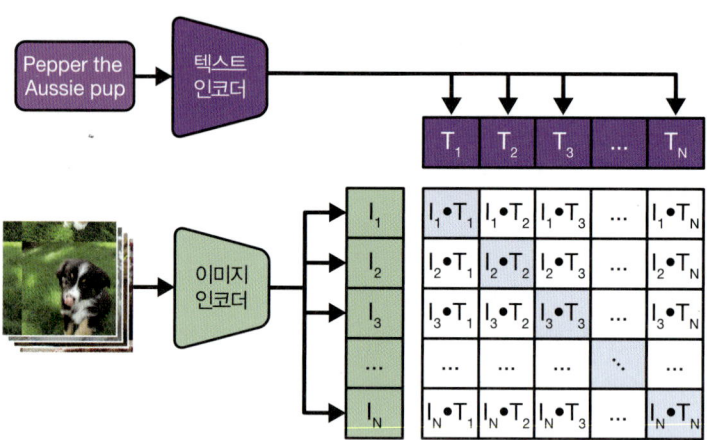

그림 3-7 CLIP(오픈AI[27]의 이미지를 참고함)

> **내적을 사용하는 이유**
>
> 미적분학을 공부하지 않았거나 잘 기억나지 않는다면 다음을 참고하자. 벡터 공간에서 성립하는 중요한 관계는 다음과 같다.
>
> $$A \cdot B = |A||B|\cos(\theta)$$
>
> 이는 두 벡터 간의 내적이 두 벡터 길이의 곱에 그 사이의 각도를 곱한 것과 같다는 의미다. 이는 유클리드 기하학의 코사인 법칙[28]과 내적의 정의인 $A \cdot B = \sum_{n=1}^{N} a_i b_i$를 사용하여 증명할 수 있다. 여기서는 벡터 임베딩이 단위길이로 정규화된다는 점을 따로 언급하지 않았다. 만약 임베딩이 단위 벡터라면, 벡터의 크기가 1이므로 위의 공식에서 내적값은 단순히 두 벡터 사이의 각도에 대한 코사인값이 된다. 이를 **코사인 유사도**^{cosine similarity}라고 하며 두 벡터 간의 유사도를 측정하는 지표로 사용한다. 고차원 벡터 공간에서도 내적 연산의 결과는 단순한 스칼라(즉, 실숫값)이며 유사도 점수로 사용할 수 있다.

---

27 https://oreil.ly/5UQ25
28 https://oreil.ly/t7d65

CLIP 모델을 학습하려면 방대한 양의 데이터와 막대한 컴퓨팅 자원이 필요하다. 오픈AI에서 공개한 원래 CLIP 모델은 4억 개의 이미지-텍스트 쌍으로 구성된 독점 데이터셋과 32,000쌍의 대형 배치 크기를 사용해 학습되었다. 이후 CLIP이나 CLIP 계열 모델을 학습하려는 다양한 시도가 이루어졌으며 오디오와 같은 추가 데이터 형식을 지원하는 연구도 진행되었다.

OpenCLIP[29]

CLIP의 오픈 소스 구현이다. 다양한 데이터셋, 이미지 해상도, 모델 크기로 여러 모델을 학습하는 데 사용되었다.

CLAP Contrastive Language-Audio Pretraining[30]

이미지가 아니라 오디오 데이터를 임베딩하여 표현을 학습하는 모델이다. 오디오를 생성하는 모델을 학습하는 데 유용하며, 9장에서 자세히 살펴볼 예정이다.

3.3.2 단계별로 CLIP 사용하기

이제 사전 학습된 CLIP 모델을 활용하여 작동 원리를 이해하고 실전에서 사용할 수 있는 몇 가지 예제를 살펴보겠다. 다음 예제에서는 오픈AI CLIP 모델 중 하나인 clip-vit-large-patch14[31]를 사용한다. 이 모델은 이미지 인코더로 비전 트랜스포머(ViT)를 사용하며 ResNet 기반 컨볼루셔널 아키텍처를 사용하는 다른 버전도 존재한다. 또한 더 크거나 작은 다양한 버전을 제공하므로 속도, 메모리 사용량, 품질 측면에서 하드웨어 성능에 따라 실험해 볼 수 있다.

[그림 3-8]은 픽사베이Pixabay에서 가져온 로열티 프리 이미지로, 나뭇가지 뒤에서 우리를 바라보는 귀여운 새끼 사자의 사진이다. CLIP을 활용해 이를 어떻게 분석할 수 있는지 살펴보자.

---

[29] https://oreil.ly/Hkjbj
[30] https://oreil.ly/wCGgZ
[31] https://oreil.ly/KIIqC

그림 3-8 나뭇가지 뒤에 있는 귀여운 새끼 사자 사진

지금까지는 **트랜스포머**를 텍스트 모델을 불러오는 데만 사용했지만 다른 형태의 데이터와 함께 작업할 수도 있다. 이전 장에서 GPT2LMHeadModel을 사용했듯이 CLIPModel도 사용해 보자.

```python
import requests
from PIL import Image
from transformers import CLIPModel, CLIPProcessor

from genaibook.core import SampleURL

clip = CLIPModel.from_pretrained("openai/clip-vit-large-patch14").to(device)
processor = CLIPProcessor.from_pretrained("openai/clip-vit-large-patch14")

url = SampleURL.LionExample
image = Image.open(requests.get(url, stream=True).raw)
```

로딩된 `clip`은 CLIP 모델로 이미지를 인코딩하는 비전 모델과 텍스트를 인코딩하는 텍스트 모델이라는 두 가지 구성 요소를 포함한다. `CLIPProcessor`는 텍스트 토크나이저와 같은 기능을 수행하는 전처리 도구로, 모델 학습 중에 사용된 전처리 단계와 일치하도록 입력 데이터를 준비한다. 예를 들어 이미지 크기 조정, 정규화 등의 작업을 수행하여 추론 시 입력 데이터가 모델 학습 시 본 데이터와 동일한 특성을 유지하도록 한다. 먼저 이미지를 처리해 보자.

```python
image_inputs = processor(images=image, return_tensors="pt")
pixel_values = image_inputs["pixel_values"]
```

```
pixel_values.shape, pixel_values.min(), pixel_values.max()
```

```
(torch.Size([1, 3, 224, 224]), tensor(-1.7923), tensor(2.0179))
```

이미지는 224픽셀×224픽셀의 정사각형으로 크기가 조정된 후 정규화된다. 이미지 처리 장치를 확인하면 적용된 변환 과정을 모두 확인할 수 있다. 이미지 크기를 조정할 때는 가운데 자르기^{center cropping}를 사용한다. 즉, 이미지의 중앙에서 정사각형 영역을 선택한 후 224×224 크기만 남기고 자른다. 이 과정에서 가로형 이미지는 좌우가, 세로형 이미지는 상하가 잘려 나간다. 만약 잘려 나간 영역에 중요한 피사체가 있다면 정보가 손실되므로 주의해야 한다.

```
processor.image_processor
```

```
CLIPImageProcessor {
  "crop_size": {
    "height": 224,
    "width": 224
  },
  "do_center_crop": true,
  "do_convert_rgb": true,
  "do_normalize": true,
  "do_rescale": true,
  "do_resize": true,
  "image_mean": [
    0.48145466,
    0.4578275,
    0.40821073
  ],
  "image_processor_type": "CLIPImageProcessor",
  "image_std": [
    0.26862954,
    0.26130258,
    0.27577711
  ],
  "resample": 3,
  "rescale_factor": 0.00392156862745098,
  "size": {
    "shortest_edge": 224
  }
}
```

가운데 자르기 후에도 새끼 사자가 잘 보이는지 확인해 보자.

```
width, height = image.size
crop_length = min(image.size)

left = (width - crop_length) / 2
top = (height - crop_length) / 2
right = (width + crop_length) / 2
bottom = (height + crop_length) / 2

cropped = image.crop((left, top, right, bottom))
cropped
```

사진 속 주요 대상이 그대로 잘 나타난다. 데이터에 따라 주요 대상이 잘 보이도록 프로세서에 전달하기 전에 원본 이미지를 적절히 잘라내야 할 수도 있다.

이제 전처리된 이미지에서 임베딩 벡터를 추출할 것이다. 이를 위해 `clip` 인스턴스에 저장된 비전 모델을 사용한다. 이 하위 구성 요소는 종종 **비전 타워**^{vision tower}라고도 불린다.

```
with torch.inference_mode():
    output = clip.vision_model(pixel_values.to(device))
image_embeddings = output.pooler_output
image_embeddings.shape
```

```
torch.Size([1, 1024])
```

비전 모델은 마지막 은닉 상태와 풀러 출력^{pooler output}을 포함하는 딕셔너리를 반환한다. 이 [1, 1024] 형태의 벡터는 이미지가 인코딩된 결과를 나타낸다. 이제 모델의 언어 처리 부분을 살펴보자. 두 개의 텍스트 프롬프트 "a photo of a lion"(사자의 사진)과 "a photo of a zebra"(얼룩말의 사진)에 대한 임베딩을 생성하는 과정도 유사하다. 최종 목표는 이미지 임베딩과 각 프롬프트 임베딩 간의 코사인 유사도를 비교하는 것이다. 사자에 관한 설명이 이미지와 더 높은 유사도를 보이길 기대해 보자.

```python
prompts = [
    "a photo of a lion",
    "a photo of a zebra",
]

# 패딩은 모든 입력의 길이를 같게 맞춘다.
text_inputs = processor(text=prompts, return_tensors="pt", padding=True)
text_inputs
```

```
{'attention_mask': tensor([[1, 1, 1, 1, 1, 1, 1],
        [1, 1, 1, 1, 1, 1, 1]]),
 'input_ids': tensor([[49406,   320,  1125,   539,   320,  5567, 49407],
        [49406,   320,  1125,   539,   320, 22548, 49407]])}
```

이전 장에서 살펴봤듯이 입력 문자열을 토큰화하는 과정으로 시작된다. 이후 토큰화된 텍스트 입력을 모델의 **언어 타워**^{language tower} 부분을 통해 변환하여 프롬프트 임베딩을 얻는다.

```python
text_inputs = {k: v.to(device) for k, v in text_inputs.items()}

with torch.inference_mode():
    text_output = clip.text_model(**text_inputs)

text_embeddings = text_output.pooler_output
text_embeddings.shape
```

```
torch.Size([2, 768])
```

두 개의 입력 프롬프트를 배치로 처리하여 각 임베딩 벡터를 생성한다. 이때 각 텍스트 임베딩 벡터는 768차원이지만 이미지에서 얻은 임베딩 벡터는 1,024차원이다. 두 벡터의 내적을 계산하려면 차원 수가 동일해야 한다. 이 절의 초반에 텍스트 인코더와 이미지 인코더가 동일한 차원의 임베딩을 생성해야 한다고 설명했지만, 몇 가지 추가 과정을 거쳐야 한다. 같은 차원을 출력하는 인코더 모델을 선택하는 대신, 임의의 텍스트와 이미지 인코더를 사용하고 그 출력을 동일한 차원의 벡터로 변환하는 투영 과정을 거칠 수 있다. 이러한 투영 변환은 CLIP 학습 과정에서 포함되었으며 앞서 내려받은 `clip` 모델 래퍼의 일부이기도 하다.

여기서 학습된 투영은 입력을 768차원 벡터로 변환하는 단순한 선형 층이다. 텍스트 인코더와 비전 모델 각각을 위한 별도의 투영 층이 존재한다.

```
print(clip.text_projection)
print(clip.visual_projection)
```

```
Linear(in_features=768, out_features=768, bias=False)
Linear(in_features=1024, out_features=768, bias=False)
```

```
with torch.inference_mode():
    text_embeddings = clip.text_projection(text_embeddings)
    image_embeddings = clip.visual_projection(image_embeddings)
text_embeddings.shape, image_embeddings.shape
```

```
(torch.Size([2, 768]), torch.Size([1, 768]))
```

코사인 유사도를 계산하기 전에 벡터를 단위 크기^{norm}[32]로 정규화해야 한다. 임베딩을 적절히 스케일링한 후 각 벡터의 크기로 나누어 정규화하면 된다. 그런 다음, 행렬 곱셈$^{matrix\ multiplication}$을 활용하여 두 개의 내적을 한 번에 계산할 수 있다.

```
text_embeddings = text_embeddings / text_embeddings.norm(
    p=2, dim=-1, keepdim=True
)
image_embeddings = image_embeddings / image_embeddings.norm(
```

---

[32] 옮긴이_ 벡터의 크기(또는 길이)를 나타내는 값이다.

```
    p=2, dim=-1, keepdim=True
)

similarities = torch.matmul(text_embeddings, image_embeddings.T)
similarities
```

```
tensor([[0.2171],
        [0.1888]], device='cuda:0')
```

학습 중에 이러한 코사인 유사도는 각 이미지-텍스트 쌍의 레이블을 예측하는 교차 엔트로피$^{cross-entropy}$ 손실 분류기에 입력될 로짓[33]으로 해석되었다. CLIP 학습은 32개의 크기로 된 배치를 사용하였으며 레이블은 배치 내의 32,768개 위치 각각을 나타낸다. 이 절 앞부분의 CLIP 구조도를 다시 참고하면, 모델이 학습된 후 교차 엔트로피 손실 과정$^{cross\ entropy\ process}$에서 이미지 I_1에 대해 클래스 T_1을, 이미지 I_2에 대해 클래스 T_2을 선택한다.

하지만 마지막으로 고려해야 할 세부 사항이 있다. 벡터가 정규화되었으므로 로짓값은 [-1, 1] 범위를 벗어날 수 없다. 그러나 부동 소수점 표현의 한계 때문에 32K개의 카테고리가 있는 확률 분포를 표현하기에는 이 범위가 부족할 수도 있다. CLIP의 저자들은 학습 가능한 temperature[34] 매개변수를 도입하여 로짓의 범위를 확장해 이를 해결했다. 하지만 수치적 안정성을 유지하고자 이 temperature의 역수인 스케일^{scale}의 값을 최대 100으로 제한했다. 학습을 진행한 모든 실험에서 이 값은 항상 100에 도달했으며, 따라서 CLIP 추론 과정에서는 로짓을 확률로 변환하기 전에 스케일 팩터 100을 적용한다.

이제 이전 코드를 수정하여 스케일링된 유사도 로짓$^{similarity\ logit}$을 확률로 변환할 수 있다. 이 확률은 이미지가 사용한 두 개의 텍스트 캡션 중 하나와 일치할 가능성을 나타낸다.

```
similarities = 100 * torch.matmul(text_embeddings, image_embeddings.T)
similarities.softmax(dim=0).cpu()
```

```
tensor([[0.9441],
        [0.0559]])
```

---

[33] 옮긴이_ 신경망에서 확률을 예측하기 전에 사용하는 값으로, 소프트맥스 함수를 적용하기 전의 출력이다.
[34] 옮긴이_ 신경망의 출력값을 조정하는 매개변수로, 값이 클수록 예측 확률이 균등해지고 작을수록 높은 확률 값이 더욱 두드러지게 된다.

모델이 "a photo of a lion"이라는 프롬프트와 이미지를 94.4%의 신뢰도로 일치시킨다.

3.3.3 CLIP을 활용한 제로샷 이미지 분류

이전 절에서는 CLIP을 사용하여 **제로샷 분류 작업**을 구현하는 데 필요한 단계를 자세히 설명했다. 다행히도 트랜스포머나 OpenCLIP 같은 소프트웨어 라이브러리는 이 과정을 훨씬 쉽게 해 주는 더 높은 수준의 추상화를 제공한다.

>
>
> **제로샷 분류라고 부르는 이유**
>
> 분류는 매우 중요한 머신러닝 문제이다. 주어진 데이터 포인트와 미리 정의된 여러 클래스가 있을 때, 이 데이터 포인트가 어느 클래스에 속할 확률을 예측한다. 이 정의에 따르면 클래스 집합은 미리 고정되어야 하므로 모델은 이러한 클래스에 대해서만 알고 다른 것은 학습하지 못한다. 예를 들어 이미지넷^{ImageNet} 데이터셋은 20,000개 클래스의 이미지를 포함한다. 수년 동안 이미지넷 대규모 시각 인식 챌린지$^{\text{ImageNet Large Scale Visual Recognition Challenge}}$(ILSVRC)는 컴퓨터 비전 시스템의 테스트 벤치마크였으며, 이미지넷 클래스 중 단 1,000개에 속하는 객체를 분류하는 것이 목표였다. 2012년에 알렉스넷^{AlexNet}으로 알려진 심층합성곱 신경망$^{\text{deep CNN}}$이 그해의 챌린지를 쉽게 이기면서, 이후 새롭고 더 나은 딥러닝 모델들이 설계되며 정확도가 해마다 증가하는 혁명이 시작되었다.
>
> 제로샷 분류는 모델이 특정 클래스에 대해 명시적으로 학습되지 않았더라도 데이터를 올바르게 분류할 수 있다. 2장에서는 언어 모델을 활용한 제로샷 감성 분류의 예를 살펴보았으며, 이전 절에서도 이 기능이 어떻게 발휘되는지 확인했다. CLIP은 이미지-캡션 쌍을 매칭하도록 학습되었지만 분류하려는 이미지를 적절히 설명하는 캡션을 제공하면 이를 분류 작업에 활용할 수 있다. 예를 들어 고양이와 개를 구분하는 데 "A photo of a cat"(고양이의 사진)과 "A photo of a dog"(개의 사진)라는 프롬프트를 사용할 수 있다. CLIP은 제공된 이미지와 가장 잘 맞는 프롬프트를 선택하여 원하는 분류 결과를 도출한다.

이전 절의 예제를 상위 수준의 **트랜스포머** API로 다시 만들어 보자. 이전과 동일한 방식으로 CLIP 모델, 프로세서, 테스트 이미지를 로드한다.

```
clip = CLIPModel.from_pretrained("openai/clip-vit-large-patch14").to(device)
```

```python
processor = CLIPProcessor.from_pretrained("openai/clip-vit-large-patch14")

image = Image.open(requests.get(SampleURL.LionExample, stream=True).raw)
```

프로세서를 활용해 이미지와 텍스트 프롬프트 모두에 대한 입력을 동시에 계산할 수 있다. 또한 CLIP 모델을 전체 입력 세트와 함께 편리하게 호출하여 이미지와 각 프롬프트 간의 로짓(또는 스케일된 코사인 유사도)을 검색할 수 있다. 다음과 같이 몇 가지 프롬프트를 추가해서 실험해 보자.

```python
prompts = [
    "a photo of a lion",
    "a photo of a zebra",
    "a photo of a cat",
    "a photo of an adorable lion cub",
    "a puppy",
    "a lion behind a branch",
]
inputs = processor(
    text=prompts, images=image, return_tensors="pt", padding=True
)
inputs = {k: v.to(device) for k, v in inputs.items()}

outputs = clip(**inputs)
logits_per_image = outputs.logits_per_image
probabilities = logits_per_image.softmax(dim=1)
probabilities = probabilities[0].cpu().detach().tolist()
for prob, prompt in sorted(zip(probabilities, prompts), reverse=True):
    print(f"{100*prob: =2.0f}%: {prompt}")
```

```
89%: a photo of an adorable lion cub
 9%: a lion behind a branch
 2%: a photo of a lion
 0%: a photo of a zebra
 0%: a photo of a cat
 0%: a puppy
```

마찬가지로, 동일한 입력 배치에 여러 이미지와 프롬프트를 제공하고 모든 분류 확률을 동시에 얻을 수 있다. 자유롭게 실험하며 자신의 활용 사례에 맞게 조정해 보자.

3.3.4 제로샷 이미지 분류 파이프라인

CLIP의 작동 방식과 제로샷 이미지 분류 활용법을 이해했으니, 이제 더 높은 수준의 API를 사용하여 단순성과 편의성을 높일 수 있다. 1장에서 소개한 `pipeline` 추상화를 활용해 본다. 당시에는 텍스트 분류 작업에 적용하는 방법을 살펴봤지만 이를 제로샷 이미지 분류를 포함한 다양한 작업에도 사용할 수 있다.

파이프라인을 인스턴스화하려면 작업 이름(여기서는 `zero-shot-image-classification`)과 사용할 모델을 지정하면 된다.

```
from transformers import pipeline

classifier = pipeline(
    "zero-shot-image-classification",
    model="openai/clip-vit-large-patch14",
    device=device,
)
```

파이프라인은 토큰화, 이미지 전처리, 로짓 후처리를 포함하여 모든 세부 사항을 처리한다. 분류하고 싶은 이미지를 파이프라인 인스턴스에 전달하고 후보 레이블셋을 제공하면 된다. 파이프라인은 제공한 레이블과 관련된 모든 점수를 포함하는 딕셔너리를 반환하며, 이 값들은 편리하게 점수순으로 정렬된다.

```
scores = classifier(
    image,
    candidate_labels=prompts,
    hypothesis_template="{}",
)
```

`hypothesis_template`은 각 후보 레이블에 적용되어 분류를 위한 텍스트 프롬프트를 만드는 파이썬 형식 문자열이다. `hypothesis_template` 인수를 생략하면 파이프라인은 자동으로 `"This is a photo of a {}"`를 사용하는데, 이는 'cat'이나 'lion'과 같은 이름으로 표시된 클래스 레이블을 형식화하기에 적합하다. 이미 CLIP과 잘 작동하는 프롬프트를 구성했으므로 `"{}"`를 사용해 레이블을 그대로 사용한다.

```
[{'label': 'a photo of an adorable lion cub',
  'score': 0.886413037776947},
 {'label': 'a lion behind a branch', 'score': 0.09321863204240799},
 {'label': 'a photo of a lion', 'score': 0.018809959292411804},
 {'label': 'a photo of a zebra', 'score': 0.0011134858941659331},
 {'label': 'a photo of a cat', 'score': 0.0004198708338662982},
 {'label': 'a puppy', 'score': 2.4912407752708532e-05}]
```

3.3.5 CLIP 사용 사례

CLIP은 원래 제로샷 이미지 분류를 목적으로 설계되었다. CLIP은 학습 과정에서 이미지넷 레이블을 사용하지 않고도 이미지넷 분류를 위해 학습된 모델과 유사한 성능을 달성한다. 또한 다양한 데이터셋에서도 일관된 성능을 유지하며 (공식 블로그 글[35]에서도 언급한 대로) 별도의 파인튜닝 없이 사용할 수 있다.

이전 절에서는 제로샷 이미지 분류가 임의의 이미지와 텍스트 프롬프트 간 유사성을 계산하는 방식으로 이루어진다는 점을 설명했다. 이는 CLIP이 이미지와 텍스트 임베딩을 통해 데이터의 본질적인 의미를 학습했기 때문에 가능하다. CLIP이 **작동 방식 덕분에** 제로샷 분류를 넘어 다양한 작업에 적용할 수 있게 되었다.

텍스트와 이미지 간의 **유사성을 계산하는 기능**은 **의미 기반 검색**과 같은 응용 사례에도 활용된다. 예를 들어 자연어 설명을 기반으로 이미지 검색을 수행하거나, 특정 예제 이미지와 유사한 이미지를 찾는 작업을 할 수 있다. 이러한 기술은 소비자 하드웨어(예 휴대전화), 의료 시스템, 패션 등 여러 분야에서 사용된다. 2장에서 살펴본 FAQ 시스템 구축 방식과 유사하게, 이 장의 마지막에서는 의미 기반 검색에 CLIP을 적용하는 과제를 다룬다.

또한 CLIP은 후속 작업에서 활용할 **풍부한 임베딩**을 생성하는 데도 사용된다. 예를 들어 일부 텍스트-이미지 모델은 CLIP을 사용해 사용자가 제공한 프롬프트를 의미적으로 풍부하게 표현한다.

생성 모델에서도 CLIP은 핵심 역할을 한다. 라이언 머독 Ryan Murdock[36]과 캐서린 크로우슨 Katherine

---

[35] https://oreil.ly/Anejl
[36] https://oreil.ly/BR17d

Crowson[37] 등이 개발한 CLIP 가이드 방법은 CLIP을 손실 함수로 활용하여 모델의 그레이디언트를 특정 표현(프롬프트)으로 유도한다. 이 기법은 생성 모델 연구와 응용에서 적극적으로 사용되며, 이후 CLIP 조건화[38]는 5장에서 다룰 스테이블 디퓨전과 같은 모델에서도 중요한 요소로 자리 잡았다.

이와 더불어 CLIP의 점수 매기기 기능은 대규모 이미지-캡션 데이터셋을 구축하고 필터링하는 데 사용된다. 예를 들어 LAION[39]과 같은 프로젝트에서는 CLIP을 활용해 이미지와 캡션 간 유사도가 높은 데이터를 선별하고 품질이 낮거나 불필요한 데이터를 제거할 수 있다. 이 덕분에 수십억 개의 항목으로 구성된 대규모 데이터셋을 구축하고 개선할 수 있으며 결과적으로 더 정교한 모델을 개발하는 데 기여한다.

3.4 CLIP의 대안

CLIP은 산업과 연구 전반에서 폭넓게 활용되며, 이를 기반으로 더 효율적이고 특정 작업에 적합한 변형 모델을 개발하려는 다양한 시도가 이루어지고 있다. 또한 CLIP을 완전히 오픈 소스로 제공하고 재현 가능하게 하려는 노력도 지속되고 있다. OpenCLIP 저장소[40]는 CLIP의 구현과 다양한 아키텍처 변형을 포함한 오픈 소스 코드를 제공한다. 이를 바탕으로 LAION 팀은 방대한 LAION 데이터셋과 OpenCLIP 코드베이스를 활용해 다양한 크기의 강력한 CLIP 모델을 학습했으며, 모든 체크포인트를 공개해 누구나 사용할 수 있도록 했다.

최근에는 더 나은 텍스트 이해가 더 뛰어난 텍스트-이미지 모델로 이어질 수 있다는 연구 결과가 발표되었다. 예를 들어 BLIP, CoCa, CapPa와 같은 모델은 캡션 생성 작업(이미지가 나타내는 내용을 상세히 설명하는 과정)을 통해 우수한 이미지 표현을 학습하고, 이를 기반으로 다양한 비전-언어 작업을 수행할 수 있음을 입증했다. 한편 SigLIP[41]에서는 기존 소프트맥스 정규화 대신 시그모이드 손실 함수를 적용해 CLIP 학습에서 요구되는 대규모 배치 크기의 부담을 줄이고 학습을 더 효율적으로 만드는 방법을 연구했다.

---

37 https://oreil.ly/LDL_B
38 옮긴이_ 생성 모델이 특정 텍스트 프롬프트에 맞는 이미지를 생성하도록 CLIP의 텍스트-이미지 연관성을 활용하는 방법이다.
39 https://oreil.ly/-UcPE
40 https://oreil.ly/Hkjbj
41 https://arxiv.org/abs/2303.15343

또한 모바일 및 개인용 기기에서 실행할 수 있는 더 작고 빠른 모델을 개발하는 것도 중요한 연구 방향이다. 예를 들어 애플의 MobileCLIP[42]은 오픈AI의 CLIP 모델과 유사한 성능을 훨씬 작은 규모의 모델에서 구현하는 것을 목표로 한다. 같은 맥락에서 애플의 Data Filtering Networks[43]는 텍스트-이미지 데이터셋의 품질을 개선하고 이를 활용해 다양한 CLIP 변형 모델[44]을 학습시키는 프로젝트다.

다음 장들에서도 살펴보겠지만, CLIP은 이미지 생성 시스템에서 핵심 역할을 한다. 더 강력하고 효율적인 CLIP 기반 모델을 개발하려는 활발한 연구가 이어지고 있으며 이러한 발전은 향후 비전-언어 모델의 가능성을 더욱 확장할 것이다.

3.5 의미 기반 이미지 검색 프로젝트

의미 기반 이미지 검색 엔진을 구축하는 것은 흥미로운 프로젝트가 될 수 있다. 이 시스템이 완성되면 자연어로 이미지를 설명하여 라이브러리에서 원하는 이미지를 검색할 수 있다(예 더운 여름날 물속으로 뛰어드는 개, 붐비는 거리에서 우산을 들고 걷는 여성). 따라서 이미지를 어디에 저장했는지 몰라도 의미 기반 검색으로 쉽게 찾아낼 수 있다. 다양한 이미지 데이터셋을 사용할 수 있지만, 개인적으로 의미 있는 콘텐츠를 활용하면 더 보람 있을 것이다. 또한 시스템의 성능을 평가하고 검색 품질을 개선하는 데도 도움이 되며, 프로젝트를 가족이나 친구들과 공유하며 활용할 수도 있다.

이 프로젝트를 진행할 때는 다음과 같은 주요 단계를 고려할 수 있다.

1. 이미지와 텍스트 설명을 임베딩할 수 있는 CLIP 같은 텍스트-이미지 모델을 선택한다. 다른 모델을 시도해 볼 수도 있지만, CLIP이 기본적으로 사용하기 좋은 모델이다. 또한 다양한 크기의 변형 모델이 존재하는 모델군을 선택하는 것이 좋다. 이렇게 하면 개발 과정에서는 가벼운 모델을 사용해 빠르게 테스트하고, 이후 더 큰 모델로 변경하여 성능 차이를 확인할 수 있다.
2. 사진을 찾아 컴퓨터의 한 폴더에 모두 복사한다. 수백 장에서 천 장 정도의 사진이면 충분하다.
3. 선택한 모델을 사용해 이미지에서 임베딩을 만드는 반복문을 작성하자.

---

42 https://arxiv.org/abs/2311.17049
43 https://arxiv.org/abs/2309.17425
44 https://oreil.ly/PFghl

a. 디스크에서 이미지를 불러와 크기를 맞추고 배치를 생성한다. 이 장에서 다룬 학습 루프처럼 파이토치 DataLoader를 활용할 수 있다. 전처리는 torchvision.transforms를 사용해 직접 수행하거나, 모델에 내장된 전처리기가 있다면 이를 활용해도 된다. 하드웨어 성능에 맞는 적절한 배치 크기를 선택한다.

b. 각 이미지 배치를 CLIP 모델의 이미지 처리 부분에 입력한다. 추론 모드를 사용하면 되며 학습이 아니므로 그레이디언트 계산은 필요 없다.

c. 출력된 임베딩을 가져와 디스크에 저장한다. 각 이미지 파일에 대해 다차원 벡터를 생성한 후, numpy 배열로 변환하여 하나의 파일에 저장할 수 있다. 원본 이미지의 파일명이나 경로도 함께 저장해야 검색할 때 활용할 수 있다.

4. 이제 numpy 형식의 벡터 배열이 준비되었다. 이를 바탕으로 모델의 텍스트 부분을 사용해 쿼리를 실행할 수 있다.

   a. 입력 프롬프트를 받아 모델의 텍스트 **타워**를 사용해 임베딩 벡터를 생성하는 함수를 작성하자.

   b. 해당 벡터와 **이미지 임베딩 테이블의 모든 벡터** 간의 코사인 유사도를 계산한다. 램이 충분하다면 파이토치의 matmul 연산을 사용하여 간단히 처리할 수 있다.

   c. 출력을 정렬하고 상위 항목을 선택한다.

   d. 높은 점수를 받은 이미지를 찾아 표시한 후 입력한 프롬프트와 잘 맞는지 확인한다.

추가로 다음과 같은 작업도 고려해 보라.

- 다른 이미지와 **비슷한** 이미지를 찾을 수 있는가(즉, 텍스트 설명이 아닌 입력 이미지 기반의 의미 기반 검색을 의미한다)?
- 사진이 많으면 점수를 계산하기 어려울 수 있다. 이 문제를 어떻게 해결해야 할까? 이를 도울 프레임워크나 서비스가 있는가? 몇 장의 사진을 사용하면 컴퓨터가 한계에 도달하는가?
- 사전 학습된 모델은 사진에 나타나는 인물에 관해 아무것도 모른다. 인물의 이름이나 장소로 검색하려면 어떻게 해야 할까?
- MobileCLIP을 활용해 휴대전화에서 검색 엔진을 실행할 수도 있다. 다만 쉽지 않은 작업이므로 충분한 준비가 필요하다.

3.6 요약

이 장에서는 입력 데이터에서 압축된 표현을 학습하는 것이 데이터셋의 핵심 특성을 추출하는 방법이며, 이렇게 얻은 표현을 다양한 후속 작업에 효과적으로 활용할 수 있음을 확인했다. 먼저 입력 데이터를 낮은 차원의 잠재 공간으로 변환한 후 다시 원본 데이터로 복원하는 방식으로 동작하는 오토인코더를 살펴보았다.

오토인코더는 인코더와 디코더라는 두 개의 구성 요소로 나뉘며 단순한 데이터 복원을 넘어 다양하게 활용할 수 있다. 예를 들어 인코더는 데이터의 핵심 특성을 추출하는 역할을 하므로, 이를 활용해 입력 데이터를 잠재 표현으로 변환한 후 분류기 등의 다른 시스템에서 학습시킬 수 있다. 또한 디코더를 생성 모델로 활용하는 방법도 고려해 볼 수 있다. 만약 잠재 공간이 원본 데이터의 압축된 표현이라면, 잠재 공간에서 임의의 지점을 선택해 새로운 데이터를 생성할 수도 있을 것이다. 하지만 일반적인 오토인코더는 학습 방식의 한계 때문에 이러한 생성 작업에 제약이 따른다.

변이형 오토인코더는 더 체계적인 구조의 잠재 표현을 학습하도록 설계된 오토인코더의 변형이다. 잠재 변수가 확률 분포를 따르도록 유도함으로써 특정 분포에서 샘플링해 새로운 잠재 표현을 생성할 수 있다. 그런 다음, 이 잠재 표현을 디코더에 입력하면 원본 데이터셋에서 생성된 것처럼 보이는 데이터를 만들 수 있다. 이는 생성 모델에서 매우 중요한 개념이며, 이를 확장한 아이디어가 스테이블 디퓨전과 같은 최신 생성 모델의 기반이 되었다. 5장에서 더 자세히 다루겠지만 이러한 모델은 원본 이미지 데이터가 아니라 이미지를 표현하는 잠재 공간에서 직접 연산을 수행하는 방식을 사용한다. 이를 통해 고품질 이미지 생성 모델을 더 효율적으로 학습하고 일반적인 소비자 하드웨어에서도 빠르게 실행되도록 할 수 있다.

3.3절에서는 오픈AI에서 개발하고 발표한 영향력 있는 모델인 CLIP에 초점을 맞추었다. CLIP은 이미지와 텍스트 데이터를 동일한 잠재 공간으로 인코딩한다. CLIP 덕분에 이전에는 해결하기 매우 어려웠던 새로운 작업이 가능해졌다. 예를 들어 이미지에 어떤 문장이 더 일치하는지를 측정하거나, 반대로 문장에 어떤 이미지가 더 일치하는지를 측정할 수 있다. CLIP은 오픈AI의 DALL·E[45] 이미지 생성 프로젝트의 일부로 발표되었으며, 생성 연구 분야에 혁명을 일으켰다. CLIP 계열 모델들은 스테이블 디퓨전 같은 텍스트-이미지 모델의 핵심 구성 요소이며 자연어 이미지 검색, 의미 기반 검색, (콘텐츠나 스타일을 기반으로) 유사한 이미지 추출 등 다른 많은 응용 프로그램에도 사용된다.

이는 모두 데이터를 압축하는 과정 자체가 곧 데이터를 이해하는 과정이라는 근본적인 인식에서 출발했다. 이러한 개념을 바탕으로 다양한 방식의 데이터 추출 및 표현 기술이 발전했다. 합성곱 신경망, 트랜스포머, (그리고 이 둘을 결합한) VQGAN과 같은 시스템이 대표적인 예다.

---

[45] 옮긴이_ DALL·E는 2021년 1월에 발표되었으나, 초기에는 제한된 예시만 공개되고 일반 사용자 접근이 불가했다. 완전한 공개는 2022년 4월에 DALL·E 2가 발표된 후 단계적으로 이루어져 2022년 9월에야 대기 목록 없이 누구나 사용 가능해졌다. 또한 OpenAI는 서비스만 공개했을 뿐 소스 코드 자체는 비공개로 유지했다.

이 흥미롭고 방대한 분야를 이해하는 데 도움이 되길 바라며, 기초 개념과 배경이 되는 아이디어를 간략히 소개했다.

연습 문제

본문에서 제안한 과제들을 편하게 참고할 수 있도록 정리했다. 학습 스타일에 따라 책을 읽으면서 문제를 풀거나 쭉 읽은 후에 시도해 볼 수 있다.

1. 오토인코더 모델이 16개의 잠재 차원으로 학습되면 생성은 어떻게 진행될까? 잠재 차원이 16개인 모델과 2개만 있는 모델 간의 세대를 비교해 볼 수 있는가?
2. 앞에서와 동일한 매개변수로 모델을 다시 학습시키되(본문에 나온 코드 그대로 실행), 다른 난수 초기화를 사용하고 잠재 공간을 시각화해 보자. 모양과 구조가 이전과 다를 가능성이 높다. 이런 결과를 예상했는가? 그 이유는 무엇인가?
3. 인코더가 추출한 이미지 특성의 품질은 어떤가? 인코더 위에 숫자 분류기를 학습시켜 이를 확인해 보자.
4. 변이형 오토인코더 학습 시 재구성 손실과 KL 발산 손실을 합산했다. 그러나 두 손실의 크기는 다르다. 한쪽 손실에 더 큰 가중치를 부여하면 어떤 결과가 나타날까? 몇 가지 실험을 수행하고 그 결과를 설명해 보자.
5. 학습시킨 변이형 오토인코더는 분포의 평균과 **로그 분산**을 표현하는 데 단 두 개의 차원만 사용했다. 16차원을 사용하여 유사한 탐색을 수행해 볼 수 있는가?

연습 문제와 도전 과제의 해답은 이 책의 깃허브 저장소[46]에 있다.

도전 과제

1. **검색용 BLIP-2**: 의미적 이미지 검색에 관한 실습 프로젝트는 꽤 도전적이지만 다른 접근법도 생각해 볼 수 있다. 이 장에서 CLIP을 사용했듯이 유사성 작업에 BLIP-2 모델[47]을 활용할 수 있을까? 어떻게 진행할 것이며, CLIP과 비교했을 때 어떤 차이가 있는가? BLIP-2로 해결할 수 있는 다른 작업에는 무엇이 있을까?
2. **자신만의 오토인코더나 변이형 오토인코더 학습**: 인간은 얼굴을 보고 비현실적인 특징을 쉽게 식별하도록

---

[46] https://github.com/yk-genai/genaibook
[47] https://oreil.ly/e_CpT

학습되었다. 얼굴 데이터셋을 사용하여 오토인코더와 변이형 오토인코더를 학습시키고 그 결과를 확인해 볼 수 있을까? 변이형 오토인코더 논문에서 사용한 Frey Face 데이터셋으로 시작해 볼 수 있다. 이 데이터셋은 동일 인물의 다양한 표정을 담은 흑백 얼굴 이미지의 동질적 집합이다. 더 도전적인 시도를 원한다면 허깅 페이스 허브[48]에서 호스팅되는 CelebFaces Attributes 데이터셋[49]을 사용해 보라. 또한 옥스퍼드 반려동물 데이터셋[50]으로도 흥미로운 실험을 할 수 있다. 이 데이터셋은 허깅 페이스 허브[51]에서도 제공된다.

참고 자료

1. Chollet, François. "Variational AutoEncoder." Keras implementation of a VAE. April 24, 2024. *https://oreil.ly/TShML*.

2. Clément, Chadebec. pythae library GitHub repository. 2022. *https://oreil.ly/XUGjo*.

3. Ermon, Stefano, et al. "The Variational Auto-Encoder." In course notes for CS 228 – Probabilistic Graphical Models. *https://oreil.ly/pc0EP*.

4. Esser, Patrick, Robin Rombach, and Bjorn Ommer. "Taming Transformers for High-Resolution Image Synthesis." arXiv, June 23, 2021. *https://arxiv.org/abs/2012.09841*.

5. Fang, Alex, et al. "Data Filtering Networks." arXiv, November 6, 2023. *https://arxiv.org/abs/2309.17425*.

6. Floret, François. Deep Learning course materials (2024 version). *https://oreil.ly/Csb_F*. Revised VAE handouts (PDF) at *https://oreil.ly/456Vq*.

7. Foster, David. Chapter 3, "Variational Autoencoders." In Generative Deep Learning, 2nd edition. O'Reilly, 2023. *https://oreil.ly/TH2a0*.

8. Howard, Jeremy, and Sylvain Gugger. Deep Learning for Coders with fastai & PyTorch. O'Reilly, 2020. *https://oreil.ly/n1M6C*.

9. Kingma, Diederik P., and Max Welling. "Auto-Encoding Variational Bayes." arXiv, December 10, 2022. *https://arxiv.org/abs/1312.6114*.

10. LAION (various authors). "Large Scale OpenCLIP Trained on LAION-2B." LAION blog, September 15, 2022. *https://oreil.ly/FBlmH*.

11. Li, Junnan, et al. "BLIP: Bootstrapping Language-Image Pre-training for Unified Vision-

---

[48] *https://oreil.ly/mnpbI*
[49] *https://oreil.ly/R75gg*
[50] *https://oreil.ly/rKMkI*
[51] *https://oreil.ly/oz8hw*

Language Understanding and Generation." arXiv, February 15, 2022. *https://arxiv.org/abs/2201.12086*.

12. Li, Junnan, et al. "BLIP-2: Bootstrapping Language-Image Pre-training with Frozen Image Encoders and Large Language Models." arXiv, June 15, 2023. *https://arxiv.org/abs/2301.12597*.

13. Loong, Jackie. Variational Auto-Encoder for MNIST GitHub repository. *https://oreil.ly/-IRhy*.

14. Maucher, Johannes. "Animations of Convolution and Deconvolution." In Intro and Overview Machine Learning lecture notes, 2022. *https://oreil.ly/KL8VU*.

15. ML Foundations (various authors). OpenCLIP GitHub repository. *https://oreil.ly/Hkjbj*.

16. PyTorch team. PyTorch VAE example in the PyTorch GitHub repository, January 2017. *https://oreil.ly/ZchyF*.

17. Radford, Alec, et al. "Learning Transferable Visual Models From Natural Language Supervision." arXiv, February 26, 2021. *https://arxiv.org/abs/2103.00020*.

18. Stanford University. "Convolutional Layer." In course notes for CS231n Convolutional Neural Networks for Visual Recognition, November 2022. *https://oreil.ly/Ohh6z*.

19. Tschannen, Michael, et al. "Image Captioners Are Scalable Vision Learners Too." arXiv, December 21, 2023. *https://arxiv.org/abs/2306.07915*.

20. Vasu, Pavan Kumar Anasosalu, et al. "MobileCLIP: Fast Image-Text Models through Multi-Modal Reinforced Training." arXiv, April 1, 2024. *https://arxiv.org/abs/2311.17049*. Code repository at *https://oreil.ly/DmtWF*.

21. Whitaker, Jonathan. "A Deep Dive into OpenCLIP from OpenAI." W&B Fully Connected, November 7, 2022. *https://oreil.ly/9SSo1*.

22. Yanagisawa, Chiaki. "Conv2d and ConvTransposed2d." PowerPoint presentation, February 19, 2021. *https://oreil.ly/JEEl0*.

23. Yu, Jiahui, et al. "Coca: Contrastive Captioners Are Image-Text Foundation Models." arXiv, June 14, 2022. *https://arxiv.org/abs/2205.01917*.

24. Zhai, Xiaohua, et al. "Sigmoid Loss for Language Image Pre-Training." arXiv, September 27, 2023. *https://arxiv.org/abs/2303.15343*.

CHAPTER 4

확산 모델

이미지 생성 분야는 2014년 이언 굿펠로가 생성적 적대 신경망generative adversarial networks(GANs)을 소개하면서 널리 인기를 얻었다. 생성적 적대 신경망의 핵심 아이디어는 고품질 이미지를 빠르게 생성할 수 있는 대규모 모델군으로 이어졌다. 하지만 생성적 적대 신경망은 많은 매개 변수를 요구하고 효과적인 일반화에 어려움이 있는 등 여러 한계점이 있었다. 이러한 제약 때문에 다양한 연구 방향이 개척되었고 확산 모델이라는 새로운 종류의 모델에 관한 연구가 활발해졌다. 이는 고품질이면서도 유연하여 이미지 생성 분야의 패러다임을 전환했다.

2020년 말, 거의 알려지지 않았던 **확산 모델**이 머신러닝 분야에서 주목받기 시작했다. 연구원들은 확산 모델을 사용하여 생성적 적대 신경망보다 더 높은 품질의 이미지를 생성하는 방법을 발견했다. 이후 이미지 품질을 향상하는 다양한 개선 방법과 변형 기법을 제안하는 연구가 다수 등장했다. 2021년 말에는 GLIDE와 같은 모델이 텍스트-이미지 변환 작업에서 놀라운 결과를 보여주었다. 불과 몇 달 후, DALL·E 2와 스테이블 디퓨전 같은 도구가 등장하며 이러한 모델이 대중화되었다. 이제 원하는 이미지에 관한 텍스트 설명을 입력하기만 하면 누구나 쉽게 이미지를 생성할 수 있게 되었다.

이 장에서는 이러한 모델이 어떻게 작동하는지 자세히 살펴볼 것이다. 이 모델들의 성능을 높이는 핵심 원리를 대략 살펴본 다음, 기존 모델을 활용해 이미지를 생성하며 작동 방식을 이해하고, 직접 모델을 학습시켜 보며 이해를 심화해 본다. 이 분야는 여전히 빠르게 발전하지만, 여기서 다루는 주제들은 이론적 토대가 되어줄 것이며 5장, 7장, 8장에서 더욱 깊이 있는 내용을 다룰 예정이다.

확산 모델의 핵심 개념은 노이즈가 추가된 흐릿한 이미지를 입력받아 디노이징^{denoising} 과정을 학습하여 선명한 이미지를 출력하는 것이다. 확산 모델의 학습 데이터셋은 다양한 수준의 노이즈가 포함된 이미지들(노이즈만 있는 입력도 포함함)로 구성된다. 추론 단계에서는 완전한 노이즈에서 시작해 모델이 학습 분포와 일치하는 이미지를 생성한다. 이 과정에서 모델은 여러 반복 단계를 거쳐 스스로를 보정하여 인상적인 고품질 이미지를 생성해 낸다.

4.1 핵심 원리: 반복 정제

확산 모델의 성능을 높이는 핵심 요소는 무엇일까? 변이형 오토인코더(VAE)나 생성적 적대 신경망(GAN)과 같은 이전 기술들은 모델의 단일 순전파 과정을 거쳐 최종 출력물을 생성한다. 이는 모델이 첫 시도에서 모든 것을 올바르게 해야 함을 의미한다. 실수가 발생하면 이를 되돌려 수정할 수 없다. 반면 확산 모델은 여러 단계에 걸쳐 반복하며 출력물을 생성한다.[1] 이러한 **반복 정제**^{iterative refinement} 과정에서 모델은 이전 단계의 오류를 수정하고 점진적으로 출력물을 개선할 수 있다. [그림 4-1]은 확산 모델의 작동 예시를 보여준다.

그림 4-1 점진적인 디노이징 과정

허깅 페이스의 디퓨저 라이브러리를 사용해 사전 학습된 확산 모델을 불러올 수 있다. 이 라이브러리는 이미지를 직접 생성하는 데 사용할 수 있는 고수준 파이프라인을 제공한다. 여기서는 초기에 공개된 확산 모델인 `ddpm-celebahq-256 model`[2]을 로드할 것이다. 이 모델은 당시 인기 있던 고품질 연예인 이미지 데이터셋인 CelebA-HQ로 학습되었으므로 해당 데이터셋과

---

1 추론 과정에서 확산 단계 수를 줄이는 연구가 활발히 이루어진다. 이 분야에 관한 기본적인 이해를 얻으려면 4장 '도전 과제'의 2번을 참고하라.

2 https://oreil.ly/AoJQf

유사한 이미지를 생성한다. 이 모델을 사용하여 노이즈에서 이미지를 생성해 보자.

```python
import torch
from diffusers import DDPMPipeline

from genaibook.core import get_device

# GPU나 CPU를 사용하도록 장치 설정
device = get_device()

# 파이프라인 로드
image_pipe = DDPMPipeline.from_pretrained("google/ddpm-celebahq-256")
image_pipe.to(device)

# 이미지 샘플링
image_pipe().images[0]
```

파이프라인은 내부에서 어떤 일이 일어나는지 보여주지 않으므로, 내부 구조를 자세히 살펴보겠다. 코드를 실행하면 생성에 1,000단계[3]가 소요됨을 알 수 있다. 이 확산 파이프라인은 최종 이미지를 얻는 데 1,000번의 정제 단계(및 순전파)를 거쳐야 한다. 이는 기본 확산 모델의 주요 단점이며, 고품질 이미지를 생성하는 데 많은 단계가 필요해 생성적 적대 신경망보다 추론 시간이 느리다.

이 **샘플링** 과정을 단계별로 재현하여 내부에서 무슨 일이 일어나는지 더 잘 이해해 보자. 먼저 확산 과정을 시작할 때 샘플 x를 4개의 무작위 이미지 배치로 초기화한다(즉, 일부 무작위 노

---

3 옮긴이_ DDPMPipeline의 기본 num_inference_steps 값은 1000이다.

이즈를 샘플링한다). 입력 이미지를 점진적으로 디노이징하고 최종적으로 실제 분포에서 샘플을 얻기 위해 30단계를 실행할 것이다.

이미지를 생성해 보자. 다음 이미지의 왼쪽에는 주어진 단계의 입력(무작위 노이즈로 시작)이 있고 오른쪽에는 모델이 예측한 최종 이미지가 있다. 첫 번째 행의 결과는 별로 좋지 않다. 주어진 확산 단계에서 최종 예측 이미지를 바로 생성하는 대신, 입력 x(왼쪽에 표시됨)를 예측 방향으로 약간만 수정한다. 그런 다음 새롭고 약간 개선된 x를 모델에 다시 입력하여 다음 단계를 진행한다. 그러면 약간 개선된 예측이 나와서 x를 조금 더 업데이트하는 방법을 계속 진행한다. 충분한 단계를 거치면 모델은 고품질의 현실적인 이미지를 생성할 수 있다.

```python
from genaibook.core import plot_noise_and_denoise

# 무작위 시작점은 4개 이미지의 배치
# 각 이미지는 3채널(RGB) 256x256픽셀 이미지
image = torch.randn(4, 3, 256, 256).to(device)

# 특정 확산 단계 수 설정
image_pipe.scheduler.set_timesteps(num_inference_steps=30)

# 샘플링 타임스텝을 통해 반복
for i, t in enumerate(image_pipe.scheduler.timesteps):
    # 현재 샘플 x와 타임스텝 t가 주어졌을 때 예측 얻기
    # 추론을 실행 중이므로 그레이디언트를 계산할 필요가 없으며,
    # torch.inference_mode()를 사용할 수 있다.
    with torch.inference_mode():
        # 모델이 현재 어떤 타임스텝에 있는지 알 수 있도록
        # 타임스텝 t를 전달해야 한다.
        # 이는 4.2절에서 더 자세히 알아볼 것이다.
        noise_pred = image_pipe.unet(image, t)["sample"]

    # 스케줄러로 업데이트된 x가 어떻게 보여야 하는지 계산
    scheduler_output = image_pipe.scheduler.step(noise_pred, t, image)

    # x 업데이트
    image = scheduler_output.prev_sample

    # 가끔 x와 예측된 디노이징 이미지를 모두 표시
    if i % 10 == 0 or i == len(image_pipe.scheduler.timesteps) - 1:
        plot_noise_and_denoise(scheduler_output, i)
```

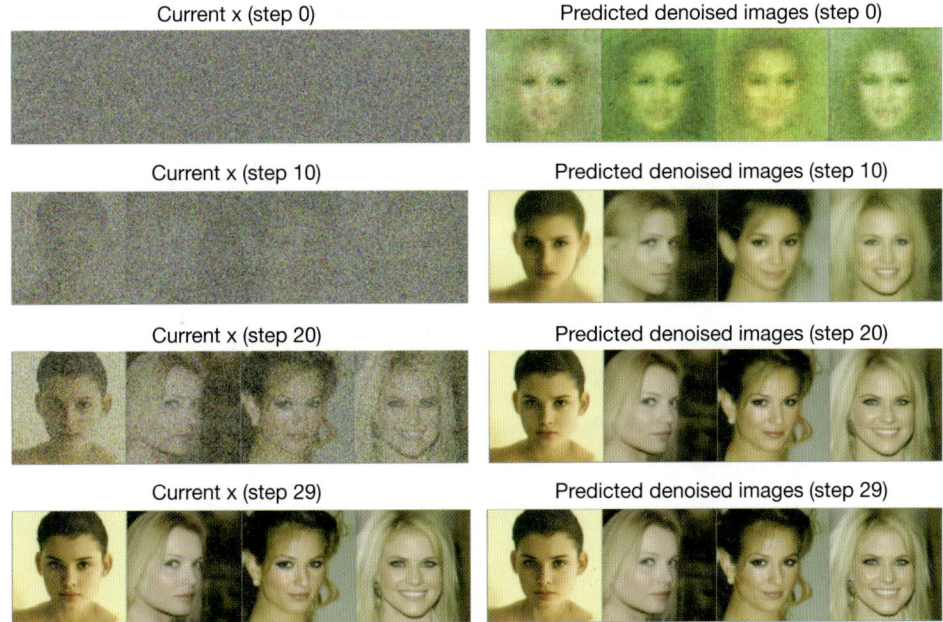

이 코드가 복잡해 보여도 걱정하지 않아도 된다. 이 장 전체에 걸쳐 어떻게 작동하는지 설명할 예정이니 지금은 핵심 개념에만 집중하자.

노이즈가 있는 입력을 반복해서 정제하는 이 핵심 아이디어는 다양한 작업에 적용할 수 있다. 이 장에서는 비조건 이미지 생성, 즉 학습 데이터 분포와 유사한 이미지를 생성하는 것에 중점을 둘 것이다. 예를 들어, 나비 데이터셋으로 비조건부 이미지 생성 모델을 학습시켜 새로운 고품질의 이미지를 생성할 수 있다. 이 모델은 학습 데이터셋의 분포와 다른 이미지를 생성할 수 없으니 학습되지 않은 생물이나 물건의 이미지를 얻으려고 기대하지 않는 게 좋다.

5장에서는 텍스트로 조건화된 확산 모델을 깊이 있게 살펴볼 예정이며, 그 외에도 다양한 활용법을 알아볼 것이다. 확산 모델은 오디오, 비디오, 텍스트, 3D 객체, 단백질 구조 등 다양한 도메인에 적용되었다. 대부분의 구현은 여기서 설명하는 디노이징 접근 방식의 변형을 사용한다. 하지만 다른 형태의 '손상'을 적용하는 새로운 접근 방식(항상 반복 정제 과정과 함께 사용됨)이 현재의 디노이징 확산 기술을 넘어서 이 분야를 더욱 발전시킬 가능성이 있다.

4.2 확산 모델 학습

이 절에서는 확산 모델을 처음부터 학습시켜 보면서 그 작동 방식을 깊이 이해해 볼 것이다. 디퓨저 라이브러리의 구성 요소를 사용해 시작해 본다. 각 구성 요소가 어떻게 작동하는지 점차 이해하게 될 것이다. 확산 모델을 학습시키는 과정은 다른 생성 모델에서보다 간단하다. 모델을 학습시키려면 다음을 반복 수행한다.

1. 학습 데이터에서 일부 이미지를 로드한다.
2. 다양한 양의 노이즈를 추가한다. 극도로 노이즈가 많은 이미지와 거의 완벽한 이미지 모두를 모델이 잘 '수정(디노이징)'하길 원하므로 다양한 양의 노이즈가 포함된 데이터셋이 필요하다.
3. 노이즈가 추가된 입력 버전을 모델에 제공한다.
4. 이 모델이 입력 데이터를 얼마나 잘 디노이징하는지 평가한다.
5. 이 정보를 사용하여 모델 가중치를 업데이트한다.

학습된 모델로 새로운 이미지를 생성하려면 처음에는 완전히 무작위로 입력을 시작하고 모델에 반복해서 입력을 전달한다. 각 반복에서 모델의 예측에 따라 입력을 조금씩 업데이트한다. 여러 샘플링 방법은 이 과정을 단순화하여 가능한 한 적은 단계로 좋은 이미지를 생성하도록 프로세스를 간소화한다.

4.2.1 데이터

이 예제에서는 허깅 페이스 허브에서 제공하는 이미지 데이터셋 중에서 1,000개의 나비 사진 컬렉션[4]을 사용할 것이다. 이후 4.6절 '비조건부 확산 모델 학습 프로젝트'에서는 자신의 데이터를 사용하여 확산 모델을 학습하는 방법을 살펴본다. 먼저 나비 데이터셋을 불러오자.

```
from datasets import load_dataset

dataset = load_dataset("huggan/smithsonian_butterflies_subset", split="train")
```

모델을 학습시키기 전에 데이터를 준비해야 한다. 이미지는 일반적으로 픽셀의 격자로 표현된다. 이전 장에서는 흑백 이미지를 사용했지만 이번에는 컬러 이미지를 사용한다. 각 픽셀은 세

---

4 https://oreil.ly/HTDlA

가지 색상 채널(빨강, 초록, 파랑) 각각의 0에서 255 사이의 색상값으로 표현된다. 다음을 수행해 이미지를 학습 가능한 형태로 준비한다.

1. 크기를 고정된 크기로 조정한다. 모델이 모든 이미지의 차원이 동일할 것으로 예상하므로 이는 필수 작업이다.
2. (선택 사항) 수평으로 무작위 뒤집기를 해서 데이터 증강을 추가하면 모델이 더 강력해지고 더 많은 데이터로 학습할 수 있다. [그림 4-2]의 증강은 컴퓨터 비전 작업의 일반적인 관행으로, 모델이 보지 않은 데이터에 더 잘 일반화하도록 돕는다. 뒤집기는 이미지 데이터 증강의 한 가지 기법에 불과하며 이동, 크기 조정, 회전 등의 기법도 있다.

그림 4-2 증강은 학습 데이터셋에서 더 많은 데이터를 만들어 일반화 성능을 향상한다.

3. 파이토치 텐서로 변환해 색상값을 0과 1 사이의 실수로 표현한다. 모델 입력은 항상 다차원 행렬이나 텐서로 형식화해야 한다.
4. 평균이 0이고 값이 -1과 1 사이가 되도록 정규화한다. 이는 딥러닝 모델 학습에서 일반적으로 사용하는 방법으로, 모델이 더 빠르고 효과적으로 학습하도록 돕는다.

이 변환은 `torchvision.transforms`를 사용해 정의할 수 있다.[5]

```
from torchvision import transforms

image_size = 64

# 변환 정의
preprocess = transforms.Compose(
    [
        transforms.Resize((image_size, image_size)),  # 크기 조정
        transforms.RandomHorizontalFlip(),  # 무작위 뒤집기(데이터 증강)
        transforms.ToTensor(),  # 텐서로 변환(0, 1)
```

---

[5] torchvision은 이미지 작업을 돕는 다양한 도구를 제공하는 파이토치 라이브러리이다. 이 책에서는 데이터 전처리 변환에만 이를 사용할 것이다.

```
        transforms.Normalize([0.5], [0.5]),  # (-1, 1)로 매핑
    ]
)
```

`datasets` 라이브러리의 `set_transform()`를 활용하면 데이터가 사용될 때 즉시 변환을 적용할 수 있다. 마지막으로 데이터셋을 `DataLoader`로 감싸면 데이터 배치 반복을 쉽게 할 수 있어 학습 코드가 간결해진다.

```
def transform(examples):
    examples = [preprocess(image) for image in examples["image"]]
    return {"images": examples}


dataset.set_transform(transform)
batch_size = 16

train_dataloader = torch.utils.data.DataLoader(
    dataset, batch_size=batch_size, shuffle=True
)
```

배치를 로드하고 이미지를 살펴보며 작업이 잘 되었는지 확인해 보자. 다음은 학습 세트에서 가져온 예시 배치다.[6]

```
from genaibook.core import show_images

batch = next(iter(train_dataloader))

# 정규화할 때 (0, 1)을 (-1, 1)로 매핑
# 그 후 표시를 위해 (0, 1)로 다시 매핑
show_images(batch["images"][:8] * 0.5 + 0.5)
```

---

[6] 책에서 픽셀화된 이미지 대신 아름다운 나비 이미지를 인쇄하기 위해 64×64보다 큰 이미지를 사용했다.

4.2.2 노이즈 추가하기

데이터를 어떻게 단계적으로 손상시킬까? 가장 일반적으로는 이미지에 노이즈를 추가하는 방식을 사용한다. 입력에 얼마나 많은 노이즈가 있든 디노이징하는 견고한 모델을 학습시키는 것이 목표이므로 학습 데이터에 다양한 양의 노이즈를 추가할 것이다. 추가하는 노이즈의 양은 노이즈 스케줄로 제어하며, 이는 확산 모델의 핵심 요소이다. 다양한 논문과 접근 방식이 이를 다른 방식으로 처리한다.

지금은 DDPM 논문[7]을 기반으로 한 일반적인 접근 방식을 살펴보자. 디퓨저에서 노이즈 추가는 Scheduler라는 클래스에서 처리하는데, 이는 이미지 배치와 타임스텝 목록을 입력받아 해당 이미지에 노이즈가 추가된 버전을 어떻게 만들지 결정한다. 수학적인 원리는 이 장의 뒷부분에서 알아볼 예정이며, 우선 실제 동작을 살펴보자. 다음 코드는 입력 이미지 각각에 점점 더 많은 양의 노이즈를 적용한다.

```python
from diffusers import DDPMScheduler

# beta_start와 beta_end는 나중에 알아본다.
scheduler = DDPMScheduler(
    num_train_timesteps=1000, beta_start=0.001, beta_end=0.02
)
```

---

7 http://arxiv.org/abs/2006.11239

```python
# 0부터 999 사이에 균등하게 분포된 8개의 값을 가진 텐서 생성
timesteps = torch.linspace(0, 999, 8).long()

# 데이터셋에서 8개의 이미지를 로드하고
# 점점 더 많은 양의 노이즈를 추가한다.
x = batch["images"][:8]
noise = torch.rand_like(x)
noised_x = scheduler.add_noise(x, noise, timesteps)
show_images((noised_x * 0.5 + 0.5).clip(0, 1))
```

학습 중에는 타임스텝을 무작위로 선택한다. 스케줄러는 일부 매개변수(beta_start, beta_end)를 사용해 주어진 타임스텝에서 노이즈의 양을 결정한다. 4.3절 '노이즈 스케줄 심층 분석'에서 스케줄러를 더 자세히 살펴본다.

4.2.3 U-Net

U-Net은 이미지 분할과 같은 작업을 위해 개발된 합성곱 신경망(CNN)이다. 예를 들어 의료 영상에서 다양한 해부학적 구조를 분할하는 데 사용한다. U-Net은 입력과 출력이 동일한 형태라는 특징이 있다.

[그림 4-3]에서 볼 수 있듯이, U-Net은 입력의 공간적 크기를 줄이는 여러 개의 **다운샘플링**downsampling 층에 이어서 입력의 공간적 범위를 다시 증가시키는 일련의 **업샘플링**upsampling 층으로 구성된다. 다운샘플링 층은 일반적으로 스킵 연결skip connection로 이어지는데, 이는 다운샘플

링 층의 출력을 업샘플링 층의 입력에 연결한다. 이를 통해 업샘플링 층은 초기 층의 미세한 세부 사항을 통합할 수 있어, 디노이징 과정에서 중요한 고해상도 정보를 보존할 수 있다.

디퓨저 라이브러리에서 사용하는 U-Net 아키텍처는 2015년에 제안된 원래의 U-Net[8]보다 어텐션^{attention}과 잔차 블록$^{residual\ block}$ 같은 기능이 추가되었다. 나중에 더 자세히 살펴보겠지만, 핵심 아이디어는 입력을 받아 같은 형태의 예측을 생성할 수 있다는 것이다. 확산 모델에서는 입력이 노이즈가 있는 이미지이고 출력은 예측된 노이즈일 수 있다. 이 정보를 바탕으로 입력 이미지를 디노이징할 수 있다.

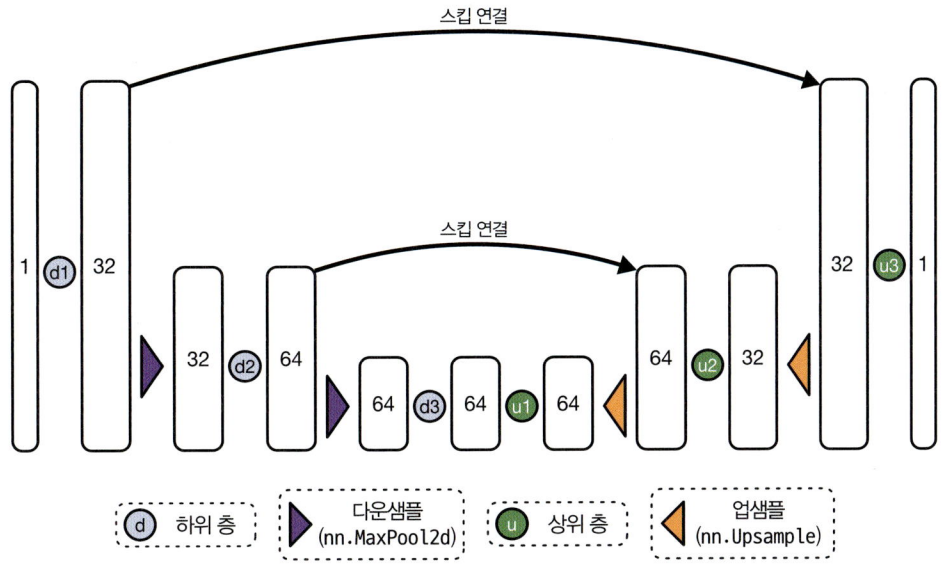

그림 4-3 간단한 U-Net의 구조

U-Net을 만들고 그 안에 이미지 배치를 넣는 방법을 알아보자.

```
from diffusers import UNet2DModel

model = UNet2DModel(
    in_channels=3,    # RGB 이미지용 3개 채널
    sample_size=64,   # 입력 크기 지정
```

---

8 http://arxiv.org/abs/1505.04597

```python
    # 블록당 채널 수는 모델 크기에 영향을 미친다.
    block_out_channels=(64, 128, 256, 512),
    down_block_types=(
        "DownBlock2D",
        "DownBlock2D",
        "AttnDownBlock2D",
        "AttnDownBlock2D",
    ),
    up_block_types=("AttnUpBlock2D", "AttnUpBlock2D", "UpBlock2D", "UpBlock2D"),
).to(device)

# 작동하는지 확인하기 위해 데이터 배치를 통과
with torch.inference_mode():
    out = model(noised_x.to(device), timestep=timesteps.to(device)).sample

print(noised_x.shape)
print(out.shape)
```

```
torch.Size([8, 3, 64, 64])
torch.Size([8, 3, 64, 64])
```

출력이 입력과 같은 형태라는 점을 눈여겨보자.

4.2.4 학습

데이터와 모델이 준비되었으니 이제 학습을 시작하자. 각 학습 단계에서 다음을 수행한다.

1. 이미지를 여러 장 불러온다.
2. 이미지에 노이즈를 추가한다. 추가되는 노이즈의 양은 지정된 타임스텝 수에 따라 달라진다. 타임스텝이 많을수록 노이즈도 많다. 앞서 설명했듯이 모델이 노이즈가 적은 이미지와 노이즈가 많은 이미지 모두에서 디노이징길 원한다. 이를 위해 무작위 양의 노이즈를 추가할 것이므로 무작위 타임스텝 수를 선택한다.
3. 노이즈가 추가된 이미지를 모델에 입력한다.
4. 평균 제곱 오차^{mean squared error}(MSE)를 사용하여 손실을 계산한다. 평균 제곱 오차는 U-Net 모델의 노이즈 예측과 같은 회귀 작업에서 일반적으로 사용하는 손실 함수이다. 예측값과 실젯값 사이의 평균 제곱 차이를 측정하여 더 큰 오차에 더 많은 페널티를 부과한다. U-Net 모델에서 평균 제곱 오차는 예측된 노이즈와 실제 노이즈 사이에 계산되며, 손실을 최소화하여 모델이 더 현실적인 이미지를 생성하도록 돕는다. 이를 노이즈 목적 함수(또는 앱실론^{epsilon} 목적 함수)라고 한다.

5. 손실을 역전파하여 옵티마이저^{optimizer}로 모델 가중치를 업데이트한다.

다음은 이 모든 과정을 구현한 코드다. 학습에 시간이 걸리므로 내용을 복습하거나 잠시 쉬어 가자.

```python
from torch.nn import functional as F

num_epochs = 50  # 데이터를 몇 번 반복 실행할지 설정
lr = 1e-4  # 어떤 학습률을 사용할지 설정
optimizer = torch.optim.AdamW(model.parameters(), lr=lr)
losses = []  # 나중에 손실값을 시각화하기 위한 저장소

# 모델 학습(시간이 걸림)
for epoch in range(num_epochs):
    for batch in train_dataloader:
        # 입력 이미지 로드
        clean_images = batch["images"].to(device)

        # 이미지에 추가할 노이즈 샘플링
        noise = torch.randn(clean_images.shape).to(device)

        # 각 이미지에 대한 무작위 타임스텝 샘플링
        timesteps = torch.randint(
            0,
            scheduler.config.num_train_timesteps,
            (clean_images.shape[0],),
            device=device,
        ).long()

        # 각 타임스텝의 노이즈 크기에 따라
        # 깨끗한 이미지에 노이즈 추가
        noisy_images = scheduler.add_noise(clean_images, noise, timesteps)

        # 노이즈에 대한 모델 예측 획득
        # 모델 추가 조건부로 타임스텝도 입력으로 사용
        noise_pred = model(noisy_images, timesteps, return_dict=False)[0]

        # 예측과 실제 노이즈 비교
        loss = F.mse_loss(noise_pred, noise)

        # 나중에 시각화를 위해 손실 저장
        losses.append(loss.item())
```

```python
# 이 손실에 기반하여 옵티마이저로 모델 매개변수 업데이트
loss.backward()
optimizer.step()
optimizer.zero_grad()
```

모델이 학습되었으니 이제 학습 손실로 들어가 보자.

```python
from matplotlib import pyplot as plt

plt.subplots(1, 2, figsize=(12, 4))

plt.subplot(1, 2, 1)
plt.plot(losses)
plt.title("Training loss")
plt.xlabel("Training step")

plt.subplot(1, 2, 2)
plt.plot(range(400, len(losses)), losses[400:])
plt.title("Training loss from step 400")
plt.xlabel("Training step");
```

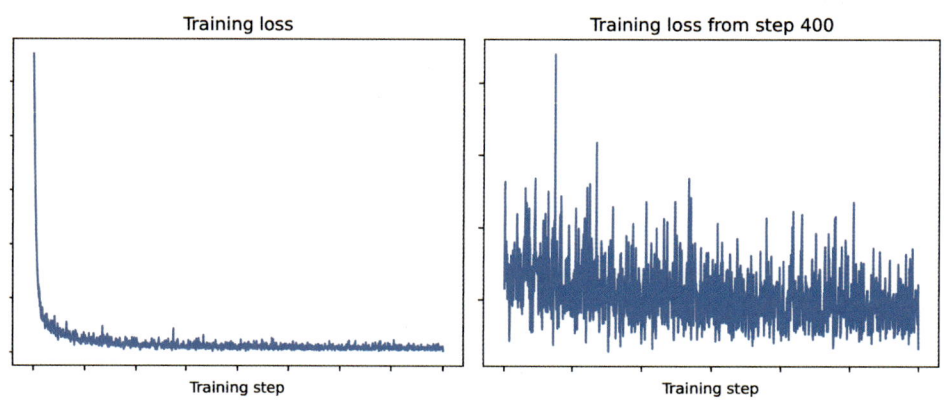

왼쪽의 손실 곡선은 모든 단계를 보여주고 오른쪽은 처음 400단계를 건너뛴다. 모델이 이미지 디노이징을 학습함에 따라 손실 곡선은 하락 추세를 보인다. 하지만 곡선이 다소 불안정한데, 이는 반복마다 다른 수의 노이징 타임스텝을 사용하기 때문이다. 노이즈 예측의 평균 제곱 오차를 보고 이 모델이 샘플 생성을 얼마나 잘할지 판단하기는 어렵다. 따라서 다음 절에서 성능을 확인해 보자.

4.2.5 샘플링

모델이 준비되었으니 추론을 수행하고 이미지를 생성해 보자. 디퓨저 라이브러리는 파이프라인이라는 개념을 사용해 확산 모델로 샘플을 생성하는 데 필요한 모든 구성 요소를 번들로 제공한다. 파이프라인을 사용해 앞에서 학습한 U-Net을 테스트할 수 있다. 다음은 몇 가지 생성 예시이다.[9]

```python
pipeline = DDPMPipeline(unet=model, scheduler=scheduler)
ims = pipeline(batch_size=4).images
show_images(ims, nrows=1)
```

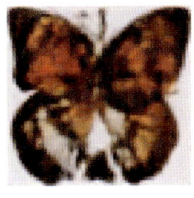

샘플을 만드는 작업을 파이프라인에 맡기면 내부에서 어떤 일이 일어나는지 알 수 없다. 그러므로 파이프라인의 call() 메서드에 있는 코드를 기반으로 모델이 입력 이미지를 점진적으로 개선하는 과정을 보여주는 간단한 샘플링 루프를 만들어 보자.

```python
# 무작위 시작점(4개의 무작위 이미지):
sample = torch.randn(4, 3, 64, 64).to(device)

for t in scheduler.timesteps:
    # 모델 예측 획득
    with torch.inference_mode():
        noise_pred = model(sample, t)["sample"]

    # 단계적으로 샘플 업데이트
    sample = scheduler.step(noise_pred, t, sample).prev_sample

show_images(sample.clip(-1, 1) * 0.5 + 0.5, nrows=1)
```

---

[9] 학습된 모델이 64×64 해상도로 생성한 뒤 크기를 키운 이미지라 다소 픽셀이 깨져 보일 수 있다.

   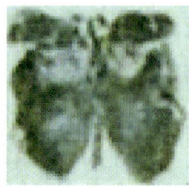

이는 반복 정제 개념을 설명하면서 사용한 코드와 동일하지만 내부 동작을 더 잘 이해할 수 있다. 디퓨저 라이브러리의 `DDPMPipeline` 구현을 살펴보면 로직이 앞서 구현한 코드와 매우 유사함을 알 수 있다.

완전한 무작위 입력으로 시작해 모델이 여러 단계에 걸쳐 이를 정제한다. 각 단계에서는 해당 타임스텝에서 모델의 노이즈 예측을 기반으로 입력을 조금씩 업데이트한다. `pipeline.scheduler.step()` 호출 뒤에 숨겨진 복잡성은 아직 추상화되어 있다. 이후에 다양한 샘플링 방법과 작동 방식을 더 자세히 살펴볼 것이다.

4.2.6 평가

생성 모델을 평가하는 일은 매우 복잡하며 본질적으로 주관적인 작업이다. 예를 들어 `"image of a cat with sunglasses"`라는 입력 프롬프트의 '올바른 결과물'이 될 수 있는 이미지는 무수히 많다. 일반적으로는 사람이 직접 결과물을 비교하는 정성적 평가와 수치화된 정량적 지표를 함께 활용한다. 이러한 지표는 평가의 틀을 제공하지만 높은 이미지 품질을 보장하지는 않는다.

프레셰 인셉션 거리$^{Fréchet\ Inception\ Distance}$(FID) 점수는 생성 모델의 성능을 평가하는 데 널리 사용하는 방법이다. 이 점수는 두 이미지 데이터셋 간의 유사도를 비교한다. 사전 학습된 신경망 [그림 4-4]를 활용해 두 데이터셋에서 추출한 특성 맵 간의 통계를 비교함으로써 생성된 샘플이 실제 샘플과 얼마나 가까운지 측정한다. 점수가 낮을수록 해당 모델이 생성한 이미지의 품질과 현실감이 더 뛰어나다고 볼 수 있다. 프레셰 인셉션 거리 점수가 인기 있는 이유는 인간의 주관적 판단에 의존하지 않으면서도 다양한 생성 신경망에 대한 '객관적인' 비교 기준을 제공하기 때문이다.

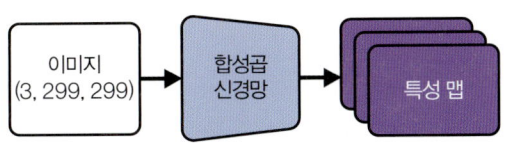

그림 4-4 합성곱 신경망은 이미지에서 특성 맵을 추출하는 데 사용한다.

프레셰 인셉션 거리 점수가 편리하긴 하지만, 알아두어야 할 중요한 주의 사항이 있다. 이는 다른 평가 기준에도 해당할 수 있다.

- 프레셰 인셉션 거리 점수는 두 분포를 비교하도록 설계되었다. 따라서 비교할 수 있는 기준 데이터셋에 접근할 수 있어야 한다. 또한 단일 생성물(예 이미지)로는 프레셰 인셉션 거리 점수를 계산할 수 없다.
- 프레셰 인셉션 거리 점수는 계산에 사용된 샘플 수에 따라 달라지므로 두 모델의 점수를 비교할 때는 동일한 수의 샘플을 사용하여 계산된 점수인지를 확인해야 한다. 일반적으로는 50,000개의 샘플을 사용하지만, 개발 중에는 시간을 절약하려고 더 적은 수의 샘플로 평가하고 결과를 발표할 준비가 된 후에만 완전한 평가를 수행할 때도 많다.
- 프레셰 인셉션 거리는 많은 요소에 민감할 수 있다. 예를 들어 다른 수의 추론 단계는 매우 다른 프레셰 인셉션 거리로 이어질 것이다. 스케줄러(예 DDPM)도 프레셰 인셉션 거리에 영향을 미친다.
- 프레셰 인셉션 거리를 계산할 때는 이미지 크기가 299×299로 조정된다. 따라서 해상도가 극도로 낮거나 높은 이미지에 대한 지표로서는 적합하지 않을 수 있다. 또한 딥러닝 프레임워크 간에 크기를 조정하는 방식에 차이가 있어, 프레셰 인셉션 거리 점수에 약간 차이가 발생할 수 있다.
- 프레셰 인셉션 거리에 사용되는 특성 추출기 신경망은 일반적으로 이미지넷 분류 작업에서 학습된 모델이다.[10] 다른 도메인에서 이미지를 생성할 때는 이 모델이 학습한 특징이 덜 유용할 수 있다. 더 정확한 접근 방식은 도메인별 데이터로 분류 신경망을 먼저 학습시키는 것이지만, 이는 다른 논문이나 기술 간의 점수 비교를 더 어렵게 만든다. 현재로서는 이미지넷 모델이 표준 선택이다.
- 나중에 평가하기 위해 생성된 샘플을 저장할 때, 포맷과 압축이 프레셰 인셉션 거리 점수에 영향을 미칠 수 있다. 가능하면 저품질 JPEG 이미지는 피하는 것이 좋다.

이러한 주의 사항을 모두 고려하더라도, 프레셰 인셉션 거리 점수는 품질의 대략적인 측정일 뿐이며 이미지가 더 '실제처럼' 보이게 하는 미묘한 뉘앙스를 완벽하게 포착하지는 못한다. 생성 모델의 평가는 활발한 연구 분야다. 커널 인셉션 거리$^{Kernel\ Inception\ Distance}$(KID)와 인셉션 점수 같은 표준 지표에도 프레셰 인셉션 거리와 유사한 문제가 있다. 따라서 이러한 바탕으로 모델 간의 성능을 대략 비교하되, 각 모델이 생성한 실제 이미지도 함께 살펴보아야 더 정확하게 평가할 수 있다.

---

10 이미지넷은 매우 인기 있는 컴퓨터 비전 벤치마크다. 수천 개의 카테고리에 걸쳐 수백만 장의 이미지를 포함하며, 기본 모델을 학습하고 성능을 평가하는 데 널리 사용되는 데이터셋이다.

프레셰 인셉션 거리나 커널 인셉션 거리로 측정하는 이미지 품질은 텍스트-이미지 모델의 성능을 평가하는 데 사용하는 기준 중 하나다. 텍스트-이미지 모델의 종합 평가$^{\text{Holistic Evaluation of Text-to-Image Models}}$(HEIM)[11]와 같은 기준은 프롬프트 준수, 독창성, 추론 능력, 다국어성, 편향과 유해성 부재 등과 같이 텍스트-이미지 모델이 가져야 할 바람직한 특성을 함께 고려하려 한다.

인간의 선호도는 상당히 주관적인 분야에서도 품질 평가의 가장 신뢰할 수 있는 기준으로 남아있다. 예를 들어, Parti 프롬프트 데이터셋[12]은 동일한 텍스트 지시문으로 여러 모델이 생성한 이미지를 사람들이 직접 평가함으로써, 어떤 모델이 더 좋은 품질의 이미지를 생성하는지 객관적으로 비교하게 해 준다. 이 데이터셋은 다양한 난이도와 카테고리에 걸친 1,600개의 프롬프트를 포함하며, 5장에서 살펴볼 텍스트-이미지 모델들을 비교 평가하는 도구로 활용된다.[13]

4.3 노이즈 스케줄 심층 분석

앞서 살펴본 학습 과정에는 '다양한 양의 노이즈를 추가'하는 단계가 있었다. 0부터 1,000 사이에서 무작위로 타임스텝을 선택한 다음, 스케줄러가 알아서 적절한 양의 노이즈를 더하도록 했다. 마찬가지로 추론 과정에서도 스케줄러에 의존해 어떤 타임스텝을 사용할지, 모델의 예측값을 바탕으로 한 단계에서 다음 단계로 어떻게 진행할지 결정한다. 노이즈를 얼마나 추가할지 정하는 것은 모델의 성능에 극적인 영향을 미치는 매우 중요한 설계 사항이다. 이번 절에서는 이것이 중요한 이유와 실제로 사용되는 여러 접근 방식을 자세히 알아볼 것이다.

4.3.1 노이즈를 추가하는 이유

이 장의 초반에 언급했듯이 확산 모델의 핵심 원리는 반복 정제 과정이다. 학습 단계에서는 입력 데이터에 다양한 수준의 **손상**을 가하고, 추론 단계에서는 완전히 손상된 입력(순수한 노이

---

[11] https://oreil.ly/G-o44
[12] https://oreil.ly/GebH2
[13] 확산 모델을 평가하는 방법에 대한 실용적인 심층 분석을 원한다면 디퓨저 라이브러리의 '확산 모델 평가하기'(https://oreil.ly/KXujR) 문서를 검토해 보라.

즈 이미지)에서 시작해 점진적으로 복원해 나가면서 최종적으로 좋은 결과물을 얻는 것을 목표로 한다.

지금까지 가우시안 노이즈 추가adding gaussian noise라는 특정 손상 방식을 주로 사용했다. 가우시안 노이즈는 3장에서 살펴본 정규 분포를 따르는 노이즈로, 대부분의 값이 평균 주변에 집중되고 평균에서 멀어질수록 빈도가 감소한다.[14] 이 방식에 중점을 둔 주된 이유는 확산 모델의 이론적 기반이 가우시안 노이즈 사용을 전제로 하기 때문이다. 다른 손상 방법을 사용한다면 엄밀히 말해 '확산'을 수행하는 것이 아니게 된다.

그러나 콜드 디퓨전Cold Diffusion 논문[15]은 이론적 편리함을 위해 이 방법을 사용할 필요가 없음을 증명했다. 저자들은 확산 모델과 같은 접근 방식이 여러 손상 방법에서 작동함을 보여주었다(그림 4-5). 이는 노이즈 대신 다른 이미지 변환을 사용할 수 있음을 의미한다. 예를 들어 Muse, MaskGIT, Paella와 같은 모델은 손상 방법으로 무작위 토큰 마스킹random token masking이나 대체replacement를 사용했다.

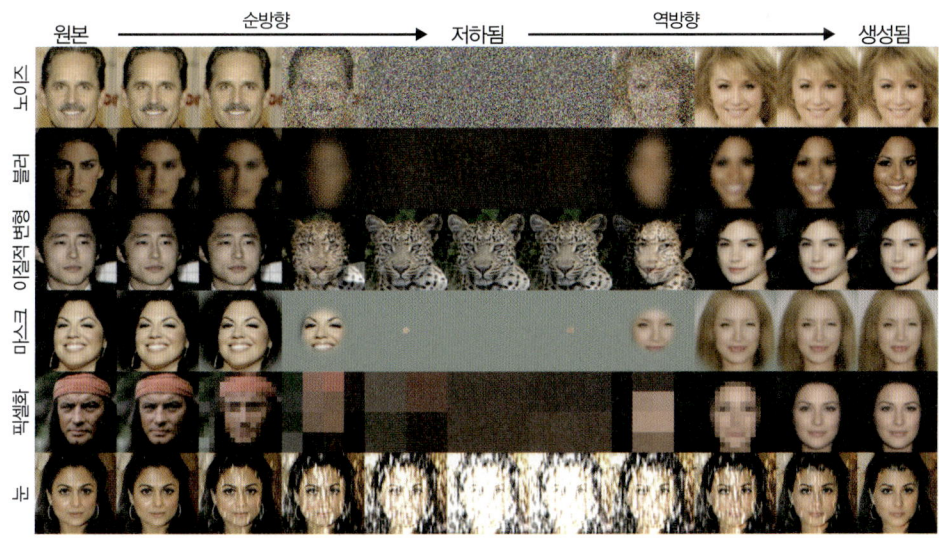

그림 4-5 확산의 일반적인 원리는 가우시안 노이즈뿐만 아니라 다른 손상에도 적용된다(콜드 디퓨전 논문[16]의 이미지를 참고함).

---

14 가우시안 노이즈는 torch.rand_like() 함수를 사용하여 추가된다.
15 http://arxiv.org/abs/2208.09392
16 https://arxiv.org/pdf/2208.09392

그러나 다음과 같은 이유로 노이즈를 추가하는 방법을 가장 많이 사용한다.

- 노이즈 양을 마음대로 조절할 수 있어서 '완벽한 이미지'에서 '완전히 손상된 이미지'까지 부드럽게 변화시킬 수 있다. 이는 이미지 해상도를 낮추는 것처럼 '뚝뚝 끊어지는' 변화가 아닌 연속된 변화를 만들 수 있다는 장점이 있다.
- 추론에서 다양한 무작위 상태를 시작점으로 사용할 수 있다. 반면 일부 손상 방식은 완전히 검은 이미지나 단일 픽셀만 있는 이미지처럼 가능한 초기 상태가 몇 가지로 제한될 수 있다.

따라서 노이즈를 추가하여 데이터를 변형하는 방식을 사용할 것이다. 이제 이미지에 노이즈를 추가하는 방법을 알아보자.

4.3.2 간단하게 시작하기

간단히 이미지 x에 무작위 노이즈를 추가하는 작업부터 시작해 보자. `torch.rand_like()` 함수를 사용하면 입력 이미지와 똑같은 크기의 순수한 가우시안 노이즈를 만들 수 있다.

```
x = next(iter(train_dataloader))["images"][:8]
noise = torch.rand_like(x)
```

다양한 양의 잡음을 추가하는 한 가지 방법은 이미지와 노이즈 사이를 일정한 양으로 선형 보간linear interpolation(lerp)하는 것이다. 이는 원본 이미지 x에서 순수한 노이즈로 부드럽게 전환하는 함수를 제공한다.

```
def corrupt(x, noise, amount):
    # amount를 원본 데이터와 올바르게 작동하도록 재구성
    amount = amount.view(-1, 1, 1, 1)  # 브로드캐스팅 가능하도록 보장

    # 양에 따라 원본 데이터와 노이즈를 혼합
    return (
        x * (1 - amount) + noise * amount
    )  # x.lerp(noise, amount)와 동일함
```

데이터 배치에서 0에서 1까지 변하는 노이즈의 양(amount)으로 실행해 보자.

```
amount = torch.linspace(0, 1, 8)
```

```
noised_x = corrupt(x, noise, amount)
show_images(noised_x * 0.5 + 0.5)
```

원본 이미지에서 순수 노이즈로의 전환이 부드럽게 이루어진다. **연속 시간**continuous time 접근 방식으로 노이즈 스케줄을 생성했으며, 이 방식에서는 전체 경로를 0에서 1까지의 시간 척도로 나타낸다. 다른 접근 방식들은 **이산 시간**discrete time 방식을 사용하는데, 노이즈 스케줄러를 정의하는 데 큰 정수 **타임스텝**들이 사용된다. 연속 시간을 이산 타임스텝으로 변환하고 적절하게 노이즈를 추가하는 클래스로 함수를 감쌀 수 있다.

```python
class SimpleScheduler:
    def __init__(self):
        self.num_train_timesteps = 1000

    def add_noise(self, x, noise, timesteps):
        amount = timesteps / self.num_train_timesteps
        return corrupt(x, noise, amount)


scheduler = SimpleScheduler()
timesteps = torch.linspace(0, 999, 8).long()
noised_x = scheduler.add_noise(x, noise, timesteps)
show_images(noised_x * 0.5 + 0.5)
```

이제 디퓨저 라이브러리에서 사용하는 스케줄러와 직접 비교할 수 있는 것이 생겼다. 예를 들어 학습 중에 사용한 DDPMScheduler와 비교해 보자.

```
scheduler = DDPMScheduler(beta_end=0.01)
timesteps = torch.linspace(0, 999, 8).long()
noised_x = scheduler.add_noise(x, noise, timesteps)
show_images((noised_x * 0.5 + 0.5).clip(0, 1))
```

디퓨저 라이브러리의 DDPMScheduler와 직접 만든 스케줄러의 결과를 비교해 보면 완전히 동일하지는 않지만 충분히 비슷함을 알 수 있다. 이 정도면 직접 만든 노이즈 스케줄러로도 모델 학습을 시도해 볼만하다.

4.3.3 수학적 배경

원본 이미지에 노이즈를 추가하는 방법의 수학적 배경을 자세히 살펴보자. 문헌에는 많은 표기법과 접근 방식이 있다는 점을 기억하자. 예를 들어 일부 논문에서는 노이즈 스케줄이 연속해서 매개변수화되어 t가 corrupt 함수에서 했듯이 0(노이즈 없음)에서 1(완전히 손상됨)까지 실행된다. 다른 논문에서는 타임스텝이 정수이고 0에서 큰 수 T(일반적으로 1,000)까지 실행되는 이산 시간 접근 방식을 사용한다. SimpleScheduler 클래스에서 했듯이 이 두 접근 방식은 서로 변환할 수 있지만, 다른 모델을 비교할 때 일관성을 유지해야 한다. 여기서는 이산 시간 접근 방식을 계속 사용할 것이다.

수학적으로 더 깊이 이해하고 싶다면 DDPM 논문이나 '설명이 첨부된 확산 모델Annotated Diffusion Model' 블로그 글[17]을 살펴보길 권장한다. 수학적인 부분이 너무 어렵게 느껴진다면 우선 중요한 개념에 집중하고 나중에 다시 살펴봐도 좋다.

타임스텝 $t-1$에서 타임스텝 t로 가는 단일 노이즈 단계부터 정의해 보자. 앞서 설명했듯이 가우시안 노이즈(ϵ)를 추가하는 것이 기본 아이디어다. 노이즈는 단위 분산을 가지며, 이는 노이즈값의 분포를 제어한다. 이 노이즈를 이전 단계의 이미지에 추가해 원본 이미지를 점차 손상시키는데, 이는 확산 모델 학습 과정의 핵심이다.

$$\mathbf{x}_t = \mathbf{x}_{t-1} + \epsilon$$

각 단계에서 추가되는 노이즈의 양을 조절하는 베타t(β_t)를 도입해 보자. 이 매개변수는 모든 타임스텝 t에 대해 정의되며, 각 단계에서 얼마나 많은 노이즈가 추가되어야 하는지 지정한다. 다시 말해 $\mathbf{x}_t$는 $\mathbf{x}_{t-1}$과 β_t로 스케일링된 무작위 노이즈의 혼합이다. 이를 통해 타임스텝이 진행됨에 따라 이미지에 추가되는 노이즈의 양을 점진적으로 증가시킬 수 있다.

$$\mathbf{x}_t = \sqrt{1-\beta_t}\,\mathbf{x}_{t-1} + \sqrt{\beta_t}\,\epsilon$$

노이즈 추가 과정을 분포로 더 정의할 수 있는데, 여기서 노이즈가 추가된 $\mathbf{x}_t$는 평균 $\sqrt{1-\beta_t}\,\mathbf{x}_{t-1}$과 분산 β_t를 가진다. 이 분포는 노이즈 추가 과정을 더 정확하게 모델링하는 데 도움이 된다. 분포 형태로 표현하면 다음과 같다.

$$q(\mathbf{x}_t \mid \mathbf{x}_{t-1}) = \mathcal{N}(\mathbf{x}_t; \sqrt{1-\beta_t}\,\mathbf{x}_{t-1}, \beta_t \mathbf{I})$$

---

[17] https://oreil.ly/mFHxe

이제 이전 값을 조건으로 하는 x를 샘플링하기 위한 분포를 정의했다. 타임스텝 t에서 노이즈가 추가된 입력을 얻으려면 t = 0에서 시작해 이 단일 단계를 반복 적용할 수 있지만, 매우 비효율적이다. 대신 재매개변수화 기법$^{\text{reparameterization trick}}$을 사용해 한 번에 어떤 타임스텝 t로도 이동할 수 있는 공식을 찾을 수 있다. 아이디어는 노이즈 스케줄을 미리 계산하는 것인데, 이는 β_t값으로 정의된다. 그런 다음 $\alpha_t = 1 - \beta_t$와 $\bar{\alpha}$를 시간 t까지의 모든 α값의 누적 곱으로 정의할 수 있으며, 이는 $\bar{\alpha}_t := \prod_{s=1}^{t} \alpha_s$로 표현된다. 이러한 도구와 표기법을 사용해 분포와 특정 시간에 샘플링하는 방법을 재정의할 수 있다. 새로운 분포 $q(\mathbf{x}_t | \mathbf{x}_{t-1})$는 평균 $\bar{\alpha}_t \mathbf{x}_{t-1}$과 분산 $(1 - \bar{\alpha}_t)\mathbf{I}$를 갖는다.

$$q(\mathbf{x}_t | \mathbf{x}_{t-1}) = \mathcal{N}(\mathbf{x}_t; \bar{\alpha}_t \mathbf{x}_{t-1}, (1 - \bar{\alpha}_t)\mathbf{I})$$

이러한 재매개변수화 기법에 관한 자세한 탐구는 이 장의 마지막에 과제로 남겨두었다. 다음 공식을 이용하면 타임스텝 t 지점에서 노이즈가 포함된 이미지를 얻을 수 있다.

$$\mathbf{x}_t = \sqrt{\bar{\alpha}_t} \mathbf{x}_0 + \sqrt{1 - \bar{\alpha}_t} \epsilon$$

x_t에 대한 이 방정식은 타임스텝 t에서의 노이즈가 추가된 입력이 원본 이미지 x_0 ($\sqrt{\bar{\alpha}_t}$로 스케일링됨)와 ϵ ($\sqrt{1 - \bar{\alpha}_t}$로 스케일링됨)의 조합임을 보여준다. 이제 모든 이전 타임스텝을 반복하지 않고도 샘플을 직접 계산할 수 있어, 확산 모델을 훨씬 더 효율적으로 학습시킨다.

디퓨저 라이브러리에서 $\bar{\alpha}$값은 `scheduler.alphas_cumprod`에 저장된다. 이를 알면 주어진 스케줄러에 대해 다양한 타임스텝에서 원본 이미지 x_0와 노이즈 ϵ에 대한 스케일링 요소를 그래프로 표시할 수 있다. 디퓨저 라이브러리는 초깃값(`beta_start`), 최종값(`beta_end`), 값의 변화 방식(`beta_schedule="linear"`)을 정의하여 베타값을 제어하도록 해 준다. DDPM Scheduler에 대한 다음 그래프는 입력 이미지(파란색 선)와 추가되는 노이즈(주황색 선)의 양을 보여준다. 예상대로 타임스텝이 많을수록 노이즈가 더 많이 스케일링되는 모습을 볼 수 있다.

```
from genaibook.core import plot_scheduler

plot_scheduler(
    DDPMScheduler(beta_start=0.001, beta_end=0.02, beta_schedule="linear")
)
```

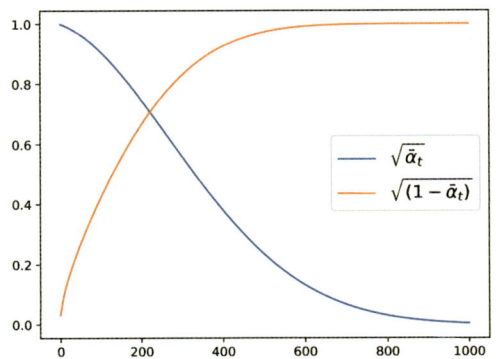

이 SimpleScheduler는 원본 이미지와 노이즈를 선형적으로 혼합한다. 이는 DDPM 경우의 $\sqrt{\bar{\alpha}_t}$와 $\sqrt{1-\bar{\alpha}_t}$에 해당하는 스케일링 요소를 그래프로 그리면 볼 수 있다.

```
plot_scheduler(SimpleScheduler())
```

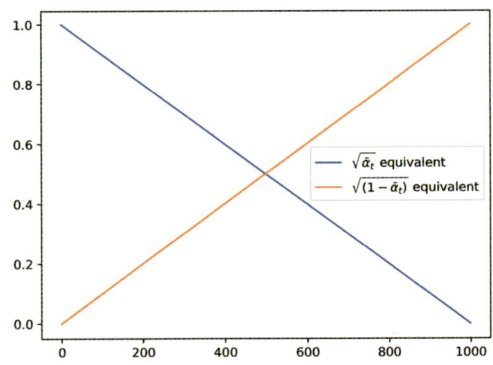

좋은 노이즈 스케줄은 모델이 다양한 노이즈 수준의 이미지를 골고루 보게 한다. 최선의 선택은 학습 데이터에 따라 달라진다. 몇 가지 추가 옵션을 시각화하면 다음과 같은 특징을 알 수 있다.

- beta_end를 너무 낮게 설정하면 이미지가 완전히 손상되지 않아 모델이 추론의 시작점으로 사용되는 무작위 노이즈와 같은 것을 볼 기회가 없어진다.
- beta_end를 너무 높게 설정하면 대부분의 타임스텝을 거의 완전한 노이즈 상태로 보내게 되어 학습 성능이 저하된다.
- 다양한 베타 스케줄은 서로 다른 곡선을 제공한다. 코사인 스케줄은 원본 이미지에서 노이즈로 부드럽게 전환되어 인기가 있다.

다음 그래프에서 하이퍼매개변수와 β 스케줄을 변경하여 다양한 `DDPMScheduler` 스케줄러를 비교해 보자.

```python
fig, (ax) = plt.subplots(1, 1, figsize=(8, 5))
plot_scheduler(
    DDPMScheduler(beta_schedule="linear"),
    label="default schedule",
    ax=ax,
    plot_both=False,
)
plot_scheduler(
    DDPMScheduler(beta_schedule="squaredcos_cap_v2"),
    label="cosine schedule",
    ax=ax,
    plot_both=False,
)
plot_scheduler(
    DDPMScheduler(beta_start=0.001, beta_end=0.003, beta_schedule="linear"),
    label="Low beta_end",
    ax=ax,
    plot_both=False,
)
plot_scheduler(
    DDPMScheduler(beta_start=0.001, beta_end=0.1, beta_schedule="linear"),
    label="High beta_end",
    ax=ax,
    plot_both=False,
)
```

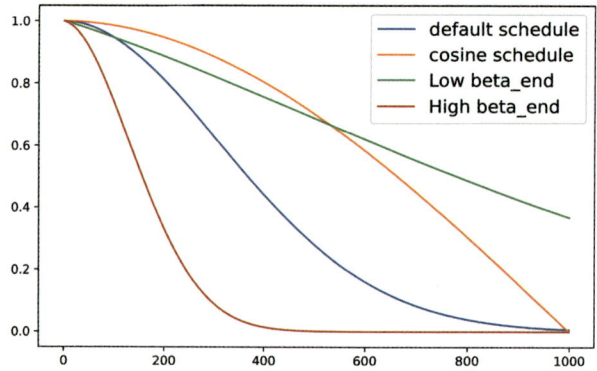

> **✏️ NOTE** 여기서 보여주는 모든 스케줄은 **분산 보존**variance preserving(VP)라고 부르며, 이는 모델 입력의 분산이 전체 스케줄에 걸쳐 1에 가깝게 유지됨을 의미한다. **분산 폭발**variance exploding(VE) 공식도 있는데, 원본 이미지에 다양한 양의 노이즈가 추가되어 고분산 입력이 생성된다. 이 `SimpleScheduler`는 거의 분산 보존 스케줄이지만 선형 보간 때문에 분산이 완전히 보존되지는 않는다.

「Common Diffusion Noise Schedules and Sample Steps Are Flawed(일반적인 확산 노이즈 스케줄과 샘플링 단계의 결함)」[18] 논문에서는 모델을 다양한 수준의 노이즈(추론의 초기 상태인 순수 노이즈 포함)가 있는 이미지에 노출하는 것의 중요성을 다루었다. 이 논문에서는 일부 확산 모델이 학습 스케줄이 모든 상태를 포함하지 않아 너무 밝거나 어두운 이미지를 생성할 수 없음을 보여주었다. 확산 관련 주제와 마찬가지로, 노이즈 스케줄 주제를 연구하는 새로운 논문이 계속 나오므로 이 글을 읽을 때쯤에는 아마도 다양한 선택지가 생겼을 것이다.[19]

4.3.4 입력 해상도와 스케일링의 효과

최근까지 대부분 간과되었던 노이즈 스케줄의 한 측면은 입력 이미지 크기와 스케일링이 미치는 영향이다. 많은 연구자가 작은 데이터셋과 낮은 해상도에서 여러 스케줄러를 테스트한 다음, 성능이 가장 좋은 스케줄러를 골라 더 큰 이미지에서 최종 모델을 학습시킨다. 문제는 [그림 4-6]처럼 크기가 다른 두 이미지에 같은 양의 노이즈를 추가할 때 발생한다.

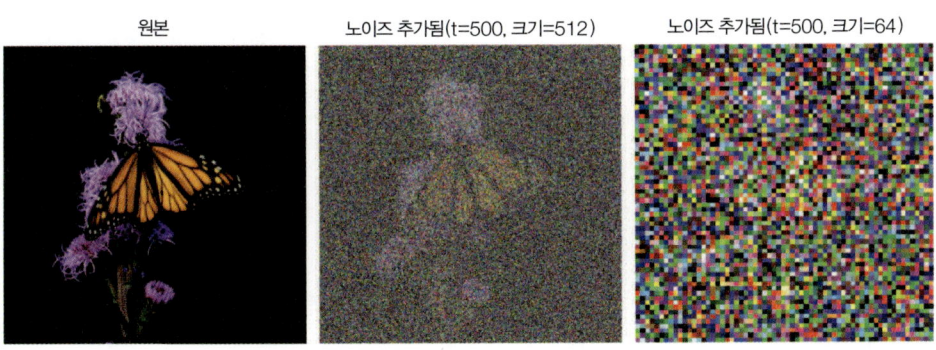

그림 4-6 다른 해상도의 이미지에 동일한 양의 입력 노이즈 적용하기

---

18 https://arxiv.org/abs/2305.08891
19 디퓨저 문서에 있는 스케줄러 페이지는 여러 스케줄러 변형을 알아보는 데 좋은 참고 자료다.

일반적으로 고해상도 이미지에는 많은 중복 정보가 있다. 이는 일부 픽셀이 노이즈로 가려져도 주변 픽셀들에 원본 이미지를 복원할 충분한 정보가 있다는 뜻이다. 반면 저해상도 이미지에서는 각 픽셀에 중요한 정보가 있어서 같은 양의 노이즈를 추가하더라도 고해상도 이미지보다 훨씬 더 심하게 손상된다.

2023년 초에 발표된 두 개의 독립적인 논문이 이 현상을 자세히 조사했다. 두 논문 모두 새로운 통찰력을 바탕으로 기존의 복잡한 기법 없이도 고해상도 출력을 생성할 수 있는 모델을 학습시켰다. 단순 확산 simple diffusion[20] 논문에서는 입력 이미지 크기에 맞게 노이즈 스케줄을 조정하는 방법을 제안했다. 이 덕분에 저해상도 이미지에 최적화된 스케줄을 새로운 목표 해상도에 맞게 적절히 수정할 수 있게 되었다. 다른 논문[21]에서는 비슷한 실험을 수행하면서 또 다른 중요한 변수인 입력 스케일링에 주목했다. 즉, 이미지를 어떻게 표현할지가 중요한 사항이다. 이 이미지가 0과 1 사이의 부동 소수점으로 표현된다면 보통 단위 분산을 가진 노이즈보다 낮은 분산을 갖게 된다. 따라서 특정 노이즈 수준에서의 신호 대 노이즈 비율은 이미지가 -1과 1 사이(앞선 예제에서 사용한 방식)나 다른 방식으로 표현될 때보다 낮아진다. 입력 이미지의 스케일링을 조정하면 신호 대 노이즈 비율이 변하므로, 이 스케일링을 수정하는 것은 더 큰 이미지에 대한 학습을 조정하는 또 다른 효과적인 방법이다. 이 논문은 실제로 입력 스케일링이 다양한 이미지 크기에 대한 학습을 쉽게 조정하는 방법이라고 제안한다. 해상도에 따라 노이즈 스케줄을 직접 조정할 수도 있지만 여러 하이퍼매개변수를 조정해야 해서 최적의 스케줄을 찾기가 더 어려워진다. 다음은 입력 스케일링이 미치는 영향을 보여준다.

```
import numpy as np
from genaibook.core import load_image, SampleURL

scheduler = DDPMScheduler(beta_end=0.05, beta_schedule="scaled_linear")
image = load_image(
    SampleURL.DogExample,
    size=((512, 512)),
    return_tensor=True,
)

t = torch.tensor(300)    # 노이즈를 추가하는 타임스텝
scales = np.linspace(0.1, 1.0, 4)
```

---

[20] http://arxiv.org/abs/2301.11093
[21] http://arxiv.org/abs/2301.10972

```python
images = [image]
noise = torch.randn_like(image)
for b in reversed(scales):
    noised = (
        scheduler.add_noise(b * (image * 2 - 1), noise, t).clip(-1, 1) * 0.5
        + 0.5
    )
    images.append(noised)

show_images(
    images[1:],
    nrows=1,
    titles=[f"Scale: {b}" for b in reversed(scales)],
    figsize=(15, 5),
)
```

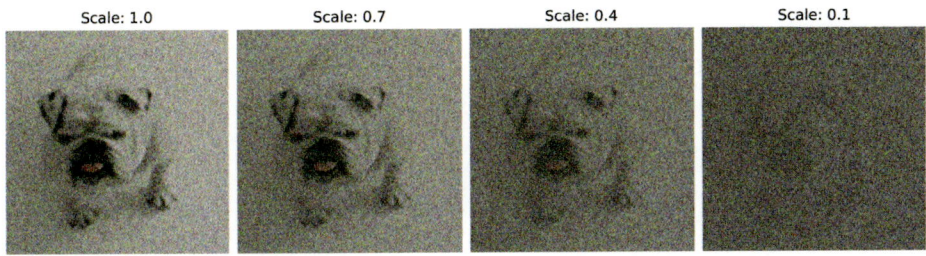

모든 이미지에는 단계 t=300에 해당하는 동일한 입력 노이즈를 적용했지만 입력 이미지에 다른 스케일 요소를 곱했다. 스케일이 이미지에 더 많은 영향을 미치면 노이즈가 더 눈에 띈다. 스케일은 또한 동적 범위(또는 분산)를 감소시켜 입력이 더 어둡게 보인다.[22]

4.4 U-Net과 대안 심층 분석

중요한 예측을 수행하는 실제 모델을 살펴보자. 요약하면 이 모델은 노이즈가 있는 이미지를 입력받아 그 노이즈를 출력할 수 있어야 하며, 이를 통해 입력 이미지를 디노이징할 수 있다. 그러려면 임의 크기의 이미지를 입력받아 동일한 크기의 이미지를 출력하는 모델이 필요하다.

---

[22] 이 방식에서는 모델에 전달되기 전에 입력 이미지가 정규화되어 분산이 급격히 감소하지 않도록 한다.

또한 모델은 이미지에 대한 고수준 정보를 포착하면서 픽셀 수준에서 정확한 예측을 해야 한다. 인기 있는 접근 방식은 U-Net이라는 아키텍처를 사용하는 것이다. U-Net은 2015년 의료 영상 분할용으로 발명되었으며 이후 다양한 이미지 관련 작업에 자주 사용되었다.

이전 장에서 살펴본 오토인코더와 변이형 오토인코더(VAE)처럼 U-Net은 **다운샘플링** 및 **업샘플링** 블록 시리즈로 구성된다. 다운샘플링 블록은 이미지 크기를 줄이고 업샘플링 블록은 이미지 크기를 확대하는 역할을 한다. 다운샘플링 블록은 일반적으로 합성곱 층을 포함하고, 이어서 풀링pooling[23]이나 다운샘플링 층으로 구성된다. 업샘플링 블록은 일반적으로 일련의 합성곱 층을 포함하고, 이어서 업샘플링이나 전치 합성곱 층transposed convolution layer을 포함한다. 전치 합성곱 층은 이미지 크기를 확대하는 특별한 합성곱 층이다.

일반 오토인코더와 변이형 오토인코더는 저차원 잠재 공간에서 이미지를 재구성해야 하므로 픽셀 수준에서 정확한 예측을 하는 데 적합하지 않다. U-Net에서는 다운샘플링 및 업샘플링 블록이 **스킵 연결**로 연결되는데, 이는 정보가 다운샘플링 블록에서 업샘플링 블록으로 직접 흐르도록 한다. 이로써 모델은 이미지 전체에서 고수준 정보를 포착하면서도 픽셀 수준에서 정확한 예측을 할 수 있다.

4.4.1 간단한 U-Net

간단한 모델을 처음부터 구축해 보며 U-Net의 구조를 더 잘 이해해 보자. [그림 4-7]은 기본 U-Net의 아키텍처 다이어그램이다.

---

[23] 이전 층의 출력을 다운샘플링할 때 보존할 정보를 선택하는 방법이다. 일반적인 전략으로는 패치를 평균값으로 줄이는 평균 풀링(average pooling)이나 주어진 패치에서 최댓값을 선택하는 최대 풀링(max pooling)이 있다. 풀링은 입력 텐서의 모든 채널에 독립적으로 적용된다.

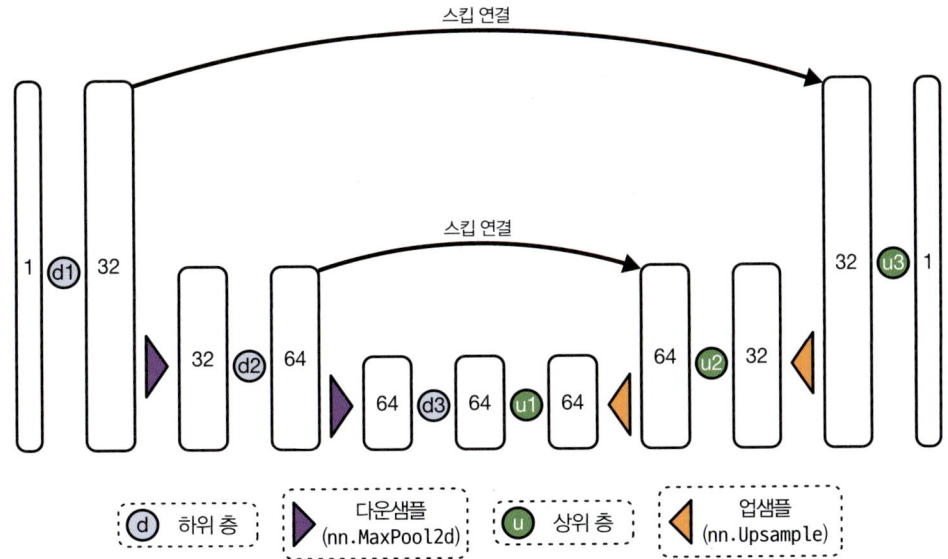

그림 4-7 기본 U-Net의 구조

단일 채널 이미지(예 흑백 이미지)에서 작동하는 U-Net을 설계해 보자. 이는 MNIST와 같은 데이터셋에 대한 확산 모델을 구축하는 데 사용할 수 있다. 다운샘플링 경로와 업샘플링 경로에 각각 3개의 층을 사용할 것이다. 각 층은 인코딩이나 디코딩 경로에 있는지에 따라 합성곱 다음에 활성화 함수와 업샘플링/다운샘플링 단계로 구성된다. 앞서 언급했듯이 스킵 연결은 다운샘플링 블록을 업샘플링 블록에 직접 연결한다. 스킵 연결을 구현하는 방법은 여러 가지가 있다.

여기서는 다운샘플링 블록의 출력을 해당 업샘플링 블록의 입력에 더하는 접근 방식을 사용한다. 다운샘플링 블록의 출력을 업샘플링 블록의 입력에 연결concatenate하는 방법도 있다. 스킵 연결에 일부 층을 추가할 수도 있다.

우선 초기 접근 방식으로 구조를 간단하게 유지해 보자. 다음은 이 신경망을 구현한 코드이다.

```
from torch import nn


class BasicUNet(nn.Module):
    """최소한의 U-Net 구현"""
```

```python
    def __init__(self, in_channels=1, out_channels=1):
        super().__init__()
        self.down_layers = nn.ModuleList(
            [
                nn.Conv2d(in_channels, 32, kernel_size=5, padding=2),
                nn.Conv2d(32, 64, kernel_size=5, padding=2),
                nn.Conv2d(64, 64, kernel_size=5, padding=2),
            ]
        )
        self.up_layers = nn.ModuleList(
            [
                nn.Conv2d(64, 64, kernel_size=5, padding=2),
                nn.Conv2d(64, 32, kernel_size=5, padding=2),
                nn.Conv2d(32, out_channels, kernel_size=5, padding=2),
            ]
        )

        # SiLU 활성화 함수 사용, 다양한 특성(부드러움, 비단조성 등) 덕분에
        # 잘 작동하는 것으로 나타났다.
        self.act = nn.SiLU()
        self.downscale = nn.MaxPool2d(2)
        self.upscale = nn.Upsample(scale_factor=2)

    def forward(self, x):
        h = []
        for i, l in enumerate(self.down_layers):
            x = self.act(l(x))
            if i < 2:  # 세 번째(마지막) 하위 층을 제외한 모든 층
                h.append(x)  # 스킵 연결을 위한 출력 저장
                x = self.downscale(x)  # 다음 층을 위한 다운스케일

        for i, l in enumerate(self.up_layers):
            if i > 0:  # 첫 번째를 제외한 모든 상위 층
                x = self.upscale(x)  # 업스케일
                x += h.pop()  # 저장된 출력 가져오기(스킵 연결)
            x = self.act(l(x))

        return x
```

흑백 입력 이미지의 모양이 (1, 28, 28)일 때, 모델을 거치는 경로는 다음과 같다.

1. 이미지는 다운스케일링 블록을 통과한다. 첫 번째 층은 2D 합성곱으로 32개의 필터를 사용하여 [32,

28, 28] 모양이 된다.

2. 이미지는 최대 풀링으로 다운스케일링되어 [32, 14, 14] 형태가 된다. MNIST 데이터셋에는 검은 배경에 흰 숫자가 그려져 있는데, 여기서 검은색은 숫자 0으로 표현된다. 최대 풀링을 선택해 특정 영역에서 가장 큰 값을 선택하고 가장 밝은 픽셀에 초점을 맞춘다.

3. 이미지는 두 번째 다운스케일링 블록을 통과한다. 두 번째 층은 64개의 필터가 있는 2D 합성곱을 사용해 [64, 14, 14] 형태가 된다.

4. 다시 한번 다운스케일링을 거쳐 [64, 7, 7] 형태가 된다.

5. 다운스케일링 블록에는 세 번째 층이 있지만, 이미 매우 작은 7×7 블록을 사용하므로 이번에는 다운스케일링하지 않는다. 따라서 [64, 7, 7] 형태를 유지한다.

6. 동일한 과정을 역순으로 수행하여 [64, 14, 14], [32, 14, 14], [1, 28, 28] 순으로 업스케일링한다.

이 아키텍처로 학습된 확산 모델은 MNIST 데이터셋에서 [그림 4-8]과 같은 샘플을 만든다. 코드는 지면 관계상 생략했으며 이 책의 깃허브 저장소[24]에서 확인할 수 있다.

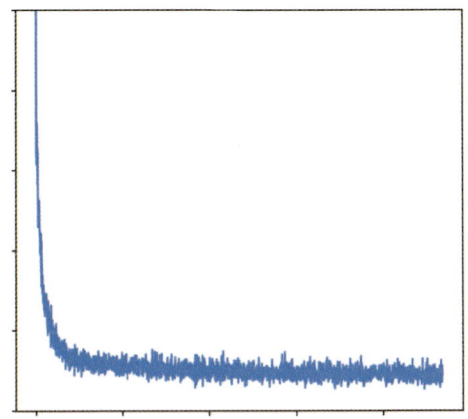 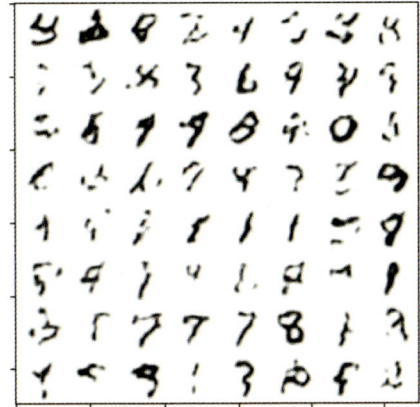

그림 4-8 기본 U-Net의 손실과 생성

4.4.2 U-Net 개선하기

이 간단한 U-Net은 비교적 쉬운 작업에 적합하다. 복잡한 데이터를 다루려면 다음과 같은 방법을 사용할 수 있다.

---

[24] https://github.com/yk-genai/genaibook

매개변수 추가

각 블록에서 여러 개의 합성곱 층을 사용하거나, 각 합성곱 층에 더 많은 필터를 사용하거나, 신경망을 더 깊게 만드는 방식으로 처리할 수 있다.

배치 정규화 같은 정규화 추가

배치 정규화는 각 층의 출력이 0을 중심으로 하고 표준 편차가 1이 되도록 하여 모델이 더 빠르고 안정적으로 학습하도록 돕는다.

드롭아웃 같은 규제 추가

드롭아웃은 작은 데이터셋을 다룰 때 중요한 문제인 과적합을 방지하는 데 도움이 된다.

어텐션 추가

셀프 어텐션 층$^{\text{self-attention layer}}$을 도입하면 모델이 다른 시간에 이미지의 다른 부분에 집중할 수 있어 U-Net이 더 복잡한 기능을 학습하는 데 도움이 된다. 트랜스포머 유사 어텐션 층$^{\text{transformer-like attention layer}}$을 추가하면 학습 가능한 매개변수 수도 늘릴 수 있다. 어텐션 층은 높은 해상도에서 계산하는 데 일반 합성곱 층보다 비용이 훨씬 더 많이 든다는 단점이 있어 일반적으로 U-Net의 더 낮은 해상도 블록에서만 사용한다.

[그림 4-9]는 여러 개선 사항을 포함한 디퓨저 라이브러리의 U-Net 구현을 사용했을 때 MNIST에서의 결과를 기본 아키텍처와 비교해서 보여준다.

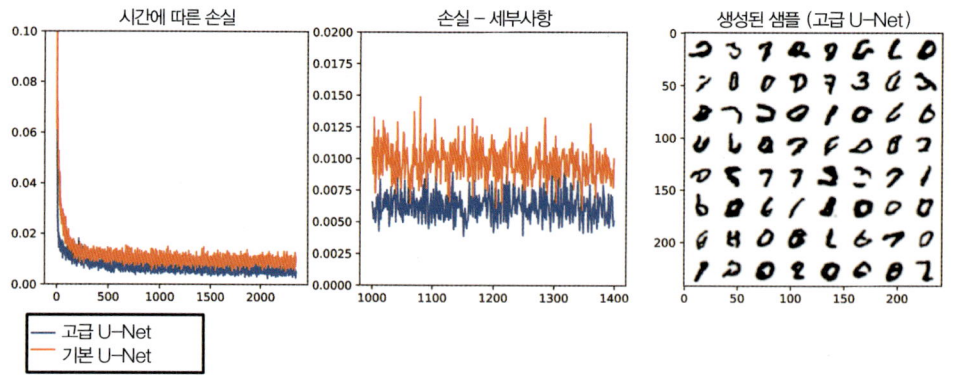

그림 4-9 기본 구조에 여러 개선을 더한 확산 모델 U-Net의 손실과 생성

4.4.3 대안 아키텍처

최근에 확산 모델을 위한 여러 새로운 아키텍처가 제안되었다(그림 4-10).

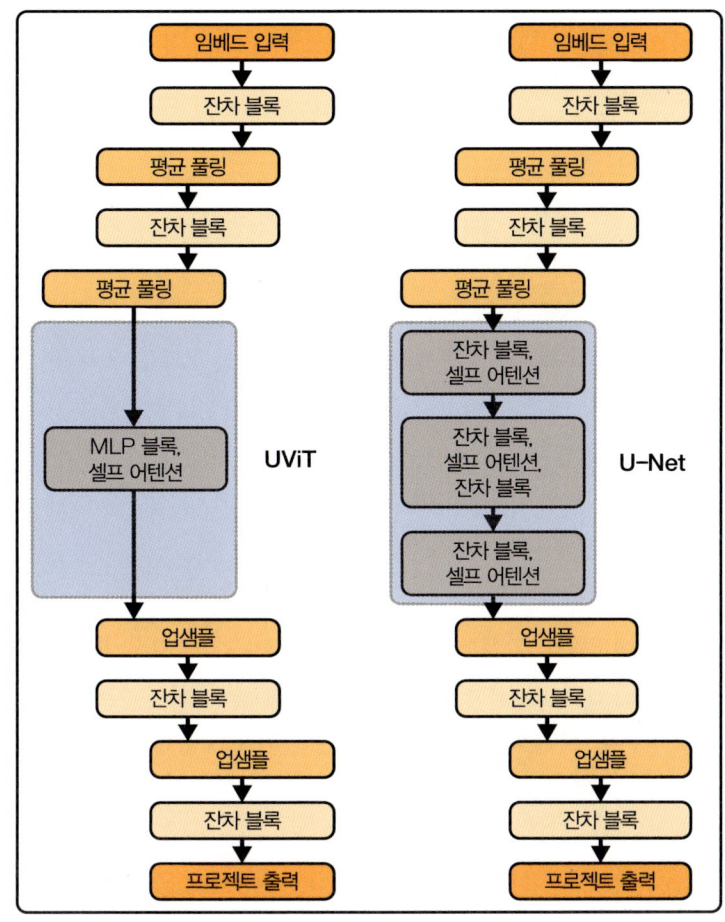

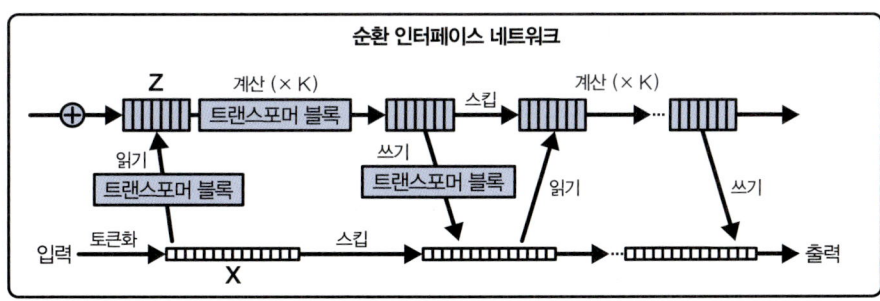

그림 4-10 U-Net, UViT, 순환 인터페이스 네트워크의 비교

이 아키텍처는 다음을 포함한다.

트랜스포머

확산 트랜스포머 논문[25]은 트랜스포머 기반 아키텍처가 우수한 결과로 확산 모델을 학습시킬 수 있음을 보여주었다. 그러나 매우 높은 해상도에서는 트랜스포머 아키텍처의 계산 및 메모리 요구사항이 여전히 도전 과제로 남아 있다.

UViT

단순 확산 논문[26]의 UViT 아키텍처는 U-Net의 중간 층을 대규모 트랜스포머 블록 스택으로 대체해 두 가지의 장점을 모두 얻는 것을 목표로 한다. 이 논문의 핵심은 U-Net의 저해상도 블록에 대부분의 계산을 집중시키면 고해상도 확산 모델을 더 효율적으로 학습시킬 수 있다는 것이다. 매우 높은 해상도에서는 웨이블릿 변환wavelet transform을 사용한다. 이는 채널을 추가해 가능한 한 많은 정보를 유지하면서 입력 이미지의 공간 해상도를 줄이는 추가 전처리를 수행한다. 이로써 더 높은 공간 해상도에 소비되는 계산량을 다시 줄일 수 있다.

순환 인터페이스 네트워크

순환 인터페이스 네트워크recurrent interface network(RIN) 논문[27]은 먼저 고해상도 입력을 더 관리하기 쉽고 저차원 잠재 표현으로 매핑한 다음, 트랜스포머 블록 스택으로 처리한 후 다시 이미지로 디코딩한다. 또한 **재귀성**recurrence이라는 개념을 도입해 이전 처리 단계의 정보를 모델로 전달하는 방식을 제안했다. 이는 확산 모델이 수행하도록 설계된 반복 개선에 도움이 될 수 있다.

고품질 확산 변환 모델에는 플럭스Flux, 스테이블 디퓨전 3, 픽스아트-ΣPixArt-Σ, 텍스트-비디오 소라text-to-video Sora가 포함된다. 트랜스포머 기반 접근 방식이 확산 모델의 주요 구조로 U-Net을 완전히 대체할지, UViT와 RIN 같은 하이브리드 접근 방식이 가장 효과적일지 지켜봐야 한다.

---

[25] http://arxiv.org/abs/2212.09748
[26] 옮긴이_ http://arxiv.org/abs/2301.11093
[27] http://arxiv.org/abs/2212.11972

4.5 확산 목표 심층 분석

확산 모델이 노이즈가 있는 입력을 받아 이를 디노이징하는 방법을 살펴보았다. 가볍게 보면 신경망의 자연스러운 예측 대상이 이미지의 디노이징된 버전인 x0일 것이라고 가정할 수 있다. 그러나 코드에서 모델 예측을 노이즈가 있는 버전을 만드는 데 사용된 단위 분산 노이즈(앱실론 목표 함수나 eps라고도 함)와 비교했다. 노이즈와 타임스텝을 알면 x0를 도출할 수 있고, 그 반대도 가능하므로 두 가지는 수학적으로 동일해 보인다. 이는 사실이지만, 목표 함수 선택은 서로 다른 타임스텝에서 손실의 크기에 따라서 모델이 디노이징하는 데 가장 잘 학습하는 노이즈 수준에 미묘한 영향을 미친다. 노이즈를 예측하는 것이 대상 데이터를 직접 예측하는 것보다 모델에게 더 쉽다. 이는 노이즈가 각 단계에서 알려진 분포를 따르며 두 단계 간의 차이를 예측하는 것이 대상 데이터의 절댓값을 예측하는 것보다 더 간단할 때가 많기 때문이다.

다양한 타임스텝에 걸친 여러 목표 함수를 시각화해 더 명확히 이해해 보자. [그림 4-11]의 입력 이미지와 무작위 노이즈는 타임스텝에 따라 일정하지만(그림의 처음 두 행), 노이즈가 추가된 이미지(세 번째 행)는 타임스텝에 따라 다른 양의 노이즈가 추가된다.

그림 4-11 ep , x0, v 목표 함수 비교. eps는 각 타임스텝에서 추가된 노이즈를 예측하고 x0는 노이즈가 제거된 이미지를 예측하며 v는 두 가지를 혼합하여 사용한다.

극도로 낮은 노이즈 수준에서는 x0 목표가 아주 쉽게 달성된다. 노이즈가 추가된 이미지가 입력 이미지와 거의 같기 때문이다. 하지만 노이즈를 정확하게 예측하는 일은 거의 불가능하다. 마찬가지로, 극도로 높은 노이즈 수준에서 eps 목표 함수는 간단하다(노이즈가 추가된 이미지가 거의 추가된 순수 노이즈와 동일함). 하지만 디노이징된 이미지를 정확하게 예측하는 일은 거의 불가능하다. x0 목표 함수를 사용하면 학습에서 낮은 노이즈 수준에 적은 가중치를 두게 된다.

두 상황 모두 이상적이지 않으므로 다양한 타임스텝에서 x0와 eps의 혼합을 예측하도록 모델에 지시하는 추가 목표 함수가 도입되었다. [그림 4-11]의 마지막 행에 보이는 속도(v) 목표 함수는 그러한 목표 함수 중 하나로, $v = \sqrt{\bar{\alpha}} \cdot \epsilon + \sqrt{1-\bar{\alpha}} \cdot \mathbf{x}_0$로 정의된다. eps 목표 함수는 매우 선호되는 접근 방식이지만 단점이 있으며 다른 목표 함수도 있다는 점을 알아두어야 한다.

> **NOTE** 엔비디아^{NVIDIA} 연구진은 여러 가지 확산 모델의 공식을 하나의 일관된 틀로 통합하여 설계 선택을 명확히 구분할 수 있도록 연구했다. 이를 통해 샘플링과 학습 과정에서 성능을 향상했으며 k-확산^{k-diffusion}이라는 방법을 탄생시켰다. 확산 모델 공식의 다양한 목표, 스케일링, 미묘한 차이에 관해 더 깊이 알고 싶다면 EDM 논문[28]을 읽어보면 좋다.

4.6 비조건부 확산 모델 학습 프로젝트

이론은 충분히 살펴보았으니, 이제 비조건부 확산 모델을 학습시킬 차례이다. 이전과 마찬가지로 새 이미지를 생성하는 모델을 학습시킬 것이다. 이 프로젝트의 주요 과제는 학습에 사용할 좋은 데이터셋을 만들거나 찾는 것이다.

기존 데이터셋을 사용하고 싶다면 허깅 페이스 허브에서 이미지 분류 데이터셋[29]을 필터링해 보는 것부터 시작하면 좋다. 그리고 학습에 어떤 부분의 데이터셋을 사용할지 생각해 보아야 한다. 이전처럼 전체 데이터셋을 사용해 모델이 숫자를 생성하게 할 것인가? 아니면 특정 클래스(예 cats)를 사용해 전용 모델을 생성할 것인가? 또는 데이터셋의 하위 집합(예 특정 해상

---

28 http://arxiv.org/abs/2206.00364
29 https://oreil.ly/AF8QV

도의 이미지만)을 사용할 것인가?

새 데이터셋을 올리고 싶다면 먼저 데이터를 찾고 접근해야 한다. 데이터셋을 공유하는 가장 간단한 접근 방식은 datasets 라이브러리의 ImageFolder 기능[30]을 사용하는 것이다. 그런 다음 데이터셋을 허깅 페이스 허브에 올리고 프로젝트에서 사용할 수 있다.

데이터를 확보한 후에는 전처리 단계, 모델 정의, 학습 루프에 관해 생각해 보자. 이 장의 코드를 시작점으로 활용하고 데이터셋에 맞게 수정할 수 있다.

4.7 요약

이 장은 고수준 파이프라인을 사용해 확산 모델의 추론을 실행하는 것으로 시작했다. 결국 확산 모델을 처음부터 학습시키고 각 구성 요소를 자세히 살펴보았다. 간단히 복습해 보자.

목표는 일반적으로 U-Net 모델을 학습시키는 것으로, 노이즈가 있는 이미지를 입력으로 받아 해당 이미지의 노이즈 부분을 예측하도록 하는 것이다. 모델을 학습시킬 때, 무작위 타임스텝 수에 따라 다양한 크기의 노이즈를 추가한다. 앞서 살펴본 과제에서는 900과 같은 높은 수의 단계에서 노이즈를 추가하려면 많은 노이즈 반복이 필요했다. 이를 해결하려면 재매개변수화 기법을 사용해 특정 타임스텝에서 노이즈가 추가된 입력을 직접 얻을 수 있다. 모델은 노이즈 예측과 실제 입력 노이즈 사이의 차이를 최소화하도록 학습된다. 추론에서는 모델이 초기 무작위 입력을 정제하는 반복 정제 과정을 수행한다. 단일 확산 단계의 최종 예측을 유지하는 대신, 해당 예측의 방향으로 작은 양만큼 입력 x를 반복해서 수정한다. 물론 이는 확산 모델로 추론을 수행하는 속도를 늦추며, 생성적 적대 신경망(GAN)과 같은 모델과 비교했을 때 주요 단점이 된다.

확산 모델은 빠르게 발전하는 분야이며 스케줄러, 모델, 학습 기법 등 많은 부분에서 혁신이 계속되고 있다. 이 장에서는 조건부 생성(예 텍스트 프롬프트에 따른 이미지 생성)을 이해하는 데 필요한 기초 개념과 확산 모델의 세계를 더 깊이 연구할 수 있는 배경지식에 중점을 두었다. 다음과 같은 추가 자료를 읽으면 이 분야를 더 깊이 파고들 수 있을 것이다.

---

30 https://oreil.ly/RV4Bh

- '주석이 달린 확산 모델Annotated Diffusion Model' 블로그 글[31]: DDPM 논문을 기술적으로 설명
- 릴리안 웽Lilian Weng의 글[32]: 수학적인 내용을 더 깊이 이해하기에 좋은 자료
- 「노이즈 제거 확산 확률 모델Denoising Diffusion Probabilistic Models」 논문[33]
- 확산 모델의 공식을 통합하는 케라스Karras의 연구[34]
- 「간단한 확산: 고해상도 이미지를 위한 엔드-투-엔드 확산Simple Diffusion: End-to-End Diffusion for High Resolution Images」[35]: 다양한 크기에 맞게 샘플 스케줄을 조정하는 방법을 설명

연습 문제

1. 확산 추론 알고리즘을 설명해 보자.
2. 노이즈 스케줄러는 어떤 역할을 하는가?
3. 이미지의 학습 데이터 세트를 만들 때 어떤 특징을 주의해야 할까?
4. 왜 학습 이미지를 무작위로 뒤집을까?
5. 확산 모델의 생성을 어떻게 평가할까?
6. beta_end값이 확산 과정에 어떻게 영향을 미치는가?
7. 왜 U-Net을 확산 모델의 주 모델로 사용하고 변이형 오토인코더를 사용하지 않을까?
8. 트랜스포머의 기법(예 어텐션 층이나 트랜스포머 기반 아키텍처)을 확산 과정에 도입할 때 어떤 이점과 도전 과제가 있을까?

연습 문제와 도전 과제의 해답은 이 책의 깃허브 저장소[36]에 있다.

---

31 https://oreil.ly/mFHxe
32 https://oreil.ly/ZEVF4
33 https://arxiv.org/abs/2006.11239
34 http://arxiv.org/abs/2206.00364
35 https://arxiv.org/abs/2301.11093
36 https://github.com/yk-genai/genaibook

도전 과제

1. **재매개변수화 기법**: 다음 두 식이 같음을 증명하라.

    - $\mathbf{x}_t = \sqrt{1-\beta_t}\,\mathbf{x}_{t-1} + \sqrt{\beta_t}\,\epsilon$
    - $\mathbf{x}_t = \sqrt{\bar{\alpha}_t}\,\mathbf{x}_0 + \sqrt{1-\bar{\alpha}_t}\,\epsilon$

    이는 간단한 예제가 아니며 이해하지 못한다고 하더라도 확산 모델을 사용할 수 있다. 참고로, '확산 모델의 초보자 가이드: 기초와 그 이상 이해하기^{A Beginner's Guide to Diffusion Models: Understanding the Basics and Beyond}'[37]를 확인하면 도움을 받을 수 있다. 중요한 점은 분산이 서로 다른 두 개의 가우시안을 병합하는 방법을 아는 것이다. 예를 들어 $\mathcal{N}(\mu_1, \sigma_1^2)$와 $\mathcal{N}(\mu_2, \sigma_2^2)$를 병합할 때, 결과 가우시안은 다음과 같다.

    - $\mathcal{N}(\mu_1 + \mu_2, \sigma_1^2 + \sigma_2^2)$

2. **DDIM 스케줄러**: 이 장에서는 DDPM 스케줄러를 사용하며, 고품질 결과를 얻으려면 때로는 수백에서 수천 단계가 필요하다. 최근 연구는 가능한 한 적은 단계로 (심지어는 한두 단계만으로도) 좋은 생성물을 얻는 방법을 연구했다. 디퓨저 라이브러리에는 「Denoising Diffusion Implicit Models」 논문[38]에서 온 DDIMScheduler와 같은 여러 스케줄러가 있다. DDIMScheduler를 사용해 이미지를 생성해 보자. 4.2.5절 '샘플링'에서는 DDPMScheduler를 사용하여 1,000단계가 소요되었다. 비슷한 품질의 이미지를 생성하려면 몇 단계가 필요할까? 스케줄러를 google/ddpm-celebahq-256로 전환하고 두 스케줄러를 비교해 보자.

참고 자료

1. Bansal, Arpit, et al. "Cold Diffusion: Inverting Arbitrary Image Transforms Without Noise." arXiv, August 19, 2022. http://arxiv.org/abs/2208.09392.
2. Chen, Ting. "On the Importance of Noise Scheduling for Diffusion Models." arXiv, May 21, 2023. http://arxiv.org/abs/2301.10972.
3. Ho, Jonathan, et al. "Denoising Diffusion Probabilistic Models." arXiv, December 16, 2020. http://arxiv.org/abs/2006.11239.
4. Hoogeboom, Emiel, et al. "Simple Diffusion: End-to-End Diffusion for High Resolution Images." arXiv, December 12, 2023. http://arxiv.org/abs/2301.11093.
5. Jabri, Allan, et al. "Scalable Adaptive Computation for Iterative Generation." arXiv, June 13 2023. http://arxiv.org/abs/2212.11972.

---

[37] https://oreil.ly/m3SET
[38] https://arxiv.org/abs/2010.02502

6. Karras, Tero, et al. "Elucidating the Design Space of Diffusion-Based Generative Models." arXiv, October 11, 2022. *http://arxiv.org/abs/2206.00364*.

7. Lee, Tony, et al. "Holistic Evaluation of Text-to-Image Models." arXiv, November 7, 2023. *https://arxiv.org/abs/2311.04287*.

8. Lin, Shanchuan, et al. "Common Diffusion Noise Schedules and Sample Steps Are Flawed." arXiv, January 23, 2024. *https://arxiv.org/abs/2305.08891*.

9. Peebles, William, and Saining Xie. "Scalable Diffusion Models with Transformers." arXiv, March 2, 2023. *http://arxiv.org/abs/2212.09748*.

10. Rogge, Niels, and Kashif Rasul. "The Annotated Diffusion Model." Hugging Face blog, June 7, 2022. *https://oreil.ly/mFHxe*.

11. Ronneberger, Olaf, et al. "U-Net: Convolutional Networks for Biomedical Image Segmentation." arXiv, May 18, 2015. *http://arxiv.org/abs/1505.04597*.

12. Song, Jiaming, et al. "Denoising Diffusion Implicit Models." arXiv, October 5, 2022. *https://arxiv.org/abs/2010.02502*

CHAPTER 5

스테이블 디퓨전과 조건부 생성

4장에서는 확산 모델과 반복 정제의 기본 개념을 소개했다. 마지막에는 이미지를 생성했지만 모델 학습이 오래 걸렸고 생성된 이미지를 제어할 수 없었다. 이번 장에서는 텍스트 설명을 기반으로 이미지를 효율적으로 생성하는 텍스트 조건부 모델로 발전하는 과정을 살펴본다. 사례 연구로 스테이블 디퓨전 모델을 다룬다. 스테이블 디퓨전을 본격적으로 살펴보기 전에, 조건부 모델의 작동 방식과 오늘날 텍스트-이미지 모델로 이어진 혁신 기술을 살펴본다.

5.1 조건부 확산 모델을 위한 조건 추가하기

텍스트 설명을 기반으로 이미지를 생성하는 과제를 다루기 전에 더 단순한 작업부터 시작해 보자. 모델 출력을 특정 타입이나 클래스의 이미지로 유도하는 방법을 알아본다. 이를 위해 **조건화**conditioning라는 기법을 사용한다. 핵심 아이디어는 모델이 (임의의 이미지가 아니라) 미리 정의된 클래스에 속하는 이미지를 생성하도록 유도하는 것이다. 조건화란 생성 과정에서 레이블이나 프롬프트 같은 추가 정보를 제공해 모델의 출력을 조정하는 방식이다.

모델 조건화는 간단하면서도 효과적인 개념이다. 4장에서 사용한 확산 모델을 기반으로 몇 가지 변경을 적용한다. 첫째, 나비 데이터셋 대신 클래스가 포함된 패션 MNIST$^{\text{Fashion MNIST}}$를 활용한다. 이 데이터셋에는 10개의 클래스 레이블이 연결된 수천 개의 의류 이미지가 포함된다. 그런 다음 모델에 두 가지 입력(이미지, 각 이미지가 속한 클래스 레이블)을 제공한다. 이를 통해 모델이 이미지와 레이블 간의 관계를 학습하여 스웨터, 부츠 등 다양한 의류 항목의 특징을 파악하게 한다.

여기서 중요한 점은 이 모델이 분류 문제를 해결하는 것이 아니라는 점이다. 즉, 모델이 이미지의 클래스를 판별하도록 학습하는 것이 아니라, 4장에서처럼 현실적인 이미지를 생성하는 것이 목표다. 유일한 차이점은 이미지에 관한 추가 정보를 제공한다는 점이다. 동일한 작업을 수행하므로 동일한 손실 함수와 학습 전략을 사용한다.

5.1.1 데이터 준비하기

조건부 생성 모델을 학습하려면 명확하게 구분된 이미지 그룹을 포함하는 데이터셋이 필요하다. 컴퓨터 비전에서 분류 작업을 수행하는 데이터셋이 이러한 목적에 적합하다. 예를 들어 이미지넷과 같은 데이터셋은 1,000개 이상의 클래스에 걸쳐 수백만 개의 이미지를 포함하지만, 이를 학습하는 데는 긴 시간이 걸린다. 새로운 문제를 접근할 때는 먼저 작은 데이터셋으로 시작하여 실험을 반복하면서 올바른 방향으로 나아가는지 확인해야 한다.

4장에서 사용한 MNIST를 선택할 수도 있지만 이번에는 패션 MNIST를 활용해 보자. 패션 MNIST는 잘란도(Zalando)[1]에서 개발한 오픈 소스 데이터셋으로, MNIST를 대체할 수 있는 유사한 특성이 있다. 이 데이터셋은 작은 크기의 흑백 이미지로 구성되었으며 10개의 클래스를 포함한다. 단, MNIST와 달리 숫자가 아니라 다양한 의류 유형을 포함하며 이미지의 세부 정보가 더 풍부하다.

3장에서처럼 패션 MNIST 데이터셋의 색상과 일치하도록 `matplotlib`을 설정해야 한다. 예제 이미지를 살펴보자.

```
import matplotlib as mpl
from datasets import load_dataset

from genaibook.core import show_images

mpl.rcParams["image.cmap"] = "gray_r"
```

---

[1] https://oreil.ly/9q640

```
fashion_mnist = load_dataset("fashion_mnist")
clothes = fashion_mnist["train"]["image"][:8]
classes = fashion_mnist["train"]["label"][:8]
show_images(clothes, titles=classes, figsize=(4, 2.5))
```

클래스 0은 티셔츠, 2는 스웨터, 9는 부츠에 해당한다.[2] 4장과 유사하게 데이터셋과 `DataLoader`를 준비하되, 클래스 정보도 입력으로 포함한다는 차이가 있다. 4장에서와 달리 원본 이미지 입력(28×28픽셀)을 32×32로 패딩할 것이다. 이는 원본 이미지 품질을 보존하여 U-Net이 더 높은 품질의 예측을 하는 데 도움이 된다.[3] 패딩은 작업이 엣지 정보를 잘라내거나 왜곡할 수 있는 문제를 방지하는 데 도움이 된다.

```
import torch
from torchvision import transforms

preprocess = transforms.Compose(
    [
        transforms.RandomHorizontalFlip(),  # 무작위 뒤집기(데이터 증강)
        transforms.ToTensor(),  # 텐서로 변환(0, 1)
        transforms.Pad(2),  # 모든 면에 2픽셀 추가
        transforms.Normalize([0.5], [0.5]),  # (-1, 1)로 매핑
    ]
)  ❶


def transform(examples):  ❷
```

---

[2] 패션 MNIST의 10가지 카테고리 목록은 *https://oreil.ly/28Wrg*에서 확인할 수 있다.

[3] 4장에서는 나비 이미지가 매우 큰 크기(512×283)였기 때문에 학습 속도를 높이기 위해 이미지 크기를 줄였다. 이번 절에서 다루는 이미지는 작아서 크기 조정이 필요하지 않지만, 2의 거듭제곱 크기를 사용하기 위해 32×32로 패딩 처리했다. 이는 일반적으로 계층화된 U-Net 층과 더 잘 동작하기 때문이다.

```
    images = [preprocess(image) for image in examples["image"]]
    return {"images": images, "labels": examples["label"]} ❸


train_dataset = fashion_mnist["train"].with_transform(transform) ❹

train_dataloader = torch.utils.data.DataLoader(
    train_dataset, batch_size=256, shuffle=True
) ❺
```

❶ 데이터셋의 이미지에 적용할 일련의 변환(뒤집기, 텐서로 변환, 패딩, 정규화)을 정의한다.

❷ 변환을 사용해 이미지 배치를 처리한다.

❸ 처리된 이미지와 해당 레이블을 포함하는 딕셔너리를 반환한다.

❹ 데이터셋의 학습 분할을 로드한다. with_transform()을 사용하면 변환을 적용한 후 항목이 반환되도록 할 수 있다.

❺ 배치를 구성하고 데이터를 섞어주는 DataLoader를 생성하여 코드를 단순화한다.

5.1.2 클래스 조건부 모델 만들기

디퓨저 라이브러리의 U-Net은 사용자 정의 조건부 정보를 추가할 수 있다. 여기서는 4장과 유사한 모델을 생성하지만 U-Net 생성자에 num_class_embeds 인수를 추가한다. 이 인수는 클래스 레이블을 추가 조건으로 활용할 것임을 모델에 알린다. 패션 MNIST에는 10개의 클래스가 있으므로 num_class_embeds=10으로 설정한다.

```
from diffusers import UNet2DModel

model = UNet2DModel(
    in_channels=1,    # 흑백 이미지용 1개 채널
    out_channels=1,
    sample_size=32,
    block_out_channels=(32, 64, 128, 256),
    num_class_embeds=10,    # 클래스 조건화 활성화
)
```

이 모델로 예측하려면 클래스 레이블을 추가 입력으로 forward() 메서드에 전달해야 한다.

```
x = torch.randn((1, 1, 32, 32))
with torch.inference_mode():
    out = model(x, timestep=7, class_labels=torch.tensor([2])).sample
out.shape
```

```
torch.Size([1, 1, 32, 32])
```

> **NOTE** 모델에 타임스텝도 조건으로 전달된다는 점이 중요하다. 4장에서 사용한 모델도 조건부 확산 모델로 간주할 수 있다. 확산 과정에서 현재 진행 단계를 모델이 알 수 있다면 더 현실적인 이미지를 생성하는 데 도움이 되므로 타임스텝을 조건으로 포함한다.

내부적으로 타임스텝과 클래스 레이블은 모델이 순전파 과정에서 활용하는 임베딩으로 변환된다. U-Net 전체에서 여러 단계에 걸쳐 이러한 임베딩이 사용되며, 각 층의 채널 수와 일치하는 차원으로 투영된 후 해당 층의 출력에 추가된다. 즉, U-Net의 모든 블록에서 조건부 정보가 사용되도록 하여 모델이 이를 효과적으로 학습하도록 한다.

임베딩은 타임스텝과 클래스 레이블 같은 조건부 정보를 간결하고 밀집된 형태로 표현하므로 확산 모델에서 매우 효과적이다. 또한 연속된 값(예 타임스텝), 범주형 데이터(예 클래스 레이블), 텍스트 데이터(예 프롬프트) 등 다양한 유형의 조건부 입력을 유연하게 처리한다.

5.1.3 모델 학습하기

노이즈 추가 기법은 4장에서 사용한 나비 이미지뿐만 아니라 흑백 이미지에도 동일하게 적용할 수 있다. 노이징 타임스텝을 증가시키면서 노이즈가 모델 출력에 미치는 영향을 살펴보자.

```
from diffusers import DDPMScheduler

scheduler = DDPMScheduler(
    num_train_timesteps=1000, beta_start=0.001, beta_end=0.02
)
timesteps = torch.linspace(0, 999, 8).long()
batch = next(iter(train_dataloader))
```

```
# 데이터셋에서 8개의 이미지를 로드하고
# 점진적으로 더 많은 노이즈를 추가한다.
x = batch["images"][0].expand([8, 1, 32, 32])
noise = torch.rand_like(x)
noised_x = scheduler.add_noise(x, noise, timesteps)
show_images((noised_x * 0.5 + 0.5).clip(0, 1))
```

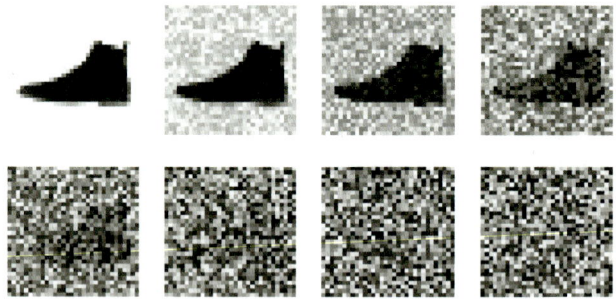

학습 루프는 4장과 거의 동일하지만 이번에는 조건화를 위해 클래스 레이블을 전달한다. 이는 모델에 추가 정보를 제공하는 것일 뿐, 손실 함수를 정의하는 방식에는 영향을 미치지 않는다. 또한 학습 중 진행 상황을 표시하는 데 tqdm을 사용할 것이다.

이제 학습을 시작하고 학습이 진행되는 동안 기다리면 된다. 다음 코드는 복잡해 보일 수 있으나 비조건부 생성에서와 유사한 코드이니 걱정할 필요 없다. 이전 장의 코드와 나란히 비교해 보기를 권장한다. 모든 차이점을 찾을 수 있는가?[4]

코드는 다음을 수행한다.

1. 이미지 묶음과 해당하는 레이블을 로드한다(train_dataloader 와 tqdm을 사용해 반복).
2. 각 시간 단계에 따라 이미지에 노이즈를 추가한다(scheduler.add_noise() 사용).
3. 노이즈 이미지를 모델에 넣고 조건을 위한 클래스 레이블과 함께 사용한다(model()).
4. 손실을 계산한다.
5. 손실을 역전파하고 옵티마이저로 모델 가중치를 업데이트한다.

```
from torch.nn import functional as F
```

---

[4] 에포크 수와 학습률, AdamW 옵티마이저의 앱실론값, 데이터 로딩에 tqdm 사용, 레이블 로딩 및 이를 모델에 전달하는 방식이 변경되었다. 가장 중요한 변화인 조건부 처리는 단 두 줄의 코드 차이로 구현되었다.

```python
from tqdm import tqdm

from genaibook.core import get_device

# 스케줄러 초기화
scheduler = DDPMScheduler(
    num_train_timesteps=1000, beta_start=0.0001, beta_end=0.02
)

num_epochs = 25
lr = 3e-4
optimizer = torch.optim.AdamW(model.parameters(), lr=lr, eps=1e-5)
losses = []  # 나중에 시각화하기 위한 손실값 저장소

device = get_device()
model = model.to(device)

# 모델 학습(시간이 많이 걸림)
for epoch in (progress := tqdm(range(num_epochs))):
    for step, batch in (
        inner := tqdm(
            enumerate(train_dataloader),
            position=0,
            leave=True,
            total=len(train_dataloader),
        )
    ):
        # 입력 이미지와 클래스 로드
        clean_images = batch["images"].to(device)
        class_labels = batch["labels"].to(device)

        # 이미지에 추가할 노이즈 샘플링
        noise = torch.randn(clean_images.shape).to(device)

        # 각 이미지에 대한 무작위 타임스텝 샘플링
        timesteps = torch.randint(
            0,
            scheduler.config.num_train_timesteps,
            (clean_images.shape[0],),
            device=device,
        ).long()

        # 각 타임스텝의 노이즈 크기에 따라
        # 깨끗한 이미지에 노이즈 추가
```

```python
noisy_images = scheduler.add_noise(clean_images, noise, timesteps)

# 노이즈에 대한 모델 예측 가져오기
# class_labels 사용에 주목
noise_pred = model(
    noisy_images,
    timesteps,
    class_labels=class_labels,
    return_dict=False,
)[0]

# 예측과 실제 노이즈 비교
loss = F.mse_loss(noise_pred, noise)

# 손실 표시 업데이트
inner.set_postfix(loss=f"{loss.cpu().item():.3f}")

# 나중에 시각화를 위해 손실 저장
losses.append(loss.item())

# 역전파 및 최적화
loss.backward()
optimizer.step()
optimizer.zero_grad()
```

학습이 완료되면 학습 손실을 그래프로 표시해 모델 성능을 확인할 수 있다.

```python
import matplotlib.pyplot as plt

plt.plot(losses)
```

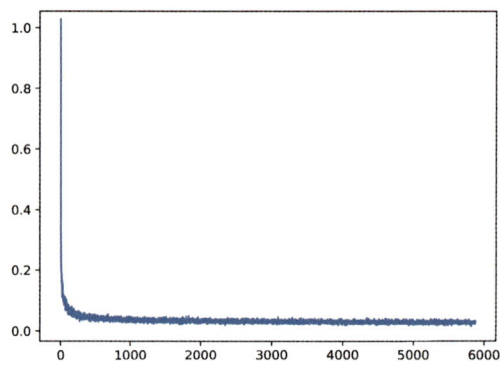

5.1.4 샘플링

이제 예측할 때 두 가지 입력(이미지와 클래스 레이블)을 기대하는 모델이 생겼다. 무작위 노이즈로 시작한 후 반복해서 디노이징하며 원하는 클래스 레이블을 전달하여 샘플을 생성할 수 있다.

```python
def generate_from_class(class_to_generate, n_samples=8):
    sample = torch.randn(n_samples, 1, 32, 32).to(device)
    class_labels = [class_to_generate] * n_samples
    class_labels = torch.tensor(class_labels).to(device)

    for _, t in tqdm(enumerate(scheduler.timesteps)):
        # 모델 예측 가져오기
        with torch.inference_mode():
            noise_pred = model(sample, t, class_labels=class_labels).sample

        # 단계로 샘플 업데이트
        sample = scheduler.step(noise_pred, t, sample).prev_sample

    return sample.clip(-1, 1) * 0.5 + 0.5
```

티셔츠(클래스 0)를 몇 개 생성해 보자.

```python
images = generate_from_class(0)
show_images(images, nrows=2)
```

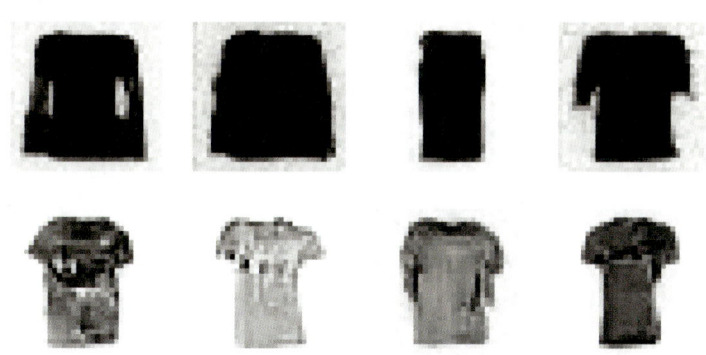

이번에는 운동화(클래스 7)를 몇 개 생성해 보자.

```
images = generate_from_class(7)
show_images(images, nrows=2)
```

마지막으로 부츠(클래스 9)를 몇 개 생성해 보자.

```
images = generate_from_class(9)
show_images(images, nrows=2)
```

생성된 이미지에는 여전히 노이즈가 약간 있다. 모델 아키텍처를 탐색하고, 하이퍼매개변수 튜닝을 수행하고, 더 오래 학습시키면 결과가 개선될 수 있다. 어쨌든 모델이 다양한 의류의 형태를 학습하고 학습 데이터와 함께 이 정보를 전송함으로써 모양 9가 모양 0과 다름을 인식했다는 사실은 놀랍다. 약간 다르게 표현하자면, 모델은 부츠를 볼 때 숫자 9와 함께 보는 데 익숙하다. 이미지를 생성하고 9를 제공하라고 요청하면 부츠로 응답한다.

5.2 효율성을 높이는 잠재 확산

조건부 모델을 학습시킬 수 있게 되었으니, 이제 단순히 규모를 확장하고 클래스 레이블 대신 텍스트에 조건화하기만 하면 될까? 그렇지 않다. 이미지 크기가 증가함에 따라 이러한 이미지로 작업하는 데 필요한 컴퓨팅 자원도 증가한다. 이는 특히 셀프 어텐션에서 두드러지는데, 입력 수가 증가함에 따라 연산량이 이차적으로 증가한다. 128×128 이미지는 64×64 이미지보다 픽셀이 4배 많으므로, 셀프 어텐션 층에서 필요한 메모리와 컴퓨팅 자원이 16배 증가한다. 이는 고해상도 이미지를 생성하려 할 때 문제가 된다.

잠재 확산latent diffusion은 별도의 변이형 오토인코더(VAE)를 사용해 이 문제를 완화하려고 한다 (그림 5-1). 2장에서 보았듯이, 변이형 오토인코더는 이미지를 더 작은 공간 차원으로 압축할 수 있다. 이론적 근거는 이미지가 중복 정보를 많이 포함하는 경향이 있다는 점이다. 충분한 학습 데이터가 있다면 변이형 오토인코더는 입력 이미지의 훨씬 작은 표현을 생성하고 이 작은 잠재 표현을 기반으로 높은 정확도로 이미지를 재구성하는 방법을 학습할 수 있다. 스테이블 디퓨전에 사용된 변이형 오토인코더는 3채널 이미지를 입력으로 받아 공간 차원마다 8배 감소 요소를 가진 4채널 잠재 표현을 생성한다. 512×512 입력 이미지(3×512×512 = 786,432개 값)는 4×64×64 잠재 공간(16,384개 값)으로 압축된다.

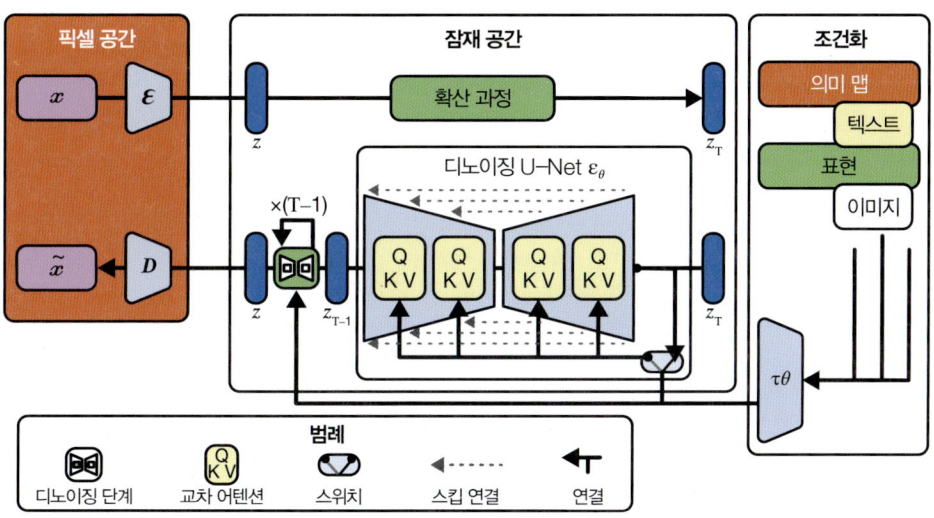

그림 5-1 잠재 확산 과정. 왼쪽의 변이형 오토인코더의 인코더와 디코더는 픽셀 공간과 잠재 공간 간의 변환을 담당한다.

전체 해상도 이미지 대신 더 작은 잠재 표현에 확산 과정을 적용하면, 더 작은 이미지를 사용할 때의 장점을 얻을 수 있다. 예를 들어 메모리 사용이 줄어들고, U-Net에 필요한 층 수가 감소하며, 생성 시간이 빨라진다. 결과물을 고해상도 이미지로 디코딩할 준비가 되면 다시 높은 해상도의 이미지를 얻을 수 있다. 이 혁신적인 접근 방식은 모델 학습과 실행 비용을 크게 절감한다. 「잠재 확산 모델Latent Diffusion Models」논문[5]에서는 분할 맵segmentation map, 클래스 레이블, 텍스트를 조건으로 하는 모델을 학습시켜 이 기법의 효과를 입증했다. 그 결과로 저자들과 LAION, 스태빌리티 AI StabilityAI, 런웨이ML RunwayML, 엘루서AI EleutherAI와 같은 파트너 간의 추가 협업이 이루어졌고, 더 고성능의 모델인 스테이블 디퓨전[6]이 탄생했다.

5.3 스테이블 디퓨전 구성 요소 심층 분석

스테이블 디퓨전은 텍스트 프롬프트에 조건화된 이미지를 생성할 수 있는 잠재 확산 모델이다. 또한 이미지 수정과 같은 다른 여러 작업에도 사용할 수 있다. 더 자세한 내용은 9장에서 소개하겠다.

이 기술의 인기 덕분에 현재 수백 개의 웹사이트와 애플리케이션에서 특별한 기술적 지식 없이도 이미지를 생성할 수 있게 되었다. 또한 디퓨저와 같은 라이브러리에서도 잘 지원되어 1장에서 했듯이 사용자 친화적인 파이프라인을 통해 스테이블 디퓨전으로 이미지를 샘플링할 수 있다.

```
from diffusers import StableDiffusionPipeline

pipe = StableDiffusionPipeline.from_pretrained(
    "stable-diffusion-v1-5/stable-diffusion-v1-5",
    torch_dtype=torch.float16,
    variant="fp16",
).to(device)
pipe("Watercolor illustration of a rose").images[0]
```

---

5   http://arxiv.org/abs/2112.10752
6   LAION과 엘루서AI는 오픈 머신러닝에 중점을 둔 비영리 단체이다. 스태빌리티 AI는 오픈 액세스 머신러닝을 매우 적극적으로 추진하는 기업이다. 런웨이ML은 창의적인 응용 프로그램을 위한 AI 기반 도구를 개발하는 회사다.

이 절에서는 이를 가능하게 하는 모든 구성 요소를 살펴볼 것이다.

> **NOTE** 디퓨저 라이브러리가 StableDiffusionPipeline을 제공하듯이, 다양한 계열의 모델들(뷔어슈첸Würstchen, 오라플로AuraFlow, 플럭스 등)에 대한 파이프라인도 제공한다.[7] 또한 그림 복원(StableDiffusionInpaint)과 같은 다른 작업이나 초고해상도 변환(StableDiffusionLatentUpscale)을 위한 비슷한 파이프라인도 제공한다. 8장에서는 이러한 모델과 파이프라인을 더 자세히 살펴볼 것이다. 먼저 전체 스테이블 디퓨전 파이프라인 과정을 심도 있게 알아보자.

5.3.1 텍스트 인코더

스테이블 디퓨전은 어떻게 텍스트를 이해할까? 앞서 U-Net에 추가 정보를 제공하면 생성되는 이미지의 종류를 어느 정도 제어할 수 있다고 설명했다. 이미지의 노이즈가 있는 버전이 주어지면, 모델은 클래스 레이블과 같은 추가 단서를 기반으로 디노이징된 버전을 예측하는 작업을 진행한다. 스테이블 디퓨전에서 추가 단서는 텍스트 프롬프트다. 추론 시 생성하고 싶은 이미지의 설명을 제공하고 순수 노이즈를 입력하면 모델은 무작위 입력을 캡션과 일치하는 무언

---

[7] 옮긴이_ 허깅 페이스 사이트(https://huggingface.co/)에서 모델 이름으로 검색하면 모델 카드에서 자세한 정보를 찾아볼 수 있다.

가로 최대한 디노이징하려고 시도한다.

그러려면 텍스트가 설명하는 내용에 관한 관련 정보를 담은 텍스트의 수치 표현을 생성해야 한다. 이때 입력 문자열을 텍스트 임베딩으로 변환하는 **텍스트 인코더**를 사용한다. 이 임베딩은 [그림 5-2]와 같이 타임스텝과 노이즈가 있는 잠재 변수와 함께 U-Net에 입력된다.

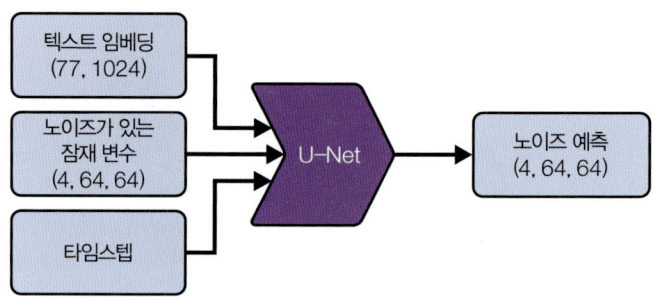

그림 5-2 U-Net은 타임스텝, 클래스 레이블, 텍스트 임베딩과 같은 여러 입력에 조건화될 수 있다.

스테이블 디퓨전은 3장에서 소개한 CLIP 기반의 사전 학습된 트랜스포머 모델을 활용해 이를 수행한다. 텍스트 인코더는 토큰 시퀀스를 입력받아 각 토큰에 대한 벡터를 생성하는 트랜스포머 모델이다(그림 5-3). 스테이블 디퓨전의 초기 버전(스테이블 디퓨전 1에서 1.5까지)에서는 오픈AI의 원본 CLIP을 사용했고 텍스트 인코더는 768차원 벡터로 매핑했다. CLIP의 원본 데이터셋이 알려지지 않았으므로 커뮤니티는 OpenCLIP이라는 오픈 소스 버전을 학습시켰다. 스테이블 디퓨전 2는 OpenCLIP의 텍스트 인코더를 사용하며, 각 토큰에 대해 1,024차원 벡터를 생성한다.

모든 토큰의 벡터를 단일 표현으로 결합하는 대신, 이를 별도로 유지하고 U-Net을 위한 조건으로 사용한다. 이로써 U-Net은 프롬프트의 전체적인 의미뿐만 아니라 각 토큰의 정보를 개별적으로 사용할 수 있다. CLIP 모델의 내부 표현에서 이러한 텍스트 임베딩을 추출하므로, 이를 **인코더 은닉 상태**encoder hidden states라고 부르기도 한다. 텍스트 인코더가 내부적으로 어떻게 작동하는지 더 자세히 살펴보자. 이는 2장에서 논의한 인코더 모델과 동일한 프로세스이다.

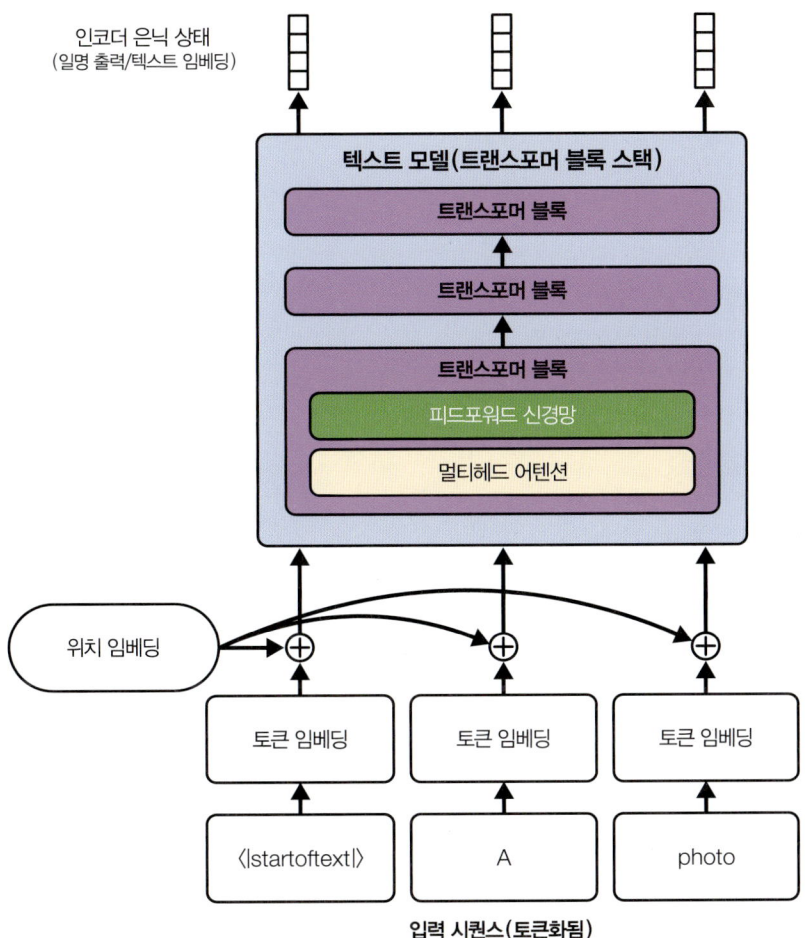

그림 5-3 텍스트 인코딩 과정은 입력 프롬프트를 텍스트 임베딩(인코더 은닉 상태) 세트로 변환하며, 이는 U-Net에 조건으로 입력될 수 있다.

텍스트를 인코딩하는 첫 번째 단계는 토큰화를 수행하는 것이다. 이는 2장에서 배운 대로 문자 시퀀스를 숫자 시퀀스로 변환한다. 다음 예제에서는 스테이블 디퓨전의 토크나이저를 사용해 구문을 토큰화하는 방법을 보여준다. 프롬프트의 각 토큰에는 고유한 토큰 번호가 할당된다(예 'photograph'는 토크나이저 어휘에서 8853). 또한 문장이 어디서 끝나는지와 같은 추가 컨텍스트를 제공하는 특수 토큰도 있다.

```
prompt = "A photograph of a puppy"

# 텍스트를 토큰 시퀀스로 변환
text_input = pipe.tokenizer(
    prompt,
    return_tensors="pt",
)

# 각 토큰과 해당 ID 출력
for t in text_input["input_ids"][0]:
    print(t, pipe.tokenizer.decoder.get(int(t)))
```

```
tensor(49406) <|startoftext|>
tensor(320) a</w>
tensor(8853) photograph</w>
tensor(539) of</w>
tensor(320) a</w>
tensor(6829) puppy</w>
tensor(49407) <|endoftext|>
```

텍스트가 토큰화되면, 텍스트 인코더를 통과시켜 U-Net에 공급될 최종 텍스트 임베딩을 얻을 수 있다.

```
text_embeddings = pipe.text_encoder(text_input.input_ids.to(device))[0]
print("Text embeddings shape:", text_embeddings.shape)
```

```
Text embeddings shape: torch.Size([1, 7, 768])
```

5.3.2 변이형 오토인코더

변이형 오토인코더는 이미지를 더 작은 잠재 표현으로 압축하고 다시 재구성하는 역할을 한다. [그림 5-4]에 표시된 변이형 오토인코더는 스테이블 디퓨전 모델의 중요한 구성 요소이다. 이 책에서는 학습 세부 사항을 자세히 다루지 않지만 3장에서 설명한 일반적인 재구성 손실과 KL 발산[KL divergence] 외에도 추가적인 특징이 있다. 변이형 오토인코더는 모델이 현실적인 세부 사항과 텍스처를 생성하는 데 도움이 되는 패치 기반 판별자 손실$^{\text{patch-based discriminator loss}}$을 사용한다. 이는 이전 변이형 오토인코더에서 흔히 나타난 흐릿한 출력을 방지하는 데 도움이 된다. 텍스트 인코더와 마찬가지로 변이형 오토인코더도 보통 별도로 학습되며 확산 모델 학습과 샘플링 과정에서 고정된 구성 요소로 사용된다.

그림 5-4 변이형 오토인코더 아키텍처

이미지를 로드하고 변이형 오토인코더로 압축 및 압축 해제한 후 어떻게 보이는지 확인해 보자. 먼저 원본 이미지를 살펴보자.

```python
from genaibook.core import load_image, show_image, SampleURL


im = load_image(
    SampleURL.LlamaExample,
    size=(512, 512),
)
show_image(im);
```

이제 이미지를 변이형 오토인코더에 통과시켜 보자.

```
with torch.inference_mode():
    # 이미지 처리
    tensor_im = transforms.ToTensor()(im).unsqueeze(0).to(device) * 2 - 1   ❶
    tensor_im = tensor_im.half()   ❷

    # 이미지 인코딩
    latent = pipe.vae.encode(tensor_im)   ❸

    # 잠재 분포에서 샘플링
    latents = latent.latent_dist.sample()   ❹
    latents = latents * 0.18215   ❺

latents.shape
```

```
torch.Size([1, 4, 64, 64])
```

❶ 이미지는 변이형 오토인코더의 입력 예상에 맞게 변환된다. 먼저 `transforms.ToTensor()`로 텐서로 만들어 [0, 1] 범위로 변환하고, `unsqueeze(0)`으로 차원을 추가하여 배치 크기 1로 만든다. 동시에 * 2 - 1 연산을 통해 변이형 오토인코더 입력 범위인 [-1, 1]에 맞게 이미지를 정규화한다.

❷ `torch.float16` 정밀도로 파이프라인을 로드했으므로 이미지를 `float32`에서 `float16`으로 변환한다.

❸ 이미지는 변이형 오토인코더의 인코더를 통과한다. 3장에서 논의한 대로, 변이형 오토인코더는 샘플링할 수 있는 분포를 출력한다.

❹ 변이형 오토인코더의 인코더가 생성한 분포 객체에 접근하여 샘플을 생성할 수 있다.

❺ 잠재 벡터를 0.18215의 고정 크기로 스케일링한다. 스테이블 디퓨전 저자들은 확산 과정 중 추가된 노이즈의 대략적인 스케일과 일치하도록 잠재 공간이 1에 가까운 분산을 갖게 하기 위해서 이 0.18215 스케일링 요소를 도입했다. 이는 `vae.config.scaling_factor`에서 접근할 수 있다.

원본 이미지는, 512×512 크기의 3채널 이미지(786,432개 값)이다. 변이형 오토인코더는 이 이미지를 64×64 크기의 4채널 잠재 표현(16,384개 값)으로 압축한다. 잠재 표현의 각 채널을 그래프로 표시할 수 있다.

```
show_images(
    [l for l in latents[0]],
    titles=[f"Channel {i}" for i in range(latents.shape[1])],
    ncols=4,
)
```

| Channel 0 | Channel 1 | Channel 2 | Channel 3 |

 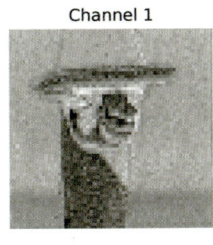  

이미지를 잠재 표현으로 인코딩했으니, 이제 이를 다시 이미지로 디코딩할 수 있다. 이상적으로는 디코딩된 이미지가 원본 이미지와 동일해야 한다. 하지만 실제로는 변이형 오토인코더가 일부 노이즈와 아티팩트artifact[8]를 발생시킬 수 있다. 디코딩된 이미지가 어떻게 보이는지 살펴보자.

```
with torch.inference_mode():
    image = pipe.vae.decode(latents / 0.18215).sample
    # 화면 출력을 위해 [-1, 1] 범위 값을 [0, 1]으로 역정규화
image = (image / 2 + 0.5).clamp(0, 1)
show_image(image[0].float())
```

처음부터 이미지를 생성할 때는 시작점으로 무작위 잠재 변수 집합을 생성한다. 이 노이즈가 있는 잠재 변수를 반복 개선해 샘플을 생성하고, 최종 잠재 변수를 변이형 오토인코더의 디코더를 사용해 볼 수 있는 이미지로 디코딩한다. 인코더는 기존 이미지에서 프로세스를 시작하고 싶을 때만 사용하며, 이는 8장에서 살펴볼 내용이다.

---

8 옮긴이_ 이미지 처리나 압축 과정에서 발생하는 원치 않는 시각적 왜곡이나 결함을 의미한다.

5.3.3 U-Net

스테이블 디퓨전의 U-Net은 4장에서 이미지 생성에 사용한 것과 유사하지만, 3채널 이미지 대신 4채널 잠재 변수를 입력으로 받는다. 타임스텝 임베딩은 이 장 초반의 조건부 클래스 예제처럼 제공되며, 여기에 텍스트 임베딩도 추가로 입력된다. 교차 어텐션 층이 U-Net 전반에 분산되어 있어, 각 공간적 위치가 텍스트의 다양한 토큰에 어텐션을 수행할 수 있다. 이를 통해 프롬프트로부터 관련 정보를 가져올 수 있으며, [그림 5-5]는 이러한 텍스트 및 타임스텝 기반 조건이 U-Net에 어떻게 입력되는지를 보여준다.

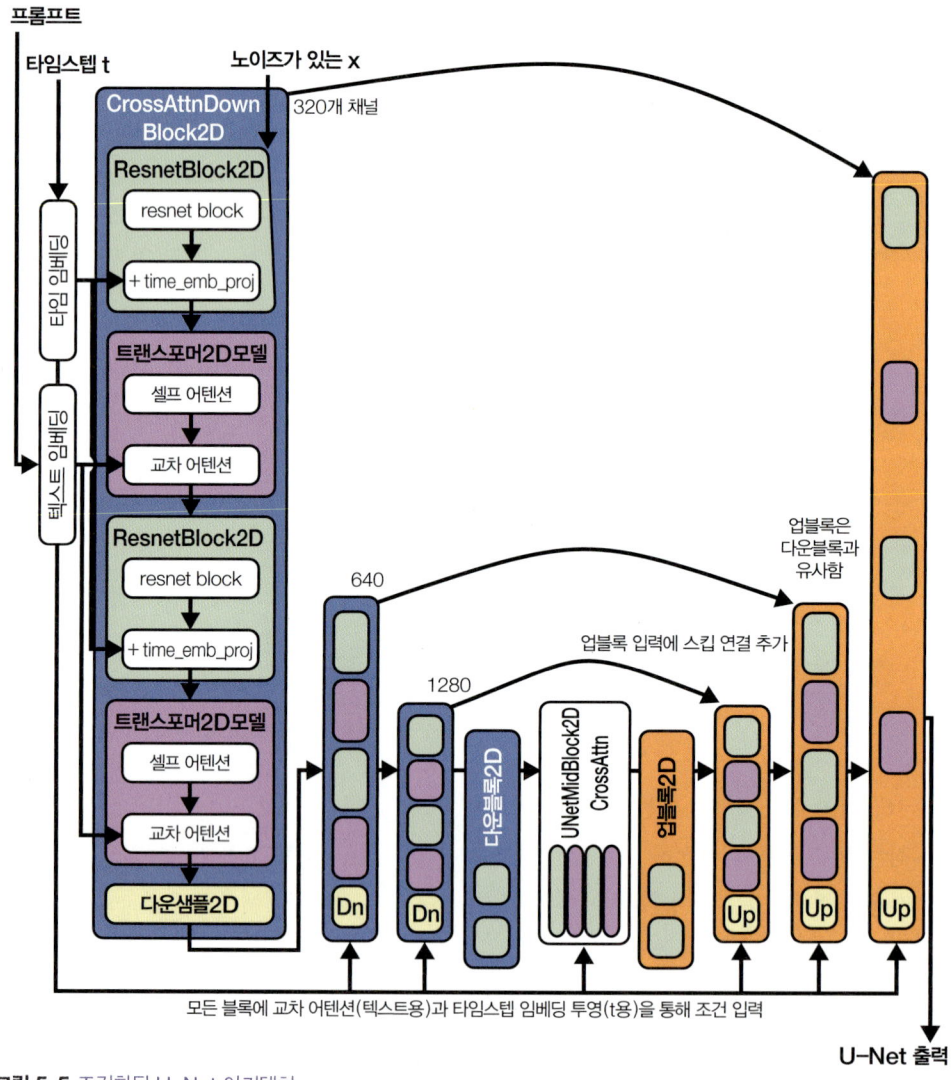

그림 5-5 조건화된 U-Net 아키텍처

[그림 5-5]의 왼쪽에서 모델 입력을 확인할 수 있다. 노이즈가 있는 x는 여기서 4채널 잠재 변수이다. 타임스텝과 프롬프트도 아키텍처의 다양한 지점에서 모델(임베딩 형태)에 제공된다. 이전의 모든 U-Net과 마찬가지로, 모델에는 입력을 다운샘플링한 다음 원래 크기로 업샘플링하는 일련의 층이 있다. 신경망에는 모델이 이전 블록의 정보에 접근하도록 해 주는 스킵 연결도 있다.

스테이블 디퓨전을 위한 U-Net 버전 1과 2에는 약 8억 6천만 개의 매개변수가 있다. 가장 최근에 나온 스테이블 디퓨전 XL(SDXL)[9]의 U-Net에는 약 26억 개의 매개변수가 있으며, 추가 조건 정보를 사용한다.

5.3.4 스테이블 디퓨전 XL

2023년 여름, 새롭고 향상된 버전의 스테이블 디퓨전이 출시되었다. 이 모델은 이 장에서 설명한 원리를 사용하지만 모든 시스템 구성 요소에 걸쳐 다양한 개선 사항이 적용되었다. 몇몇 흥미로운 변화를 살펴보자.

더 나은 프롬프트 표현을 위한 더 큰 텍스트 인코더

두 개의 텍스트 인코더 출력을 사용하여 임베딩을 연결한다.

모든 것을 조건으로 사용하기

타임스텝(노이즈 양 정보 포함)과 텍스트 임베딩 외에도, SDXL은 다음과 같은 추가 요소를 조건으로 활용한다.

원본 이미지 크기

학습 데이터의 약 40%를 차지하는 작은 이미지를 버리지 않고 업스케일링해 학습에 사용한다. 또한 모델은 수신 중인 이미지 크기에 관한 정보도 받는다. 이를 통해 모델은 업스케일링 아티팩트가 큰 이미지의 일부가 아님을 학습하고, 추론 중에 더 나은 품질을 생성하도록 한다.

---

[9] http://arxiv.org/abs/2307.01952

자르기 좌표

일반적으로 배치의 모든 이미지의 크기가 같아야 하므로 입력 이미지는 학습 중에 임의로 잘린다. 이때 이미지 주체의 일부가 잘리거나 텍스트 프롬프트에서 설명한 대상이 완전히 제거되는 등의 문제가 발생할 수 있다. 모델 학습 후에 자르기 좌표를 (0, 0)으로 설정하여 자르지 않은 이미지를 요청하면 모델이 프레임 중앙에 주체를 배치할 가능성이 더 높아진다.

목표 종횡비

정사각형 이미지로 초기 사전 학습을 진행한 후, SDXL은 다양한 종횡비aspect ratio로 파인튜닝되었으며 원본 종횡비에 관한 정보가 또 다른 조건부 신호로 사용되었다. 다른 조건부 케이스와 마찬가지로, 이 덕분에 훨씬 더 다양한 생성이 가능해졌다.

더 높은 해상도

SDXL은 1,024×1,024픽셀 해상도의 이미지(또는 대략 $1,024^2$ 픽셀 수의 비정사각형 이미지)를 생성하도록 설계되었다. 종횡비와 마찬가지로, 이 기능은 파인튜닝 단계에서 달성되었다.

약 세 배 더 커진 U-Net

교차 어텐션 컨텍스트cross-attention context가 조건부 정보량 증가를 수용하기 위해 더 커졌다.

개선된 변이형 오토인코더

기존 스테이블 디퓨전과 동일한 아키텍처를 사용하지만 더 큰 배치 크기로 학습되었으며 가중치 업데이트에 지수 이동 평균exponential moving average (EMA)[10] 기법을 사용한다.

정제기 모델

기본 모델 외에도 SDXL은 기본 모델과 동일한 잠재 공간에서 작동하는 추가 **정제기**refiner 모델[11]을 포함한다. 그러나 이 모델은 노이즈 스케줄의 첫 20% 동안만 고품질 이미지로 학

---

10 옮긴이_ 최근 데이터에 더 높은 가중치를 부여하는 평균 계산 방법으로, 모델 학습 시 가중치 업데이트를 안정화하는 데 사용된다.
11 옮긴이_ 기본 모델에서 생성된 이미지의 품질을 더 개선하는 추가 모델이다.

습되었다. 이는 적은 양의 노이즈가 있는 이미지를 가져와 고품질 텍스처와 세부 사항을 생성하는 데 특화되었음을 의미한다.

원본 스테이블 디퓨전이 오픈 소스로 공개된 덕분에 연구자들과 오픈 소스 커뮤니티는 이미 이러한 기술 중 많은 부분을 연구했다. SDXL은 이러한 아이디어를 결합하여 이미지 품질에서 눈에 띄는 향상을 달성했으며(그림 5-6), 그 대가로 모델 실행 속도가 더 느려지고 메모리 사용량이 증가했다.

그림 5-6 SDXL로 생성한 이미지

5.3.5 FLUX, SD3, 비디오

확산 모델 분야의 발전은 계속 빠르게 진행되고 있다. 2024년 6월에 스테빌리티 AI는 스테이블 디퓨전 3[12]을 출시했고, 2024년 8월에는 블랙 포레스트 랩스$^{Black\ Forest\ Labs}$가 플럭스 모델 제품군[13]을 출시했다. 이 모델들의 원리는 이 장에서 배운 것과 같지만 몇 가지 중요한 차이점이

---

12 https://oreil.ly/BtzKD
13 https://oreil.ly/C73d8

있다. 노이즈 제거 과정을 제어하는 정류된 흐름 매칭 스케줄러$^{\text{rectified flow matching schedulers}}$[14]라는 새로운 방식을 채택했으며 핵심 신경망 구조도 U-Net 대신 확산 트랜스포머$^{\text{diffusion transformer}}$[15]를 사용하여 더 강력한 성능을 발휘한다.[16]

두 모델 제품군 모두 다양한 크기로 제공되며, 다양한 해상도를 지원하고, 프롬프트 이해와 텍스트 렌더링 기능이 개선되었다. 동일한 확산 트랜스포머 기반 아키텍처는 비디오 생성을 지원하도록 확장할 수 있다. CogVideoX[17]는 이러한 아이디어를 비디오 생성 공간에 적용하는 모델 제품군이다. 이러한 모델은 이 장에서 설명한 원리(특히 조건부)가 생성 모델의 행동을 제어하는 효과적인 범용 메커니즘이며 오픈 소스 배포가 연구 발전을 가속할 수 있음을 입증한다.

5.3.6 분류기 없는 가이던스

텍스트 조건부를 최대한 유용하게 만들려는 많은 노력이 있었지만, 모델은 예측할 때 프롬프트보다 주로 노이즈가 있는 입력 이미지에 의존하는 경향이 있다. 많은 캡션이 관련 이미지와 느슨하게만 연관되기 때문에 모델이 설명에 너무 크게 의존하지 않는 법을 학습하는 것은 자연스러운 현상이다. 그러나 새 이미지를 생성할 때는 이런 현상이 문제가 된다. 모델이 프롬프트를 충분히 반영하지 않으면 요청한 설명과 관련성이 낮은 이미지가 생성될 수 있기 때문이다.

이를 완화하고자 **가이던스**^{guidance}를 도입한다. 가이던스는 샘플링 과정에 더 많은 제어를 제공하는 모든 방법을 뜻한다. 적용할 수 있는 한 가지 방법은 특정 방향을 선호하도록 손실 함수를 수정하는 것이다. 예를 들어 특정 색상으로 생성을 편향시키고 싶다면, 평균적으로 목표 색상에서 얼마나 멀리 있는지 측정하도록 손실 함수를 변경할 수 있다. 또 다른 대안은 CLIP이나 분류기와 같이 결과를 평가하고 생성 과정의 일부로 이들의 손실 신호를 포함하는 모델을 사용하는 것이다. 예를 들어 CLIP을 사용해 프롬프트 텍스트와 생성된 이미지 임베딩 간의 차이를 비교하고 이 차이를 최소화하도록 확산 과정을 유도할 수 있다. 5장의 '연습 문제'에서 이 기술을 다룬다.

---

14 옮긴이_ 기존 확산 모델의 스케줄러를 개선한 방식으로, 이미지 생성 과정을 더 효율적으로 조절한다.
15 https://arxiv.org/abs/2212.09748 옮긴이_ U-Net 대신 트랜스포머 아키텍처를 사용하는 확산 모델의 변형이다.
16 더 자세한 정보는 패트릭 에세르(Patrick Esser) 등이 작성한 「Scaling Rectified Flow Transformers for High-Resolution Image Synthesis」(https://arxiv.org/abs/2403.03206)를 참고하라.
17 https://arxiv.org/abs/2408.06072

분류기 없는 가이던스^{classifier-free guidance}(CFG)[18]라는 기법을 사용하는 방법도 있는데, 이는 조건부 및 비조건부 확산 모델의 생성을 결합한다. 학습 중에 텍스트 조건부는 때때로 비워 두어 모델이 텍스트 정보 없이 이미지를 디노이징하는 방법을 학습하도록 강제한다(비조건부 생성). 그런 다음, 추론 단계에서는 두 가지 방식으로 예측을 수행한다. 하나는 텍스트 프롬프트를 고려한 예측이고, 다른 하나는 텍스트 프롬프트를 무시한 예측이다. 이 두 예측 사이의 차이를 활용해 '가이던스 스케일'이라는 값으로 조절하면서 텍스트 조건부 방향으로 더 강하게 이끌어 최종 예측을 만든다. 이렇게 하면 사용자가 입력한 프롬프트와 더 잘 맞는 이미지를 얻을 수 있다.

노이즈 예측을 noise_pred = noise_pred_uncond + guidance_scale * (noise_pred_text - noise_pred_uncond) 같이 수정해 가이던스를 통합할 수 있다. 이 간단한 변화는 매우 효과적으로 작동하며 생성 결과를 훨씬 더 잘 제어하게 해 준다. 구현 세부 사항은 뒤에서 살펴보겠지만, 먼저 사용 방법을 알아보자. CFG 스케일 1, 2, 4, 12(출력 이미지의 왼쪽에서 오른쪽 순)로 "An oil painting of a collie in a top hat"이라는 프롬프트의 결과를 확인해 보자.

```
images = []
prompt = "An oil painting of a collie in a top hat"
for guidance_scale in [1, 2, 4, 12]:
    torch.manual_seed(0)
    image = pipe(prompt, guidance_scale=guidance_scale).images[0]
    images.append(image)
from genaibook.core import image_grid

image_grid(images, 1, 4)
```

---

18 옮긴이_ 이미지 생성 모델에서 특정 스타일이나 콘텐츠를 강화하기 위한 기술로, 별도의 분류기 모델 없이도 생성 방향을 제어하게 해 주는 방법이다.

결과물을 살펴보면 높은 값을 사용할수록 설명과 더 잘 일치하는 이미지가 생성되지만, 너무 높게 설정하면 이미지가 왜곡되기 시작할 수 있다. 구글의 이마젠 논문[19]에 따르면 예측 중인 값이 모델이 학습된 [-1, 1] 범위를 초과했기 때문이다. 확산 모델은 반복적으로 동작하므로 학습 중에 보지 못한 입력값을 처리해야 하며, 이 때문에 과도한 채도 excessive saturation[20], 포스터화 posterization[21], 생성 실패가 발생할 수 있다. 연구자들은 동적 **임곗값 설정** dynamic thresholding[22]이라는 방법을 제안해 값을 범위 내에 유지하고 높은 CFG 스케일에서 품질을 크게 향상했다.

5.4 주석이 달린 샘플링 루프

각 구성 요소가 무엇을 하는지 알았으니, 이제 이들을 결합해 파이프라인에 의존하지 않고 이미지를 생성해 보자. 다음과 같은 설정값을 사용한다.

```
# 몇 가지 설정
prompt = [
    "Acrylic palette knife painting of a flower"
] # 생성하려는 것
height = 512 # 스테이블 디퓨전의 기본 높이
width = 512 # 스테이블 디퓨전의 기본 너비
num_inference_steps = 30 # 디노이징 단계 수
guidance_scale = 7.5 # 분류기 없는 가이던스 스케일
seed = 42 # 난수 생성기의 시드
```

먼저 텍스트 프롬프트 "Acrylic palette knife painting of a flower"를 인코딩해야 한다. CFG를 수행할 계획이므로 두 가지 텍스트 임베딩 세트를 생성할 것이다. 하나는 프롬프트 임베딩을 포함하고 다른 하나는 비조건부 입력인 빈 문자열을 나타낸다. 여기서는 조건부가 없는 입력을 사용하겠지만 이 설정은 다양하게 활용할 수 있다. 예를 들어 다음과 같은 작업을 수행할 수 있다.

---

[19] https://arxiv.org/abs/2205.11487
[20] 옮긴이_ 확산 모델의 출력에서 색상이 비정상적으로 강렬해지는 현상으로, 생성된 이미지의 색채가 자연스러운 범위를 넘어서 과장되게 표현된다.
[21] 옮긴이_ 연속된 색조의 이미지가 불연속적인 색상 단계로 변환되는 현상으로, 부드러운 그라데이션이 뚜렷한 경계가 있는 영역으로 나뉘게 된다.
[22] 옮긴이_ 확산 모델의 예측값이 학습된 범위를 초과할 때 이를 적절히 조정하여 생성 품질을 유지하는 기법이다.

빈 문자열 대신 부정적 프롬프트 인코딩

부정적 프롬프트를 추가하면 모델이 특정 방향으로 가지 않도록 유도할 수 있다. 이 장의 연습 문제 6번에서 이를 실험해 볼 것이다.

가중치가 다양한 여러 프롬프트 결합

프롬프트에 가중치 부여해 프롬프트의 특정 부분을 강조하거나 약화할 수 있다. 프롬프트 가중치 부여는 8장에서 더 자세히 알아볼 것이다.

텍스트 임베딩 생성을 다음과 같이 구현해 보자.

```
# 입력 토큰화
text_input = pipe.tokenizer(
    prompt,
    padding="max_length",  # 입력의 형태가 같아지도록 최대 길이로 패딩
    return_tensors="pt",
)

# 비조건부 입력(빈 문자열)에 대해서도 동일하게 수행
uncond_input = pipe.tokenizer(
    "",
    padding="max_length",
    return_tensors="pt",
)

# 두 임베딩을 텍스트 인코더를 통해 처리
with torch.inference_mode():
    text_embeddings = pipe.text_encoder(text_input.input_ids.to(device))[0]
    uncond_embeddings = pipe.text_encoder(uncond_input.input_ids.to(device))[0]

# 두 세트의 텍스트 임베딩을 연결
text_embeddings = torch.cat([uncond_embeddings, text_embeddings])
```

다음으로 무작위 초기 잠재 변수를 생성하고 원하는 추론 단계 수를 사용하도록 스케줄러를 설정한다.

```
# 스케줄러 준비
pipe.scheduler.set_timesteps(num_inference_steps)
```

```python
# 무작위 시작 잠재 변수 준비
latents = (
    torch.randn(
        (1, pipe.unet.config.in_channels, height // 8, width // 8),
    )
    .to(device)
    .half()
)
latents = latents * pipe.scheduler.init_noise_sigma
```

이제 샘플링 단계를 반복하면서 각 단계에서 모델 예측을 얻고 이를 사용해 잠재 변수를 업데이트한다.

```python
for t in pipe.scheduler.timesteps:
    # 두 텍스트 임베딩(비조건부 및 조건부)과 일치하도록
    # 잠재 변수의 두 복사본을 생성
    latent_input = torch.cat([latents] * 2)
    latent_input = pipe.scheduler.scale_model_input(latent_input, t)

    # 비조건부 및 조건부 잠재 변수 모두에 대한 노이즈 잔차 예측
    with torch.inference_mode():
        noise_pred = pipe.unet(
            latent_input, t, encoder_hidden_states=text_embeddings
        ).sample

    # 예측을 비조건부 및 조건부 버전으로 분할
    noise_pred_uncond, noise_pred_text = noise_pred.chunk(2)

    # 분류기 없는 가이던스 수행
    noise_pred = noise_pred_uncond + guidance_scale * (
        noise_pred_text - noise_pred_uncond
    )

    # 다음 타임스텝을 위한 잠재 변수 업데이트
    latents = pipe.scheduler.step(noise_pred, t, latents).prev_sample
```

CFG 단계에 주목하자. 최종 노이즈 예측값은 `noise_pred_uncond + guidance_scale * (noise_pred_text- noise_pred_uncond)`로, 이는 예측을 비조건부 예측에서 멀어지게 하고 프롬프트에 기반한 예측 쪽으로 밀어낸다. 가이던스 스케일을 변경해 출력에 어떤 영향을 미치는지 확인해 보자.

루프가 끝날 쯤이면 잠재 변수는 프롬프트와 일치하는 그럴듯한 이미지를 나타내야 한다. 마지막 단계는 변이형 오토인코더를 사용해 잠재 변수를 이미지로 디코딩해 결과를 볼 수 있게 한다.

```
# 변이형 오토인코더로 이미지 잠재 변수를 스케일링하고 디코딩
latents = 1 / pipe.vae.config.scaling_factor * latents
with torch.inference_mode():
    image = pipe.vae.decode(latents).sample
image = (image / 2 + 0.5).clamp(0, 1)

show_image(image[0].float());
```

StableDiffusionPipeline의 소스 코드는 앞서 작성한 코드가 파이프라인이 사용하는 call() 메서드와 매우 유사하다. 이러한 주석이 달린 버전[23]을 통해 내부 구현이 특별히 복잡한 것이 아님을 확인할 수 있다. 이 코드를 참고하면 앞으로 이 기본 구조에 다양한 기법을 추가한 다른 파이프라인을 이해하는 데 도움이 될 것이다.

---

[23] 옮긴이_ 각 코드 라인이나 블록이 무슨 역할을 하는지 설명하는 주석이 포함된 코드를 의미한다. 이러한 주석을 보면 코드의 동작 방식과 의도를 더 쉽게 이해할 수 있다.

5.5 오픈 데이터, 오픈 모델

LAION-5B 데이터셋[24]은 50억 개가 넘는 이미지 URL과 각각의 관련 캡션(이미지-캡션 쌍)으로 구성된다. 이 데이터셋은 먼저 CommonCrawl[25]에서 찾은 모든 이미지 URL을 모으고, CLIP을 사용해 텍스트와 이미지 간 유사성이 높은 이미지-캡션 쌍만 유지하는 방식으로 생성되었다.

누구나 자유롭게 사용할 수 있는 데이터셋의 필요성을 인식한 오픈 ML 커뮤니티가 LAION-5B 데이터셋을 만들어 공개했다. LAION 이니셔티브 이전에는 대형 기업의 소수 연구소만이 이미지-텍스트 쌍 데이터셋에 접근할 수 있었다. 이러한 조직은 데이터셋 세부 정보를 비공개로 유지하여 외부에서 결과를 검증하거나 복제할 수 없었다. LAION은 URL과 캡션 색인을 공개적으로 사용할 수 있게 함으로써 더 작은 커뮤니티와 기관이 모델을 학습시키고 연구를 수행할 수 있도록 도왔다. 이 덕분에 이전에는 불가능했던 연구와 개발이 가능해졌다.

첫 번째 잠재 확산 모델은 이런 모델에 속하며, CompVis[26]에 의해 4억 개의 이미지-텍스트 쌍이 있는 LAION 데이터셋의 이전 버전으로 학습되었다. LAION으로 학습된 잠재 확산 모델이 공개되면서 고성능 텍스트-이미지 모델을 전체 연구 커뮤니티에서 처음으로 자유롭게 활용할 수 있게 되었다.

잠재 확산의 성공은 이 접근 방식의 잠재력을 보여주었으며, 이는 후속 작업인 스테이블 디퓨전에서 실현되었다. 스테이블 디퓨전과 같은 모델을 학습하려면 상당한 GPU 시간이 필요했다. 무료로 제공된 LAION 데이터셋을 활용하더라도 소수만이 GPU 시간을 투자할 여력이 있었다. 따라서 모델 가중치와 코드의 공개가 큰 의미를 가지게 되었으며, 이는 비공개 모델과 비슷한 성능의 고품질 텍스트-이미지 모델이 모든 사람에게 공개된 최초 사례였다.

스테이블 디퓨전이 공개적으로 사용 가능해지면서 지난 몇 년간 많은 연구자와 개발자가 가장 먼저 선택하는 모델이 되었다. 수백 편의 논문에서 기본 모델에 새로운 기능을 추가하거나 속도와 품질을 개선하는 혁신적인 방법을 연구해 왔다. 또한 머신러닝 배경이 없는 다양한 커뮤니티에서도 창의적인 작업 과정을 개발하거나, 더 빠른 실행을 위해 최적화하는 등 모델을 다양하게 활용한다(그림 5-7). 수많은 스타트업이 이렇게 빠르게 발전하는 도구들을 제품에 통

---

[24] https://oreil.ly/F3ReL
[25] https://oreil.ly/zPM0u
[26] 옮긴이_ 당시에는 하이델베르크 대학교의 컴퓨터 비전 그룹이었으며 현재는 LMU 뮌헨의 연구 그룹이다(https://oreil.ly/-N_g8).

합하는 방법을 찾아 새로운 응용 프로그램 생태계를 형성했다.

그림 5-7 텍스트에서 이미지로 변환하는 분야에서 창의력이 폭발적으로 늘어나고 있다.

스테이블 디퓨전 도입 이후 몇 개월은 이러한 기술을 공개적으로 공유하는 영향력을 보여주었으며, 7장과 8장에서 살펴볼 많은 품질 개선과 커스터마이징 기법이 등장했다. 스테이블 디퓨전은 당시 DALL·E와 미드저니Midjourney 같은 상업적 대안들과 품질 면에서 경쟁력이 있었고, 수천 명의 사람이 이를 개선하고 오픈 소스 기반 위에 구축하는 데 시간을 투자했다. 이 사례가 앞으로 많은 사람이 자신의 작업을 오픈 소스 커뮤니티와 공유하도록 고무하는 데 도움이 되길 바란다.

> **NOTE** LAION-5B는 스테이블 디퓨전 학습뿐만 아니라 다른 연구에도 많이 활용되었다. 그중 하나는 LAION 커뮤니티에서 주도한 OpenCLIP 프로젝트로, 최고 수준 오픈 소스 CLIP 모델을 학습시켜 원본 모델과 유사한 품질을 만들어냈다. 고품질의 오픈 소스 CLIP 모델은 이미지 검색과 제로샷 이미지 분류와 같은 많은 작업에 도움이 된다. 모델 학습에 사용된 데이터의 투명성은 모델 확장의 영향을 연구하고, 결과를 올바르게 재현하며, 연구를 더 접근 가능하게 했다.

5.5.1 LAION-5B의 한계점과 지원 중단

그러나 텍스트-이미지 생성 모델의 큰 성공과 이러한 모델을 기반으로 한 다운스트림 상업 응용 프로그램은 LAION-5B 데이터셋의 데이터 소스와 내용에 대한 우려를 제기했다.

데이터셋이 인터넷에서 크롤링된 이미지에 연결되는 링크로 구성되었으므로 사진, 예술 작품, 만화, 일러스트레이션과 같은 저작권이 있는 자료를 가리키는 수백만 개의 URL을 포함한다. 연구에 따르면 이러한 데이터셋에는 개인적으로 민감한 정보(예 개인 식별이 가능한 의료 이미지)[27]도 포함된다.

이러한 데이터셋을 사용해 생성형 AI 모델을 학습하면 모델이 사회적 편견을 강화하거나 악화하는 콘텐츠를 생성하거나[28] 노골적인 성인용 콘텐츠를 제작하는 데 사용될 수 있다. 또한 이러한 모델은 학습 데이터와 매우 유사한 콘텐츠를 생성할 수 있으므로 저작권이 있는 자료와 극도로 유사한 콘텐츠 생성으로 이어질 수 있다. 그러나 이러한 오픈 모델은 오픈 데이터셋에서 학습되므로 이러한 편향과 문제가 되는 콘텐츠를 연구, 분석, 완화할 수 있다.[29]

최근 연구[30]에 따르면 LAION-2B 데이터셋은 인터넷에서 수집된 자료로, 폭력과 아동 안전과 관련된 명백한 불법 자료를 걸러내지 못해 데이터셋이 비활성화되었다.

5.5.2 대안

아동 안전을 이유로 LAION 데이터셋이 비활성화되면서 인터넷 수준의 이미지 스크래핑 internet-level scraping of images이라는 유사한 방식을 따르는 개방형 데이터셋인 COYO-700M[31]과 DataComp-1B[32]가 그 공백을 채웠다. 이러한 데이터셋은 즉각 비활성화로 이어질 수 있는 콘텐츠를 포함하지는 않지만, 이전 절에서 언급한 편향, 저작권 자료, 개인 권리와 같은 문제를 여전히 안고 있다. 커먼캔버스CommonCanvas[33]는 7천만 이미지-텍스트 쌍으로 이루어진 더 작은 규모의 데이터셋이지만, 오로지 공개적으로 크리에이티브 커먼즈 라이선스가 부여된 이미지만 포함한다.

---

27 https://oreil.ly/tpSih
28 http://arxiv.org/abs/2303.11408
29 http://arxiv.org/abs/2211.05105
30 https://oreil.ly/OdyqI
31 https://oreil.ly/pVG1d
32 https://oreil.ly/nyYLs
33 https://oreil.ly/Qzq0k

5.5.3 공정하고 상업적인 사용

일부 국가에는 연구 용도의 저작권법 공정 이용 예외 규정이 있으며, 머신러닝 모델 학습 시 스크랩된 데이터를 사용하는 것과 관련해 법적으로 유리한 선례가 있는 국가도 있다. 그러나 이러한 자료로 학습된 연구 모델이 생성형 AI를 위해 상업적으로, 그리고 대규모로 사용될 때 어떤 일이 발생하는가? 이 복잡한 주제는 현재 미국과 유럽 여러 관할권의 법정에서 다루어지고 있으며 저작권법, 연구 응용에 대한 공정 사용, 개인 정보 보호, 창의적 직업에 대한 AI 도구의 경제적 영향 등과 관련된 측면들이 있다. 이러한 복잡한 문제에 대한 확실한 답을 내놓을 수는 없지만, 법적 불확실성 때문에 AI 모델 개발 연구자들과 오픈 소스 커뮤니티는 오픈 데이터셋 사용을 점차 꺼리게 되었다. 스테이블 디퓨전 XL은 모델 가중치가 오픈 소스로 공개되었지만 모델 학습에 사용된 데이터셋은 공개되지 않았다.

동의, 안전성, 라이선스 문제를 핵심적으로 고려한 새로운 대규모 텍스트-이미지 데이터셋을 구축하는 것은 연구자, 오픈 소스 커뮤니티, 상업적 응용 분야에 법적 확실성을 제공하는 중요한 자원이 될 것이다. 커먼캔버스 데이터셋은 이러한 접근 방식의 좋은 사례라고 할 수 있다.

5.6 Gradio로 인터랙티브 머신러닝 데모 만들기 프로젝트

지금까지는 오픈 소스 라이브러리를 사용해 트랜스포머와 확산 모델을 실행하는 데 초점을 맞췄다. 이는 모델에 많은 유연성과 제어를 제공하지만 설정하고 실행하는 데 많은 작업이 필요하다. 현실적으로 대부분의 사람은 코딩 방법을 모르지만 모델과 그 기능을 살펴보는 데 관심이 있을 수 있다.

이 프로젝트에서는 스테이블 디퓨전을 사용해 텍스트 프롬프트에서 이미지를 생성하는 간단한 머신러닝 데모를 구축할 것이다. 데모를 활용해 모델을 더 많은 청중에게 쉽게 보여주고 작업과 연구를 더 접근 가능하게 할 수 있다.

생성형 AI 데모를 만드는 방법은 다양하다. HTML, 자바스크립트, CSS를 사용할 수 있지만 웹 개발 경험이 필요하며 간단한 과정이 아니다. **streamlit**[34]과 **gradio**[35]를 사용하면 파이썬으

---

[34] https://streamlit.io/
[35] https://oreil.ly/bBo5a

로 인터랙티브한 머신러닝 데모를 쉽게 만들 수 있다. 이번 장에서는 아주 간단하고 최소한의 기능이 있는 gradio 라이브러리를 사용해 본다.

gradio 라이브러리는 파이썬 IDE, 주피터 노트북, 클라우드 환경(**예** 구글 코랩, 허깅 페이스 스페이스Hugging Face Spaces)에서도 실행할 수 있다. Interface 클래스를 사용하면 매우 쉽게 gradio 데모를 만들 수 있다. 이 클래스에는 세 가지 중요한 구성요소가 있다.

inputs
텍스트 프롬프트나 이미지와 같은 데모의 예상 입력 유형

outputs
생성된 이미지와 같은 데모의 예상 출력 유형

fn
사용자가 데모와 상호작용할 때 호출되는 함수. 트랜스포머나 디퓨저를 포함한 어떤 코드든 실행할 수 있다.

예시를 살펴보자.

```python
import gradio as gr


def greet(name):
    return "Hello " + name


demo = gr.Interface(fn=greet, inputs="text", outputs="text")

demo.launch()
```

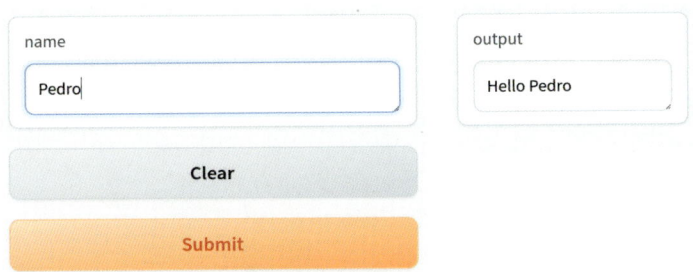

스테이블 디퓨전을 사용해 텍스트 프롬프트에서 이미지를 생성하는 간단한 데모를 직접 구축해 보자. 이전 절의 코드를 기반으로 시작할 수 있다. 데모가 실행되면 기능을 추가해 더 상호작용적이고 재미있게 만들어 보기를 권장한다. 예를 들어 다음과 같은 작업을 수행할 수 있다.

- 가이던스 스케일을 제어하는 슬라이더 추가
- 부정적 프롬프트를 추가하는 텍스트 필드 추가
- 사용자가 데모의 용도를 이해할 수 있도록 제목과 설명 추가

도움이 필요하면 공식 문서[36]와 빠른 시작 가이드[37]를 참고하자.

5.7 요약

이 장에서는 **조건부**가 확산 모델에서 생성한 이미지를 제어하는 새로운 방법을 제공한다는 것을 보여주었다. 텍스트 인코더가 텍스트 프롬프트에 따라 확산 모델에 조건을 부여해 고성능 텍스트-이미지 기능을 구현하는 방법을 살펴보았다. 또한 샘플링 루프를 자세히 살펴보고 다양한 구성 요소가 어떻게 함께 작동하는지 확인함으로써 스테이블 디퓨전 모델에서 이 모든 것이 어떻게 결합하는지 살펴보았다.

7장에서는 스테이블 디퓨전을 파인튜닝해서 새로운 지식이나 기능을 모델에 추가하는 방법을 배운다. 예를 들어 여러분의 반려동물 사진을 보여줌으로써 스테이블 디퓨전이 '당신의 반려동물'이라는 개념을 학습하고 '당신의 반려동물이 달에 있는 모습'과 같은 새로운 시나리오에서 새로운 이미지를 생성하는 방법을 살펴본다.

---

[36] https://oreil.ly/3YkzU
[37] https://oreil.ly/dkoZ3

8장에서는 단순한 이미지 생성을 넘어 확산 모델에 추가할 수 있는 기능들을 살펴본다. 예를 들어 이미지의 일부를 마스킹하고 해당 부분을 채우게 해 주는 인페인팅[inpainting][38]을 살펴볼 것이다. 또한 프롬프트를 기반으로 이미지를 편집하는 기법도 다룬다.

연습 문제

1. 클래스 조건부 확산 모델의 학습 과정은 비조건부 모델과 무엇이 다른가? 특히 입력 데이터와 사용된 손실 함수 측면에서는 무엇이 다른가?
2. 타임스텝 임베딩은 확산 과정 동안 이미지의 품질과 발전에 어떤 영향을 미치는가?
3. 잠재 확산과 일반 확산의 차이점을 설명하라. 잠재 확산 사용의 장단점은 무엇인가?
4. 텍스트 프롬프트는 모델에 어떻게 통합되는가?
5. 모델 기반 가이던스와 분류기 없는 가이던스의 차이점은 무엇인가? 분류기 없는 가이던스의 장점은 무엇인가?
6. 부정적 프롬프트를 사용하는 효과는 무엇인가? pipe(…, negative_prompt="")를 사용해 이를 실험해 보라. 스테이블 디퓨전을 사용하여 어떻게 이미지 생성을 유도하는가?
7. 생성된 이미지에서 흰색 모자를 제거하고 싶다고 가정해 보자. 이때 부정적 프롬프트를 어떻게 사용할 수 있는가? 먼저 고수준 파이프라인을 사용해 이를 구현해 보라. 그런 다음, 엔드-투-엔드[end-to-end] 추론 예제를 조정해 보라(힌트: 분류기 없는 조건부의 무작위 부분만 수정하면 된다).
8. SDXL에서 '원래 크기' 조건 신호로 (1024, 1024) 대신 (256, 256)을 사용하면 어떻게 되는가? (0, 0)이 아닌 다른 자르기 좌표를 사용하면 어떻게 되는가? 그 이유를 설명할 수 있는가?

연습 문제와 도전 과제의 해답은 이 책의 깃허브 저장소[39]에 있다.

도전 과제

1. **블루 가이던스**: 생성된 이미지를 파란색과 같은 특정 색상으로 편향시키고 싶다면 어떻게 해야 할까? 첫 번째 단계는 최소화하려는 조건부 함수를 정의하는 것이며 여기서는 색상 손실이 될 것이다.

---

[38] 옮긴이_ 이미지의 손상되거나 원하지 않는 부분을 감지하고 주변 영역과 일관되게 복원하는 기술이다.
[39] https://github.com/yk-genai/genaibook

```python
def color_loss(images, target_color=(0.1, 0.5, 0.9)):
    """주어진 목표 색상 (R, G, B)에 대해 이미지 픽셀이 평균적으로
    해당 색상과 얼마나 차이가 나는지에 대한 손실을 반환한다."""
    # 목표 색상을 (-1, 1) 범위로 매핑
    target = torch.tensor(target_color).to(images.device) * 2 - 1

    # 형태를 이미지(b, c, h, w)와 작동하도록 조정
    target = target[None, :, None, None]

    # 이미지 픽셀과 목표 색상 간의 평균 절대 차이
    error = torch.abs(images - target).mean()
    return error
```

주어진 손실 함수를 기반으로, 손실 함수의 방향으로 x를 수정하는 샘플링 루프를 구현해 보자 (학습은 필요하지 않다).

참고 자료

1. Esser, Patrick, et al. "Scaling Rectified Flow Transformers for High-Resolution Image Synthesis." arXiv, March 5, 2024. https://arxiv.org/abs/2403.03206.

2. Ho, Jonathan, and Tim Salimans. "Classifier-Free Diffusion Guidance." arXiv, July 25, 2022. http://arxiv.org/abs/2207.12598.

3. Luccioni, Alexandra Sasha, et al. "Stable Bias: Analyzing Societal Representations in Diffusion Models." arXiv, March 20, 2023. http://arxiv.org/abs/2303.11408.

4. Peebles, William, and Saining Xie. "Scalable Diffusion Models with Transformers." arXiv, December 19, 2023. https://arxiv.org/abs/2212.09748.

5. Podell, Dustin, et al. "SDXL: Improving Latent Diffusion Models for High-Resolution Image Synthesis." arXiv, July 4, 2023. http://arxiv.org/abs/2307.01952.

6. Rombach, Robin, et al. "High-Resolution Image Synthesis with Latent Diffusion Models." arXiv, April 13, 2022. http://arxiv.org/abs/2112.10752.

7. Saharia, Chitwan, et al. "Photorealistic Text-to-Image Diffusion Models with Deep Language Understanding." Advances in Neural Information Processing Systems 35(2022): 36479–36494. arXiv, May 24, 2022. https://arxiv.org/abs/2205.11487.

8. Schramowski, Patrick, et al. "Safe Latent Diffusion: Mitigating Inappropriate Degeneration in

Diffusion Models." arXiv, April 26, 2023. *http://arxiv.org/abs/2211.05105*.

9. Schuhmann, Christoph, et al. "LAION-5B: An Open Large-Scale Dataset for Training Next Generation Image-Text Models." arXiv, October 15, 2022. *http://arxiv.org/abs/2210.08402*.

10. Xiao, Han, et al. "Fashion-MNIST: A Novel Image Dataset for Benchmarking Machine Learning Algorithms." arXiv, September 15, 2017. *http://arxiv.org/abs/1708.07747*.

11. Yang, Zhuoyi, et al. "CogVideoX: Text-to-Video Diffusion Models with an Expert Transformer." arXiv, August 12, 2024. *https://arxiv.org/abs/2408.06072*.

2부

생성 모델을 위한 전이 학습

2부

6장 언어 모델 파인튜닝

7장 스테이블 디퓨전 파인튜닝

CHAPTER 6

언어 모델 파인튜닝

2장에서는 언어 모델이 어떻게 작동하는지와 텍스트 생성$^{\text{text generation}}$과 시퀀스 분류$^{\text{sequence classification}}$ 같은 작업에 어떻게 활용하는지를 살펴보았다. 적절한 프롬프팅^{prompting}과 제로샷 능력$^{\text{zero-shot capability}}$[1] 덕분에 언어 모델이 추가 학습 없이도 다양한 작업에 효과적임을 확인했다. 또한 커뮤니티에서 제공하는 수십만 개의 사전 학습된 모델 중 일부를 검토했다. 이 장에서는 모델을 파인튜닝해 특정 작업의 성능을 향상하는 방법을 설명한다.

사전 학습된 모델은 우수한 성능을 보여주지만, 범용적인 학습 특성상 특정 작업이나 도메인에 최적화되어 있지 않다. 파인튜닝은 모델이 데이터셋이나 작업의 특성을 더 잘 이해하도록 조정하는 과정이다. 예를 들어 의학 연구 분야에서는 일반 웹 텍스트로 학습된 언어 모델이 바로 좋은 성능을 내기 어렵다. 이럴 때 의학 문헌 데이터셋으로 파인튜닝하면 의학 텍스트 생성이나 의료 문서 정보 추출 능력을 크게 향상할 수 있다. 또 다른 예로 대화형 모델이 있다. 대형 사전 학습 모델은 일관된 텍스트를 생성할 수 있지만, 고품질 대화나 지시 사항 수행에는 한계가 있다. 이런 모델을 일상 대화와 비공식적 언어가 포함된 데이터셋으로 파인튜닝하면 챗GPT 같은 서비스에서 기대되는 수준의 대화형 응답을 제공할 수 있다.

이 장에서는 다음 내용을 다루며 대규모 언어 모델(LLM) 파인튜닝의 기초를 다진다.

- 파인튜닝된 인코더 모델$^{\text{encoder model}}$을 사용한 텍스트 주제 분류
- 현대 LLM 시대에서 인코더 기반 모델의 역할 이해

---

[1] 옮긴이_ 모델이 특정 작업에 대해 명시적으로 학습하지 않았더라도 그 작업을 수행할 수 있는 능력을 의미한다. 즉, 추가 학습 데이터 없이 새로운 유형의 문제를 해결할 수 있다.

- 디코더 모델^{decoder model}을 활용한 특정 스타일의 텍스트 생성
- 명령어 파인튜닝^{instruction fine-tuning}을 활용한 단일 모델의 다중 작업 수행
- 소형 GPU로도 모델 학습이 가능한 매개변수 효율적 파인튜닝 기법
- 적은 계산 자원으로 모델 추론을 실행하는 기법

6.1 텍스트 분류

생성 모델을 본격적으로 살펴보기 전에, 사전 학습된 모델의 파인튜닝 과정을 이해해야 한다. 모델이 주어진 입력에 클래스를 할당하는 시퀀스 분류부터 시작한다. 시퀀스 분류는 기본적인 머신러닝 문제이며 스팸 감지, 감성 인식^{sentiment recognition}, 의도 분류^{intent classification}, 가짜 콘텐츠 감지 등 다양한 과제를 해결할 수 있다. 범용 언어 모델에서도 프롬프팅으로 간단히 해결할 수 있는 작업이지만, 파인튜닝 과정과 관련 단계를 이해하는 데 좋은 기초 예제가 된다.

짧은 뉴스 기사 요약의 주제를 분류하는 모델을 파인튜닝해 보자. 파인튜닝은 처음부터 모델을 학습할 때보다 훨씬 적은 컴퓨팅 자원과 데이터가 필요하다. 일반적인 과정은 다음과 같다(그림 6-1).

1. 작업에 적합한 데이터셋 선정
2. 필요한 모델 유형(인코더, 디코더, 인코더-디코더 모델^{encoder-decoder model}) 선택
3. 요구사항에 맞는 기본 모델 선택
4. 데이터셋 전처리
5. 평가 지표^{evaluation metric} 정의
6. 모델 학습
7. 공유

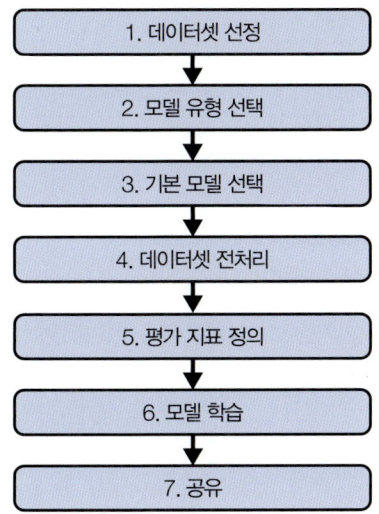

그림 6-1 파인튜닝 작업의 일반적인 단계

6.1.1 데이터셋 선정

목표는 사전 학습된 범용 언어 모델을 텍스트 분류기로 활용하는 것이므로, 모델에 필요한 카테고리를 학습시켜야 한다. 그러려면 레이블이 있는 시퀀스 분류용 데이터셋이 필요하다. 작업과 사용 사례에 따라 공개 데이터셋이나 비공개 데이터셋(예 회사 데이터셋)을 사용할 수 있다. 공개 데이터셋은 허깅 페이스 데이터셋^{Hugging Face Datasets}[2], 캐글[3], 제노도^{Zenodo}[4], 구글 데이터셋 검색^{Google Dataset Search}[5] 등에서 찾을 수 있다. 수많은 데이터셋 중에서 적합한 것을 찾기 어려울 수 있는데, 허깅 페이스에서 텍스트 분류 데이터셋[6]으로 필터링하는 방법이 도움이 된다.

AG 뉴스 데이터셋[7]은 잘 알려진 비상업적 데이터셋으로, 텍스트 분류 모델의 벤치마킹과 데이터 마이닝, 정보 검색, 데이터 스트리밍 연구에 사용된다.

---

2 https://oreil.ly/uMGkw
3 https://oreil.ly/All2r
4 https://zenodo.org/
5 https://oreil.ly/sukKP
6 https://oreil.ly/36JyT
7 https://oreil.ly/uPJHa

> **NOTE** 커뮤니티와 데이터셋을 공유하고 싶다면 데이터셋 저장소로 올릴 수 있다. datasets 라이브러리는 오디오, 이미지, 텍스트, CSV, JSON, 판다스 데이터프레임^{pandas DataFrames} 등 일반적인 데이터 형식을 기본적으로 지원한다.

먼저 데이터셋을 살펴봐야 한다. 다음 코드에서 볼 수 있듯이 데이터셋에는 텍스트와 레이블이라는 두 컬럼이 있다. 데이터셋은 모델 파인튜닝에 충분한 양인 120,000개의 학습 샘플을 제공한다. 파인튜닝에는 모델 사전 학습보다 매우 적은 데이터만 필요하며 몇천 개의 예제만으로도 좋은 기본 모델을 구축할 수 있다.

```python
from datasets import load_dataset

raw_datasets = load_dataset("fancyzhx/ag_news")
raw_datasets
```

```
DatasetDict({
    train: Dataset({
        features: ['text', 'label'],
        num_rows: 120000
    })
    test: Dataset({
        features: ['text', 'label'],
        num_rows: 7600
    })
})
```

데이터셋 하나를 골라 살펴보자.

```python
raw_train_dataset = raw_datasets["train"]
raw_train_dataset[0]
```

```
{'label': 2,
 'text': 'Wall St. Bears Claw Back Into the Black (Reuters) Reuters '
         "- Short-sellers, Wall Street's dwindling\\band of "
         'ultra-cynics, are seeing green again.'}
```

첫 번째 샘플은 텍스트와 레이블 2를 포함한다. 데이터셋 features와 label 필드를 확인해 이 레이블의 의미를 파악해 보자.

```
print(raw_train_dataset.features)
```

```
{'label': ClassLabel(names=['World',
                            'Sports',
                            'Business',
                            'Sci/Tech'],
                     id=None),
 'text': Value(dtype='string', id=None)}
```

레이블 0은 세계 뉴스, 1은 스포츠, 2는 비즈니스, 3은 과학/기술 관련 뉴스를 나타낸다. 이제 이 정보를 기반으로 어떤 모델을 사용할지 결정할 수 있다.

6.1.2 모델 유형 결정

2장에서 살펴본 내용을 복습해 보자. 해결하려는 작업 유형에 따라 세 가지 트랜스포머 중 하나를 선택할 수 있다.

인코더 모델

시퀀스에서 풍부한 의미적 표현semantic representation을 추출하여 입력의 의미를 알아낸다. 이는 텍스트 내 개체 식별이나 시퀀스 분류와 같이 입력의 의미적 정보에 의존하는 다양한 작업에 활용된다. 이러한 임베딩 위에 작은 신경망을 추가해 특정 다운스트림 작업에 맞춰 학습시킬 수 있다.

디코더 모델

이 모델들은 텍스트와 같은 새로운 시퀀스를 생성하도록 설계되었다. 입력(보통 임베딩이나 컨텍스트)을 받아 일관된 출력 시퀀스를 생성하므로 텍스트 생성 작업에 이상적이다.

인코더-디코더 모델

기계 번역이나 요약처럼 입력 시퀀스를 다른 출력 시퀀스로 변환해야 하는 작업에 적합하다. 인코더는 입력을 처리하고 디코더는 출력을 생성한다.

짧은 뉴스 기사 요약의 주제 분류를 위해 다음과 같은 세 가지 접근 방식을 고려할 수 있다.

제로샷 또는 퓨샷 학습

고품질 사전 학습 모델을 사용해 작업을 설명하고(예 네 가지 카테고리로 분류하기) 모델이 처리하도록 한다. 이 방식은 파인튜닝이 필요 없으며 최근의 고성능 사전 학습 모델들은 다양한 문제를 텍스트 생성 형태로 변환하여 효과적으로 해결할 수 있다.

텍스트 생성 모델

입력 뉴스 기사에 대해 레이블(예 business)을 생성하도록 텍스트 생성 모델을 파인튜닝한다. 여기서는 디코더나 인코더-디코더 모델을 사용할 수 있다.

분류 헤드가 있는 인코더 모델

임베딩에 간단한 분류 신경망(**헤드**^{head})[8]을 추가해 인코더 모델을 파인튜닝한다. 이 접근 방식은 사용 사례에 맞게 특화되고 효율적인 모델을 제공하므로 주제 분류 작업에 적합하다.

이러한 분석을 바탕으로 세 번째 접근 방식을 선택한다.

6.1.3 기본 모델 선택

다음과 같은 조건을 충족하는 모델이 필요하다.

- 인코더 기반 아키텍처
- GPU에서 몇 분 내에 파인튜닝할 수 있을 정도로 작은 크기
- 검증된 사전 학습 결과
- 짧은 텍스트 시퀀스 처리 능력

---

[8] 옮긴이_ 트랜스포머 모델에서 특정 작업을 수행하려고 기본 모델 위에 추가되는 신경망 층이다. 분류 헤드는 모델의 출력을 받아 특정 클래스에 속할 확률을 계산한다.

BERT는 오래되었지만 파인튜닝에 적합한 기본 인코더 아키텍처이다. 빠르고 적은 계산 자원으로 모델을 학습하는 데 DistilBERT[9]를 사용할 수 있다. 이 모델은 BERT보다 40% 작고 60% 빠르면서도 BERT 성능의 97%를 유지한다. 이러한 기본 모델을 사용하면 질의응답이나 텍스트 분류와 같은 다양한 다운스트림 작업에 파인튜닝할 수 있다.

원래 BERT와 DistilBERT 외에도 파인튜닝을 위한 기본 모델로 사용할 수 있는 모델들이 있다. 예를 들어 RoBERTa, ALBERT, Electra, DeBERTa, Longformer, LuKE, MobileBERT, Reformer 등이 있다. 이들을 모두 상세히 살펴보지는 않겠지만 이러한 모델이 있음을 알아 두어야 한다. 각 모델은 고유한 학습 절차를 가지며 기본 BERT 모델을 기반으로 한다. 선택은 요구사항에 따라 달라지지만 계산 요구사항을 고려할 때 DistilBERT는 적절한 모델 선택이 될 수 있다. DeBERTa[10]는 이 글의 작성 시점에 SOTA 모델 중 하나로 평가되었다.

6.1.4 데이터셋 전처리

2장에서 설명했듯이, 각 언어 모델에는 전용 토크나이저가 있다. DistilBERT를 파인튜닝하려면 전체 데이터셋이 모델 사전 학습에 사용한 것과 동일한 토크나이저로 토큰화되어야 한다. `AutoTokenizer`를 사용해 적절한 토크나이저를 로드한 후, 샘플 배치를 토큰화하는 함수를 정의할 수 있다. 트랜스포머 라이브러리는 배치의 모든 입력이 동일한 길이여야 한다. `padding=True`를 추가하면 가장 긴 입력 샘플에 맞춰 0을 추가하여 크기를 맞춰준다.

트랜스포머 모델에는 최대 컨텍스트 크기context length가 있다는 점에 주의해야 한다. 이는 예측 시 언어 모델이 처리할 수 있는 토큰의 최대 수를 의미한다. DistilBERT의 최대 컨텍스트 크기는 512 토큰이므로 책 한 권을 입력으로 사용하기 어렵다. 대부분의 샘플은 짧은 요약이지만 일부는 이 토큰 제한을 초과할 수 있다. `truncation=True`를 사용하면 모든 샘플을 모델의 컨텍스트 길이에 맞게 잘라낸다. 그러나 이 방식은 유용한 정보가 손실될 수 있다는 단점이 있다.[11]

트랜스포머로 긴 컨텍스트를 처리하는 것은 활발한 연구 분야이다. 인코더 기반 모델과 긴 컨

---

9 https://arxiv.org/abs/1910.01108
10 https://oreil.ly/VZMrc
11 옮긴이_ 참고로 `return_overflowing_tokens=True`를 함께 사용하면 잘린 토큰을 확인할 수 있다.

텍스트를 다루는 시나리오에서는 다음과 같은 전략을 고려할 수 있다.

- Longformer와 같은 긴 컨텍스트 특화 트랜스포머 모델 활용
- 텍스트를 작은 세그먼트로 나누어 개별 처리
- 슬라이딩 윈도sliding window 방식을 사용해 텍스트를 부분으로 나누어 처리
- 전처리 단계에서 텍스트를 요약한 후 요약본을 모델에 입력

어떤 전략을 선택할지는 작업과 모델에 따라 달라진다. 책의 감성을 분석하려면 책을 여러 부분으로 나눠 개별적으로 분석할 수 있다. 긴 기사의 주제를 분류하려면 기사를 요약한 후 그 요약본을 분류할 수 있다.

> **NOTE** 모델에는 기본적으로 설정된 컨텍스트 길이가 있지만 로터리 임베딩rotary embedding과 같은 기술을 사용하면 더 길거나 무한한 컨텍스트 길이도 처리할 수 있다. 이는 나중에 더 자세히 설명한다.

두 샘플을 토큰화하여 결과를 살펴보자.

```python
from transformers import AutoTokenizer

checkpoint = "distilbert-base-uncased"
tokenizer = AutoTokenizer.from_pretrained(checkpoint)


def tokenize_function(batch):
    return tokenizer(
        batch["text"], truncation=True, padding=True, return_tensors="pt"
    )


tokenize_function(raw_train_dataset[:2])
```

```
{'attention_mask': tensor([[1, 1, 1, 1, 1, 1, 1, 1, 1, 1, 1, 1,
         1, 1, 1, 1, 1, 1, 1, 1, 1, 1, 1, 1, 1, 1, 1, 1, 1, 1,
         1, 1, 1, 1, 1, 0, 0, 0, 0, 0, 0, 0, 0, 0, 0, 0, 0],
        [1, 1, 1, 1, 1, 1, 1, 1, 1, 1, 1, 1, 1, 1, 1, 1,
         1, 1, 1, 1, 1, 1, 1, 1, 1, 1, 1, 1, 1, 1, 1, 1,
         1, 1, 1, 1, 1, 1, 1, 1, 1, 1, 1, 1]]),
 'input_ids': tensor([[  101,  2813,  2358,  1012,  6468, 15020,  2067,  2046,
```

```
              1996,  2304,  1006, 26665,  1007, 26665,  1011,  2460,
              1011, 19041,  1010,  2813,  2395,  1005,  1055,  1040,
             11101,  2989,  1032,  2316,  1997, 11087,  1011, 22330,
              8713,  2015,  1010,  2024,  3773,  2665,  2153,  1012,
               102,     0,     0,     0,     0,     0,     0,     0,
                 0,     0,     0,     0,     0],
        [  101, 18431,  2571,  3504,  2646,  3293, 13395,  1006,
          26665,  1007, 26665,  1011,  2797,  5211,  3813, 18431,
           2571,  2177,  1010,  1032,  2029,  2038,  1037,  5891,
           2005,  2437,  2092,  1011, 22313,  1998,  5681,  1032,
           6801,  3248,  1999,  1996,  3639,  3068,  1010,  2038,
           5168,  2872,  1032,  2049, 29475,  2006,  2178,  2112,
           1997,  1996,  3006,  1012,   102]])}
```

이 코드에서 tokenize_function()은 샘플 배치를 받아서 DistilBERT 토크나이저로 토큰화하고, 패딩과 잘라내기로 길이를 일정하게 만든다. 첫 번째 샘플이 두 번째 샘플보다 짧아서 끝에 ID가 0인 추가 토큰이 있다. 0은 [PAD] 토큰에 해당하며, 추론 시 무시된다. 이 샘플의 어텐션 마스크$^{\text{attention mask}}$의 끝부분에도 0이 포함되어 모델이 실제 토큰에만 집중하도록 한다.

토큰화를 이해했으니, 이제 map() 메서드를 사용해 전체 데이터셋을 토큰화할 수 있다. 이 메서드는 데이터셋의 각 항목에 함수를 병렬로 적용한다.

```
tokenized_datasets = raw_datasets.map(tokenize_function, batched=True)
tokenized_datasets
```

```
DatasetDict({
    train: Dataset({
        features: ['text', 'label', 'input_ids', 'attention_mask'],
        num_rows: 120000
    })
    test: Dataset({
        features: ['text', 'label', 'input_ids', 'attention_mask'],
        num_rows: 7600
    })
})
```

6.1.5 평가 지표 정의

학습 중 손실을 모니터링하는 것 외에도, 다운스트림 지표를 정의해 모델 성능을 더 잘 평가하고 모니터링하는 것이 좋다. evaluate 라이브러리를 활용하면 다양한 지표에 대한 표준화된 인터페이스를 제공받을 수 있다. 시퀀스 분류에 적합한 지표는 다음과 같다.

정확도

모든 예측 중 정확한 예측의 비율을 나타내며, 모델의 전반적인 성능에 관한 기본적인 지표를 제공한다. 균형 잡힌 데이터셋에 적합하고 해석이 쉽지만 불균형 데이터셋에서는 잘못된 결론을 끌어낼 수 있다.

정밀도

양성^{positive}으로 예측된 모든 항목 중에서 올바르게 양성으로 레이블된 항목의 비율이다. 이는 모델의 양성 예측 정확도를 이해하는 데 도움이 된다. 정밀도는 스팸 감지와 같이 거짓 양성$^{false\ positive}$의 비용이 높은 상황에 적합하다.

재현율^{recall}

실제 양성 항목 중에서 모델이 올바르게 예측한 비율을 나타낸다. 이는 모델이 모든 양성 항목을 얼마나 잘 찾아내는지를 보여주며 거짓 음성$^{false\ negative}$이 많으면 낮아진다. 재현율은 의학적 진단과 같이 거짓 음성의 비용이 높은 상황에 적합하다.

F1 점수$^{F1\ score}$

정밀도와 재현율의 조화 평균$^{harmonic\ mean}$[12]으로, 거짓 양성과 거짓 음성 모두를 고려하고 정밀도와 재현율 간의 큰 차이를 감소시키는 균형 잡힌 지표이다. F1 점수는 불균형 데이터셋에서 자주 사용하며 분류 작업에 적합한 기본 지표다.

evaluate의 지표는 description 속성과 레이블 및 모델 예측을 받아 지표를 구하는 compute() 메서드를 제공한다.

---

[12] **조화 평균**은 비율을 다룰 때 유용하며 낮은 값에 더 큰 가중치를 부여한다.

```
import evaluate

accuracy = evaluate.load("accuracy")
print(accuracy.description)
print(accuracy.compute(references=[0, 1, 0, 1], predictions=[1, 0, 0, 1]))
```

```
('Accuracy is the proportion of correct predictions among the total '
 'number of cases processed. It can be computed with:'
 'Accuracy = (TP + TN) / (TP + TN + FP + FN)'
 ' Where:'
 'TP: True positive'
 'TN: True negative'
 'FP: False positive'
 'FN: False negative')
{'accuracy': 0.5}
```

compute_metrics() 함수를 정의해 보자. 이 함수는 예측 인스턴스(레이블과 예측 모두 포함)가 주어지면 정확도와 F1 점수를 포함하는 딕셔너리를 반환한다. 학습 중 모델 평가 시 자동으로 실행되며 진행 상황을 모니터링한다.

```
f1_score = evaluate.load("f1")


def compute_metrics(pred):  ❶
    labels = pred.label_ids
    preds = pred.predictions.argmax(-1)  ❷

    # 정확도와 F1 점수 계산
    acc_result = accuracy.compute(references=labels, predictions=preds)
    acc = acc_result["accuracy"]  ❸

    f1_result = f1_score.compute(
        references=labels, predictions=preds, average="weighted"
    )
    f1 = f1_result["f1"]  ❹

    return {"accuracy": acc, "f1": f1}  ❺
```

❶ compute_metrics() 함수는 EvalPrediction 인스턴스를 입력받는다. 이는 Trainer가 사용하는 유틸리티 클래스로, 샘플에 대한 레이블과 모델 예측을 포함한다.
❷ argmax를 사용해 확률이 가장 높은 예측 클래스를 구한다.
❸ 로드된 accuracy를 사용해 레이블과 예측 간 정확도 점수를 계산한다. 이는 accuracy 키가 있는 딕셔너리를 반환한다.
❹ F1 점수도 계산한다. 여러 클래스가 있으므로 weighted=True 인수를 사용한다. 이는 각 클래스에 대해 F1을 계산한 후, 각 클래스의 실제 인스턴스 수에 따라 가중치를 부여하여 평균을 낸다.
❺ 최종적으로 두 지표를 모두 포함하는 딕셔너리를 반환한다.

6.1.6 모델 학습

DistilBERT는 인코더 모델이다. 2장에서처럼 모델을 그대로 사용하면 임베딩만을 얻게 되므로 이 모델을 직접 사용할 수 없다. 텍스트 분류를 위해 이러한 임베딩을 분류 헤드에 입력해야 한다(그림 6-2). 파인튜닝할 때는 고정된 임베딩을 사용하지 않는다. 모델 매개변수$^{model\ parameter}$, 원래 가중치$^{original\ weight}$, 분류 헤드$^{classification\ head}$는 모두 학습 가능하다. 이는 헤드가 미분 가능해야 하므로 기본 트랜스포머 위에 신경망을 사용한다. 이 헤드는 임베딩을 입력으로 받아 클래스의 확률을 출력한다. 모든 가중치를 학습하는 이유는 모든 매개변수를 학습시킴으로써 임베딩이 특정 분류 작업에 더 유용하게 조정될 수 있기 때문이다.

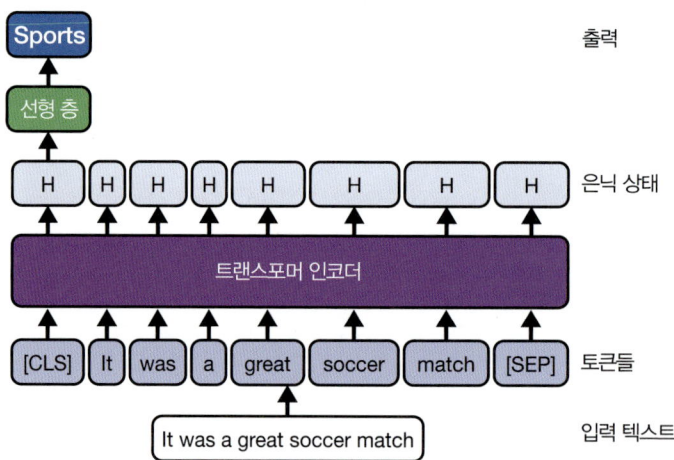

그림 6-2 분류 헤드가 있는 BERT. CLS 임베딩이 풀링된 임베딩으로 사용되어 분류 작업에 활용

여기서는 단순한 피드포워드 신경망을 사용하겠지만 더 복잡한 신경망을 헤드로 사용하거나 로지스틱 회귀, 랜덤 포레스트와 같은 고전적인 모델을 사용할 수도 있다(이 경우 모델을 특성 추출기로 사용하고 가중치를 고정한다). 단순한 층을 사용하는 방법은 잘 작동하고 계산 효율적이므로 일반적으로 많이 쓰인다.

> **NOTE** 컴퓨터 비전에서 전이 학습을 해 본 경험이 있다면, 기본 모델의 가중치를 고정하는 개념에 익숙할 것이다. 이는 NLP에서는 일반적으로 수행되지 않는데, 목표는 다운스트림 작업에 맞게 내부 언어 표현을 더 유용하게 만드는 것이기 때문이다. 컴퓨터 비전에서는 기본 모델이 학습한 특성이 더 일반적이고 많은 작업에 유용하므로 보통 일부 층을 고정한다. 예를 들어 일부 층은 모든 비전 작업에 광범위하게 적용할 수 있는 엣지나 텍스처와 같은 일반적인 특성을 추출한다. 층을 고정할지는 데이터셋 크기, 계산량, 사전 학습과 파인튜닝 작업 간의 유사성 등 맥락에 따라 달라진다. 이 장의 뒷부분에서는 고정된 LLM으로 작업하게 해 주는 어댑터^{adapter}라는 기법을 알아볼 것이다.

분류 헤드가 있는 모델을 학습시키기 위해 AutoModelForSequenceClassification을 사용해 모델을 로드할 수 있다. 이는 다음 두 가지 작업을 수행한다.

- 마스크드 언어 모델 헤드 없이 지정된 모델(여기서는 DistilBERT)을 로드한다. 이는 모델의 인코더 부분으로, 각 토큰에 대한 임베딩을 출력한다. 또한 전체 시퀀스에 대한 정보를 담은 풀링된 임베딩을 추가로 출력한다.
- 모델 상단에 무작위로 초기화된 분류 헤드를 추가한다. 이 헤드는 풀링된 임베딩을 받아 클래스 확률을 출력하는 선형 층이다.

이제 어떻게 구현되는지 살펴보자.

```
import torch
from transformers import AutoModelForSequenceClassification

from genaibook.core import get_device

device = get_device()
num_labels = 4
model = AutoModelForSequenceClassification.from_pretrained(
    checkpoint, num_labels=num_labels
).to(device)
```

```
('Some weights of DistilBertForSequenceClassification were not
initialized from the model checkpoint at distilbert-base-uncased
and are newly initialized: ["classifier.bias",
"classifier.weight", "pre_classifier.bias",
"pre_classifier.weight"]
You should probably TRAIN this model on a down-stream task to be
able to use it for predictions and inference.')
```

일부 가중치가 새로 초기화되었다는 경고가 표시될 것이다. 분류 작업에 적합한 새로운 헤드가 있으므로 당연한 결과이며 이를 학습시켜야 한다.

모델이 초기화되었으므로 이제 학습을 시작할 수 있다. 모델을 학습시키는 데는 여러 접근 방식을 취할 수 있다. 파이토치에 익숙하다면 직접 학습 루프를 작성할 수 있다. 또는 transformers에서 제공하는 Trainer라는 고수준 클래스를 사용하면 학습 루프의 복잡성을 대부분 간소화할 수 있다.

Trainer를 생성하기 전의 첫 번째 단계는 다음 코드와 같이 TrainingArguments를 정의하는 것이다. TrainingArguments는 학습률, 가중치 감소와 같은 학습에 사용되는 하이퍼매개변수를 지정하고, 배치당 샘플 수를 결정하며, 평가 간격 evaluation interval 을 설정하고, 모델을 허브 Hub 에 푸시하여 생태계와 공유할지를 결정한다. TrainingArguments에서 제공하는 기본값이 일반적으로 잘 작동하므로 하이퍼매개변수는 수정하지 않을 것이다. 그래도 이를 살펴보고 실험해 보기를 권장한다. Trainer 클래스는 성능이 뛰어나면서 유연한 도구이다.[13]

```
from transformers import TrainingArguments

batch_size = 32  # GPU 크기에 따라 변경 가능
training_args = TrainingArguments(
    "classifier-chapter4",
    push_to_hub=True,        ❶
    num_train_epochs=2,      ❷
    eval_strategy="epoch",   ❸
    per_device_train_batch_size=batch_size,   ❹
    per_device_eval_batch_size=batch_size,
)
```

---

13 허깅 페이스 Trainer 클래스에는 수정할 수 있는 수십 가지 인자가 있다. Trainer 클래스 문서(https://oreil.ly/5ocQU)를 살펴보고 사용 가능한 모든 옵션을 이해해 보기를 권장한다.

❶ 모델이 저장될 때마다 허깅 페이스 허브에 모델을 푸시할지 여부. save_strategy로 모델이 얼마나 자주 저장되는지 변경할 수 있으며 기본적으로 몇백 단계마다 저장된다.

❷ 수행할 전체 에포크epoch 수. 한 에포크는 학습 데이터를 한 번 완전히 통과하는 것을 의미한다.

❸ 모델을 검증 데이터셋에서 평가할 시기. 기본적으로 500단계마다 수행되지만 epoch를 지정하면 각 에포크가 끝날 때 평가가 이루어진다.

❹ 학습 시 코어당 사용하는 배치 크기. GPU 메모리가 부족하면 이 값을 줄일 수 있다. 또는 auto_find_batch_size=True를 사용해 GPU에 맞는 가장 큰 배치 크기를 자동으로 찾을 수 있다.[14]

이제 필요한 모든 부분이 준비되었다.

- 파인튜닝할 준비가 된 적절한 헤드가 있는 사전 학습된 모델
- 학습 인자
- 측정 지표를 계산할 함수
- 학습 및 평가 데이터셋
- 허브에 모델과 함께 푸시되도록 추가하는 토크나이저

AG 뉴스 데이터셋에는 초기에 좋은 결과를 얻기 위한 개수보다 훨씬 많은 120,000개의 샘플이 있다. 빠른 초기 학습 실행을 위해 10,000개의 샘플만 사용하겠지만, 이 개수는 자유롭게 조정할 수 있으며 더 많은 데이터를 사용하면 더 좋은 결과를 얻을 수 있다. 그러나 평가는 전체 테스트 데이터셋으로 계속할 것이다.

```python
from transformers import Trainer

# 데이터셋을 섞고 학습용으로 10,000개 예제 선택
shuffled_dataset = tokenized_datasets["train"].shuffle(seed=42)
small_split = shuffled_dataset.select(range(10000))

# Trainer 초기화
trainer = Trainer(
    model=model,
    args=training_args,
    compute_metrics=compute_metrics,
    train_dataset=small_split,
    eval_dataset=tokenized_datasets["test"],
    tokenizer=tokenizer,
)
```

---

[14] 추론 및 학습에 필요한 VRAM 양을 예측하는 데 유용한 도구로는 모델 메모리 계산기(https://oreil.ly/M2A2l)가 있다.

모든 준비가 완료되고 **Trainer**가 초기화되었으니 이제 학습을 시작하자.

```
trainer.train()
```

학습은 손실, 평가 지표, 학습 속도 세부 정보를 제공한다. [표 6-1]은 요약된 보기를 제공한다.

표 6-1 DistilBERT AG 뉴스 데이터셋에서 DistilBERT 파인튜닝의 학습 및 평가

지표	에포크 1 값	에포크 2 값
eval_loss	0.2624	0.2433
eval_accuracy	0.9117	0.9184
eval_f1	0.9118	0.9183
eval_runtime	15.2709	14.5161
eval_samples_per_second	497.678	523.557
eval_steps_per_second	15.585	16.396
train_runtime	–	213.9327
train_samples_per_second	–	93.487
train_steps_per_second	–	2.926
train_loss	–	0.2714

아마도 시간이 그리 많이 걸리지 않았을 것이다. 최종 평가 정확도와 F1 점수는 약 92%로, 전체 학습 데이터의 10% 미만만 사용했다는 점을 고려하면 괜찮은 결과다. 에포크 간에 평가 손실$^{evaluation\ loss}$이 감소하는 것은 목표했던 바와 같다. 다른 사람들이 접근할 수 있도록 최종 모델을 공유하려면 마지막에 **push_to_hub**를 호출해야 한다. 모델은 허브[15]에서 찾을 수 있다.

```
trainer.push_to_hub()
```

Trainer를 사용하는 것이 블랙박스처럼 보일 수 있지만, 내부적으로는 3장에서 간단한 확산 모델을 학습시킬 때 했듯이 일반적인 파이토치 학습 루프를 만들 뿐이다. 이러한 루프를 처음부터 작성하면 다음과 같은 모습일 것이다.

---

15 https://oreil.ly/k5BP5

```
from transformers import AdamW, get_scheduler

optimizer = AdamW(model.parameters(), lr=5e-5)  ❶
lr_scheduler = get_scheduler("linear", ...)  ❷

for epoch in range(num_epochs):  ❸
    for batch in train_dataloader:  ❹
        batch = {k: v.to(device) for k, v in batch.items()}  ❺
        outputs = model(**batch)
        loss = outputs.loss  ❻
        loss.backward()

        optimizer.step()  ❼
        lr_scheduler.step()
        optimizer.zero_grad()
```

❶ 옵티마이저는 모델의 현재 상태를 유지하고 그레이디언트에 기반해 매개변수를 업데이트한다.

❷ 학습 과정에서 학습률이 어떻게 변화하는지 정의하는 학습률 스케줄러다.

❸ 여러 에포크 동안 모든 데이터를 반복한다.

❹ 학습 데이터의 모든 배치를 반복한다.

❺ 배치를 장치로 이동시키고 모델을 실행한다.

❻ 손실을 계산하고 역전파한다.

❼ 모델 매개변수를 업데이트하고, 학습률을 조정하고, 그레이디언트를 0으로 재설정한다.

`Trainer`는 이 모든 작업을 처리하며 평가와 예측 수행, 허브에 모델 푸시, 여러 GPU에서 학습, 즉시 체크포인트 저장, 로깅 등 다양한 기능을 제공한다.

모델을 허브에 올렸다면 다른 사람들이 `AutoModel`이나 `pipeline()`을 사용해 접근할 수 있다. 예제를 살펴보자.

```
# 상위 수준 헬퍼로 파이프라인 사용하기
from transformers import pipeline

pipe = pipeline(
    "text-classification",
    model="genaibook/classifier-chapter4",
    device=device,
)
```

```
pipe(
    """The soccer match between Spain and
Portugal ended in a terrible result for Portugal."""
)
```

```
[{'label': 'Sports', 'score': 0.8631355166435242}]
```

예측이 정확한 것으로 보인다. 첫 시도에서는 Sports 대신 LABEL_1을 얻을 수도 있다. 이는 모델에 본질적인 레이블 이름에 관한 지식이 없기 때문이다. 이를 업데이트하려면 config.json 파일에 id2label과 label2id 매핑을 추가해 업데이트할 수 있다. 그러면 예측 결과가 사람이 읽고 해석하기 쉬워진다.

이제 평가 지표를 자세히 살펴보자. 예측 결과를 얻으려면 Trainer.predict나 pipe.predict 를 사용할 수 있다. Trainer.predict 메서드는 예측, 레이블 ID, 평가 지표를 포함하는 PredictionOutput 객체를 반환하지만 pipe.predict는 예측과 해당 레이블이 포함된 딕셔너리 목록을 반환한다. 첫 세 개의 샘플 텍스트와 해당 예측, 레이블을 살펴보며 모든 것이 제대로 작동하는지 확인해 보자. 신경망을 통해 일부 샘플을 실행해 보는 것은 항상 중요하다.

```
# 모든 샘플에 대한 예측 결과 얻기
model_preds = pipe.predict(tokenized_datasets["test"]["text"])

# 데이터셋 레이블 가져오기
references = tokenized_datasets["test"]["label"]

# 레이블 이름 목록 가져오기
label_names = raw_train_dataset.features["label"].names

# 처음 3개 샘플의 결과 출력하기
samples = 3
texts = tokenized_datasets["test"]["text"][:samples]
for pred, ref, text in zip(model_preds[:samples], references[:samples], texts):
    print(f"Predicted {pred['label']}; Actual {label_names[ref]};")
    print(text)
```

```
('Predicted Business; Actual Business; Fears for T N pension after '
 'talks Unions representing workers at Turner Newall say they are '
```

```
    "'disappointed' after talks with stricken parent firm Federal "
    'Mogul.'
    '\n'
    'Predicted Sci/Tech; Actual Sci/Tech; The Race is On: Second '
    'Private Team Sets Launch Date for Human Spaceflight (SPACE.com) '
    'SPACE.com - TORONTO, Canada -- A second\team of rocketeers '
    'competing for the  #36;10 million Ansari X Prize, a contest '
    'for\\privately funded suborbital space flight, has officially '
    'announced the first\\launch date for its manned rocket.'
    '\n'
    'Predicted Sci/Tech; Actual Sci/Tech; Ky. Company Wins Grant to '
    'Study Peptides (AP) AP - A company founded by a chemistry '
    'researcher at the University of Louisville won a grant to develop '
    'a method of producing better peptides, which are short chains of '
    'amino acids, the building blocks of proteins.')
```

예측은 참조와 일치하며, 레이블도 타당하다. 이제 평가 지표를 자세히 살펴보자.

머신러닝 분류 작업에서 혼동 행렬confusion matrix은 모델의 성능을 요약하는 표로, 참 양성, 참 음성, 거짓 양성, 거짓 음성 예측의 수를 보여준다. 다중 클래스 분류에서 행렬은 클래스 수와 동일한 차원의 정사각형이 되며, 각 셀은 레이블과 예측 클래스의 조합에 대한 인스턴스 수를 나타낸다. 행은 실제ground truth 클래스를 나타내고, 열은 예측된 클래스를 나타낸다. 각 행의 합이 1이 되도록 행렬을 정규화하면 다양한 클래스에 걸친 모델의 성능을 더 쉽게 해석할 수 있다. 이 행렬을 분석하면 특정 클래스를 구별하는 데 있어 모델의 강점과 약점을 파악할 수 있다.

혼동 행렬을 불러오고 계산하는 데 `evaluate`를 사용하고, 시각화하는 데 sklearn의 `ConfusionMatrixDisplay`를 사용한다. 혼동 행렬은 모델이 어디서 실수하는지, 어떤 클래스가 예측하기 더 어려운지 이해하는 데 도움이 된다. 예를 들어 다음 혼동 행렬을 보면 비즈니스 기사가 종종 과학/기술 기사로 잘못 레이블링됨을 확인할 수 있다.

```python
import matplotlib.pyplot as plt
from sklearn.metrics import ConfusionMatrixDisplay

# 예측된 레이블을 ID로 변환
label_to_id = {name: i for i, name in enumerate(label_names)}
pred_labels = [label_to_id[pred["label"]] for pred in model_preds]

# 혼동 행렬 계산
```

```python
confusion_matrix = evaluate.load("confusion_matrix")
cm = confusion_matrix.compute(
    references=references, predictions=pred_labels, normalize="true"
)["confusion_matrix"]

# 혼동 행렬 시각화
fig, ax = plt.subplots(figsize=(6, 6))
disp = ConfusionMatrixDisplay(confusion_matrix=cm, display_labels=label_names)
disp.plot(cmap="Blues", values_format=".2f", ax=ax, colorbar=False)
plt.title("Normalized confusion matrix")
plt.show()
```

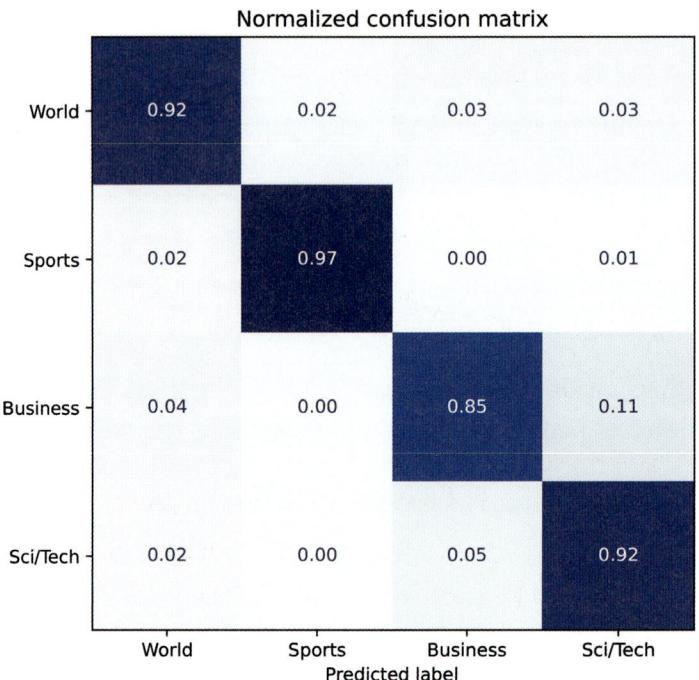

6.1.7 실용성 검토

텍스트 분류에 인코더 모델을 학습시키는 것은 챗GPT 이후 시대에는 시대에 뒤떨어진 것처럼 보일 수 있다. '다음 카테고리 중 하나로 텍스트를 분류하세요'라고 일반 모델에 프롬프트를 줄 수 없을까? 빠른 범용 모델의 편리함을 능가하기는 어렵지만 때로는 작은 맞춤형 분류기가 유용할 수 있다. 특히 속도와 효율성이 핵심인 애플리케이션에서 그렇다.

예를 들어 오늘날 가장 큰 LLM에서 사용할 학습 데이터를 준비할 때 이러한 모델을 활용한다. 이런 작업에서는 방대한 양의 텍스트를 처리해야 한다. 라마 3 논문[16]에서 저자들은 '모델 기반 품질 필터링model-based quality filtering'이라는 것을 적용하는데, 여기서 '품질 분류기quality classifier'를 학습시키고 이를 사용해 품질 필터링을 위한 문서 점수를 매긴다. 저자들은 '효율성을 위해 DistilRoberta를 사용해 각 문서의 품질 점수를 생성한다'라고 한다. 이 품질 모델의 학습 데이터는 라마 2의 예측이며, 필터링해야 할 수조 개의 토큰에 해당하는 데이터에 라마 2를 직접 사용하려면 비용이 매우 많이 들었을 것이다. Phi-3[17] 팀에서도 비슷한 접근 방식을 사용했으며, FineWeb 저자들도 **FineWeb Edu** 하위 집합을 위한 가장 교육적인 콘텐츠를 선별하는 데 사용했다. 저자들은 품질 필터링의 중요성에 관한 블로그 글[18]을 작성하기도 했다.

작고 빠른 인코더 모델의 또 다른 활용법은 검색 시스템용 임베딩을 생성하는 것이다. 이는 특정 검색어와 가장 관련성 높은 문서를 찾는 데 유용하다. 또한 작은 모델은 입력이 악의적인지 확인하거나 모델 출력의 유해성을 검증하는 가드레일로도 활용할 수 있다. 이 모든 경우에 작은 모델의 속도와 효율성이 핵심 역할을 한다.

최근 추세는 작고 특화된 모델보다는 더 강력한 범용 모델 쪽으로 기울고 있다. 하지만 모델을 특정 용도에 맞게 최적화할 수 있는 여지는 여전히 충분하다. 이제 앞서 개략적으로 설명한 과정을 텍스트 생성에 적용하는 방법을 알아보자. 데이터셋 찾기(또는 만들기), 모델 선택, 평가 지표 정의, 모델 학습 등의 단계가 포함된다.

6.2 텍스트 생성

텍스트 분류에 맞게 인코더 기반 모델을 파인튜닝하는 작업을 살펴보았다. 이제 텍스트 생성을 위한 모델 학습을 알아보자. 텍스트 분류에서는 '세계', '스포츠', '비즈니스'와 같은 정해진 레이블 중에서 선택하지만 생성 모델 학습과 파인튜닝은 다음 토큰을 예측하는 작업이므로 레이블 대신 텍스트 자체가 출력된다.

---

16 https://arxiv.org/abs/2407.21783
17 https://arxiv.org/abs/2404.14219
18 https://oreil.ly/ddh7Q

예를 들어 코드 생성을 목표로 한다면, 허용 가능한 코드의 대량 데이터셋을 모아서 더 스택^{the stack}[19]과 같은 예시로 모델을 처음부터 학습시킬 수 있다. 이는 주목할 만한 접근 방법이지만 좋은 결과를 얻으려면 수주에서 수개월의 학습 시간이 필요할 것이다.

개방형 텍스트 생성을 위해 모델을 처음부터 학습시키는 대신, 특정 스타일로 텍스트를 생성하도록 기존 모델을 파인튜닝할 수 있다. 이 접근 방식은 언어에 대한 모델의 기존 지식을 활용함으로써 광범위한 데이터와 컴퓨팅 파워를 크게 줄일 수 있다. 예를 들어 몇백 개의 트윗을 활용하여 자신만의 독특한 글쓰기 스타일로 새로운 트윗을 만들 수 있다.

> **레이블 사용 여부**
>
> 다음 토큰 예측 작업에서는 분류 작업처럼 데이터에 명시적으로 레이블을 지정할 필요가 없다. 모델은 입력 텍스트를 기반으로 다음 토큰을 예측하는 방법을 학습한다. 이를 통해 웹에서 대규모 데이터셋을 구축할 수 있었다.
>
> 반면 인간 피드백을 통한 강화 학습^{reinforcement learning with human feedback}(RLHF)이라는 새로운 기법 계열은 피드백을 제공해 모델의 출력을 유도할 수 있게 한다. 이는 대화형 모델에 특히 유용하며 모델 출력에 대한 선호도나 수정 사항을 제공할 수 있다. 이러한 이유로 많은 챗봇에서는 사용자가 모델 출력을 평가할 수 있도록 좋아요/싫어요 버튼을 제공하거나, 생성된 텍스트들을 나란히 보여주며 선호하는 답변을 선택하도록 한다. 그럼에도 선호도 최적화는 학습 과정의 한 구성 요소일 뿐이며, 모델은 여전히 비지도 방식으로 데이터를 통해 학습해야 한다. RLHF는 10장에서 더 자세히 다룰 것이다.

뉴스를 특정 스타일(비즈니스 뉴스)로 생성하도록 모델을 파인튜닝해 보자. AG 뉴스 데이터셋을 동일하게 사용할 수 있다. 레이블이 2인 비즈니스로 표시된 모든 샘플을 필터링하고 불필요한 `label` 열을 제거해 보자.

```
filtered_datasets = raw_datasets.filter(lambda example: example["label"] == 2)
filtered_datasets = filtered_datasets.remove_columns("label")
```

---

19 https://oreil.ly/8F37c

6.2.1 올바른 생성 모델 선택하기

두 번째 질문은 어떤 기본 모델을 사용할지에 관한 것이다. 텍스트 생성이 목표이므로 디코더 모델이 필요하다. 수천 개의 모델 중에서 요구사항에 맞는 모델을 선택해야 한다. 결정에 영향을 미칠 수 있는 주요 요소를 살펴보자.

모델 크기

매개변수가 600억 개인 모델을 로컬 컴퓨터로 배포하는 것은 현실적이지 않다. 모델 크기 선택은 예상 추론 시간, 하드웨어 용량, 배포 요구사항 등의 요소에 따라 달라진다. 이 장의 뒷부분에서는 동일한 컴퓨팅 자원을 사용해 더 많은 매개변수가 있는 모델을 실행하는 기법을 살펴볼 것이다.

학습 데이터

파인튜닝된 모델의 성능은 기본 모델의 학습 데이터가 추론 데이터와 얼마나 유사한지와 관련이 있다. 예를 들어 코드베이스 스타일로 코드를 생성하도록 모델을 파인튜닝하는 것은 코드로 사전 학습된 모델로 시작할 때 더 효과적이다. 데이터 출처의 특수한 상황을 염두에 두어야 한다. 특히 일부 모델은 학습에 사용된 데이터를 공개하지 않는다는 점을 기억해야 한다. 마찬가지로, 한국어 텍스트 생성에는 주로 영어 기반 모델 대신 다국어 모델이나 한국어로 학습된 모델을 사용하는 편이 좋다. 모든 모델이 데이터 소스를 공개하지는 않으므로 이를 판별하기 어려울 수 있다.

컨텍스트 길이

앞서 언급했듯이 모델마다 컨텍스트 길이 제한이 다르다. 예를 들어 컨텍스트 길이가 1,024라면 모델은 예측할 때 마지막 1,024개 토큰을 사용할 수 있다. 긴 형식의 텍스트를 생성하려면 컨텍스트 길이가 긴 모델이 필요하다. 책의 뒷부분에서 더 긴 컨텍스트로 작업하는 방법을 살펴볼 것이다.

라이선스

기본 모델을 선택할 때 라이선스 측면은 매우 중요하다. 모델이 사용 요구사항에 부합하는지 고려하라. 모델은 상업적 또는 비상업적 라이선스를 가질 수 있으며, 오픈 소스와 오픈 액세스 라이선스^{open-access licenses} 간에도 차이가 있다. 이러한 라이선스를 이해해야 법적인 의무와 사용 제한 사항을 준수할 수 있다. 예를 들어 일부 모델은 상업적 사용을 허용하지만 허용된 사용 사례와 모델을 사용해서는 안 되는 시나리오를 지정할 수 있다. 또는 라이선스가 모델 출력 사용 방법을 제한할 수 있다(예 모델 출력을 다른 모델을 학습시키는 데 사용할 수 없음).

생성 모델을 평가하는 일은 여전히 어려운 과제이며, 각각의 벤치마크는 모델의 특정 능력을 측정한다. 예를 들어 ARC는 과학적 질문 해결 능력을, HellaSwag는 상식적 추론 능력을 평가하는 등 각 벤치마크가 다양한 능력을 대표한다. 허깅 페이스의 오픈 LLM 리더보드^{open LLM leader board}[20]는 수천 개 모델의 벤치마크 결과를 취합하고 모델 크기와 유형별로 필터링하게 해준다. 하지만 이러한 벤치마크는 모델을 체계적으로 비교하는 도구일 뿐이며, 최종 모델의 선택은 반드시 실제 사용 환경에서의 성능을 기준으로 해야 한다. 오픈 LLM 리더보드에 사용된 많은 벤치마크는 대화 능력에 초점을 맞추지 않으므로 대화형 모델을 선택하는 핵심 기준으로 사용하기에는 적합하지 않다. 결국 모델 선택은 사용 목적에 따라 달라져야 하며 단일 지표만으로 모델을 선택하는 것은 바람직하지 않다.

리더보드가 고려하는 주요 벤치마크는 다음과 같다.[21]

MMLU-Pro(지식)

12,000개의 객관식 문제를 포함하는 지식 데이터셋이다. 각 질문에는 지문과 10개의 선택지가 포함된다. 질문은 수학, 물리학, 경제학, 심리학, 비즈니스 등 다양한 분야에 관한 것이다.

GPQA(복잡한 지식)

도전적인 대학원 수준의 물리학, 화학, 생물학 객관식 문제를 포함하는 작은 데이터셋이다. 질문은 해당 분야에서 박사 학위를 취득했거나 취득 중인 도메인 전문가가 설계했으며, 다른 분야의 전문가가 인터넷에 접근할 수 있어도 답하기 어려울 것으로 예상된다. GPQA의 GP는 'Google-Proof'를 의미한다.

---

20 https://oreil.ly/1huVO
21 더 자세한 설명은 리더보드 블로그(https://oreil.ly/cNFB-)를 참조하라.

MuSR(다단계 추론)

각각 약 천 단어의 복잡한 문제를 포함하며 짧은 컨텍스트 모델에 도전이 되는 데이터셋이다. 예를 들어 살인 사건 추리 팀 할당, 물체 배치 등의 문제가 있다.

MATH(수학)

고등학교 수학 시험에 나온 12,000개 이상의 문제를 포함한다. 다양한 난이도 수준이 있으며 LLM 리더보드는 가장 어려운 레벨 5만 사용한다.

BBH(혼합)

이 벤치마크는 일부 다단계 추론이 필요한 23개의 도전적인 작업을 포함한다. 작업은 알고리즘 및 산술 추론(예 불리언 표현식, 기하학적 도형, 경로 탐색), 자연어 이해(예 풍자 감지, 형용사 순서), 세상에 관한 지식(예 스포츠 이해, 영화 추천), 추론(예 번역 오류 감지) 등을 다룬다. 이 벤치마크는 인간 선호도와 상관관계가 있다.

IFEval(지시 따르기)

이 데이터셋은 '키워드 Y를 최소 세 번 언급하세요', '10단어 이내로 작성하세요'와 같은 지시를 모델이 따를 수 있는지 평가한다.

LLM 리더보드에서 사용하는 6개의 벤치마크 중 IFEval만이 대화형 모델을 특별히 대상으로 한다. 대화형 모델은 이 장의 후반부에서 설명할 것이다. 현재 목표인 특정 스타일로 텍스트를 생성하는 것에 초점을 맞추자. [표 6-2]는 인기 있는 오픈 액세스 사전 학습된 LLM을 몇 가지 보여준다.

표 6-2 오픈 LLM 리더보드에서 인기 있는 오픈 액세스 사전 학습 LLM들과 성능

모델	제작사	크기	학습 데이터	오픈 LLM 성능	컨텍스트 길이	어휘 크기	라이선스
GPT-2	오픈AI	117M	비공개	6.51	1,024	50,257	MIT
		380M	웹 스크랩에서 약 40GB의 텍스트	5.81			
		812M		5.48			
		1.6B		4.98			

모델	제작사	크기	학습 데이터	오픈 LLM 성능	컨텍스트 길이	어휘 크기	라이선스
GPT-Neo	엘루서AI	125M 1.3B 2.7B	The Pile 300B 토큰 380B 토큰 420B 토큰	4.38 5.33 6.34	2,048	50,257	MIT
팔콘	TII UAE	7B 11B 40B 180B	부분 공개 정제됨 Common Crawl 기반 웹 1.5T 토큰 1T 토큰 3.5T 토큰	5.1 13.78 11.33 N/A	8,192	65,024	Apache 2.0 (7B 및 40B) 커스텀 (11B 및 180B)
라마 2	메타	7B 13B 70B	비공개 2T 토큰	8.72 10.99 18.25	4,096	32,000	커스텀
라마 3	메타	8B 70B	비공개 15T 토큰	13.41 26.37	8,192	128,256	커스텀
라마 3.1	메타	8B 70B 405B	비공개 15T 토큰	13.78 25.91 N/A	131,072	128,256	커스텀
미스트랄	미스트랄	7B	비공개	14.5	8,192	32,000	Apache 2.0
믹스트랄	미스트랄	8x7B 8X22B*	비공개	19.23 25.49	32,768 65,536	32,000	Apache 2.0
Qwen 2	알리바바	500M 1.5B 7B 72B	비공개	7.06 10.32 23.66 35.13	131,072	~150,000	커스텀
Phi (1, 1.5, 2)	마이크로소프트	1.42B 1.42B 2.7B	54B 토큰 150B 토큰 1.4T 토큰	5.52 7.06 15.45	2,048	51,200	MIT

* '믹스트랄(Mixtral)' 모델에서 '8x7B'는 무엇을 의미할까? 이는 이 모델이 전문가 혼합(mixture of experts, MoE) 모델이라는 뜻으로, 10장에서 더 자세히 배우게 될 특별한 모델 아키텍처이다. 간단히 말해 이 모델은 여러 개의 작은 모델들로 구성되어 있으며, 내부 메커니즘이 토큰마다 어떤 모델을 사용할지 결정한다. MoE 모델과 일반 밀집 모델 간의 매개변수 수를 비교하는 것은 쉽지 않은데, 이는 다음에 더 자세히 알아볼 것이다.

이 표는 완전한 목록이 아니다. 구글 젬마, 모자이크[Mosaic] ML, 코히어[Cohere] Command R+ 같은 오픈 LLM도 있으며 여러분이 이 책을 읽을 시점에는 더 많은 모델이 있을 것이다. 마찬가지로 이 표는 코드 모델을 다루지 않는다. 코드 모델을 알아보려면 빅코드 모델[Big Code Models] 리더보드[22]를 검토할 수 있으며, 여기서 메타의 인기 모델인 코드 라마와 허가된 라이선스 코드로 학습된 빅코드[BigCode]의 모델 등을 찾을 수 있다.

또한 이 표가 주로 영어 데이터로 학습된 모델에 치우쳐 있다는 점을 유의해야 한다. 그러나 InternLM, ChatGLM, Baichuan과 같은 강력한 중국어 모델도 사전 학습된 언어 모델의 확장되는 환경에 주목할 만한 기여를 하고 있다. 이 정보는 오픈 소스 모델의 완전한 목록이 아니라 실험할 모델을 선택할 때 고려할 사항을 안내하는 역할을 한다.

6.2.2 생성 모델 학습하기

매우 적은 데이터로 빠른 학습을 수행하고 강력한 GPU 없는 환경에서 실행할 수 있도록 SmolLM의 가장 작은 버전을 파인튜닝할 것이다. 더 큰 모델과 다른 데이터셋으로 실험해 보기를 권장한다. 이 장의 후반부에서는 추론 및 학습에 더 큰 모델을 사용하는 기법을 살펴볼 것이다.

이전과 마찬가지로 모델과 토크나이저를 로드하는 것부터 시작하자. SmolLM의 한 가지 특별한 점은 패딩 토큰을 지정하지 않는다는 것이다. 하지만 토크나이징할 때는 모든 샘플의 길이를 같게 만들려면 패딩 토큰이 필요하다. 패딩 토큰을 텍스트 끝 토큰과 동일하게 설정할 수 있다.

```
from transformers import AutoModelForCausalLM

model_id = "HuggingFaceTB/SmolLM-135M"
tokenizer = AutoTokenizer.from_pretrained(model_id)
tokenizer.pad_token = (
    tokenizer.eos_token
)  # SmolLM이 패딩 토큰을 지정하지 않아 필요함
model = AutoModelForCausalLM.from_pretrained(model_id).to(device)
```

---

[22] https://oreil.ly/gZZ6v

데이터셋을 토큰화해 보자(SmolLM의 토크나이저 사용).

```
def tokenize_function(batch):
    return tokenizer(batch["text"], truncation=True)

tokenized_datasets = filtered_datasets.map(
    tokenize_function,
    batched=True,
    remove_columns=["text"],   # 입력 ID와 어텐션 마스크만 필요함
)
tokenized_datasets
```

```
DatasetDict({
    test: Dataset({
        features: ['input_ids', 'attention_mask'],
        num_rows: 1900
    })
    train: Dataset({
        features: ['input_ids', 'attention_mask'],
        num_rows: 30000
    })
})
```

주제 분류 예제에서는 모든 샘플이 동일한 길이가 되도록 패딩하고 길이를 줄였다. 토큰화 단계에서 이를 수행하는 방법 외에도 **데이터 수집기**^{data collator}를 사용하는 방법이 있다. 이러한 유틸리티는 샘플을 배치로 조립한다. 트랜스포머 라이브러리는 작업(예 언어 모델링)에 즉시 사용할 수 있는 몇 가지 수집기를 제공한다. 수집기는 배치의 예제를 최대 길이에 맞춰 동적으로 패딩한다. 패딩 외에도, 언어 모델링 수집기는 언어 모델링 작업을 위한 입력을 구조화하는데, 이는 이전보다 조금 더 복잡하다. 언어 모델링에서는 입력을 한 요소씩 이동시켜 이를 레이블로 사용한다. 예를 들어 입력이 'I love Hugging Face'라면 레이블은 `love Hugging Face`가 된다. 모델은 이전 토큰을 기반으로 다음 토큰을 예측하는 작업을 수행한다. 실제로 데이터 수집기는 입력의 사본을 포함하는 `label` 열을 생성한다. 이후에 모델이 입력과 레이블을 이동시키는 일을 처리할 것이다.

다음 코드는 인과적 언어 모델링용 데이터 수집기를 생성하는 방법을 보여준다.

```python
from transformers import DataCollatorForLanguageModeling

# mlm은 마스크드 언어 모델링에 해당하며
# 마스크드 언어 모델이 아닌 인과적 언어 모델을 학습하므로 False로 설정
data_collator = DataCollatorForLanguageModeling(tokenizer=tokenizer, mlm=False)
```

세 개의 샘플로 이것이 어떻게 작동하는지 확인해 보자. 다음과 같이 각 샘플의 길이는 서로 다르다(37, 55, 51).

```python
samples = [tokenized_datasets["train"][i] for i in range(3)]

for sample in samples:
    print(f"input_ids shape: {len(sample['input_ids'])}")
```

```
input_ids shape: 37
input_ids shape: 55
input_ids shape: 51
```

수집기 덕분에 샘플은 배치 내 최대 길이(55)로 패딩되고 label 열이 추가된다.

```python
out = data_collator(samples)
for key in out:
    print(f"{key} shape: {out[key].shape}")
```

```
input_ids shape: torch.Size([3, 55])
attention_mask shape: torch.Size([3, 55])
labels shape: torch.Size([3, 55])
```

마지막으로 학습 인자를 정의해야 한다. 다음과 같은 TrainingArguments의 몇 가지 주요 매개변수를 조정해 모델 학습을 제어할 수 있다.

가중치 감소 weight decay

이 정규화 기법은 손실 함수에 페널티 항을 추가해 모델 과적합을 방지하며 학습 알고리즘이 큰 가중치를 할당하는 것을 억제한다. TrainingArguments에서 가중치 감소 매개변수를 조정하면 이 정규화 효과를 조정할 수 있어 모델의 일반화 능력에 영향을 미친다.

학습률 learning rate

이 핵심 하이퍼매개변수는 최적화 단계 크기를 결정한다. `TrainingArguments`의 맥락에서 학습률을 지정해 학습 과정의 수렴 속도와 안정성에 영향을 줄 수 있다. 학습률을 신중하게 조정하면 모델의 생성 품질에 상당한 영향을 미칠 수 있다.

학습률 스케줄러 유형 learning-rate scheduler type

학습률 스케줄러는 학습 중 학습률이 어떻게 변화할지 결정한다. 다양한 작업과 모델 아키텍처는 특정 스케줄링 전략의 혜택을 받을 수 있다. `TrainingArguments`는 학습률 스케줄러 유형을 정의하는 옵션을 제공하여 상수 학습률 constant learning rate, 코사인 어닐링 cosine annealing 등과 같은 다양한 스케줄로 실험할 수 있도록 한다.

몇 가지 매개변수를 수정해 이러한 유연성을 실험해 보자.

```
training_args = TrainingArguments(
    "business-news-generator",
    push_to_hub=True,
    per_device_train_batch_size=8,
    weight_decay=0.1,
    lr_scheduler_type="cosine",
    learning_rate=5e-4,
    num_train_epochs=2,
    eval_strategy="steps",
    eval_steps=200,
    logging_steps=200,
)
```

분류 예제와 마찬가지로 마지막 단계는 모든 구성 요소를 포함하는 `Trainer` 인스턴스를 생성하는 것이다. 주요 차이점은 이번에는 데이터 수집기를 사용하고 5,000개의 샘플을 사용한다는 것이다.

```
trainer = Trainer(
    model=model,
    tokenizer=tokenizer,
```

```
        args=training_args,
        data_collator=data_collator,
        train_dataset=tokenized_datasets["train"].select(range(5000)),
        eval_dataset=tokenized_datasets["test"],
)
trainer.train()
```

[표 6-3]은 파인튜닝 과정 동안의 학습 및 평가 손실을 요약한다.

표 6-3 SmolLM의 AG 뉴스 데이터셋에 대한 파인튜닝 학습 결과

epoch	step	loss	grad_norm	learning_rate	eval_loss	eval_runtime	eval_samples_per_second	eval_steps_per_second
0.32	200	3.2009	2.99705	0.0004690	3.31005	18.6024	102.137	12.794
0.64	400	2.8833	2.46037	0.0003839	3.21182	18.8513	100.789	12.625
0.96	600	2.7102	2.35531	0.0002656	3.09971	18.953	100.248	12.557
1.28	800	1.722	2.55815	0.0001435	3.24014	18.7631	101.262	12.684
1.6	1000	1.5371	1.89922	0.00004774	3.224	18.7509	101.328	12.693
1.92	1200	1.4841	2.78178	0.000001971	3.22884	18.5468	102.444	12.832

이전과 마찬가지로 모델을 허브에 올려보자.

```
trainer.push_to_hub()
```

이제 `pipeline()`으로 작업(`text-generation`)을 지정해 모델을 로드하고 추론을 실행할 수 있다.

```
from transformers import pipeline

pipe = pipeline(
    "text-generation",
    model="genaibook/business-news-generator",
    device=device,
)
print(
```

```
        pipe("Q1", do_sample=True, temperature=0.1, max_new_tokens=30)[0][
            "generated_text"
        ]
    )
    print(
        pipe("Wall", do_sample=True, temperature=0.1, max_new_tokens=30)[0][
            "generated_text"
        ]
    )
    print(
        pipe("Google", do_sample=True, temperature=0.1, max_new_tokens=30)[0][
            "generated_text"
        ]
    )
```

```
('Q1: China #39;s Airline Pilots Union Says Unions May Block Planes '
 '(Update1) China #39;s Air')
('Wall Street Seen Flat After Jobless Data   NEW YORK (Reuters) - '
 'Wall Street was expected to see a  slightly lower open on Friday')
('Google IPO Imminent Google #39;s long-awaited stock sale is '
 'imminent, and the company is already considering whether to sell '
 'its')
```

생성된 텍스트는 AG 뉴스의 비즈니스 부분과 유사한 구조를 따른다. 그러나 생성된 콘텐츠가 항상 일관성을 보이지는 않을 수 있다. 이는 작은 규모의 기본 모델을 사용해서 품질이 높지 않으며 학습 데이터도 적게 사용했기 때문이다. 미스트랄 7B나 라마 3.1의 70B 변형과 같은 매우 큰 모델을 사용하면 동일한 형식을 유지하면서 훨씬 더 일관된 텍스트를 생성할 수 있을 것이다.

6.3 지시 사항

이 장의 초반부에서는 주제 분류 같은 특정 텍스트 분류 작업을 위해 인코더 기반 모델을 어떻게 파인튜닝하는지 살펴봤다. 하지만 이 방식은 새로운 작업마다 별도의 모델을 학습시켜야 한다는 단점이 있다. 예를 들어 텍스트가 스팸인지 판별하는 새로운 작업이 필요하다면, 바로 사용할 수 있는 사전 학습 모델이 없을 것이고 이에 맞춰 다시 파인튜닝해야 한다. 이런 한계 때문에 다른 접근법들을 검토하게 되었다. 이제 다양한 접근 방식의 장단점과 적합한 사용 사례를 간략히 알아보자.

다중 모델 파인튜닝

각 작업에 대해 기본 모델을 선택하고 파인튜닝하여 특화된 모델을 구축할 수 있다. 파인튜닝 과정에서 모든 모델 가중치가 업데이트되므로 5개의 작업을 해결하고 싶다면 결국 5개의 파인튜닝된 모델이 필요하게 된다.

어댑터

기본 모델을 고정하고 모든 모델 가중치를 수정하는 대신 어댑터라고 불리는 작은 보조 모델을 학습시킬 수 있다. 여전히 새 작업마다 다른 어댑터가 필요하지만 이들은 상당히 작아서 여러 개를 추가해도 오버헤드가 거의 발생하지 않는다. 프로덕션 환경에서 수백 개에서 수천 개의 어댑터를 관리하기 위한 활발한 연구가 진행 중이며, 이러한 어댑터들은 실무자와 산업 모두에서 널리 사용되고 있다. 다음 절에서 어댑터를 자세히 알아볼 것이다.

프롬프팅

첫 장에서 배웠듯이 고성능 사전 학습된 모델의 제로샷과 퓨샷 능력을 사용해 다양한 작업을 해결할 수 있다. 제로샷에서는 작업을 자세히 설명하는 프롬프트를 작성한다. 퓨샷 접근 방식에서는 작업을 해결하는 예제를 추가해 모델의 성능을 향상한다. 이러한 능력의 성능은 기본 모델의 역량에 따라 크게 좌우된다. 라마 3.1과 같은 매우 성능이 좋은 모델은 우수한 제로샷 결과를 제공할 수 있으며, 긴 이메일 작성이나 책 요약과 같은 다양한 작업을 처리하는 데 유용하다.

지도 기반 파인튜닝 supervised fine-tuning (SFT)

지시 기반 튜닝 instruct-tuning 이라고도 알려졌으며[23] LLM의 제로샷 성능을 향상하는 간단한 방법이다. 고전적인 지시 기반 튜닝은 '이 게시물의 주제가 비즈니스인가, 스포츠인가'나 'how are you를 스페인어로 번역하세요'와 같은 지시 사항으로 작업을 표현한다. 이 방식은 주로 다양한 작업에 대한 지시 사항 데이터셋을 만든 다음 [그림 6-3]과 같이 지시 사항

---

23 처음에는 '지시 튜닝'이라고 불렸지만, 특히 InstructGPT 논문 이후 대화 모델의 맥락에서 '지도 기반 파인튜닝'이라는 용어로 정착했다.

데이터셋을 조합해 사전 학습된 언어 모델을 파인튜닝하는 과정을 포함한다. 지시 기반 튜닝용 데이터셋은 만들기 어렵지 않다. 예를 들어 AG 뉴스 데이터를 활용해 다음과 같은 프롬프트를 만들어 입력과 레이블을 지시 사항 형태로 구성할 수 있다.

```
텍스트가 'World', 'Sports', 'Business', 'Sci/Tech' categories
카테고리 중 어디에 해당하나요? 한 단어로 대답하세요.

텍스트: Wall St. Bears Claw Back Into the Black (Reuters)
Reuters - Short-sellers, Wall Street's dwindling\\band of
ultra-cynics, are seeing green again.
```

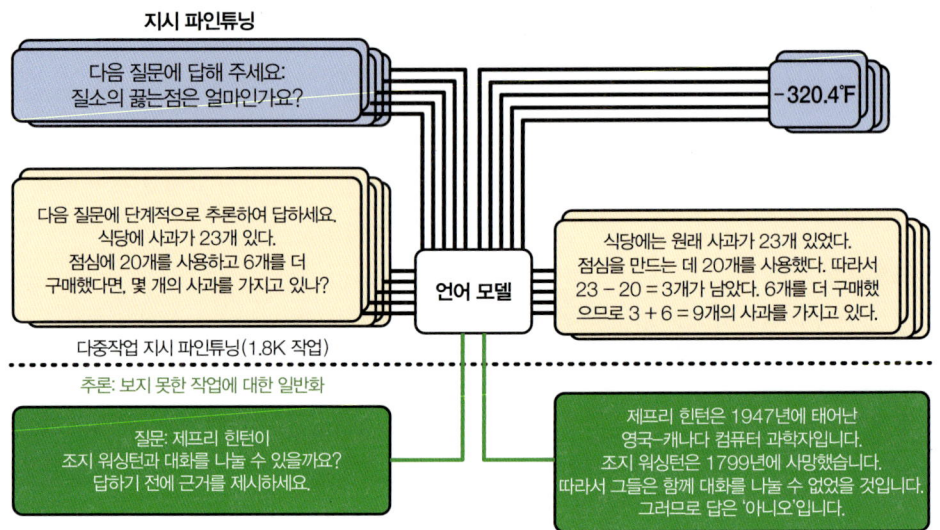

그림 6-3 지시 기반 튜닝을 통해 많은 레이블이 있는 데이터셋을 생성 작업으로 형식화할 수 있다(Flan T5 논문에서 발췌함[24]).

다양한 지시 사항 데이터셋을 충분히 구축하면 교차 작업 일반화^{cross-task generalization} 덕분에 새로운 작업을 포함한 많은 작업을 해결할 수 있는 일반적인 지시 기반 튜닝 모델^{general instruct-tuned model}을 만들 수 있다. 이 아이디어는 Flan의 기반이 되었는데, 이는 별도의 설정 없이도 62개

---

[24] https://arxiv.org/abs/2210.11416

의 작업을 해결할 수 있는 모델이다. 이 개념은 Flan T5 모델[25]로 더욱 발전했다. 이는 1,000개 이상의 작업을 수행할 수 있는 지시문 튜닝 T5 모델 시리즈로, 오픈 소스로 공개되었다. 여기서 중요한 점은 모델이 입력(지시 사항)과 출력(답변) 형태의 텍스트로 학습된다는 것이다. 앞서 본 SmolLM 파인튜닝 예제와 달리 이는 지도 학습 방식이다. 지시문 튜닝은 입출력 구조의 데이터셋 특성 때문에 T5나 BART 같은 인코더-디코더 아키텍처에서 특히 많이 활용되었다. 이 방식은 이후 대부분의 대규모 언어 모델에도 적용되었다.

파인튜닝, 지시 기반 튜닝, 프롬프트 엔지니어링을 언제 사용해야 할까? 이는 작업의 종류, 가용 자원, 원하는 실험 속도 등에 따라 달라진다. 일반적으로 특정 작업이나 분야에 최적화된 파인튜닝 모델이 더 좋은 성능을 보이지만, 다양한 문제를 자유롭게 해결하는 데는 한계가 있다. 지시 기반 튜닝은 더 다양하게 활용할 수 있지만 데이터셋과 구조를 정의하는 데 추가 작업이 필요하다. 프롬프트 엔지니어링은 가장 유연한 접근법이며 즉시 실험하기 좋지만 더 성능이 좋은 기본 모델이 필요하고 생성 결과에 대한 제어가 제한적이다.

지시 기반 튜닝의 전체 예제는 다루지 않을 것이다. 이는 모델링보다는 주로 데이터셋 구성에 관한 내용이기 때문이다. 하지만 이 주제를 더 자세히 알고 싶다면 몇 가지 중요한 논문을 살펴보길 권한다.

- 「Finetuned Language Models Are Zero-Shot Learners」(2022년 2월)[26]의 저자들은 지시 기반 튜닝을 사용하여 Flan이라는 모델을 학습시켰으며, 기본 모델의 제로샷 성능과 다른 모델의 퓨샷 성능을 능가했다.
- Flan 이후 새로운 데이터셋 논문들이 등장했다. 「Cross-Task Generalization via Natural Language Crowdsourcing Instructions」(2022년 3월)[27]는 **자연 지시**Natural Instructions라는 데이터셋을 소개하는데, 이는 인간 지시 사항과 193,000개의 입출력 쌍을 포함한 61개 작업 데이터셋이다. 이 데이터셋은 기존 NLP 데이터셋을 통합 스키마에 매핑하여 생성되었다. 이렇게 하는 전제는 인간이 다른 작업의 인스턴스에서 (지도 방식으로) 학습함으로써 새로운 문제를 해결하기 위한 지시 사항을 따를 수 있다는 것이다. 저자들은 인코더-디코더 모델인 BART를 지시 기반 튜닝했으며, 지시 사항을 사용하지 않을 때보다 교차 작업 일반화에서 성능이 19% 향상되었다. 모델이 학습하는 작업이 많을수록 성능이 향상되었다.
- 「Multitask Prompted Training Enables Zero-Shot Task Generalization」(2022년 3월)[28]은 다양한 작업에 대한 통합 데이터 스키마라는 유사한 개념을 따른다. 저자들은 T5를 파인튜닝하여 더 많은 작업으

---

25 https://arxiv.org/abs/2210.11416
26 https://arxiv.org/abs/2109.01652
27 https://arxiv.org/abs/2104.08773
28 https://arxiv.org/abs/2110.08207

로 일반화되는 멀티태스크 혼합에서 학습된 인코더-디코더 모델인 T0를 구축했다. 흥미로운 점 중 하나는 데이터에 표현된 작업이 많을수록 변동성이 줄어들지 않으면서 모델이 달성하는 중앙값 성능이 높아진다 것이다.

- 이후 이 연구는 「Super-NaturalInstructions: Generalization via Declarative Instructions on 1600+ NLP Tasks」(2022년 10월)[29]로 확장되었다. 이는 5백만 개의 예제가 있는 1,600개 이상의 작업에 대한 새로운 데이터셋이다. 이러한 프로젝트의 차이점은 데이터셋이 생성된 방식에 있다. T0는 이미 사용 가능한 작업 인스턴스를 기반으로 지시 사항을 소급해서 구축하지만, 자연 지시는 NLP 연구자들이 지시 사항을 만들고 크라우드 워커들이 데이터셋 인스턴스를 구축했다.

대규모 언어 모델을 사용해 결과를 생성하는 접근 방법도 있다.

- 「Unnatural Instructions」(2022년 12월)[30]는 시드 예제를 기반으로 자동 생성된 예제의 데이터셋이다. 데이터셋은 모델에게 각 지시 사항을 재표현하도록 요청하여 보강된다.
- 「Self-Instruct」(2023년 5월)[31]는 언어 모델이 스스로 생성한 데이터를 활용하는 방식이다. 기본 아이디어는 모델이 지시문을 먼저 생성하고, 그 지시문에 맞는 입력을 만든 다음, 해당 입력에 대한 출력까지 생성하는 것이다. 이렇게 자동으로 만들어진 데이터셋은 일반적으로 노이즈가 더 많이 포함된다. 따라서 이 방식으로 학습된 모델은 (양은 적지만 품질이 좋은) 사람이 만든 데이터로 학습된 모델보다 안정성이 떨어질 수 있다.
- 리마^{LIMA} (2023년 5월)[32]는 훨씬 작은 영어 지시 사항 데이터셋이다. 천 개의 인스턴스만 있지만, 저자들은 견고한 라마 모델을 파인튜닝할 수 있었다. 이는 강력한 사전 학습된 모델과 매우 신중한 학습 데이터 큐레이션 덕분이었다.

이들은 지시 기반 튜닝 모델의 대규모 확산 중 일부일 뿐이다. Flan-T5는 FLAN 데이터셋으로 파인튜닝된 T5 모델이고, Alpaca는 InstructGPT가 생성한 지시 데이터셋으로 파인튜닝된 라마다. WizardLM은 Evol-Instruct 데이터셋으로 지시 기반 튜닝이 된 라마며, ChatGLM2는 영어와 중국어 지시문으로 학습된 이중 언어 모델이다. 성능 높은 AI 모델을 개발할 때마다 동일한 패턴이 발견된다. 바로 탄탄한 기반 모델을 만들고, 여기에 다양한 지시문 데이터(사람이나 모델이 생성한)를 학습시키는 방식이다.

「Learning to Generate Task-Specific Adapters from Task Description」(2021년 6월)[33]은 일반화 능력을 향상하는 다른 접근법이다. 모든 작업에 대한 범용 신경망을 목표로 하

---

29 https://arxiv.org/abs/2204.07705
30 https://arxiv.org/abs/2212.09689
31 https://arxiv.org/abs/2212.10560
32 https://arxiv.org/abs/2305.11206
33 https://arxiv.org/abs/2101.00420

는 대신, 연구자들은 '어댑터'라는 작업별 매개변수를 생성한다. 어댑터는 수년간 존재했지만, 최근에 자연어와 이미지 생성 분야에서 널리 활용되기 시작했다. 수십억 매개변수가 있는 언어 모델을 자신의 도메인이나 작업에 맞게 조정하길 원하는 사람이 많다. 다음 절에서는 어댑터에 관해 알아볼 것이다.

이 절을 요약하자면, 지시 기반 튜닝의 두 가지 핵심 요소는 고성능 기본 모델과 고품질 지시 데이터셋이다. 예상대로 지시 데이터셋의 품질은 모델에 매우 중요하다. 이 데이터셋은 자동 생성(예 자기 지시 사용), 수동 생성, 또는 이 두 가지 방식의 조합으로 만들어질 수 있다. 연구에 따르면 학습 데이터에 더 많은 다양한 작업이 포함될수록 모델의 성능이 향상된다. 또한 지시문 템플릿 구성 방식이 최종 성능에 큰 영향을 미친다. 결국 기존 데이터셋은 작업의 수와 다양성 사이에서 균형을 이루게 된다.

6.4 어댑터 소개

이제 네 번째 접근법인 어댑터를 알아보자. 지금까지 텍스트 분류를 위한 DistilBERT와 특정 스타일의 텍스트 생성을 위한 SmolLM 파인튜닝 방법을 살펴봤다. 두 가지 모두 파인튜닝 과정에서 모델의 모든 가중치가 수정되었다. 파인튜닝은 사전 학습보다 훨씬 효율적이며 많은 데이터나 컴퓨팅 자원이 필요하지 않다. 하지만 모델이 계속 커짐에 따라 일반 컴퓨터에서 전통적인 파인튜닝을 수행하기가 어려워지고 있다. 또한 다양한 작업에 인코더 모델을 파인튜닝하려면 여러 모델이 생겨서 저장 공간과 컴퓨팅 요구사항이 증가한다.

매개변수 효율적 파인튜닝 Parameter-Efficient Fine-Tuning(PEFT)은 모든 모델 매개변수를 수정하지 않고도 사전 학습된 모델을 특정 작업에 맞게 조정할 수 있는 기법들이다. 이 방식은 원래 모델은 그대로 유지한 채 **어댑터**라는 소량의 추가 매개변수만 학습시킨다. 이러한 접근 방식에는 여러 장점이 있다.

더 빠른 학습과 낮은 하드웨어 요구사항

전통적인 파인튜닝에서는 많은 매개변수를 업데이트한다. PEFT를 사용하면 기본 모델보다 아주 적은 비율의 매개변수를 가진 어댑터만 업데이트한다. 따라서 학습이 훨씬 빠르게 완료되고 더 작은 GPU로 수행할 수 있다.

낮은 저장 비용

모델을 파인튜닝한 후, 파인튜닝마다 전체 모델 대신 어댑터만 저장하면 된다. 일부 모델은 저장하는 데 100GB 이상 필요하며, 각 다운스트림 모델이 모든 매개변수를 다시 저장해야 한다면 확장성이 떨어진다. 어댑터는 원래 모델 크기의 1% 정도일 수 있다. 100GB 모델의 파인튜닝을 100개 가지고 있다면 전통적인 파인튜닝에 10,000GB의 저장 공간이 필요하지만, PEFT에는 200GB(원래 모델과 각각 1GB인 100개의 어댑터)만 필요하다.

비슷한 성능

PEFT 모델의 성능은 완전히 파인튜닝된 모델의 성능과 비슷한 경향이 있다.

동일한 지연 시간

학습 후 어댑터를 사전 학습된 모델에 병합할 수 있으므로 최종 크기와 추론 지연 시간은 동일하다.

너무 좋아 보여서 의심스러울 수 있다. 그렇다면 이것이 어떻게 작동하는지 알아보자. 여러 PEFT 방법 중에서 접두사 튜닝$^{prefix\ tuning}$, 프롬프트 튜닝$^{prompt\ tuning}$, LoRA$^{low-rank\ adaptation}$이 매우 인기 있다. 이 장에서는 LoRA에 초점을 맞춘다. LoRA는 낮은 랭크 분해를 사용해 **업데이트 행렬**$^{update\ matrix}$이라는 두 개의 작은 행렬로 가중치 업데이트를 나타낸다. 이 방식은 트랜스포머 모델의 모든 블록에 적용할 수 있지만 보통은 어텐션 블록에만 적용한다.

PEFT는 트랜스포머와 디퓨저 라이브러리에서 이러한 기법을 쉽게 사용하게 해 준다. 먼저 이전 절의 SmolLM 모델에 어댑터를 구축하는 방법을 살펴보자. LoRA에서는 다음과 같은 여러 매개변수를 조정할 수 있다.

랭크 r

업데이트 행렬의 크기를 제어한다. 더 큰 랭크는 어댑터가 더 복잡한 패턴을 학습할 수 있게 하지만 더 많은 매개변수가 필요하다.

lora_alpha

업데이트 행렬의 크기를 조정한다. 예를 들어 `lora_alpha`가 32이고 r이 8이면 그레이디언트 업데이트는 4배로 조정된다. 이는 학습 중 더 높은 학습률을 사용하는 것과 유사하다.

lora_dropout

LoRA 층의 드롭아웃 확률로, 과적합 방지에 도움이 될 수 있다.

task_type

SEQ_CLS(시퀀스 분류) 또는 CAUSAL_LM(인과적 언어 모델) 같은 작업 유형이다. 이는 어댑터의 아키텍처를 결정한다.

use_dora

DoRA는 완전한 파인튜닝의 성능에 매우 근접하는 LoRA의 변형이다. 이 예제에서는 사용하지 않지만 알아두면 좋다.

LoRA의 업데이트 행렬은 일반 행렬이 아닌 저랭크 행렬$^{\text{low-rank matrix}}$이라는 특별한 행렬이다. 많은 정보가 담긴 큰 행렬이 있다고 가정해 보자. 저랭크 행렬의 개념은 중요한 정보를 유지하면서 더 적은 행과 열로 이를 요약하는 것이다. LoRA 뒤의 수학적 원리에 관심이 있는 독자를 위해 설명하자면, 업데이트 행렬은 W_0가 원래 가중치이고 x가 입력일 때 다음과 같이 저랭크 분해로 표현된다.

$$h = W_0 x + \Delta W = W_0 x + \frac{\alpha}{r} BAx$$

LoRA에서 갱신 항 ΔW는 두 개의 저랭크 행렬 B와 A의 곱으로 표현된다. 여기서 B는 원래 가중치 행렬보다 적은 행을 가지며 A는 적은 열을 가진다. 스케일링 계수 $\frac{\alpha}{r}$는 이 업데이트의 크기를 조절한다. B의 차원은 $d \times r$이고 A의 차원은 $r \times k$이며, 여기서 d와 k는 각각 원래 가중치의 행과 열이다.

이제 코드로 들어가 보자. 첫 번째 단계는 PEFT 방법의 구성을 만드는 것이다.

```
from peft import LoraConfig, get_peft_model

peft_config = LoraConfig(
    r=8, lora_alpha=32, lora_dropout=0.05, task_type="CAUSAL_LM"
)

model = AutoModelForCausalLM.from_pretrained("HuggingFaceTB/SmolLM-135M")
peft_model = get_peft_model(model, peft_config)
```

```
peft_model.print_trainable_parameters()
```

```
trainable params: 460,800 || all params: 134,975,808 || trainable%: 0.3414
```

기본 모델에는 약 1억 3,500만 개의 매개변수가 있지만 실제로 학습되는 것은 약 46만 개에 불과하다. 이는 원래 모델 크기의 단 0.34%에 해당한다. PEFT의 핵심 아이디어는 이렇게 작은 어댑터만 학습하더라도 300배 큰 모델과 비슷한 성능을 얻을 수 있다는 것이다.

PEFT는 내부적으로 어떻게 작동할까? 기본 모델을 파인튜닝할 때는 모든 층의 가중치를 업데이트한다. 앞서 설명했듯이, LoRA는 이러한 업데이트 행렬을 두 개의 더 작은 행렬로 근사한다. 예를 들어 하나의 업데이트 행렬이 10,000행과 20,000열을 가진다고 가정해 보자. 이는 2억 개의 값을 포함한다. 랭크가 8인 LoRA를 적용한다면 첫 번째 행렬 A는 10,000행과 8열을, 행렬 B는 8행과 20,000열을 갖게 된다(동일한 입출력 크기를 보장하기 위해). A는 8만 개, B는 16만 개의 값을 가지므로 2억 개의 값에서 24만 개로 줄어든 것이다. 무려 800배가 넘는 차이다! LoRA는 이 작은 행렬들이 가중치 업데이트 행렬을 충분히 근사할 수 있다고 가정한다.[34]

앞서 랭크 매개변수 r을 설명했다. 이 값은 LoRA 행렬의 크기를 결정하며, 모델의 표현력과 과적합 위험 사이의 균형점을 찾는 역할을 한다. 랭크값이 너무 높으면 어댑터가 지나치게 복잡해져 과적합될 가능성이 커진다. 반대로 너무 낮으면 모델이 데이터의 복잡한 패턴을 충분히 학습하지 못해 성능이 떨어질 수 있다. 또 다른 중요한 매개변수는 alpha로, 어댑터가 기존 모델에 얼마나 큰 영향을 미칠지 조절한다. alpha값이 클수록 어댑터의 영향력이 커진다. r과 alpha 값은 해결하려는 문제와 사용하는 모델에 따라 적절히 선택해야 한다. 대규모 언어 모델에서는 일반적으로 랭크는 8, alpha는 랭크의 두 배인 16으로 기본값을 설정하면 좋다.

파인튜닝 후에는 LoRA 가중치를 원래 모델에 병합할 수 있다(그림 6-4). 이는 병합된 LoRA 어댑터가 있든 없든 추론 실행에 필요한 지연 시간과 계산량이 정확히 동일함을 의미한다.

$$\text{weight} = \text{weight} + \text{scaling} \times (B \times A)$$

---

[34] 이 예제는 세바스찬 라시카(Sebastian Raschka)의 'LoRA(Low-Rank Adaptation)를 사용한 LLM 파인튜닝 실용 팁(Practical Tips for Finetuning LLMs Using LoRA (Low-Rank Adaptation)'(https://oreil.ly/fsAqC)에서 영감을 받았다.

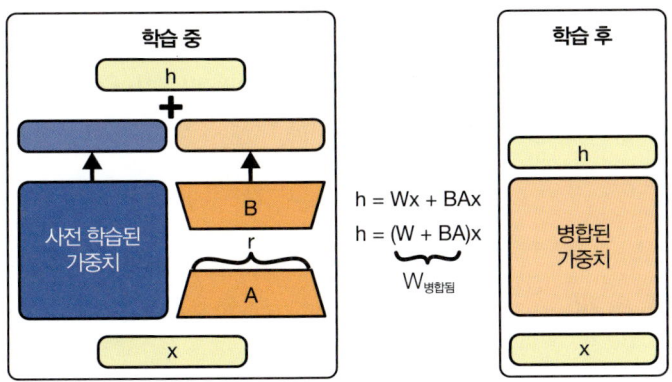

그림 6-4 LoRA는 학습할 수 있는 가중치의 수를 줄인다. 한번 학습되면 LoRA 가중치는 원래 모델에 다시 병합될 수 있다.

LoRA는 작은 크기 덕분에 매우 휴대성이 좋고 실제 제작에 실용적이다. 사용자가 챗봇이나 이미지 생성기가 초기 모델이 알지 못하는 10가지 스타일로 결과를 생성해 주길 기대한다고 해보자. 초기 모델을 10번 파인튜닝하고 필요에 따라 모델을 로드하는 대신, 필요에 따라 어댑터를 로드하고 언로드할 수 있다. LoRAX[35]와 같은 최근 기술을 사용하면 단일 GPU에서 100개 이상의 파인튜닝된 어댑터를 서비스할 수 있다.

일부 사용 사례에서는 어댑터를 병합하고 싶을 수도 있다. 단일 어댑터를 업데이트했듯이 여러 어댑터로도 계속 작업할 수 있다.

$$weight = weight + scaling_1 \times (B_1 \times A_1)$$

$$weight = weight + scaling_2 \times (B_2 \times A_2)$$

$$weight = weight + scaling_3 \times (B_3 \times A_3)$$

마지막으로, LoRA로 어떤 매개변수를 업데이트할지에 대한 질문이 남아있다. 더 많은 블록에 LoRA를 적용할수록 일반적으로 성능이 약간 향상되지만, 학습 중 메모리 요구량이 증가한다. 이는 `target_modules` 매개변수로 조절할 수 있으며, 상황에 따라 가치 있는 절충안이 될 수 있다. 빠른 실험을 원한다면 주로 어텐션 블록에 LoRA를 적용하는 것이 좋은데, 이는 PEFT 라이브러리의 기본 설정이기도 하다.[36] 또한 `target_modules="all-linear"`를 사용하면 출

---

[35] https://oreil.ly/YCZei
[36] 기본 대상 모듈은 모델 아키텍처에 따라 달라진다.

력 블록을 제외한 모든 선형 모듈을 선택할 수 있다.

이 장에서는 텍스트 생성 파인튜닝에 초점을 맞추지만 PEFT는 이미지 생성(7장에서 다룰 예정), 이미지 분할 등 다른 분야에서도 널리 사용된다.

6.5 양자화 소개

PEFT는 더 적은 컴퓨팅 자원과 디스크 공간으로 모델을 파인튜닝할 수 있게 한다. 하지만 추론 시에는 모델의 크기가 줄어들지 않는다. 매개변수가 300억 개인 모델로 추론을 실행하려면 여전히 고성능 GPU가 필요하다. 예를 들어 405B[37] 매개변수를 가진 라마 모델은 8개 이상의 A100 GPU가 필요하다. 이러한 GPU는 매우 고성능이며 비싸다(각각 15,000달러 이상). 이 절에서는 성능 저하 없이 더 작은 GPU에서 모델을 실행할 수 있는 기술을 설명한다.

각 매개변수에는 데이터 타입(또는 **정밀도**)이 있다(그림 6-5). 예를 들어 float32(FP32, 전체 정밀도full precision라고도 함)는 32비트를 사용해 실수를 저장한다. FP32는 다양한 숫자를 높은 정밀도로 표현할 수 있어 모델의 사전 학습에 중요하다. 하지만 그렇게 넓은 범위가 필요하지 않을 때가 많다. 이럴 때는 float16(FP16, 반정밀도half-precision)을 사용할 수 있다. FP16은 정밀도가 낮고 표현 가능한 숫자의 범위도 작으므로(최댓값은 약 64,000) 숫자가 표현 가능한 범위를 벗어나 오버플로될 위험이 생긴다. 하지만 추론 단계에서는 FP16을 사용해도 문제가 없으며 정밀도 관련 위험은 주로 학습 중에만 중요하다. 세 번째 데이터 타입은 브레인 부동소수점brain floating-point(bfloat16 또는 BF16)이다. BF16은 FP16과 마찬가지로 16비트를 사용하지만 비트 배치를 다르게 하여 신경망 가중치에서 흔히 발견되는 작은 숫자에 더 높은 정밀도를 제공하면서도 FP32와 동일한 범위를 유지한다.

매개변수가 7B 개인 모델을 생각해 보자. 각 매개변수가 32비트라면 총 2,240억 비트가 필요하다. 이는 280억 바이트, 즉 약 26GB에 해당한다. 반정밀도를 사용하면 절반인 13GB만 필요하므로 메모리 사용량을 크게 줄여 추론 속도를 높이고 비용을 절감해 준다. 부록 B에서는 다양한 모델과 정밀도에 따른 메모리 요구사항을 자세히 설명한다.

---

[37] 옮긴이_ 인공지능 모델 이름에 자주 등장하는 표기로, 'B'는 'Billion'(10억)을 의미하며 같은 모델 계열에서도 다양한 크기가 존재한다. 예로 Llama-2 모델은 Llama-2-7B(70억개의 매개변수), Llama-2-13B(130억 매개변수), Llama-2-70B(700억 매개변수) 버전을 제공한다.

다음 질문으로 이해했는지 확인해 보자.

- 135M 모델을 반정밀도로 사용하면 메모리가 얼마나 필요할까?
- 반정밀도에서 매개변수가 405B 모델이 얼마나 많은 메모리를 사용할까?

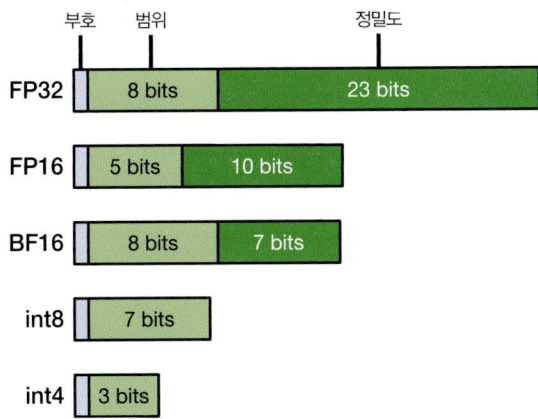

그림 6-5 다른 정밀도 표현 방식

학습과 추론에 전체 정밀도를 사용하면 보통 최상의 결과를 얻을 수 있지만 속도가 크게 느려진다. 학습 시에는 혼합 정밀도$^{mixed-precision}$ 학습 방법을 사용해 속도를 높일 수 있다. 혼합 정밀도 학습에서는 가중치를 참조용으로 전체 정밀도로 유지하지만 연산은 반정밀도로 수행한다. 반정밀도로 계산된 업데이트는 전체 정밀도 가중치를 갱신하는 데 사용된다.

정밀도는 추론에 큰 영향을 미치지 않으므로 모델을 반정밀도로 불러올 수 있다. 파이토치는 기본적으로 모든 모델을 전체 정밀도로 불러오므로 `float16`이나 `bfloat16`을 사용하려면 모델을 불러올 때 `torch_dtype`을 지정해야 한다.

```
model = AutoModelForCausalLM.from_pretrained("gpt2", torch_dtype=torch.float16)
```

7B 모델을 32비트 대신 16비트로 불러오면 13GB의 GPU 메모리가 필요하므로 일부 소비자용 GPU에서도 잘 작동할 수 있다. 라마, 미스트랄, 젬마와 같은 ~7B 모델은 소비자용 GPU에서 인기 있는 선택지가 되었지만 매개변수가 더 많은 강력한 모델도 있다. 예를 들어 반정밀도에서 32B 모델을 사용하려면 64GB GPU가 필요한데, 이는 일반 소비자용 GPU에서는 감

당하기 어렵다. 이런 모델을 사용할 방법이 있을까?

직관적으로, 범위나 정밀도를 단순히 줄여 8비트 정밀도^{quarter precision}(매개변수당 1바이트, 8비트)를 사용할 수 있다고 생각할 수 있다. 하지만 그렇게 하면 성능이 크게 저하한다. **8비트 양자화**^{quantization} 덕분에 8비트 정밀도를 달성할 수 있다. 8비트 양자화 기법의 핵심 아이디어는 값을 한 타입(🅒 fp16)에서 int8로 변환하는 것이다. 이는 [-127, 127] 또는 [0, 256] 범위의 값을 표현한다.

다양한 8비트 양자화 기법이 있다. 간단한 **absmax 양자화**를 살펴보자. 벡터가 주어지면 먼저 최대 절댓값을 계산한 후 127(가능한 최댓값)을 이 최댓값으로 나눈다. 이렇게 해서 얻은 양자화 인자를 벡터에 곱하면 가장 큰 값이 127이 됨을 보장할 수 있다. 배열을 역양자화하여 원래 숫자를 복구할 수 있지만 일부 정보는 손실된다. 다음 코드를 보면 이를 더 잘 이해할 수 있다.

```python
import numpy as np


def scaling_factor(vector):
    # 벡터의 최댓값 구하기
    m = np.max(np.abs(vector))

    # 스케일링 인자 반환
    return 127 / m


array = [1.2, -0.5, -4.3, 1.2, -3.1, 0.8, 2.4, 5.4, 0.3]
alpha = scaling_factor(array)
quantized_array = np.round(alpha * np.array(array)).astype(np.int8)
dequantized_array = quantized_array / alpha

print(f"Scaling factor: {alpha}")
print(f"Quantized array: {quantized_array}")
print(f"Dequantized array: {dequantized_array}")
print(f"Difference: {array - dequantized_array}")
```

```
Scaling factor: 23.518518518518515
Quantized array: [  28  -12 -101   28  -73   19   56  127    7]
('Dequantized array: [ 1.19055118 -0.51023622 -4.29448819  1.19055118 '
```

```
'-3.10393701  0.80787402  2.38110236  5.4         0.2976378 ]')
('Difference: [ 0.00944882  0.01023622 -0.00551181  0.00944882  0.00393701 '
'-0.00787402  0.01889764  0.          0.0023622 ]')
```

이러한 차이 때문에 성능이 저하한다. 따라서 기존 양자화 기법은 매개변수가 수십억 개인 모델에서 성공적으로 확장되지 못했다. **LLM.int8()**은 성능 저하 없이 8비트 양자화를 수행하는 기법이다. 이 기법의 핵심 아이디어는 이상치(즉, 특정 임곗값을 넘는 값)를 추출하고, 이런 특잇값의 행렬 곱셈은 FP16으로, 나머지는 int8로 계산하는 것이다. 이 혼합 정밀도 구조는 값의 99.9%를 8비트로, 1%는 전체 정밀도나 반정밀도로 처리할 수 있게 하여 성능 저하가 없다.

단점은 무엇일까? LLM.int8()의 주요 목표는 추론을 위해 대형 GPU의 필요성을 줄이는 것이다. 추가 변환 오버헤드가 있어 fp16을 사용할 때보다 추론이 느려진다(15~30% 더 느림). 또한 최근 몇 년간 출시된 모든 GPU는 int8용 텐서 코어를 제공하지만 일부 오래된 GPU는 이런 지원이 부족할 수 있다.

저정밀도 추론의 경계는 새로운 4비트와 2비트 양자화 기법으로 계속 확장되고 있다. 심지어 1비트 미만의 양자화도 연구된다. 모델이 점점 더 커지는 추세를 고려하면 성능 저하 없는 양자화 달성은 엄청난 관심을 받는 연구 분야다. 이 절의 시작 부분에서는 7B 매개변수 모델을 불러오는 데 28GB GPU가 필요했지만, 이제 같은 모델을 7GB로 불러와 품질 저하 없이 사용할 수 있다(다만 추론 속도는 약간 느려짐).

트랜스포머 라이브러리는 AWQ, GPTQ, 4비트 및 8비트와 같은 다양한 양자화 방법과 bitsandbytes로 통합된다.[38]

모델을 8비트로 로드하는 것은 `BitsAndBytesConfig`를 만들고 `load_in_8bit`를 지정하는 것만큼 쉽다. 이를 모델에 전달하면 된다.

```
from transformers import BitsAndBytesConfig

quantization_config = BitsAndBytesConfig(load_in_8bit=True)
model = AutoModelForCausalLM.from_pretrained(
    "gpt2", quantization_config=quantization_config
)
```

---

[38] 모델 양자화 기법을 더 자세히 알아보려면 트랜스포머 문서의 '양자화' 절(*https://oreil.ly/7XIKN*)을 참고하는 것이 좋다.

양자화 외에도 매우 큰 모델로 작업할 때 몇 가지 다른 방법을 사용할 수 있다. **오프로딩** offloading[39]이라는 인기 있는 추론 기법은 [그림 6-6]에 나와 있다. 모델이 GPU에 맞지 않는다면 여러 체크포인트 **샤드**shard[40]로 나눌 수 있으며 트랜스포머에서 이를 자동으로 처리한다. 오프로딩의 장점은 무엇일까? 모델이 너무 클 때 적합한 층이나 샤드만 불러오고 다른 연산은 CPU RAM으로 오프로드offload[41]할 수 있다. 이는 훨씬 느리지만 어떤 크기의 모델로도 작업할 수 있게 해 준다. 모델이 CPU 램에도 맞지 않는다면 디스크로 오프로드할 수 있는데, 이는 더 느리지만 디스크에 맞기만 한다면 어떤 모델 크기로도 작업할 수 있게 해 준다.

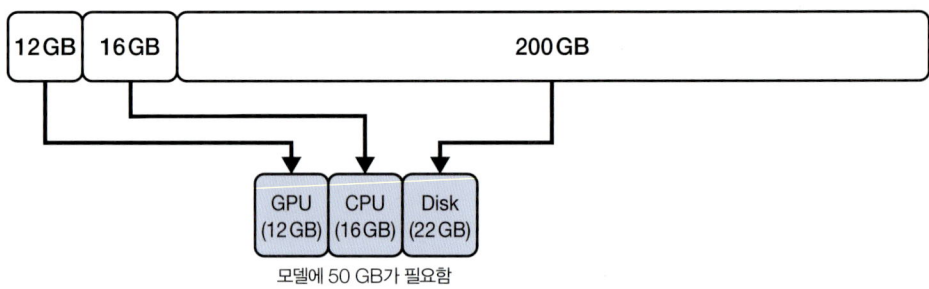

그림 6-6 모델 오프로딩

6.6 통합 구현

PEFT와 양자화를 다시 살펴보자.

- PEFT는 적은 컴퓨팅 자원으로 모델을 파인튜닝하게 해 준다. 어댑터를 추가하고 기본 모델 가중치를 고정하는 방식으로 작동한다. 업데이트 가능한 가중치가 적으므로 학습 속도가 빨라진다.
- 양자화는 모델 저장에 사용한 것보다 적은 비트를 사용해 모델을 불러오게 해 준다. 이는 모델을 불러와 추론을 실행하는 데 필요한 GPU 요구사항을 줄인다.

---

39 옮긴이_ 계산 작업이나 데이터를 주 처리 장치(GPU)에서 다른 자원(CPU나 디스크 등)으로 이동시키는 기법으로, 메모리 사용을 최적화하는 데 사용된다.
40 옮긴이_ 큰 데이터나 모델을 여러 개의 작은 조각으로 분할한 것을 의미하며, 각 조각은 독립적으로 처리하거나 저장할 수 있다.
41 옮긴이_ 한 컴퓨팅 자원에서 다른 자원으로 계산 부하나 데이터를 이전하는 과정을 말한다. 예를 들어 GPU에서 CPU로, 또는 램에서 디스크로 데이터를 이동시키는 것을 의미한다.

둘 다 사용하면 어떨까? 8비트 모델을 학습시킨다고 생각해 보자. 앞서 논의했듯이 대형 모델의 사전 학습이나 파인튜닝에는 높은 정밀도가 중요하다. 반면 PEFT는 기본 모델을 고정하고 작은 어댑터만 사용하므로 성능을 유지하면서도 더 낮은 정밀도를 활용할 수 있다.

QLoRA는 작은 GPU로도 대형 모델을 파인튜닝하게 해 준다. 이 기법은 양자화와 함께 LoRA와 매우 유사하다. 먼저 기본 모델을 4비트로 양자화하고 고정한다. 그런 다음 LoRA 어댑터 (두 개의 행렬)를 추가하고 `bfloat16`으로 유지한다. 파인튜닝할 때 QLoRA는 4비트 저장 기본 모델과 반정밀도 16비트 모델을 사용해 계산을 수행한다.

4비트로 모델을 불러오려면 `BitsAndBytesConfig`를 생성할 때 `load_in_4bit` 매개변수로 변경하기만 하면 된다. 미스트랄 7B와 같은 강력한 모델로 시도해 보자. 이 모델은 이전 모델들보다 꽤 크므로 `device_map="auto"`도 지정할 것이다. 이렇게 하면 모든 GPU 공간을 자동으로 채우고, 모델이 GPU에 맞지 않는 경우 가중치를 CPU로 오프로드한다(실행 속도는 느리지만 모델은 여전히 불러올 수 있다).

미스트랄 모델 저장소에는 **접근 제한**이 있으므로 사용하기 전에 라이선스 약관에 명시적으로 동의해야 한다. 허깅 페이스[42]에서 모델 페이지를 방문해 계정에 로그인한 상태에서 라이선스를 읽고 동의 버튼을 클릭하면 된다. 프로그래밍 방식으로 액세스하려면 동일한 계정으로 인증해야 한다. 가장 쉬운 방법은 `huggingface_hub` 파이썬 패키지(트랜스포머와 함께 제공됨)를 설치하고 터미널에서 `huggingface-cli login`을 실행하는 것이다. 설정 페이지[43]에서 생성할 수 있는 접근 토큰을 요청받게 된다. 구글 코랩 세션에서 모델을 내려받을 때는 `HF_TOKEN` 접근 키를 설정하고 노트북에 액세스 권한을 부여할 수 있다.

```
quantization_config = BitsAndBytesConfig(load_in_4bit=True)

model = AutoModelForCausalLM.from_pretrained(
    "mistralai/Mistral-7B-v0.3",
    quantization_config=quantization_config,
    device_map="auto",
)
```

`BitsAndBytesConfig`는 추가 인자를 사용해 계산 유형을 변경하거나 중첩 양자화 nested quantiza

---

[42] https://oreil.ly/25rk2
[43] https://oreil.ly/9zTFG

tion를 적용하는 등 양자화 기술을 더 세밀하게 조정하게 해 준다.

QLoRA는 하나의 도구일 뿐, 만능 해결책은 아니다. GPU 요구사항을 크게 줄이면서 동일한 성능을 유지할 수 있지만 모델 학습 시간도 증가한다. PEFT의 모든 장점이 그대로 유지되므로 QLoRA는 7B 모델을 신속하게 파인튜닝할 수 있는 인기 있는 방법이 되었다.

QLoRA로 파인튜닝해 간단한 대화를 할 수 있는 생성 모델을 만들어 보자. 구성 요소는 다음과 같다.

기본 모델

미스트랄 모델을 사용한다. 미스트랄은 매우 높은 품질의 7B 모델이다. 모델을 `load_in_4bit`와 `device_map="auto"`로 4비트 양자화를 한다.

데이터셋

10,000개의 고품질 대화를 포함하는 Guanaco 데이터셋을 사용한다. 이 대화는 사람과 OpenAssistant 모델 간의 대화이다.

PEFT 설정

`LoraConfig` 초깃값으로 랭크(r)은 8, `alpha`는 16으로 설정한다. 이 조합은 효율적인 파인튜닝에 최적화된 기본값이다.

학습 인자

이전과 마찬가지로 평가 빈도나 에포크 수와 같은 학습 매개변수와 학습률, 가중치 감소, 에포크 수 등의 모델 하이퍼매개변수를 설정할 수 있다.

이전 예제에서는 트랜스포머의 범용 도구인 `TrainingArguments`를 사용했다. 자기회귀 기법을 위해 LLM을 파인튜닝할 때는 trl 라이브러리의 `SFTConfig`와 `SFTTrainer` 클래스가 유용한 도구다. 이들은 텍스트 생성에 최적화된 `TrainingArguments`와 `Trainer`의 래퍼다. 특징은 다음과 같다.

- 간편한 데이터셋 로딩 및 처리 도구다. 데이터셋을 직접 처리하는 대신 `dataset_text_field`를 사용해 학습 데이터가 포함된 필드를 지정할 수 있다. 또한 여러 시퀀스를 연결하는 `packing`을 사용해 배치 처리를 효율적으로 할 수 있다.

- 대화 및 지시를 위한 일반적인 프롬프트 템플릿이 기본적으로 제공된다.
- SFTTrainer에 직접 PeftConfig를 전달해 PEFT 기법을 사용할 수 있다.

이전과 마찬가지로, 이제 양자화된 모델과 데이터셋을 전달할 수 있다(빠른 학습을 위해 300개 샘플만 사용함). SFTTrainer는 이미 유용한 기본 수집기와 데이터셋 유틸리티를 제공하므로 데이터 토큰화와 전처리가 필요하지 않다.[44]

```python
from trl import SFTConfig, SFTTrainer

dataset = load_dataset("timdettmers/openassistant-guanaco", split="train")

peft_config = LoraConfig(
    r=8,
    lora_alpha=16,
    lora_dropout=0.05,
    task_type="CAUSAL_LM",
)

sft_config = SFTConfig(
    "fine_tune_e2e",
    push_to_hub=True,
    per_device_train_batch_size=8,
    weight_decay=0.1,
    lr_scheduler_type="cosine",
    learning_rate=5e-4,
    num_train_epochs=2,
    eval_strategy="steps",
    eval_steps=200,
    logging_steps=200,
    gradient_checkpointing=True,
    max_seq_length=512,
    # 새로운 매개변수
    dataset_text_field="text",
    packing=True,
)

trainer = SFTTrainer(
    model,
    args=sft_config,
    train_dataset=dataset.select(range(300)),
```

---

44 자세한 정보는 trl 문서(https://oreil.ly/27cdE)에서 볼 수 있다.

```
        peft_config=peft_config,
)

trainer.train()
trainer.push_to_hub()
```

이 코드는 실행에 한 시간 이상 걸릴 수 있다. QLoRA는 학습도 느리게 만든다는 점을 기억하자.

모델이 학습되는 동안 데이터셋을 더 자세히 알아보자. 데이터셋 페이지[45]를 방문하면 다음과 같은 형식임을 알 수 있다.

```
### Human: Can you write a short introduction ....### Assistant: "Monopsony"
refers to a market ..### Human: Now explain it to a dog
```

- 각 대화는 ### Human:으로 시작하고 공백과 사람의 입력이 이어진다.
- 모델의 응답은 ### Assistant:로 시작하고 공백과 모델의 출력이 이어진다.
- 여러 차례의 대화가 있을 수 있다.

대화형 작업을 위해 모델을 파인튜닝할 때는 **채팅 템플릿**을 사용하는 것이 일반적이다. 모델은 학습 과정에서 특정 형식의 대화 구조에 맞춰 학습되었으므로 이 형식을 정확히 따라야 한다. 채팅에 새 줄을 추가하거나, 공백을 제거하거나, #을 추가로 사용하는 등의 작은 변경도 모델이 예상하는 입력 형식과 달라져 생성 품질이 저하될 수 있다. 이러한 기대는 학습 중 사용한 형식에서 비롯된다. 마찬가지로, 모델이 단일 대화만으로 학습되면 여러 차례의 고품질 대화를 생성하기 어려울 것이다. 프롬프트 형식을 이해해야 고품질 대화를 생성할 수 있다.

학습이 완료되면 모델을 사용해 보자. 모델을 푸시할 때 어댑터만 푸시했다. 모델과 어댑터로 추론을 실행해 보자.

```
# 이전과 같이 기본 모델 불러오기
tokenizer = AutoTokenizer.from_pretrained("mistralai/Mistral-7B-v0.3")
model = AutoModelForCausalLM.from_pretrained(
    "mistralai/Mistral-7B-v0.3",
    torch_dtype=torch.float16,
```

---

[45] https://oreil.ly/aARln

```
        device_map="auto",
)

# 'load_adapter'로 어댑터 불러오기
model.load_adapter("genaibook/fine_tune_e2e")  # 어댑터 이름을 변경하자.

# 또는 어댑터 이름으로 'from_pretrained'를 사용할 수도 있다.
# 기본 및 어댑터 모델 로드를 자동으로 처리한다.
# model = AutoModelForCausalLM.from_pretrained("genaibook/fine_tune_e2e"...

pipe = pipeline("text-generation", model=model, tokenizer=tokenizer)
pipe("### Human: Hello!### Assistant:", max_new_tokens=100)
```

이 코드는 다음과 같은 결과를 출력한다.[46]

```
### Human: Hello
### Assistant: Hello! How can I help you?

### Human: I want to know how to make a website.
### Assistant: Sure! Here are some steps to help you get started...
```

훌륭한 결과다! 거대한 GPU 없이도 7B 모델을 파인튜닝하여 대화형으로 만들었다.

대화형 모델이 더 흔해지면서 허깅 페이스 트랜스포머는 모델 제작자가 chat_template을 지정하는 방법을 추가했다. 이 덕분에 최종 사용자는 프롬프트 템플릿에 관해 너무 걱정할 필요 없이 대화 내용에 집중할 수 있다. 예를 들어 모델에 메시지를 전달하면 토크나이저가 자동으로 형식을 지정한다.

```
pipe = pipeline(
    "text-generation", "HuggingFaceTB/SmolLM-135M-Instruct", device=device
)
messages = [
    {
        "role": "system",
        "content": """You are a friendly chatbot who always responds
        in the style of a pirate""",
    },
```

---

[46] 가독성을 높이고자 인간과 어시스턴트 사이에 새 줄을 추가했으며 각 대화 차례 사이에도 새 줄을 넣었다.

```
        {
            "role": "user",
            "content": "How many helicopters can a human eat in one sitting?",
        },
    ]
    print(pipe(messages, max_new_tokens=128)[0]["generated_text"][-1])
```

```
{'content': 'The number of helicopters that can be eaten in one '
            'sitting depends on the number of people in the room. If '
            'there are 10 people, then there are 10 helicopters that '
            'can be eaten in one sitting. If there are 15 people, '
            'then there are 15 helicopters that can be eaten in one '
            'sitting. If there are 20 people, then there are 20 '
            'helicopters that can be eaten in one sitting.\n'
            '\n'
            'The number of helicopters that can be eaten in one '
            'sitting depends on the number of people in the room. If '
            'there are 10 people, then there are 10 helicopters',
 'role': 'assistant'}
```

모델에 전달하지 않고 채팅 템플릿만 적용하려면 tokenizer.apply_chat_template() 메서드를 직접 사용하면 된다.

```
    tokenizer = AutoTokenizer.from_pretrained("HuggingFaceTB/SmolLM-135M-Instruct")

    chat = [
        {"role": "user", "content": "Hello, how are you?"},
        {
            "role": "assistant",
            "content": "I'm doing great. How can I help you today?",
        },
        {
            "role": "user",
            "content": "I'd like to show off how chat templating works!",
        },
    ]

    tokenizer.apply_chat_template(chat, tokenize=False)
```

print()를 사용해 전체 프롬프트를 얻을 수 있다. 그러나 모델에 전달된 원래 문자열에는 새

줄을 표시하는 \n 같은 문자가 포함된다는 점을 유의하자.

```
print(tokenizer.apply_chat_template(chat, tokenize=False))
```

```
<|im_start|>user
Hello, how are you?<|im_end|>
<|im_start|>assistant
I'm doing great. How can I help you today?<|im_end|>
<|im_start|>user
I'd like to show off how chat templating works!<|im_end|>
```

이는 `tokenizer_config.json`에 `chat_template`가 지정된 모델에서 작동한다. 채팅 템플릿을 더 자세히 알고 싶다면 공식 문서[47]를 읽어보자.

6.7 평가 방법에 대한 더 깊은 이해

생성된 텍스트의 품질을 어떻게 평가해야 할까? 지금까지 일반 지식과 추론 능력을 평가하는 인기 있는 벤치마크에 관해 논의했지만, 더 일반적인 맥락에서 생성된 텍스트의 품질을 어떻게 평가할지 궁금할 수 있다. 먼저 기본 모델과 파인튜닝된 모델 또는 대화형 모델의 평가 방식을 구분해야 한다. 각각에 대한 기대치가 다르므로 완전히 동일한 방식으로 평가해서는 안 된다. 예를 들어 기본 모델이 초기 상태에서 지시 따르기나 대화 능력을 갖출 것이라고 기대해서는 안 되므로 이러한 작업으로 평가하는 것은 공정하지 않다.

기본 모델을 평가하는 몇 가지 방법을 살펴보자.

퍼플렉시티

퍼플렉시티Perplexity는 언어 모델이 주어진 데이터셋을 얼마나 잘 예측하는지 측정한다. 낮은 퍼플렉시티값은 더 나은 성능과 텍스트 생성에서의 낮은 불확실성을 나타내며, 모델이 다음 단어를 더 정확하게 예측할 수 있음을 의미한다. 퍼플렉시티는 특히 기본 모델의 학습

---

[47] https://oreil.ly/qnikv

단계에서 중요하며, 모델이 단어 시퀀스에 대한 효과적인 확률 분포를 학습하는 능력을 반영한다.

BLEU

BLEU는 생성된 텍스트와 참조 텍스트 간의 유사성을 측정한다. 생성된 텍스트에 있는 n-그램(연속된 n개 단어)이 참조 텍스트에도 존재하는 비율을 계산한다. BLEU는 정확한 n-그램 일치에 크게 의존하므로 자연어의 다양성을 포착하지 못하고 의미적 이해가 부족하다는 한계가 있다.

ROUGE

BLEU와 유사하게 ROUGE도 두 텍스트 간의 중복을 측정한다. 그러나 ROUGE는 정밀도보다 재현율에 중점을 두며 요약과 같은 작업에 매우 유용하다. 하지만 ROUGE도 의미적 이해가 부족하고 긴 출력에 편향되는 경향이 있다.

이처럼 기본 모델을 평가하는 일은 간단하지 않다. 학습 중에는 보통 손실과 퍼플렉시티가 시간이 지남에 따라 감소할 것이라는 기대로, 이 두 가지를 추적한다. ROUGE와 BLEU는 참조 텍스트가 있는 데이터셋에서 자주 사용한다. 그러나 두 지표 모두 정확한 일치에 의존하며 의미적 유사성을 간과하므로 더 창의적이거나 다양한 텍스트 생성을 평가할 때는 한계가 있다.

> **NOTE** 최근 Urial[48] 연구에 따르면, 지시 기반 튜닝에서 보는 대부분의 이점은 실제로 기본 모델에서 온다고 한다. 연구자들은 기본 모델과 지시 기반 튜닝된 모델 간의 토큰 분포 변화를 분석해 대부분의 토큰에서 거의 변화가 없음을 발견했다. 발생하는 변화는 주로 대화형 모델에서 기대되는 인사말이나 면책 조항과 같은 스타일적인 토큰에 국한한다. 이 발견은 기본 모델이 이미 지시를 따르는 데 필요한 지식의 많은 부분을 보유하고 있음을 시사하며, 사전 학습의 중요성을 강조한다. 또한 파인튜닝이 필요 없는 방법이 지시 기반 튜닝과 유사한 성능을 달성할 가능성이 있지만, 이 영역은 여전히 활발히 연구 중이다.

이러한 정량적 지표는 측정 가능한 척도를 제공하지만 생성된 텍스트의 전반적인 일관성과 관련성을 평가하려면 인간의 판단을 포함한 정성적 평가도 중요하다. 정량적 지표는 대규모 비교에 유용하지만 유창성, 창의성, 맥락 적절성과 같은 미묘한 부분을 놓칠 수 있다. 여기서 인간

---

[48] https://arxiv.org/abs/2312.01552

평가가 빛을 발한다. 정량적 평가와 정성적 평가를 균형 있게 결합하면 텍스트 생성 모델을 더 포괄적으로 평가할 수 있다.

최종 사용자를 위한 생성 모델(예 대화형 모델)을 평가하기 좋은 방법 중 하나는 직접 모델과 상호작용해 보는 것이다. LMSYS와 같은 인기 있는 대결 플랫폼도 있다. 사용자들이 익명화된 다양한 모델과 상호작용하고 최고의 결과를 선택하면, 이를 집계해 모델 순위를 매기는 리더보드[49]가 만들어진다. 이러한 대결은 자동화된 리더보드보다 실제 사용 환경에 더 가까운 성능을 반영한다. 안타깝게도 완전히 새로운 모델에 대한 대결 점수를 얻는 데는 비용이 많이 들고 아예 불가능할 때도 있다. 이럴 때는 MT Bench, IFEval, EQ Bench, AGIEval과 같은 벤치마크가 대결 점수와 일부 상관관계가 있어 모델이 실제 환경에서 얼마나 잘 수행될지 대략 파악하는 데 유용할 수 있다. 새로운 벤치마크가 자주 등장하므로 최신 연구를 계속 파악하는 것이 중요하다.

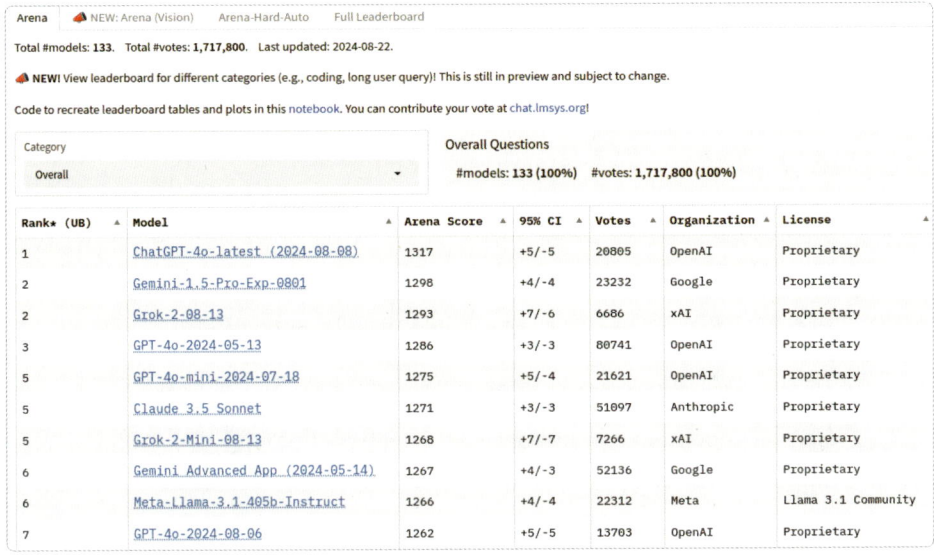

그림 6-7 이 LMSYS 리더보드[50]

벤치마크는 유용한 도구이지만 한계도 있다. 예를 들어 지식 기반 벤치마크는 종종 미국 중심

---

49 https://oreil.ly/L1L7Q
50 https://oreil.ly/L1L7Q

적 편향을 보이며, MMLU에서 볼 수 있듯이 미국 역사와 법률에 관한 질문이 많다. 또한 이런 벤치마크는 대부분 영어 기반이며 다른 언어에 대한 벤치마크는 거의 없다. 이러한 벤치마크를 번역하려는 커뮤니티 노력이 있지만 진행 속도가 느리고 번역이 완벽하지 않을 수 있다. 또한 채팅 벤치마크(그리고 종종 대결 플랫폼도)는 다중 턴 대화보다 단일 턴 대화에 더 중점을 둔다. 특히 채팅 환경에서 긴 컨텍스트 모델을 평가하는 것은 여전히 해결되지 않은 과제로 남아 있다.

가장 중요한 점은 해결하려는 작업에 대해 모델을 테스트하는 것이다. 벤치마크는 파인튜닝하거나 범용 채팅 모델에 사용할 초기 기본 모델을 선택하는 데 유용하지만 실제 테스트를 대체할 수는 없다.

6.8 검색 증강 생성 프로젝트

LLM은 학습 데이터와 맥락에 기반한 정보만 사용할 수 있다. 특정 주제에 관한 정보를 LLM에 물어보면, 그 정보가 학습 데이터에 있을 때만 답을 알 수 있다. 예를 들어 라마에 새로운 영화에 관해 물어보면 정확한 정보를 제공하기 어려울 것이다.

검색 증강 생성(RAG)은 모델이 어딘가에 저장된 정보(예 단락이나 문서)에 접근할 수 있는 기법이다. RAG를 사용하면 LLM은 사용자 입력과 저장된 정보를 모두 사용해 응답을 생성한다. 이 접근 방식은 모델을 재학습시킬 때보다 정보를 업데이트하기 쉬워 매우 유용하다.

수백만 개의 문서가 있을 때 이를 모두 모델에 전달할 수는 없다. 이 문제를 해결하려면 임베딩 모델(예 2장에서 다룬 **sentence_transformers**)을 사용해 각 문서를 벡터로 인코딩하고 벡터 데이터베이스에 벡터를 저장한다. 그런 다음 최근접 이웃 검색으로 사용자 입력과 가장 유사한 문서를 찾는다. 마지막으로 사용자 입력과 검색된 문서를 LLM에 전달한다. 이 접근 방식은 필요에 따라 많은 양의 정보에 접근하게 해 주므로 매우 유용하다.

목표는 [그림 6-8]과 같은 파이프라인을 구축하는 것이다.

1. 사용자가 질문을 입력한다.
2. 파이프라인은 질문과 가장 유사한 문서를 찾아낸다.

3. 파이프라인은 질문과 검색된 문서를 LLM에 전달한다.
4. 파이프라인이 응답을 생성한다.

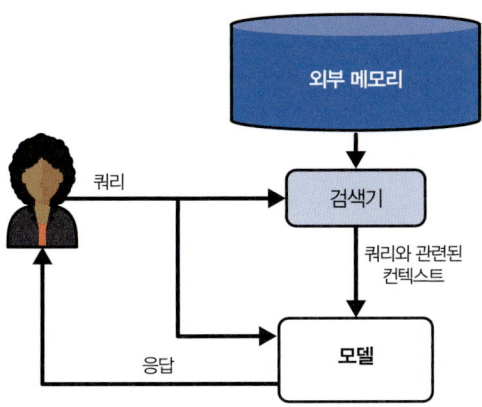

그림 6-8 RAG 파이프라인

이 작업을 위해 어떤 모델도 학습시킬 필요가 없다. 검색에는 sentence_transformers 사전 학습 모델을 사용하는 것이 좋다. 생성에는 미스트랄이나 라마 같은 마음에 드는 모델을 사용해도 된다. 문제 1과 2는 2장의 과제 3에서, 문제 3과 4는 이 장에서 이미 해결했다. 목표는 이 모든 부분을 함께 조합하는 것이다. 다음 함수를 가이드로 사용할 수 있다.

```python
def embed_documents(documents: List[str]):
    # sentence transformer 모델을 사용해 문서 인코딩
    
    # 문서를 벡터 DB 등에 저장

def retrieve_documents(query: str):
    # 저장된 문서를 사용해
    # 쿼리와 가장 유사한 문서 검색

def generate_response(query: str, documents: List[str]):
    # LLM을 사용해 응답 생성

def pipeline(query: str):
    documents = retrieve_documents(query)
    response = generate_response(query, documents)
    return response
```

어떤 문서를 사용할지는 자유롭게 선택할 수 있지만 최소한의 설정(예 직접 작성한 5~10개의 문장이나 단락)으로 시작한 다음 더 많은 문서로 확장하기를 권장한다.

> **NOTE** 부록 C에는 최소한의 RAG 파이프라인을 구축하는 방법에 관한 엔드-투-엔드 예제가 있다. 먼저 직접 파이프라인을 구축해 본 후에 부록을 확인하여 전체 예제를 참조하면 좋다.

6.9 요약

이 장에서는 LLM을 파인튜닝하는 기법을 살펴봤다. 먼저 텍스트 분류를 위한 인코더 모델의 전통적인 파인튜닝에 관해 논의했다. 이 접근 방식은 주어진 텍스트에서 질문에 답하거나 텍스트에서 개체를 식별하는 것과 같은 다른 작업에도 사용할 수 있다. 그런 다음 텍스트 생성을 위한 디코더 모델 파인튜닝 방법을 살펴봤다. 파인튜닝과 제로샷 또는 퓨샷 생성의 장단점을 알아봤다. 또한 지도 기반 파인튜닝이 어떻게 생성 모델이 여러 작업을 바로 해결할 수 있게 하는지 살펴봤다.

하지만 이러한 기법은 계속 커지는 최신 모델에 적용하기가 쉽지 않다. 이 문제를 해결하는 방법으로 더 작은 GPU에서도 대형 모델로 추론을 실행하게 해 주는 양자화와 적은 계산 및 저장 공간으로 모델을 파인튜닝하게 해 주는 매개변수 효율적 파인튜닝(PEFT) 기법을 살펴봤다. 이 기술들을 함께 사용해 7B 모델을 성공적으로 파인튜닝하여 대화 기능을 추가했다. 이러한 기초 지식을 바탕으로 이제 특정 작업에 맞게 대형 모델을 파인튜닝할 준비가 되었다.

이 장에서는 모델 구조와 파인튜닝 기법에 집중했지만, 이런 모델의 성공은 학습 데이터의 품질과 다양성에도 크게 좌우된다는 점을 기억해야 한다. 얼마나 많은 데이터가 필요한지는 모델 크기, 작업 복잡성, 데이터 품질 등 상황마다 다르다. 수천 개의 저품질 샘플보다 몇백 개의 고품질 학습 샘플이 더 효과적일 때가 많다.

더 깊이 이해하고 싶다면 다음 자료를 추천한다.

- 데이터에 관해 더 알아보려면 15조 토큰 데이터셋의 포괄적인 소개, 전처리에 관한 상세한 조사, 고품질

- 웹 데이터셋을 만드는 방법, 자동 주석을 생성하는 방법 등이 포함된 FineWeb 데이터셋 블로그 글[51]을 추천한다.
- 평가에 관해서는 모델 평가와 그 도전 과제에 관한 고수준 개요를 제공하는 'Let's Talk About LLM Evaluation'[52]을 읽어보기를 추천한다. 또한 Open LLM 리더보드 블로그[53]를 읽어보면 커뮤니티 중심 모델 평가에 관한 개요를 얻을 수 있다. 마지막으로 유진 얀[Eugene Yan]이 이 주제에 관해 작성한 훌륭한 블로그 글[54]도 있다.
- LoRA에 관해 더 알아보려면 'Practical Tips for Finetuning LLMs Using LoRA'[55]와 QLoRA 출시 블로그[56]를 참조하면 좋다.
- 양자화에 관해 더 알아보려면 시각적 가이드[57]와 제이 알라마르[Jay Alammar]와 마르턴 흐루턴도르스트[Maarten Grootendorst]의 『핸즈온 LLM』(한빛미디어, 2025)을 추천한다.
- 프로덕션 LLM 설정에 사용되는 모든 구성 요소에 관해 알아보려면 'Building a Generative AI Platform' 블로그 글[58]을 참조하면 좋다.

연습 문제

1. 기본 모델과 파인튜닝된 모델의 차이점은 무엇인가? 대화형 모델은 어떤 종류의 모델인가?
2. 어떤 상황에 파인튜닝을 위해 기본 인코더 모델을 선택하는가?
3. 파인튜닝, 인스트럭트 튜닝, QLoRA의 차이점 설명하라.
4. 어댑터를 사용하면 모델 크기가 커지는가?
5. 70B 모델을 반정밀도, 8비트 양자화, 4비트 양자화로 로드하려면 얼마나 많은 GPU 메모리가 필요한가?
6. QLoRA는 왜 학습을 느리게 하는가?
7. 어떤 상황에 모델의 가중치를 고정하여 파인튜닝하는가?

연습 문제와 도전 과제의 해답은 이 책의 깃허브 저장소[59]에 있다.

---

[51] https://oreil.ly/ddh7Q
[52] https://oreil.ly/lC420
[53] https://oreil.ly/cNFB-
[54] https://oreil.ly/JVlgq
[55] https://oreil.ly/fsAqC
[56] https://oreil.ly/CbB9a
[57] https://oreil.ly/TINkA
[58] https://oreil.ly/l4R4h
[59] https://github.com/yk-genai/genaibook

> ### 도전 과제

1. **이미지 분류**: 이 장은 NLP 작업을 위한 트랜스포머 모델 파인튜닝에 초점을 맞췄지만 트랜스포머는 오디오와 컴퓨터 비전과 같은 다른 양식에도 사용할 수 있다. 이 도전 과제의 목표는 이미지 분류를 위해 트랜스포머 모델을 파인튜닝하는 것이다. 다음을 제안한다.
   - google/vit-base-patch16-224-in21k[60]과 같은 사전 학습된 ViT 모델을 사용한다.
   - food101[61]과 같은 이미지와 레이블의 데이터셋을 사용한다.

논리는 거의 동일하지만 `AutoTokenizer` 대신 `AutoImageProcessor`를 사용하는 등 몇 가지 주요 차이점이 있다. 이 과정을 알아보려면 문서[62]를 참조하기를 권장한다.

> ### 참고 자료

1. Abdin, Marah, et al. "Phi-3 Technical Report: A Highly Capable Language Model Locally on Your Phone." arXiv, August 30, 2024. *https://arxiv.org/abs/2404.14219*.

2. Belkada, Younes, and Tim Dettmers. "A Gentle Introduction to 8-bit Matrix Multiplication for Transformers at Scale Using Hugging Face Transformers, Accelerate and bitsandbytes." Hugging Face blog, August 17, 2022. *https://oreil.ly/FYVTE*.

3. Belkada, Younes, et al. "Making LLMs Even More Accessible with bitsandbytes, 4-bit Quantization and QLoRA." Hugging Face blog, May 24, 2023. *https://oreil.ly/CbB9a*.

4. Chung, Hyung Won, et al. "Scaling Instruction-Finetuned Language Models." arXiv, October 20, 2022. *https://arxiv.org/abs/2210.11416*.

5. Dettmers, Tim, et al. "LLM.int8(): 8-bit Matrix Multiplication for Transformers at Scale." arXiv, August 15, 2022. *https://arxiv.org/abs/2208.07339*.

6. Dubey, Abhimanyu, et al. "The Llama 3 Herd of Models." arXiv, August 15, 2024. *https://arxiv.org/abs/2407.21783*.

7. Honovich, Or, et al. "Unnatural Instructions: Tuning Language Models with (Almost) No Human Labor." arXiv, December 19, 2022. *https://arxiv.org/abs/2212.09689*.

8. Kocetkov, Denis, et al. "The Stack: 3 TB of Permissively Licensed Source Code." arXiv, November 20, 2022. *https://arxiv.org/abs/2211.15533*.

---

60 *https://oreil.ly/D174N*

61 *https://oreil.ly/t4r_A*

62 옮긴이_ *https://huggingface.co/docs/transformers/en/tasks/image_classification*

9. Lester, Brian, et al. "The Power of Scale for Parameter-Efficient Prompt Tuning." arXiv, September 2, 2021. *https://arxiv.org/abs/2104.08691*.

10. Li, Xiang Lisa, and Percy Liang. "Prefix-Tuning: Optimizing Continuous Prompts for Generation." arXiv, January 1, 2021. *https://arxiv.org/abs/2101.00190*.

11. Lin, Bill Yuchen, et al. "The Unlocking Spell on Base LLMs: Rethinking Alignment via In-Context Learning." arXiv, December 4, 2023. *https://arxiv.org/abs/2312.01552*.

12. Liu, Xiao, et al. "GPT Understands, Too." arXiv, October 25, 2023. *https://arxiv.org/abs/2103.10385*.

13. Mishra, Swaroop, et al. "Cross-Task Generalization via Natural Language Crowdsourcing Instructions." arXiv, March 14, 2022. *https://arxiv.org/abs/2104.08773*.

14. Sanh, Victor, et al. "DistilBERT, a Distilled Version of BERT: Smaller, Faster, Cheaper and Lighter." arXiv, March 1, 2020. *https://arxiv.org/abs/1910.01108*.

15. Sanh, Victor, et al. "Multitask Prompted Training Enables Zero-Shot Task Generalization." arXiv, March 17, 2022. *https://arxiv.org/abs/2110.08207*.

16. Wang, Yizhong, et al. "Self-Instruct: Aligning Language Models with Self-Generated Instructions." arXiv, May 25, 2023. *https://arxiv.org/abs/2212.10560*.

17. Wang, Yizhong, et al. "Super-NaturalInstructions: Generalization via Declarative Instructions on 1600+ NLP Tasks." arXiv, October 24, 2022. *https://arxiv.org/abs/2204.07705*.

18. Wei, Jason, et al. "Finetuned Language Models Are Zero-Shot Learners." arXiv, February 8, 2022. *https://arxiv.org/abs/2109.01652*.

19. Ye, Qinyuan, and Xiang Ren. "Learning to Generate Task-Specific Adapters from Task Description." arXiv, June 15, 2021. *https://arxiv.org/abs/2101.00420*.

20. Zhou, Chunting, et al. "LIMA: Less Is More for Alignment." arXiv, May 18, 2023. *https://arxiv.org/abs/2305.11206*.

CHAPTER 7

스테이블 디퓨전 파인튜닝

이전 장에서는 파인튜닝을 사용해 언어 모델(LM)이 특정 스타일로 글을 작성하거나 특정 도메인의 개념을 학습하도록 가르칠 수 있음을 알아봤다. 같은 원리를 텍스트-이미지$^{text-to-image}$ 모델에도 적용할 수 있으며, 이를 통해 스테이블 디퓨전과 같은 모델을 처음부터 사전 학습시키는 데 필요한 다중 GPU 노드 대신 단일 GPU만으로도 모델을 맞춤화할 수 있다.

이 장에서는 5장에서 배운 기본 사전 학습된 스테이블 디퓨전 모델을 사용해 모델이 알지 못하는 스타일과 개념(예: '당신의 반려동물' 개념이나 특정 그림 스타일)을 학습하도록 확장한다. 또한 인페인팅^{inpainting}[1]이나 새로운 조건을 입력으로 제공하는 등의 새로운 기능을 모델에 부여하는 방법도 배운다.

이 절에서는 코드를 처음부터 작성하기보다는 모델 파인튜닝용으로 만들어진 기존 스크립트를 이해하고 실행하는 데 중점을 둔다. 이를 위해 디퓨저 라이브러리를 복제하기를 권장한다. 대부분의 예제는 해당 라이브러리의 examples 폴더에 있다.

```
git clone https://github.com/huggingface/diffusers.git
```

---

[1] 옮긴이_ 이미지의 특정 부분을 마스킹하고 해당 영역을 새로운 내용으로 채우거나 수정하는 기술로, 이미지 편집과 복원에 활용된다.

7.1 스테이블 디퓨전 전체 모델 파인튜닝

전체 모델full model은 LoRA, 텍스트 인버전Textual Inversion, 드림부스DreamBooth와 같은 특정 모델 커스터마이제이션 기법이 개발된 이후에 등장한 파인튜닝의 한 유형이다. 이러한 기법은 전체 모델을 완전히 파인튜닝하지 않고도 (6장에서 LLM용 LoRA로 배웠듯이) 효율적인 파인튜닝 방법을 제공하거나 모델에 새로운 개념을 가르치는 참신한 방법을 제공한다. 이러한 기법은 이 장에서 더 자세히 논의할 것이다.

이러한 기법이 등장하기 전에는 전체 모델과 같은 수식어는 존재하지 않았으며 단순히 파인튜닝이라고 불렀다. 여기서 파인튜닝이란 (3장과 4장에서 배웠듯이) 확산 모델을 추가로 학습하는 것을 의미하며 추가하려는 특정 지식으로 모델이 배우도록 하는 것이 목표이다. 스테이블 디퓨전이 프롬프트에서 얻을 수 없거나 모델이 출시된 이후에 생긴 스타일이나 주제를 학습할 수 있다(그림 7-1). 전체 모델이라는 수식어가 시사하듯이 모델이 파인튜닝되면 추가한 스타일이나 주제에 특화되며, 주로 해당 유형의 콘텐츠 생성에 전문화될 수 있다. 이 절에서는 전체 파인튜닝을 수행하는 데 미리 작성된 스크립트를 활용할 것이다. 디퓨저 라이브러리의 `diffusers/examples/text_to_image/train_text_to_image.py` 스크립트를 사용한다.

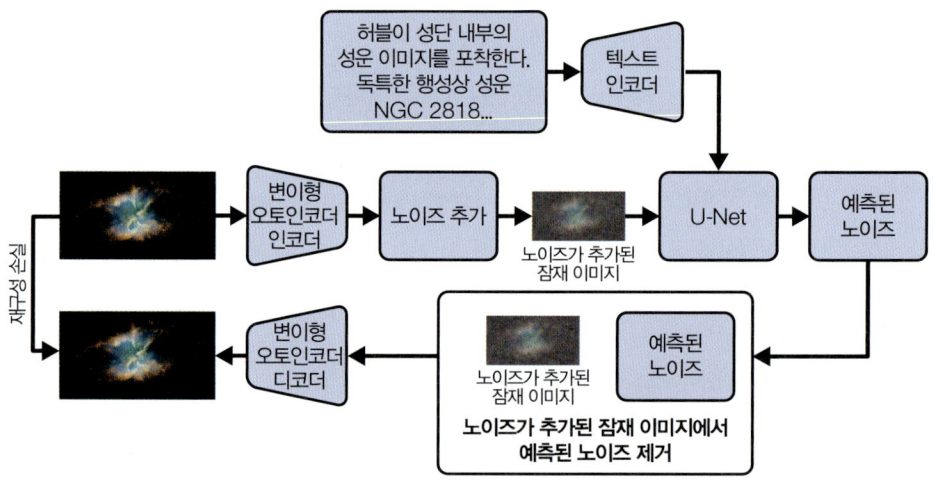

그림 7-1 스테이블 디퓨전 파인튜닝 아키텍처

7.1.1 데이터셋 준비

데이터셋에서 가장 중요한 부분은 품질이다. 데이터셋을 필터링해 고품질 샘플만 유지하고 저품질 예제를 제거하면 파인튜닝의 품질에 상당한 영향을 미칠 수 있다.

고품질의 전체 모델 파인튜닝을 하려면 500개 이상의 이미지로 구성된 비교적 대규모 데이터셋이 필요할 수 있다. 이 수치가 많게 느껴질 수 있지만, 완전한 스테이블 디퓨전 모델을 학습시키는 데 필요한 수십억 개의 이미지와 비교하면 극히 일부에 불과하다. 이 장에서 더 자세히 살펴볼 특정 모델 커스터마이징 기법들을 사용하면 단 4개의 이미지만으로도 모델을 커스터마이징할 수 있다.

다시 전체 모델 파인튜닝 주제로 돌아가면, 텍스트-이미지 모델을 조정할 때는 모델이 사전 학습 단계에서 접했던 것과 같이 이미지와 해당 이미지를 설명하는 캡션을 포함하는 데이터셋을 준비해야 한다.

예를 들어 다음과 같은 데이터셋을 준비할 수 있다.

- 르네상스 모델 파인튜닝을 위한 르네상스 그림 모음
- 건축 모델 제작을 위한 특정 건축 스타일의 건물 사진
- 현실적인 풍경(고요한 숲, 웅장한 산맥, 평온한 호숫가 등) 생성을 위한 풍경 사진 세트

> **WARNNING** 이러한 시도를 권장하지만 학습과 교육 이외의 용도로 파인튜닝 모델을 배포할 때는 주의가 필요하다. 사용하는 이미지가 특정 예술가의 스타일, 사람의 얼굴, 지적재산권(IP)을 포함한 자료라면 저작자나 IP 소유자에게 허락을 구해야 한다. 이는 도덕적인 차원을 넘어 법적 요구사항이 될 수 있다.

이 예제에서는 나사[NASA]에서 촬영한 후 6개월이 지나면 퍼블릭 도메인으로 제공되는 허블 망원경 이미지를 활용한다. 허블 망원경 데이터셋 구축과 허블 이미지에 스테이블 디퓨전을 파인튜닝하는 방법은 텍사스 댈러스 대학의 연구원인 맥스웰 웨인지얼[Maxwell Weinzierl]이 esa-hubble 데이터셋[2]과 허블 디퓨전[Hubble Diffusion] 1, 2 모델을 개발하며 선구적으로 연구했다. 이 예제에서는 esa-hubble 데이터셋으로 스테이블 디퓨전 v1.5를 파인튜닝해 허블 디퓨전 1 모델을 재현하는 것을 목표로 한다.

---

2 https://oreil.ly/AtxyP

esa-hubble 데이터셋은 유럽 우주국 웹사이트에서 허블 망원경으로 촬영된 이미지를 크롤링하여 생성되었다. 이미지들에 묘사된 천문학적 현상을 설명하는 캡션도 함께 제공되므로 이 두 요소를 모두 수집하여 datasets 라이브러리와 호환되는 형식으로 변환한 후 파인튜닝에 활용할 수 있다. 데이터 수집 방법(웹 스크래핑 등)은 이 책의 범위를 벗어나지만, 파이썬에서 Scrapy[3]나 Beautiful Soup[4]와 같은 웹 스크래핑 도구를 참고할 수 있다. 각 웹사이트의 크롤링 및 스크래핑 정책에 주의해야 한다.

이미지-텍스트 쌍으로 구성된 데이터셋이 있으면 datasets 라이브러리로 로드할 수 있다(다음 절에서 알아본다). 만약 이미지 데이터셋을 직접 준비하지 못했다면 제공된 esa-hubble 데이터셋을 활용할 수 있다.

```
from datasets import load_dataset

dataset = load_dataset("imagefolder", data_dir="/path/to/folder")
```

imagefolder는 load_dataset의 특별한 모드로, 이미지 디렉터리와 각 이미지에 관한 캡션이 포함된 메타데이터 파일을 로드할 수 있다. 이 모드를 사용하려면 모든 이미지를 /path/to/folder에 저장하고 각 이미지에 해당하는 설명을 포함한 metadata.csv 파일을 준비해야 한다. 폴더는 다음과 같이 구성할 수 있다.

```
folder/metadata.csv
folder/0001.png
folder/0002.png
folder/0003.png
```

metadata.csv 파일은 다음과 같은 형식으로 작성해야 한다.

```
file_name,text
0001.png,This is a golden retriever playing with a ball
0002.png,A german shepherd
0003.png,One chihuahua
```

---

3 https://scrapy.org
4 https://oreil.ly/5a9Wr

데이터셋이 로드되면 다음 명령어로 손쉽게 허깅 페이스 허브에 올려 커뮤니티와 공유할 수 있다.

```
dataset.push_to_hub("my-hf-username/my-incredible-dataset")
```

이로써 데이터셋 저장 및 모델 파인튜닝 준비가 완료되었다. 만약 이미지 데이터셋은 있지만 수동으로 작성된 캡션이 없다면 이미지-텍스트 캡션 모델을 활용해 파인튜닝에 필요한 캡션을 생성할 수 있다. 이 작업에는 세일즈포스의 BLIP-2[5]나 마이크로소프트의 Florence 2[6] 같은 모델을 널리 사용한다. 더 자세한 내용은 '이미지-텍스트' 작업 페이지[7]를 참고하라. 데이터셋이 없다면 제공된 esa-hubble 데이터셋을 사용할 수 있다.

7.1.2 모델 파인튜닝

모델을 파인튜닝하려면 앞서 설명한 데이터셋과 함께 학습 스크립트, 파인튜닝할 사전 학습된 모델의 가중치가 필요하다. 다행히도 예제 학습 스크립트를 제공하는 디퓨저 라이브러리와 함께 **accelerate** 라이브러리를 사용하면 이를 쉽게 설정할 수 있다. **accelerate** 라이브러리는 멀티-GPU, TPU, BF16과 같은 다양한 정밀도에서 파이토치 학습 루프가 효율적으로 작동하도록 지원한다. 디퓨저 예제 학습 스크립트는 사용자가 하이퍼매개변수를 제어하고 스테이블 디퓨전의 U-Net을 효율적으로 학습시키는 데 필요한 모든 코드를 포함하므로 매우 유용하다.

이 작업에는 최소 16GB VRAM이 장착된 GPU가 필요하며 구글 코랩 프로와 같은 서비스를 활용해도 된다. 이 장에서 소개할 커스터마이징 기법들은 더 낮은 사양의 GPU나 무료 버전의 구글 코랩에서도 학습할 수 있다.

자신의 데이터셋을 사용하거나 맥스웰 웨인지얼의 `esa-hubble` 데이터셋을 이용해 허블 디퓨전을 재현해 볼 수 있다.

모델 파인튜닝을 시작하려면 우선 디퓨저 저장소에서 필요한 학습 스크립트를 클론해야 한다.

---

5 https://oreil.ly/pHzHH
6 https://oreil.ly/5rPi2
7 https://oreil.ly/y8eOV

```
git clone https://github.com/huggingface/diffusers.git
cd diffusers/examples/text_to_image/
```

그런 다음 train_text_to_image.py 스크립트를 사용한다. VRAM이 제한된 환경에서는 bitsandbytes 라이브러리를 필요로 하는 use_8bit_adam을 사용한다. 또한 gradient_accumulation_steps를 사용해 GPU 메모리에 일반적으로 맞지 않는 더 큰 배치 크기를 활용한다.

```
accelerate launch train_text_to_image.py \
--pretrained_model_name_or_path="stable-diffusion-v1-5/stable-diffusion-v1-5" \
--dataset_name="Supermaxman/esa-hubble" \
--use_ema \
--mixed_precision="fp16" \
--resolution=512 \
--center_crop \
--random_flip \
--train_batch_size=1 \
--gradient_checkpointing \
--gradient_accumulation_steps=4 \
--use_8bit_adam \
--checkpointing_steps=1000 \
--num_train_epochs=50 \
--validation_prompts \
    "Hubble image of a colorful ringed nebula: \
A new vibrant ring-shaped nebula was imaged by the \
NASA/ESA Hubble Space Telescope." \
    "Pink-tinted plumes in the Large Magellanic Cloud: \
The aggressively pink plumes seen in this image are extremely uncommon, \
with purple-tinted currents and nebulous strands reaching out into \
the surrounding space." \
--validation_epochs 5 \
--learning_rate=1e-05 \
--output_dir="sd-hubble-model" \
--push_to_hub
```

학습 과정에 시간이 소요되므로(GPU에 따라 1~3시간) 스크립트를 실행한 후 이 장을 계속 읽어 나가는 편이 좋다. 전체 장을 읽은 후에 하이퍼매개변수를 추가로 조정해 보자.

train_text_to_image.py 스크립트의 내부 작동 방식에 관한 자세한 설명은 이 책의 범위를 벗어나지만, 기본 원리는 4장의 확산 모델 학습 파트에서 배운 내용과 동일하다. 여기서는 확산 모델 학습의 핵심 개념을 다뤘다. 주요 단계로는 이미지 데이터셋 준비, 노이즈 스케줄 정의, 노이즈 예측용 U-Net 모델 생성이 있다. 학습 루프는 깨끗한 이미지에 점진적으로 노이즈를 추가하고, 모델이 이 노이즈를 예측하게 한 다음, 예측된 노이즈와 실제 노이즈 사이의 손실을 계산하여 역전파를 통해 모델 가중치를 업데이트한다. 이제 모델 파인튜닝을 시작하기 전에 설정해야 할 핵심 하이퍼매개변수를 이해해 보자. 앞서 언급한 학습 스크립트의 모든 설정을 검토해 볼 것이다.

이 설정에서 가장 중요한 두 개념은 `learning_rate` 와 `num_train_epochs`다.

learning_rate

각 학습 단계에서 모델 가중치가 업데이트되는 양을 결정한다. 학습률이 너무 높으면 모델 파인튜닝의 최적화 과정이 안정적으로 수렴하지 못할 수 있으며, 반대로 너무 낮은 값은 과소적합^{underfitting}을 일으켜 모델이 효과적으로 학습하지 못할 수 있다. 일반적으로 1e-04(0.0001)에서 1e-06(0.000001) 사이의 값으로 실험하기를 권장한다.

num_train_epochs

모델이 전체 데이터셋을 반복 학습하는 횟수를 지정한다. 모델이 개념을 제대로 학습하려면 일반적으로 데이터셋을 여러 번 통과해야 한다. `max_train_steps`[8] 변수로도 학습 루프 실행 횟수를 설정할 수 있다. 이 방법을 사용하면 에포크 중간에 종료되더라도 모델이 실행할 정확한 학습 단계 수를 설정할 수 있다.

다른 하이퍼매개변수들도 간략히 살펴보자.

use_ema

에포크 간 모델 학습을 안정화하는 데 도움이 되는 지수 이동 평균을 사용해 모델 학습 여부를 지정한다. 이 기법은 가중치를 평균화함으로써 학습 과정을 더 안정적으로 만든다.

---

8 옮긴이_ 학습 시간의 정확한 예측과 관리, 데이터셋 크기와 관계없이 일관된 학습량 보장. 학습 중단 후 정확한 지점에서의 재개가 가능 (resume_from_checkpoint 옵션 사용)해 제한된 컴퓨팅 자원을 효율적으로 활용할 수 있다.

mixed_precision

모델을 혼합 정밀도로 학습시킨다. 앞 코드에서처럼 FP16으로 설정하면 변이형 오토인코더(VAE)와 같은 학습 불가능한 가중치는 모두 반정밀도로 변환된다. 이러한 가중치는 추론에만 사용되므로 전체 정밀도가 필요하지 않다. 결과적으로 VRAM 사용량을 줄이고 학습 속도를 높일 수 있다.

resolution

학습에 사용할 이미지 해상도를 지정한다. 이미지는 center_crop(이미지가 목표 해상도보다 크면 중앙 부분만 잘라냄)과 random_flip(학습 중 일부 이미지를 무작위로 좌우 반전해 견고성 향상함) 같은 매개변수에 따라 전처리된다.

train_batch_size

모델에 동시에 제공되는 예제 수를 지정한다. 배치 크기가 클수록 VRAM 요구량이 증가하지만 학습 시간은 단축된다.

gradient_checkpointing과 gradient_accumulation_steps

적은 VRAM으로도 학습을 가능하게 해 주는 설정이다. gradient_checkpointing은 추가 계산 비용을 감수하고 그레이디언트 메모리를 절약하는 기법이다. gradient_accumulation_steps는 여러 학습 미니 배치의 결과를 누적하여 더 큰 유효 배치 크기를 구현하게 해 준다.

use_8bit_adam

bitsandbytes 라이브러리에서 제공하는 8비트 Adam 옵티마이저의 사용 여부를 결정한다. 이 옵션은 학습 속도를 높이고 메모리 사용량을 줄인다는 장점이 있으며, 그레이디언트 누적(모델 가중치 업데이트 전 여러 미니 배치의 그레이디언트 합산) 과정에서 FP16이나 FP32보다 낮은 정밀도를 사용한다.

checkpointing_steps

모델의 스냅샷을 저장할 학습 단계 간격을 지정한다. 중간 모델을 저장하는 것은 num_

train_epochs나 max_train_steps 값이 클 때 특히 유용하다. 예를 들어 저장된 중간 모델들을 비교해 30 에포크에서 학습된 모델이 최상의 성능을 보이고 이후 50 에포크까지는 과적합^{overfitting}되었다는 사실을 확인할 수 있다.

validation_prompts

학습 중 모델의 성능을 평가하는 데 사용하는 프롬프트다. validation_epochs에 지정된 에포크마다 모델은 이 프롬프트로 이미지를 생성해 학습 진행 상황을 시각적으로 확인하게 해 준다.

output_dir

모델이 저장될 로컬 디렉토리 경로다.

push_to_hub

학습 완료 후 모델을 허깅 페이스 허브에 올릴지를 지정한다.

train_text_to_image.py 학습 스크립트에는 이 외에도 더 많은 매개변수와 설정[9]이 있다. 스테이블 디퓨전 XL도 유사한 방식으로 파인튜닝할 수 있다.[10] 모델 학습이 완료되고 허브에 올리면 추론을 실행할 수 있다.

7.1.3 추론

파인튜닝이 완료되면 5장에서 학습했듯이 일반 스테이블 디퓨전 모델과 동일한 방식으로 추론에 활용할 수 있다. 단, 이번에는 새롭게 학습된 모델을 로드하게 된다. 만약 모델 학습에 필요한 컴퓨팅 자원이 부족하다면, 동일한 허블 데이터셋으로 학습된 Supermaxman/hubble-diffusion-1[11] 모델을 활용할 수 있다. 또한 허깅 페이스 플랫폼에 올려 모델을 커뮤니티와 공유할 수도 있다. 다음은 허블 데이터로 파인튜닝된 스테이블 디퓨전 모델의 추론 예시이다.

---

9 https://oreil.ly/FrlRX
10 https://github.com/huggingface/diffusers/blob/main/examples/text_to_image/README_sdxl.md
11 https://oreil.ly/7vGaM

```python
import torch
from diffusers import StableDiffusionPipeline

from genaibook.core import get_device

model_id = "Supermaxman/hubble-diffusion-1"
device = get_device()
pipe = StableDiffusionPipeline.from_pretrained(
    model_id,  # 사용자의-hf-사용자이름/사용자의-파인튜닝된-모델
    torch_dtype=torch.float16,
).to(device)
prompt = (
    "Hubble reveals a cosmic dance of binary stars: In this stunning new image "
    "from the Hubble Space Telescope, a pair of binary stars orbit each other "
    "in a mesmerizing ballet of gravity and light. The interaction between "
    "these two stellar partners causes them to shine brighter, offering "
    "astronomers crucial insights into the mechanics of dual-star systems."
)

pipe(prompt).images[0]
```

이 모델을 실제로 사용해 보면 허블 망원경에서 촬영된 것처럼 보이는 이미지(또는 파인튜닝한 다른 주제)를 생성하는 데 매우 뛰어난 성능을 보인다. 이는 앞서 생성된 이미지에서도 확인할 수 있다. 다만 이 모델은 특정 분야에 특화되어 다른 주제를 생성하도록 프롬프트를 입력해도 은하와 유사한 이미지를 출력하거나 무의미한 결과물을 생성할 가능성이 높다. 이는 전체

모델 파인튜닝 과정에서 발생하는 **파괴적 망각**catastrophic forgetting 현상 때문이며 모델 전체가 특정 방향으로 최적화되어 이전 지식을 잊는 현상이다. 또한 앞서 언급했듯이 이러한 학습에는 상당한 양의 이미지가 필요하다. 드림부스와 LoRA와 같은 기법은 이러한 제약을 극복하는 데 도움이 된다.

7.2 드림부스

드림부스는 구글 리서치의 드림부스 논문[12]에서 처음 소개했으며 스테이블 디퓨전 파인튜닝을 위한 커스터마이징 기법이다. 이 기법은 트리거 단어trigger word[13]와 연관된 소수의 샘플 이미지를 사용해 스테이블 디퓨전 U-Net을 완전히 파인튜닝하는 방식으로 작동한다. 모델의 기존 지식을 보존하는 데 **사전 보존 손실**prior preservation loss이라는 방법을 사용하며, 파인튜닝 대상 객체의 유형을 대표하는 샘플 이미지도 함께 활용한다. 예를 들어 특정 개(자신의 반려견)를 파인튜닝하려면 해당 개의 이미지뿐만 아니라 다른 개들의 **클래스** 이미지도 함께 사용한다.

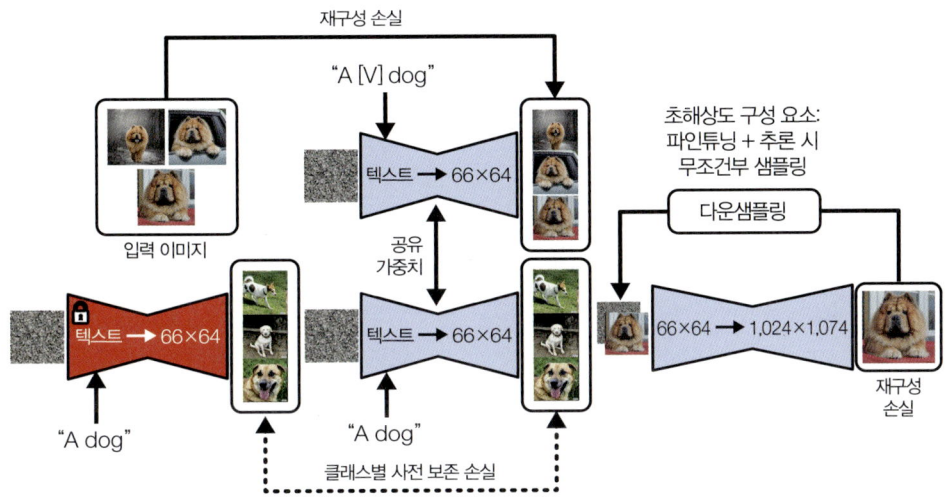

그림 7-2 드림부스 아키텍처 흐름

---

12 https://oreil.ly/hyT0d
13 옮긴이_ 파인튜닝된 모델이 특정 객체나 스타일을 생성하도록 유도하는 특별한 키워드다.

드림부스는 텍스트-이미지 확산 모델의 전체 모델 파인튜닝과 비교했을 때 세 가지 중요한 발전을 가져왔다.

- 이전에 습득한 모든 지식을 유지하면서 새로운 개념을 모델에 학습시킬 수 있다(파국적 망각 문제 방지). [그림 7-2]에서 볼 수 있듯이, 드림부스는 특정 고유 토큰이나 토큰 집합을 새롭게 추가되는 개념에 맞게 조정한다. 예를 들어 a [T] dog라는 문구로 모델에 자신의 반려견을 학습시킬 수 있으며, 이후 모델에서 a [T] dog를 언급할 때마다 해당 특성을 유지하면서 '**드림부스 처리된**' 특정 개를 생성할 수 있다. 이는 모델이 이미 보유한 의미론적 지식(❶ 개가 무엇인지에 관한 이해)을 활용하고, 새로운 클래스별 사전 보존 손실과 결합해 새로운 개념을 생성할 때도 기존 지식을 유지할 수 있게 한다. 이 조합을 통해 참조 이미지에 없던 다양한 장면, 포즈, 시점, 조명 조건에서도 주제를 자연스럽게 생성할 수 있다. 고유 토큰을 사용하지 않으면 모델이 새로 학습하려는 지식을 해당 토큰과 이미 연결된 기존 개념과 혼합할 위험이 있다.
- 단 3~5개의 예시만으로도 확산 모델을 커스터마이징할 수 있다. 전체 파인튜닝에는 500개 이상의 예시가 필요하지만, 소수의 예시만으로도 모델이 효과적으로 학습하고 일반화할 수 있다. 이는 모델이 커스터마이징 대상과 유사한 내부 지식을 활용할 수 있기 때문이다(❶ a [T] dog에는 'dog'라는 단어가 포함되므로 모델이 개에 관한 내부 표현을 활용해 이미지 속 특정 개를 커스터마이징할 수 있다). 적은 예시를 사용함으로써 모델이 처리해야 할 데이터양이 줄어 학습 속도도 빨라진다.
- 전체 파인튜닝에서처럼 각 인스턴스 이미지에 캡션을 작성하는 것은 선택 사항이다. 드림부스에서는 이미지에 별도 캡션을 달지 않고 토큰만 활용해도 충분하다.

드림부스 기법은 원래 논문에서 구글의 독점 확산 모델인 이마젠에 적용되었다. 그러나 오픈 소스 커뮤니티 멤버인 자비에르 샤오^{Xavier Xiao}가 이 기법을 스테이블 디퓨전에 적용했고, 이후 TheLastBen과 khoya-ss 등 다양한 커뮤니티 구현이 등장했다. 디퓨저 라이브러리에도 드림부스 학습 스크립트가 있다.

실험과 커뮤니티의 경험을 통해 다음과 같은 점이 밝혀졌다.

- 일반적으로 스테이블 디퓨전에서 기본적인 주제나 스타일을 학습시키는 데는 3~5개의 이미지만으로도 충분하다.
- 고유한 스타일이나 희귀 객체를 학습시키려면 8~20개의 이미지를 사용하는 것이 더 효과적이다.
- 사전 보존 손실은 얼굴 학습에 유용하지만, 다른 주제나 스타일에는 꼭 필요하지 않을 수 있다.
- 모델의 텍스트 인코더와 U-Net을 동시에 파인튜닝하면 더 좋은 결과를 얻을 수 있다.
- 이러한 대부분의 통찰은 커뮤니티 학습 스크립트에 이미 반영되어 있다.

이번 예제에서는 디퓨저 라이브러리의 `diffusers/examples/dreambooth/train_dreambooth.py`를 활용할 것이다.

> **NOTE** 드림부스가 이런 목적으로 개발된 최초의 커스터마이징 기법은 아니다. 「An Image Is Worth One Word」 논문[14] 기반의 텍스트 인버전[15]은 스테이블 디퓨전 모델의 텍스트 인코더에 새로운 임베딩을 학습시켜 새로운 주제를 표현하는 방법을 제시했다. 이 기술은 여전히 유용하며 학습된 임베딩 파일 크기가 작다는 장점이 있다(몇 킬로바이트에 불과함). 그러나 크기와 품질 사이에 트레이드오프가 존재하며, 드림부스의 뛰어난 품질이 이 기법을 텍스트-이미지 커뮤니티에서 주류로 자리 잡게 했다. 텍스트 인버전과 드림부스를 결합한 피벗 튜닝pivotal tuning 기법 실험도 좋은 결과를 보여주었다. 드림부스에서는 고유한 트리거 단어를 찾아야 하지만 텍스트 인버전을 활용하면 새로운 토큰으로 트리거 단어를 생성할 수 있어 새로운 개념을 더 효과적으로 적용할 수 있다.

7.2.1 데이터셋 준비

일반적으로 새로운 객체나 얼굴을 학습시키는 데는 5~20개의 예시로 충분하다. 특정 스타일을 학습시키는 데 어려움이 있을 때는 더 많은 예시를 추가하면 도움이 될 수 있다. 드림부스에서는 이미지에 캡션을 달 필요가 없으므로 학습 코드에서 참조할 수 있는 폴더에 학습용 이미지를 보관하기만 하면 된다. 예를 들어 반려동물 사진을 수집해 활용할 수 있다.

이 예제에서는 필자 중 한 명의 얼굴에 모델을 학습시킬 것이다. 직접 따라 해 보고 싶다면 자기 얼굴이나 반려동물에 모델을 학습시켜 볼 수 있다.

7.2.2 사전 보존

드림부스에서는 선택적으로 사전 보존 클래스의 이점을 활용할 수 있다. 이는 모델이 동일한 클래스의 요소를 생성한다는 개념을 이해하도록 학습 과정에서 사전 보존 손실을 적용하는 방식으로 작동한다. 예를 들어 자기 얼굴을 모델에 학습시킬 때 다양한 얼굴 이미지 모음을 함께 제공하면 모델이 학습 대상이 얼굴이라는 점을 '이해'하는 데 도움이 되며 적은 수의 예시만으로도 얼굴 이미지 특성에 기반한 학습을 할 수 있게 된다. 모델에 이미 대상 클래스 지식이 있다면 사전 이미지를 직접 생성할 수도 있으며(학습 코드에 이를 지원하는 플래그가 있음), 특정 폴더에 별도로 준비해 둘 수도 있다.

---

[14] https://arxiv.org/abs/2208.01618
[15] https://oreil.ly/DdSxi

기존 데이터를 보존하려면 학습 스크립트에서 몇 가지 매개변수를 설정해야 한다.

with_prior_preservation

사전 보존 기능의 사용 여부를 결정한다. True이면 모델은 class_prompt와 num_class_images 매개변수에 따라 이미지를 생성한다. class_data_dir 폴더를 제공하면 그 안에 있는 이미지를 클래스 이미지로 대신 활용한다.

class_prompt

사전 보존을 사용할 때 생성될 샘플 이미지 클래스를 설명하는 프롬프트다. 예를 들어 'the face of a Brazilianman' 같은 표현을 사용할 수 있다. 단, **트리거 단어**는 포함하지 않는다.

num_class_images

생성할 클래스 이미지의 수를 지정한다. class_data_dir 폴더를 제공하면 해당 폴더 내 이미지를 클래스 이미지로 사용한다. 폴더에 num_class_images보다 적은 이미지가 있으면 부족한 수량은 class_prompt로 자동 생성된다.

7.2.3 모델 드림부스 구현

전체 모델 파인튜닝과 마찬가지로 가장 중요한 변수는 learning_rate와 num_train_epochs이다. 낮은 학습률에서 시작하여 학습 에포크나 단계 수를 점진적으로 늘리는 방법이 양질의 결과를 얻는 좋은 출발점이 될 수 있다. 또는 학습 에포크나 단계 수를 고정하고 학습률을 증가시키는 방식을 사용할 수도 있다. 최적의 하이퍼매개변수를 찾는 데 두 전략을 함께 활용할 수도 있다.

드림부스에 특화된 주요 매개변수를 살펴보자.

instance_prompt

모델이 개념을 학습하려고 시도할 프롬프트다. 대상에 대한 희귀한 토큰이나 조합을 찾고 이를 문맥으로 감싸는 것이 좋다. 예를 들어 in the style of mybtfuart[16], a photo of plstps , an sckpto toy와 같은 표현을 사용할 수 있다. 이러한 희귀한 조합이 파인튜닝 대상 인스턴스의 트리거 단어 역할을 하게 된다.

train_text_encoder

텍스트 인코더도 함께 학습할지를 결정한다. True로 설정한 경우 좋은 결과를 얻을 수 있지만 더 많은 VRAM을 소비한다. 텍스트 인코더를 U-Net과 함께 학습하면 새로운 개념에 관한 지식을 프롬프트의 텍스트 해석 단계에도 적용할 수 있기 때문에 유용하다.

with_prior_preservation

사전 보존 손실 기법의 활용 여부를 결정한다.

class_prompt, class_data_dir

사전 보존을 위한 클래스 이미지 생성에 사용하는 프롬프트다. `class_data_dir`이 있으면 해당 위치에서 이미지를 가져오고, 없으면 `class_prompt`에 지정된 프롬프트를 사용해 모델이 필요한 이미지를 생성한다.

prior_loss_weight

모델에 적용되는 사전 보존 손실의 영향력을 조절한다.

[그림 7-3]과 같이 필자 중 한 명의 얼굴에 모델을 학습시키는 데 train_dreambooth.py 스크립트를 활용해 보자. 직접 따라하고 싶다면 자기 얼굴을 대상으로 모델을 학습시켜 봐도 된다.

그림 7-3 드림부스 학습용 '아폴리나리우 파소스Apolinário Passos' 얼굴 이미지 세트

---

16 옮긴이_ 모델의 어휘에 존재하지만 일반적으로 사용되지 않는 의도적인 희귀 토큰으로 기존에 사용하던 의미가 없기 때문에, 모델이 새로운 이미지 개념을 명확하게 학습하는 데 유용하다.

```
accelerate launch train_dreambooth.py \
--pretrained_model_name_or_path="stable-diffusion-v1-5/stable-diffusion-v1-5" \
--instance_data_dir="my-pictures" \
--instance_prompt="a photo of plstps" \  ❶
--resolution=512 \
--train_batch_size=1 \
--with_prior_preservation \
--class_prompt="an ultra realistic portrait of a man" \  ❷
--gradient_accumulation_steps=1 \
--train_text_encoder \
--learning_rate=5e-6 \
--num_train_epochs=100 \
--output_dir="myself-model" \
--push_to_hub
```

❶ plstps는 모델이 개념을 배우는 데 사용할 특별한 토큰이다.

❷ 이 부분에서 학습 대상에 관한 일반적인 설명을 추가할 수 있다.

모델 학습이 완료되면 새로운 이미지 생성에 활용할 수 있다. 이제 그 방법을 살펴보자.

7.2.4 추론

`instance_prompt`를 기반으로 한 새로운 토큰만 변경되고 모델의 전체 구조는 보존되므로 새로운 드림부스 모델은 여전히 완전한 스테이블 디퓨전 가중치를 유지한다. 따라서 추론을 위해 다음과 같이 로드할 수 있다.

```
model_id = "your-hf-profile/your-custom-dreambooth-model"
pipe = StableDiffusionPipeline.from_pretrained(
    model_id,
    torch_dtype=torch.float16,
).to(device)

prompt = "a photo of plstps speaking on a microphone"  ❶
pipe(prompt).images[0]
```

❶ 여기서는 인스턴스 프롬프트와 커스텀 요소를 입력한다.

[그림 7-4]는 아폴리나리우의 얼굴로 학습된 모델이 생성한 결과물을 보여준다.

그림 7-4 아폴리나리우의 얼굴에 '드림부스 처리된' 모델이 생성한 이미지

7.3 LoRA 학습

전체 파인튜닝과 드림부스 접근법에는 한 가지 공통적인 문제점이 있다. 모델 최적화가 완료되면 원본 스테이블 디퓨전 모델만큼 큰 새로운 가중치 파일이 생성된다는 점이다. 이러한 구조는 모델 공유, 로컬 호스팅, 모델 스태킹, 클라우드 서비스 배포 등 다운스트림 응용 프로그램에 적합하지 않다. 6장에서 LLM에 적용한 방법과 유사한 LoRA를 활용해 이 문제를 해결할 수 있다(그림 7-5).

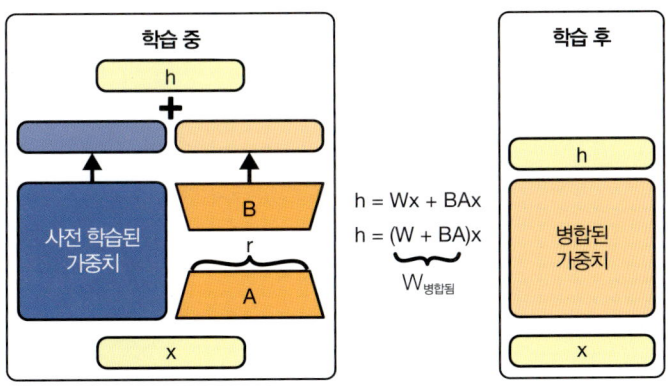

그림 7-5 LoRA 아키텍처 흐름

6장에서 설명했듯이, LoRA는 사전 학습된 모델 가중치를 동결시키고 차원 분해$^{\text{rank decomposition}}$ 행렬을 삽입함으로써 학습해야 할 매개변수 수를 크게 줄인다. LoRA로 학습된 저차원 행렬은 추가적인 추론 지연 없이 모델에 병합될 수 있는 가벼운 아티팩트로 공유될 수 있다.

이러한 접근법은 매우 효과적이지만, 현재 우리는 원래 LoRA는 트랜스포머 아키텍처에 초점을 맞추고 있었다. 여기서 류시모$^{\text{Simo Ryu}}$의 스테이블 디퓨전 LoRA 깃허브 저장소[17]가 중요한 역할을 한다. LoRA 저차원 행렬을 트랜스포머 LLM에 적용할 수 있는 것과 동일한 방식으로 스테이블 디퓨전의 U-Net과 텍스트 인코더에도 적용할 수 있다는 발견은 확산 모델에서의 LoRA 활용 가능성을 크게 열었다.

디퓨저 라이브러리는 전체 모델 파인튜닝과 드림부스 파인튜닝 모두를 위한 LoRA 학습 스크립트를 통합하여 제공한다. 디퓨저 라이브러리를 사용한 LoRA 가중치 학습은 몇 가지 핵심 차이점을 제외하고는 전체 모델 파인튜닝이나 드림부스 파인튜닝과 거의 동일하다.

- 데이터셋 형식은 전체 모델 파인튜닝이나 드림부스 파인튜닝과 동일하다.
- 학습 스크립트는 다르지만 하이퍼매개변수는 유사하다. 예제에서는 디퓨저 라이브러리에서 `examples/text_to_image/train_text_to_image_lora.py`와 `examples/dreambooth/train_dreambooth_lora.py`를 사용할 것이다.[18]
- 추론 과정에서는 기본 모델을 파이프라인에 로드한 다음 LoRA 어댑터를 추가하는 방식으로 진행된다. 이 접근법은 동일한 기본 모델을 유지하면서 다양한 LoRA 어댑터 간에 빠르게 전환할 수 있어 편리하다. 예를 들어 다른 사용자가 공유한 사전 학습된 LoRA 파인튜닝 모델을 활용할 수 있다(허깅 페이스 허브[19]에서 다양한 옵션을 찾을 수 있다). 작업 순서는 다음과 같다.
    - 기본 모델(LoRA가 연결될 모델) 선택
    - 디퓨저 파이프라인 로드
    - 모델에 LoRA 가중치 로드
    - 성능과 속도 향상을 위한 선택적 LoRA 가중치 병합

LoRA로 파인튜닝된 모델을 로드하고 추론을 수행하는 방법을 살펴보자. 주요 차이점은 기본 모델을 결정하고 여기에 LoRA 가중치를 로드하는 과정에 있다.

---

[17] https://oreil.ly/L3hEc
[18] Kohya, TheLastBen, Advanced LoRA Trainer와 같은 LoRA 트레이너 스크립트는 디퓨저 스크립트를 기반으로 구축되어 더 많은 실험적 기능을 제공한다. 이러한 도구는 고급 수준이지만 커뮤니티에서 매우 좋은 평가를 받고 있다.
[19] https://oreil.ly/3M8sI

```python
from diffusers import DiffusionPipeline
from huggingface_hub import model_info

# 클래식 손그림 만화 스타일을 사용할 것이다.
lora_model_id = "alvdansen/littletinies"

# 기본 모델 결정
# 이 정보는 주로 모델 카드에서 확인할 수 있다.
# 이 경우 "stabilityai/stable-diffusion-xl-base-1.0"이다.
info = model_info(lora_model_id)
base_model_id = info.card_data.base_model

# 기본 모델 로드
pipe = DiffusionPipeline.from_pretrained(
    base_model_id, torch_dtype=torch.float16
)
pipe = pipe.to(device)

# 모델에 LoRA 추가
pipe.load_lora_weights(lora_model_id)

# 기본 모델과 LoRA 가중치 병합
pipe.fuse_lora()
image = pipe(
    "A llama drinking boba tea", num_inference_steps=25, guidance_scale=7.5
).images[0]
image
```

7.4 스테이블 디퓨전에 새로운 기능 추가하기

모델이 새로운 스타일이나 주제를 학습하도록 파인튜닝하는 것은 주목할 만한 성과지만, 파인튜닝을 활용해 스테이블 디퓨전에 일반적인 기능 이상의 새로운 기능을 추가할 수 있다면 어떨까? 특수한 기법을 활용한 파인튜닝으로 모델에 인페인팅 기능을 추가하거나 새로운 조건부 생성 능력을 구현할 수 있다.

7.4.1 인페인팅

인페인팅은 이미지의 특정 영역을 마스킹하고 해당 부분을 다른 내용으로 대체하는 기술이다. 이는 이미지 간 변환과 유사하지만 노이즈가 마스킹된 영역에만 추가된다는 중요한 차이점이 있다. 즉, 모델은 해당 영역만 디노이징하고 이미지의 나머지 부분은 그대로 유지하면서 마스킹된 요소를 변경하거나 제거한다.

U-Net에 추가 입력 채널을 포함함으로써 사전 학습된 텍스트-이미지 확산 모델에 인페인팅 기능을 부여할 수 있다. 인페인팅 전문 스테이블 디퓨전 v1 모델은 U-Net에 5개의 추가 입력 채널(0으로 초기화)을 도입하여 약 40만 단계의 추가 학습을 진행했다. 이 중 4개 채널은 인코딩된 마스크 이미지용이고 1개 채널은 마스크 자체를 위한 것이다. 학습 과정에서는 합성 마스크가 생성되며 전체 이미지의 약 25%가 마스킹 처리된다. 마스크 뒤의 원본 이미지 정보를 알고 있으므로 모델은 프롬프트에 기반하여 마스킹된 영역을 자연스럽게 채우는 방법을 학습하게 되며 이를 통해 강력한 이미지 편집 도구로 활용할 수 있다.

스테이블 디퓨전 XL과 같은 고급 모델에서는 추가 파인튜닝 없이도 기본적인 인페인팅 기능을 제공하므로 일부 연구자들은 특화된 파인튜닝 모델이 인페인팅 기능을 실질적으로 개선할 수 있는지에 의문을 제기했다. 그러나 SDXL 전문 인페인팅 모델[20]이 다양한 추가 기능과 함께 출시되어 더 크고 정교한 모델에서도 인페인팅 기법의 잠재력을 증명했다. 인페인팅 특화 모델 학습은 수십만 단계에 걸친 전체 파인튜닝이 필요하므로 일반 개인용 하드웨어로는 학습이 어려우나, 파인튜닝된 모델은 누구나 접근하고 활용할 수 있다. 다음 장에서는 예제 코드와 함께 인페인팅을 더 자세히 살펴볼 예정이다.

---

20 https://oreil.ly/2XgEc

7.4.2 특수 조건 처리를 위한 추가 입력

U-Net에 새로운 입력 채널을 추가해 모델이 인페인팅을 수행하도록 할 수 있듯이, 다른 형태의 조건부 생성도 구현할 수 있다. 이러한 적용 사례 중 하나는 stable-diffusion-2-depth[21]다. 이 모델은 `stable-diffusion-2-base`에서 출발해 MiDaS[22]를 통해 생성된 단안 깊이(카메라로부터의 상대적 거리) 예측을 포함하는 이미지와 사용자 프롬프트를 모두 처리하는 추가 입력 채널과 함께 20만 단계 동안 파인튜닝되었다. 예시는 [그림 7-6]에서 확인할 수 있다.

입력 이미지   MiDaS 깊이 맵   "a mecha robot swimming"

그림 7-6 MiDaS 깊이 조건으로 파인튜닝된 스테이블 디퓨전 2 추론 결과

이 기법은 효과적이지만, 새로운 조건부 생성 기능을 위해 기본 모델을 수백에서 수천 단계 파인튜닝해야 하는 부담 때문에 일부 기업과 연구소에서만 활용할 수 있었다. 그러나 ControlNet, ControLora, T2I 어댑터와 같이 모델 위에 추가 어댑터를 설치하는 기법이 등장하면서 학습과 추론 모두에서 이 과정이 훨씬 효율적으로 개선되었다. 다음 장에서는 이러한 창의적인 텍스트-이미지 응용 사례를 더 깊이 살펴볼 예정이다.

7.5 SDXL 드림부스 LoRA 학습하기 프로젝트

파인튜닝은 텍스트-이미지 확산 모델에 새로운 지식을 도입하는 효과적인 방법이다. 앞에서

---

21 https://oreil.ly/aZoEo
22 https://oreil.ly/5BbI3

학습했듯이 드림부스는 소수의 예시 이미지만으로도 파인튜닝할 수 있게 해 주며, LoRA 학습은 전체 모델 파인튜닝할 때보다 모델 크기가 작고 GPU를 적게 사용한다. 이 프로젝트에서는 드림부스 LoRA를 직접 파인튜닝할 것이다. 드림부스와 LoRA의 기본 원리를 이해한 후, 디퓨저의 고급 스크립트[23]를 활용할 수 있다. 최소 16GB VRAM이 탑재된 GPU가 없다면 구글 코랩[24]이나 허깅 페이스 스페이스[25]를 활용하는 것이 좋다.

목표는 아직 존재하지 않는 새로운 객체나 스타일을 스테이블 디퓨전에 프롬프트로 지정하고 모델이 이를 성공적으로 인식해 새로운 이미지를 생성하도록 하는 것이다. 이 과정은 두 단계로 구성된다.

1. **데이터셋 구성**
    a. 모델에 포함하려는 객체나 스타일을 선정한다. 이는 집 안에 있는 독특한 물건(예 나무 고양이 장난감)이나 가구/그림/러그 스타일일 수 있다.
    b. 이러한 객체를 다양한 각도와 배경에서 촬영한다. 보통 3~8장의 이미지면 충분하다.
    c. 각 이미지를 설명하는 캡션을 작성하고 객체를 묘사하는 고유 토큰(예 `cttoy`)을 사용한다. 예를 들면 다음과 같다.
        — A photo of the front of a `cttoy`, white background
        — A photo of the side of a `cttoy`, flowerpot in the background
    d. 데이터셋을 허깅 페이스 데이터셋 허브[26]에 올리거나 로컬 폴더에 저장한다.

2. **모델 학습**
    a. 적합한 학습 스크립트를 선택한다(권장 스크립트나 기타 유용한 스크립트).
    b. 이미지 폴더를 생성한 로컬 폴더나 허깅 페이스 데이터셋 경로로 지정한다.
    c. 학습을 실행한다. 앞서 설명한 대로 `learning_rate`, `batch_size` 등 다양한 하이퍼매개변수를 조정해 LoRA의 성능을 최적화할 수 있다. 7.3절 'LoRA 학습'을 참조해 학습된 LoRA를 스테이블 디퓨전에 로드하는 방법을 확인한다.
    d. `validation_prompts`를 활용해 학습 중 샘플 생성 결과를 모니터링할 수 있다. 모델 학습이 완료되면 `load_lora_weights`를 사용해 모델이 어떻게 학습되었는지 분석할 수 있다.

---

23 https://oreil.ly/xsXSE
24 https://oreil.ly/3ZIpB
25 https://oreil.ly/cgEOc
26 https://oreil.ly/RV4Bh

7.6 요약

대규모 텍스트-이미지 모델을 처음부터 학습시키려면 막대한 컴퓨팅 자원이 필요하지만 파인튜닝은 단일 GPU로도 기존 모델을 목적에 맞게 커스터마이징해 원하는 결과물을 생성할 수 있는 효율적인 방법이다. 이 장에서는 확산 모델 파인튜닝으로 기존 지식을 유지하면서도 특정 요구사항에 맞게 모델을 최적화하고 확장하는 방법을 배웠다. 전체 파인튜닝 접근법, 특정 캐릭터나 스타일을 위한 드림부스 활용법, 효율성을 위한 LoRA 구현 방법을 학습했다. 또한 확산 모델 파인튜닝으로 새로운 기능을 추가할 수 있다는 점도 확인했다. 요약하자면, 파인튜닝은 생성형 AI 모델 맞춤화를 돕는 유용하고 효과적인 도구다.

이 장에서는 스테이블 디퓨전 모델을 파인튜닝해 스타일, 주제, 기능을 학습시키는 다양한 기법을 살펴보았다. 또한 전체 모델 파인튜닝으로 시작해 원하는 스타일이나 주제로 이미지를 생성하도록 모델 동작을 변경하는 방법을 배웠다. 이후 드림부스와 LoRA와 같은 더 효율적인 기법을 살펴봤는데, 이들은 적은 학습 데이터로도 효과적으로 커스터마이징할 수 있으며 파국적 망각의 위험도 줄여준다.

또한 인페인팅이나 특정 조건을 반영하는 기능처럼, 모델에 새로운 능력을 추가하는 파인튜닝 방식도 살펴봤다. 이를 통해 스테이블 디퓨전을 본래 설계보다 더 폭넓게 활용할 수 있음을 확인했다.

추가로 다음 자료를 검토해 보기를 권장한다.

- '스테이블 디퓨전을 파인튜닝하는 방법: 람다Lambda에서 텍스트를 포켓몬으로 변환하는 모델 생성 방법'[27]
- 'LoRA를 어떻게 학습하는가: m3lt 스타일 학습 개요'[28]
- '안정적인 확산을 파인튜닝해 무한 아이콘 라이브러리 만들기'[29]
- 고급 확산 학습 안내서[30]
- 드림부스 논문[31]
- 확산 모델에서의 LoRA에 관한 포괄적인 소개[32]

---

[27] https://oreil.ly/-Vpcl
[28] https://oreil.ly/oDuD6
[29] https://oreil.ly/dEZP0
[30] https://oreil.ly/xsXSE
[31] https://arxiv.org/abs/2208.12242
[32] https://oreil.ly/zQZ-M

연습 문제

1. 전체 모델 파인튜닝과 드림부스의 핵심적인 차이점을 설명하라.
2. 컴퓨팅 자원과 모델 적응성 측면에서 전체 모델 파인튜닝 대신 LoRA를 사용하는 이점은 무엇인가?
3. 드림부스 학습 시 고유 토큰을 활용하는 것이 중요한 이유는 무엇인가?
4. 새로운 개념 학습 외에도, 파인튜닝은 모델에 새로운 기능을 추가할 수 있다. 파인튜닝 기법으로 모델이 습득할 수 있는 두 가지 기능을 제시하라.
5. 하이퍼매개변수 선택이 확산 모델 파인튜닝 결과에 미치는 영향에 관해 논의하라.
6. 편향된 데이터셋으로 텍스트-이미지 모델을 파인튜닝할 때 발생할 수 있는 잠재적 위험성을 설명하라.

연습 문제와 도전 문제의 해답은 이 책의 깃허브 저장소[33]에 있다.

도전 과제

1. **LoRA와 전체 파인튜닝 비교 실험**: LoRA와 전체 파인튜닝 방식으로 각각 드림부스 모델을 학습시키고 그 결과를 비교 분석한다. LoRA의 rank 하이퍼매개변수를 조정해 결과물에 미치는 영향을 실험해 본다.

참고 자료

1. Gal, Rinon, et al. "An Image Is Worth One Word: Personalizing Text-to-Image Generation Using Textual Inversion." arXiv, August 2, 2022. https://arxiv.org/abs/2208.01618.
2. Hu, Edward J., et al. "LoRA: Low-Rank Adaptation of Large Language Models." arXiv, October 16, 2021. https://arxiv.org/abs/2106.09685.
3. Podell, Dustin, et al. "SDXL: Improving Latent Diffusion Models for High-Resolution Image Synthesis." arXiv, July 4, 2023. http://arxiv.org/abs/2307.01952.
4. Ruiz, Nataniel, et al. "DreamBooth: Fine Tuning Text-to-Image Diffusion Models for Subject-Driven Generation." arXiv, March 15, 2023. https://arxiv.org/abs/2208.12242.
5. Ryu, Simo. LoRA GitHub repository. 2022. https://oreil.ly/L3hEc.

---

[33] https://github.com/yk-genai/genaibook

3부

더 나아가기

3부

- 8장 텍스트-이미지 모델의 창의적 활용
- 9장 오디오 생성
- 10장 생성형 AI 분야의 발전과 최신 동향

CHAPTER 8

텍스트-이미지 모델의 창의적 활용

이 장에서는 텍스트-이미지 모델을 활용한 창의적 응용 사례와 단순히 텍스트를 사용한 이미지 생성을 넘어 더 다양한 기능을 확장하는 방법을 소개한다. 가장 기본적인 응용부터 시작해 점차 고급 응용으로 넘어갈 것이다.

8.1 이미지-이미지 변환

4장과 5장에서 배웠듯이 스테이블 디퓨전과 같은 생성형 텍스트-이미지 확산 모델은 완전히 노이즈가 섞인 이미지에서 텍스트를 기반으로 이미지를 생성할 수 있다. 하지만 완전한 노이즈 이미지 대신 이미 존재하는 이미지에서 시작할 수도 있다. 즉, 초기 이미지에 일부 노이즈를 추가하고 텍스트 프롬프트를 기반으로 모델이 디노이징 과정을 거쳐 부분적으로 수정하도록 하는 것이다. 이 과정을 **이미지-이미지 변환**image to image이라고 하며, 얼마나 노이즈를 추가했는지와 텍스트 프롬프트에 따라 한 이미지가 다른 이미지로 변환된다.

디퓨저 라이브러리를 사용하면 이미지-이미지 파이프라인을 로드할 수 있다. 예를 들어 SDXL을 이용한 방법을 살펴보자. 주요 차이점은 다음과 같다.

- 일반적인 StableDiffusionXLPipeline 대신 StableDiffusionXLImg2ImgPipeline을 사용한다.
- 파이프라인에 프롬프트와 초기 이미지를 모두 전달한다.

이미지-이미지 변환에는 stabilityai/stable-diffusion-xl-base-1.0[1]이나 stabilityai/stable-diffusion-xl-refiner-1.0[2] 모델을 사용할 수 있다. 기본 모델은 이미지를 스타일화하거나 기존 요소에서 새로운 컨텍스트를 생성하고자 할 때 권장된다. 이미지의 세부 사항을 정교하게 다듬는 데 특화된 정제기 모델은 창의적인 변형 없이 세부 사항을 추가하거나 개선하고자 할 때 유용하다.

```python
import torch
from diffusers import StableDiffusionXLImg2ImgPipeline
from genaibook.core import get_device

device = get_device()

# 파이프라인 로드
img2img_pipeline = StableDiffusionXLImg2ImgPipeline.from_pretrained(
    "stabilityai/stable-diffusion-xl-refiner-1.0",
    torch_dtype=torch.float16,
    variant="fp16",
)
```

그런 다음 파이프라인을 디바이스(보통 GPU용 cuda)로 이동시킬 수 있다. GPU 메모리가 많이 필요한 일부 예제에는 대안으로 `img2img_pipeline.enable_model_cpu_offload()`를 사용할 수 있다. 이는 필요에 따라 서브모듈을 GPU로 옮기는 방식으로, 추론 속도는 느려지지만 작은 GPU에서도 모델을 실행하게 해 준다.

```python
# 파이프라인을 디바이스로 이동
# 또는 img2img_pipeline.enable_model_cpu_offload() 사용
img2img_pipeline.to(device)
```

파이프라인이 준비되었으니, 이제 예제를 실행해 보자.

```python
from genaibook.core import SampleURL, load_image, image_grid

# 이미지 로드
```

---

[1] https://oreil.ly/kUqBY
[2] https://oreil.ly/WqqsR

```
url = SampleURL.ToyAstronauts
init_image = load_image(url)

prompt = "Astronaut in a jungle, cold color palette, muted colors, detailed, 8k"

# 프롬프트와 이미지를 파이프라인에 전달
image = img2img_pipeline(prompt, image=init_image, strength=0.5).images[0]
image_grid([init_image, image], rows=1, cols=2)
```

StableDiffusionXLImg2ImgPipeline는 지금까지 사용한 일반 스테이블 디퓨전 파이프라인과 동일한 입력을 받지만 두 가지 추가 매개변수가 있다.

init_image

수정할 원본 이미지

strength

이미지에 추가할 노이즈의 양. 강도^{strength}가 0이면 노이즈가 전혀 추가되지 않아 정확히 동일한 이미지를 반환한다. 강도가 1이면 이미지를 완전히 노이즈화하여 원본 이미지를 완전히 무시하고 일반 텍스트-이미지 파이프라인처럼 작동한다.

[그림 8-1]에서 동일한 이미지에 0부터 1 사이의 강도를 적용한 결과를 확인할 수 있다.

그림 8-1 이미지-이미지 모델을 사용해 0.1부터 1.0까지 디노이징 강도를 다양화한 결과

8장 텍스트-이미지 모델의 창의적 활용 **327**

8.2 인페인팅

인페인팅은 주변 맥락을 기반으로 이미지의 누락된 부분을 채우는 과정이다. 이전 장에서 논의했듯이, 모델을 그대로 인페인팅에 사용하거나 텍스트-이미지 확산 모델을 파인튜닝해 인페인팅 기능을 향상할 수 있다.

텍스트-이미지 확산 모델을 활용한 인페인팅을 살펴보기 전에, 텍스트-이미지 생성 방식과 전통적인 이미지 처리 기법의 차이를 이해해야 한다. 전통적인 방법은 주변 픽셀을 분석하거나 로컬 이미지 통계, 패치 기반 샘플링을 활용해 마스크 영역을 채우는 다양한 알고리즘을 사용한다. 이러한 고전적 접근법은 단순한 배경이나 작은 영역을 복원하는 데 효과적일 수 있지만, 복잡한 텍스처를 처리하거나 이미지 콘텐츠의 의미를 이해하는 데 한계를 보일 때가 많다. 반면, 텍스트-이미지 확산 모델을 활용한 인페인팅은 여러 이점을 제공한다. 이러한 모델은 시각적 맥락뿐만 아니라 의미적 컨텍스트까지 고려해 콘텐츠를 이해하고 생성하므로 더 일관성 있고 창의적인 결과를 얻을 수 있다. 그러나 머신러닝 기반 방법에는 일반적으로 더 많은 컴퓨팅 자원이 필요하다.

인페인팅을 수행하는 방법과 활용할 수 있는 창의적 응용 사례를 살펴보자. 이전과 마찬가지로 `StableDiffusionXLInpaintPipeline`을 사용하여 이를 처리할 수 있다.

```python
from diffusers import StableDiffusionXLInpaintPipeline

# 파이프라인 로드
inpaint_pipeline = StableDiffusionXLInpaintPipeline.from_pretrained(
    "stabilityai/stable-diffusion-xl-base-1.0",
    torch_dtype=torch.float16,
    variant="fp16",
).to(device)

img_url = SampleURL.DogBenchImage
mask_url = SampleURL.DogBenchMask

init_image = load_image(img_url).convert("RGB").resize((1024, 1024))
mask_image = load_image(mask_url).convert("RGB").resize((1024, 1024))

# 이미지와 프롬프트를 파이프라인에 전달
prompt = "A majestic tiger sitting on a bench"
image = inpaint_pipeline(
```

```
        prompt=prompt,
        image=init_image,
        mask_image=mask_image,
        num_inference_steps=50,
        strength=0.80,
        width=init_image.size[0],
        heigth=init_image.size[1],
    ).images[0]
```

결과 그리드의 왼쪽 패널은 소스 이미지, 중간 패널은 마스크 이미지, 오른쪽 패널은 출력 이미지를 나타낸다.

```
image_grid([init_image, mask_image, image], rows=1, cols=3)
```

StableDiffusionXLInpaintPipeline이 받는 가장 중요한 매개변수는 다음과 같다.

init_image

인페인팅할 이미지

mask_image

이진 컬러 마스크 이미지. 검은색은 이미지에서 그대로 유지될 부분을, 흰색은 생성으로 대체될 부분을 나타낸다.

strength

마스크에 추가할 노이즈의 양. 이미지 간 변환의 strength와 유사하지만 마스크 영역에만 적용된다. 강도가 0이면 노이즈가 추가되지 않은 것처럼 동일한 이미지를 반환한다. 강도가 1이면 마스크 영역을 완전히 노이즈화해 매끄럽게 블렌딩되지 않는다. 0.6에서 0.8 사이로 실험해 보자.

기본 확산 모델 외에도 `diffusers/stable-diffusion-xl-inpainting`과 같은 일부 모델은 인페인팅에 특화되도록 파인튜닝되었다. 이러한 모델은 이 작업에 맞게 명시적으로 파인튜닝되어 추론 중에 더 높은 인페인트 효과를 적용할 수 있다.

8.3 프롬프트 가중치와 이미지 편집

4장에서 배웠듯이, 확산 모델은 입력의 가장 관련성 높은 부분에 유연하게 집중할 수 있는 트랜스포머 같은 어텐션 메커니즘을 사용한다. 구체적으로 교차 어텐션은 U-Net 층 내의 트랜스포머를 텍스트 프롬프트로 조건화해 이미지 생성을 조절한다.

하지만 때로는 생성된 이미지를 더 세밀하게 조정하고 싶을 수 있다. 예를 들어 다음과 같은 작업을 할 수 있다.

- 텍스트 임베딩의 스케일을 수정해 프롬프트의 각 단어에 부여되는 가중치를 조정한다.
- 여러 **프롬프트**를 결합해 이미지를 생성한다.
- 원래 이미지의 구조를 유지하면서 세부적인 부분만 편집한다.

이를 위해 「Prompt-to-Prompt Image Editing with Cross Attention Control」[3]은 교차 어텐션을 수정하고 제어하는 방식으로 확산을 조정하는 아이디어를 도입했다. 이 논문에는 디퓨저[4]에서 사용할 수 있는 비공식 구현도 있다.

프롬프트-프롬프트prompt-to-prompt 외에도 어텐드-엑사이트attend-and-excite[5]와 시맨틱 가이던스semantic guidance (SEGA)[6] 같이 생성된 이미지를 편집하는 다른 기술도 등장했으며, 둘 다 디퓨저에 공식 구현이 있다. 이 장에서는 조향성과 편집 품질의 균형을 잘 맞춘 시맨틱 가이던스 편집

---

[3] https://arxiv.org/abs/2208.01626
[4] https://oreil.ly/wXPr_
[5] https://arxiv.org/abs/2301.13826
[6] https://arxiv.org/abs/2301.12247 옮긴이_ 모델이 이미지 생성이나 편집 시 의미적 단서를 활용하도록 유도하는 기법. 이를 사용해 원하는 스타일이나 내용을 더 정밀하게 조정할 수 있다.

을 더 깊이 살펴본다.

8.3.1 프롬프트 가중치와 병합

compel 프롬프트 강화 라이브러리[compel prompt enhancement library][7]는 프롬프트에 가중치를 적용하거나 여러 프롬프트를 병합하는 기능을 제공하며 디퓨저 라이브러리와 쉽게 연동할 수 있다. 이 라이브러리는 프롬프트 문자열을 전처리한 후 CLIP 임베딩 공간에서 해당 임베딩을 조정해 더 효과적인 프롬프트를 생성하는 방식으로 작동한다. 스테이블 디퓨전 XL은 두 개의 텍스트 인코더를 사용하므로 프롬프트에 가중치를 부여하는 과정이 더 복잡하다. 이는 가중치가 두 인코더에서 균형을 이루어야 하고, 두 번째 텍스트 인코더의 출력이 풀링[8]되는 과정이 추가되기 때문이다. compel 라이브러리는 이러한 복잡한 과정을 자동으로 처리해 사용자가 더 쉽게 프롬프트를 다룰 수 있도록 돕는다.

다음은 프롬프트를 제어하는 두 가지 간단한 방법이다.

- 단어 뒤에 + 기호를 추가해 이미지에서 더 두드러지게 하고 텍스트 임베딩의 스케일을 수정한다. - 기호를 사용해 가중치를 낮출 수도 있다. 여러 +와 - 기호를 추가하면 단어의 가중치를 더 높이거나 낮출 수 있다. 단어의 두드러짐은 줄일 수 있지만, 이미지에서 개념을 완전히 제거하지는 못할 수도 있다.
- 두 **프롬프트를 병합**(대괄호 안에 배치)한 다음 각 프롬프트에 대한 가중치를 지정한다.

코드를 작성해 보자. 평소와 같이 파이프라인을 로드하는 것부터 시작한다.

```
from diffusers import DiffusionPipeline

pipeline = DiffusionPipeline.from_pretrained(
    "stabilityai/stable-diffusion-xl-base-1.0",
    torch_dtype=torch.float16,
    variant="fp16",
).to(device)
```

이제 **Compel** 클래스를 초기화하자. 이 클래스는 확산 모델의 토크나이저와 텍스트 인코더를 제공해야 하며 어떤 텍스트 임베딩이 풀링될지 지정해야 한다.

---

7 https://oreil.ly/eVTag
8 풀링은 문장 임베딩에서 했듯이 개별 토큰 임베딩을 하나의 고정 길이 임베딩으로 변환하여 전체 시퀀스를 대표하도록 하는 과정이다.

```python
from compel import Compel, ReturnedEmbeddingsType

# 더 표현력이 풍부하므로 마지막 직전 CLIP 층 사용
embeddings_type = (
    ReturnedEmbeddingsType.PENULTIMATE_HIDDEN_STATES_NON_NORMALIZED
)
compel = Compel(
    tokenizer=[pipeline.tokenizer, pipeline.tokenizer_2],
    text_encoder=[pipeline.text_encoder, pipeline.text_encoder_2],
    returned_embeddings_type=embeddings_type,
    requires_pooled=[False, True],
)
```

마지막으로 다양한 compel 강화 프롬프트로 이미지를 생성할 수 있다.

```python
from genaibook.core import image_grid

# 프롬프트 준비
prompts = []
prompts.append("a humanoid robot eating pasta")
prompts.append(
    "a humanoid+++ robot eating pasta"
)  # 인간 특성을 좀 더 두드러지게 만들기
prompts.append(
    '["a humanoid robot eating pasta", "a van gogh painting"].and(0.8, 0.2)'
)  # 반 고흐 스타일로!

images = []
for prompt in prompts:
    # 여러 생성에 같은 시드 사용
    generator = torch.Generator(device=device).manual_seed(1)

    # compel 라이브러리는 조건부 벡터와 풀링된 프롬프트 임베딩을 모두 반환
    conditioning, pooled = compel(prompt)

    # 조건부와 풀링된 프롬프트 임베딩을 파이프라인에 전달
    image = pipeline(
        prompt_embeds=conditioning,
        pooled_prompt_embeds=pooled,
        num_inference_steps=30,
        generator=generator,
    ).images[0]
```

```
    images.append(image)
image_grid(images, rows=1, cols=3)
```

+는 프롬프트 가중치에 1.1을 곱하는 것과 같고, -는 0.9를 곱하는 것과 같다. +와 - 외에도 aroboteating(pasta)1.2와 같이 토큰에 가중치를 부여할 수도 있다. 더 자세한 내용은 compel 라이브러리의 공식 참고 가이드[9]를 확인하자.

8.3.2 시맨틱 가이던스를 활용한 확산 이미지 편집

앞서 살펴봤듯이 확산 모델을 활용한 이미지 편집 방법은 다양하다. 그중에서도 프롬프트-프롬프트의 교차 어텐션 제어는 널리 사용되는 편집 방식이며, 시맨틱 가이던스(SEGA)는 더 정밀하게 제어하고 세밀하게 편집할 수 있다.

시맨틱 가이던스는 역확산 과정의 각 단계에서 모델의 노이즈 추정치를 조정하는 방식으로 작동한다. 이 동적 노이즈 조정을 통해 텍스트 설명을 바탕으로 잠재 공간에서 의미론적 편집을 수행할 수 있다. 예측된 노이즈를 조정함으로써 시맨틱 가이던스는 수정 방향이 텍스트 임베딩에서 파생된 의미론적 방향과 일치하도록 유도한다. 이 방식은 텍스트 임베딩에 대한 잠재 공간의 그레이디언트를 계산하여, 텍스트 입력만으로도 원하는 의미론적 결과를 효과적으로 반영한 이미지 생성 및 수정을 가능하게 한다. 또한 모델의 기존 아키텍처를 재학습하거나 수정할 필요 없이, 텍스트 입력만으로 동적이고 방향성 있는 변화를 적용할 수 있다.

먼저 SemanticStableDiffusionPipeline을 사용해 a photo of the face of a man을 생성해 보자.

---

9 https://oreil.ly/DES_7

```python
from diffusers import SemanticStableDiffusionPipeline

semantic_pipeline = SemanticStableDiffusionPipeline.from_pretrained(
    "CompVis/stable-diffusion-v1-4", torch_dtype=torch.float16, variant="fp16"
).to(device)
generator = torch.Generator(device=device).manual_seed(100)
out = semantic_pipeline(
    prompt="a photo of the face of a man",
    negative_prompt="low quality, deformed",
    generator=generator,
)
out.images[0]
```

시맨틱 가이던스에는 편집 기능을 위한 몇 가지 중요한 매개변수가 있다.

edit_guidance_scale

모델이 편집 사항을 얼마나 강하게 따라야 하는지에 대한 값

edit_warmup_steps

시맨틱 가이던스를 적용하기 전에 모델이 시작해야 하는 디노이징 단계 수

edit_threshold

원본 이미지의 픽셀 중 얼마나 많은 부분이 보존되어야 하는지에 대한 값

reverse_editing_direction

편집에 개념[10]을 포함할지(False) 제거할지(True) 여부

이런 매개변수와 함께 `editing_prompt`에 `'smiling, smile'`을 추가해 남자가 웃도록 프롬프트를 설정하자.

```python
generator = torch.Generator(device=device).manual_seed(100)
out = semantic_pipeline(
    prompt="a photo of the face of a man",
    negative_prompt="low quality, deformed",
    editing_prompt="smiling, smile",
    edit_guidance_scale=4,
    edit_warmup_steps=10,
    edit_threshold=0.99,
    edit_momentum_scale=0.3,
    edit_mom_beta=0.6,
    reverse_editing_direction=False,
    generator=generator,
)
out.images[0]
```

이번에는 남자가 안경을 쓰도록 `editing_prompt`를 설정해 보자.

---

10 옮긴이_ 이미지 생성 모델의 맥락에서 시각적 요소, 스타일, 또는 특정 대상을 의미한다. 예제 코드에서는 editing_prompt="smile, smile"이 개념으로 사용되었다.

```python
generator = torch.Generator(device=device).manual_seed(100)
out = semantic_pipeline(
    prompt="a photo of the face of a man",
    negative_prompt="low quality, deformed",
    editing_prompt="glasses, wearing glasses",
    reverse_editing_direction=False,
    edit_warmup_steps=10,
    edit_guidance_scale=4,
    edit_threshold=0.99,
    edit_momentum_scale=0.3,
    edit_mom_beta=0.6,
    generator=generator,
)
out.images[0]
```

마지막으로 다음 코드와 같이 여러 editing_prompt를 동시에 적용해 보자. 유일한 차이점은 이제 editing_prompt가 여러 프롬프트 리스트 항목이라는 점이고, 주요 매개변수(edit_warmup_steps 등)도 리스트여야 한다는 점이다.

```python
generator = torch.Generator(device=device).manual_seed(100)
out = semantic_pipeline(
    prompt="a photo of the face of a man",
    negative_prompt="low quality, deformed",
    editing_prompt=[
        "smiling, smile",
```

```
        "glasses, wearing glasses",
    ],
    reverse_editing_direction=[False, False],
    edit_warmup_steps=[10, 10],
    edit_guidance_scale=[6, 6],
    edit_threshold=[0.99, 0.99],
    edit_momentum_scale=0.3,
    edit_mom_beta=0.6,
    generator=generator,
)
out.images[0]
```

8.4 인버전으로 실제 이미지 편집하기

인버전(역전)^{inversion}은 실제 이미지를 사전 학습된 생성 모델의 잠재 공간으로 되돌리는 기술이다. 이 기술은 생성적 적대 신경망(GAN)에서 유망한 결과를 보였으며 유도 확산 모델^{guided diffusion model}에서도 성공적으로 구현되었다.

이제까지 살펴본 시맨틱 가이던스에 관한 질문이 생길 수 있다. 실제 사진을 편집하려면 어떻게 해야 할까? 한 가지 방법은 앞서 소개한 이미지-이미지 변환 방식을 활용하는 것이다. 하지만 이 방식은 편집 범위가 제한적이며 작은 변경에도 예상치 못한 결과가 나올 수 있어 원하는 대로 조정하기 어렵다. 이러한 한계를 극복하려면 더 정교한 편집을 가능하게 하는 확산 모델 기반 편집 기법(프롬프트-프롬프트, 시맨틱 가이던스 등)과 인버전 기술을 결합하는 방법이 효과적이다.

유도 확산 모델의 인버전 과정에서는 디노이저의 **역전된 스케줄러**inversed scheduler를 사용한다. 최초의 인버전 방식인 **DDIM Inverse**[11]는 DDIM 샘플링을 역순으로 수행해 (실제 이미지에서 점진적으로 노이즈를 추가) 이전 타임스텝의 샘플을 잠재 공간으로 변환한다. 이후 디노이징하면 원본 이미지가 복원된다. 단순히 기존 이미지를 재구성하는 것만으로는 특별하지 않지만 인버전 기법은 이미지를 편집할 때 유용한 도구가 될 수 있다.

인버전으로 이미지를 편집하는 가장 단순한 방법은 다음과 같다.

1. 실제 프롬프트와 설명의 DDIM Inverse를 얻는다(예 A photo of a horse in the field).
2. 대상의 이미지에 맞게 프롬프트를 수정한다(예 A photo of a zebra in the field).
3. 수정된 프롬프트로 이미지를 다시 만든다.

결과는 [그림 8-2]에 있다.

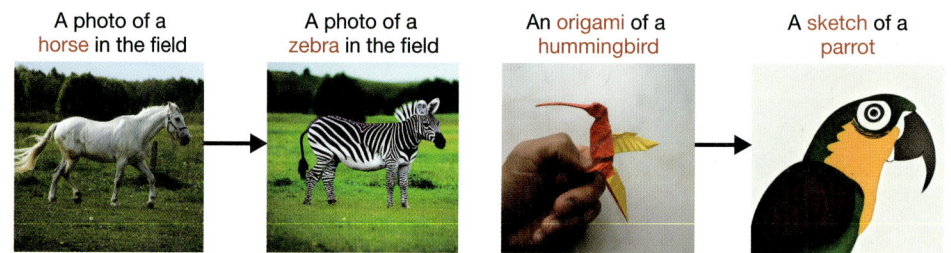

그림 8-2 DDIM 인버전 기법을 이용한 편집(「An Edit Friendly DDPM Noise Space: Inversion and Manipulations」[12]의 이미지를 편집함)

이 결과들은 흥미롭지만 실제 이미지 편집에는 이상적이지 않다.[13] 편집이 용이한 노이즈 공간에서의 DDPM 인버전[14]과 같은 더 고급 기술을 사용하면 더 나은 재구성이 가능하지만, 여전히 가장 광범위한 편집을 제공하지는 못한다.

---

[11] https://oreil.ly/-W5z9
[12] https://arxiv.org/abs/2304.06140
[13] 옮긴이_ 원본 이미지의 디테일을 완벽히 유지하지 못하고 편집 결과가 예측하기 어려우며, 특정 부분만 수정하는 등의 정교한 편집이 어렵다.
[14] https://oreil.ly/XBqjc

인버전 기술과 편집 기술을 결합하면 실제 이미지를 다양하게 편집할 수 있다. 예를 들어 「Null-text Inversion for Editing Real Images Using Guided Diffusion Models」[15]와 「LEDITS++」[16]는 각각 프롬프트-프롬프트와 시맨틱 가이던스를 활용한다.

이러한 기술은 앞서 배운 편집 기술을 활용하지만 프롬프트를 사용해 생성될 이미지의 잠재 공간에서 편집을 제공하는 대신, 이미지가 인버전된 후 재구성 잠재 공간에서 편집이 이루어진다. 여기서는 인버전과 함께 이미 배운 시맨틱 가이던스를 활용한 LEDITS++로 실제 이미지를 편집하는 방법을 배운다.

8.4.1 LEDITS++로 편집하기

LEDITS++는 방금 배운 두 가지 기술인 시맨틱 가이던스와 인버전을 결합한다. 또한 모델이 생성한 교차 어텐션과 노이즈 마스크를 활용해 편집을 구체화하는 기술을 구현한다. 이러한 조합을 통해 시맨틱 가이던스에서 배운 동일한 매개변수로 실제 이미지를 편집할 수 있다.

LEDITS++는 다음과 같이 동작한다.

1. 인버전을 적용해 편집하려는 이미지를 모델이 조작할 수 있는 형식으로 변환한다.
2. `editing_prompt`로 편집 목록을 결정하고 `reverse_editing_direction`으로 편집 방향(해당 개념을 추가할지 제거할지)을 결정한다.
3. 시맨틱 가이던스에서 배운 `edit_guidance_scale`과 `edit_threshold`를 적용해 편집한다.

LEDITS++ 파이프라인을 사용해 보자.

```python
from diffusers import LEditsPPPipelineStableDiffusion

# 일반적인 방식으로 모델 로드
pipe = LEditsPPPipelineStableDiffusion.from_pretrained(
    "stable-diffusion-v1-5/stable-diffusion-v1-5",
    torch_dtype=torch.float16,
    variant="fp16"
)
pipe.to(device)
```

---

[15] https://arxiv.org/abs/2211.09794
[16] https://arxiv.org/abs/2311.16711

```python
image = load_image(SampleURL.ManInGlasses).convert("RGB")

# 이미지를 반전 시키고, 점진적으로 노이즈를 추가하여
# 수정된 방향으로 디노이징할 수 있도록 함,
# 효과적인 편집 제공
pipe.invert(image=image, num_inversion_steps=50, skip=0.2)

# 편집 프롬프트를 통해 이미지 편집
edited_image = pipe(
    editing_prompt=["glasses"],
    # 방향벡터를 수정하여 안경이 제거되도록 모델에게 지시
    reverse_editing_direction=[True],
    edit_guidance_scale=[1.5],
    edit_threshold=[0.95],
).images[0]

image_grid([image, edited_image], rows=1, cols=2)
```

8.4.2 지시 기반 파인튜닝으로 실제 이미지 편집하기

확산 모델에 실제 이미지 편집 기능을 제공하는 또 다른 방법은 이 작업에 맞춰 모델을 파인튜닝하는 것이다. 이 접근법은 InstructPix2Pix 논문[17]에서 처음 시도되었다. 학습에는 원본 이미지, 편집 지시 사항, 편집된 이미지를 포함하는 편집 지시 쌍 데이터셋이 필요하다.

---

[17] https://oreil.ly/qKxf1

스테이블 디퓨전 모델에는 이미지 입력을 받을 수 있도록 첫 번째 합성곱 층에 추가 입력 채널이 부가된다. 이 모델은 원래 스테이블 디퓨전 모델에서 캡션용으로 설계된 텍스트 조건부 메커니즘text-conditioning mechanism을 사용해 학습되며, 프롬프트로 편집 지시 사항을 받도록 수정되었다(그림 8-3).

원본 논문이 발표된 후, 추가로 학습되고 개선된 InstructPix2Pix 모델이 등장했다. 가장 두드러진 것은 스테빌리티 AI의 CosXL Edit[18]로, 고품질 편집을 수행할 수 있도록 변형된 스테이블 디퓨전 XL을 기반으로 학습되었다.

그림 8-3 InstructPix2Pix 기법을 이용한 편집 예시

CosXL 저장소는 접근이 제한되어 있다. 먼저 허깅 페이스의 모델 페이지를 방문해 라이선스

---

18 https://oreil.ly/See_0

를 읽고 약관에 동의한 후 터미널 세션에서 `huggingface-cli login`을 실행하여 로그인한다. 로그인 시 필요한 액세스 토큰은 허깅 페이스의 계정 설정 페이지에서 생성할 수 있다. 구글 코랩 세션에서 모델을 내려받는다면 `HF_TOKEN` 시크릿이나 환경 변수를 설정하고 노트북에 사용 권한을 부여할 수 있다. 다음은 CosXL을 사용한 편집 예시이다.

```python
from diffusers import (
    EDMEulerScheduler,
    StableDiffusionXLInstructPix2PixPipeline,
)
from huggingface_hub import hf_hub_download

edit_file = hf_hub_download(
    repo_id="stabilityai/cosxl", filename="cosxl_edit.safetensors"
)

# from_single_file은 단일 diffusers 파일에서 확산 모델을 로드한다.
pipe_edit = StableDiffusionXLInstructPix2PixPipeline.from_single_file(
    edit_file, num_in_channels=8, is_cosxl_edit=True, torch_dtype=torch.float16
)

# 이 모델은 EDMEulerScheduler가
# 디노이징을 위한 정확한 노이즈 스케줄러가 되도록 학습되었다.
pipe_edit.scheduler = EDMEulerScheduler(
    sigma_min=0.002,
    sigma_max=120.0,
    sigma_data=1.0,
    prediction_type="v_prediction",
    sigma_schedule="exponential",
)
pipe_edit.to(device)

prompt = "make it a cloudy day"
image = load_image(SampleURL.Mountain)
edited_image = pipe_edit(
    prompt=prompt, image=image, num_inference_steps=20
).images[0]

image_grid([image, edited_image], rows=1, cols=2)
```

8.5 컨트롤넷

컨트롤넷ControlNet은 텍스트 프롬프트 조건 외에도 추가 조건을 사용해 이미지 확산 모델을 제어하는 모델이다. 컨트롤넷 모델은 원본 모델의 학습 가능한 복사본에서 학습된다. 직접적인 파인튜닝과 달리 원본 모델을 온전히 보존하고 모든 새로운 조건을 이 학습 가능한 복사본에 반영한다. 따라서 컨트롤넷은 상대적으로 적은 샘플로 학습할 수 있으며 모델의 원래 기능도 보존된다.

컨트롤넷 모델은 다양한 조건을 입력으로 받도록 학습되었다. 예를 들어 [그림 8-4]에서 `canny edges`와 `human pose(OpenPose)`를 볼 수 있으며, 이 외에도 `depthmaps`, `scribble`, `segmentation`, `lineart` 등이 있다. 공식적으로 제공되는 Stable Diffusion v1-5 ControlNet[19]은 허깅 페이스에서 살펴볼 수 있고 커뮤니티에서 학습된 모델은 허깅 페이스 모델[20]에서 확인할 수 있다.

---

19 https://oreil.ly/q7-Rq
20 https://oreil.ly/7JC4H

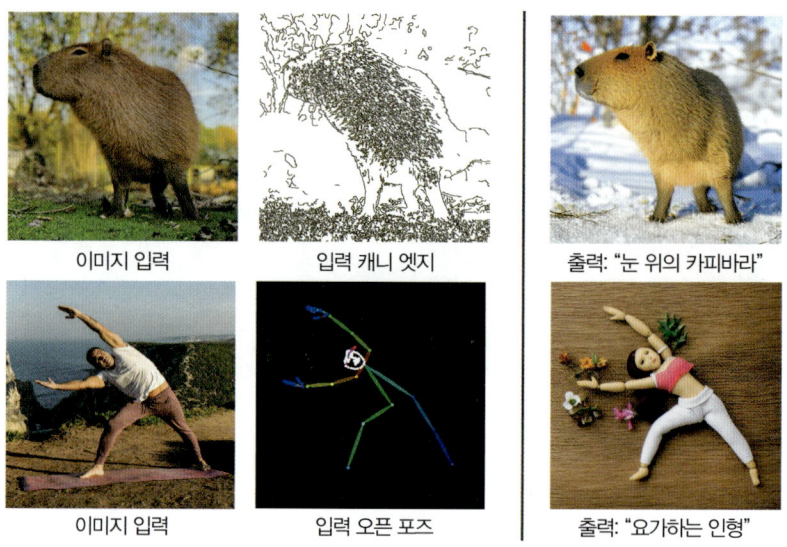

그림 8-4 이미지 입력, 캐니 엣지, 오픈 포즈 조건을 사용한 컨트롤넷 예시와 생성된 출력

컨트롤넷의 다양성과 효율성은 다양한 이미지 생성 및 이미지 조작 작업에 유용한 도구가 된다. 원본 모델의 기능을 유지하면서 출력을 세밀하게 제어하도록 해 줌으로써 컨트롤넷은 창의적이고 실용적인 응용 분야에 새로운 가능성을 열어준다(그림 8-5 참조). 예를 들어 패션 디자인 분야에서 다양한 신체 포즈에 의상을 시각화하는 데 사용하거나, 건축 분야에서 대략적인 스케치를 기반으로 건물 디자인을 생성하거나, 영화 제작 전 단계에서 간단한 선 그림에서 빠르게 스토리보드를 만드는 데 사용할 수 있다. 엣지^{edge}, 포즈 추정$^{pose\ estimation}$, 깊이 맵$^{depth\ map}$과 같은 다양한 제어 입력을 사용하는 능력은 창작자와 개발자에게 특정 요구에 맞게 이미지 생성 프로세스를 조정할 수 있는 유연한 프레임워크를 제공한다.

그림 8-5 오리 컨트롤넷 캐니 예제

공식 사전 학습된 컨트롤넷 모델의 입력 이미지를 원하는 조건 형식으로 전처리하는 데 controlnet_aux[21] 보조 라이브러리를 사용할 것이다. 디퓨저 라이브러리 제작자들은 스테이블 디퓨전 XL용 컨트롤넷도 학습했다. 허깅 페이스 컬렉션[22]에서 이를 찾을 수 있다.

먼저 `StableDiffusionXLControlNetPipeline`로 메인 모델을 로드한다. 이 파이프라인은 디노이징 중에 U-Net에 추가 조건을 제공하는 모델과 함께 `ControlNelModel` 매개변수도 필요하다.

```
from diffusers import ControlNetModel, StableDiffusionXLControlNetPipeline

controlnet = ControlNetModel.from_pretrained(
    "diffusers/controlnet-depth-sdxl-1.0",
    torch_dtype=torch.float16,
    variant="fp16",
)

controlnet_pipeline = StableDiffusionXLControlNetPipeline.from_pretrained(
    "stabilityai/stable-diffusion-xl-base-1.0",
    controlnet=controlnet,
    torch_dtype=torch.float16,
    variant="fp16",
)
controlnet_pipeline.enable_model_cpu_offload()   # 선택 사항, VRAM 절약
controlnet_pipeline.to(device)
```

그런 다음 controlnet_aux를 사용해 이미지를 원하는 조건 형식으로 전처리할 수 있다. 여기서는 깊이 추정 모델로서 `MidasDetector` 전처리를 사용한다. 이 모델은 이미지 입력을 받아 추정된 깊이 맵을 출력하며, 이는 `diffusers/controlnet-depth-sdxl-1.0` 모델의 입력으로 사용된다.

```
from controlnet_aux import MidasDetector
from PIL import Image

original_image = load_image(SampleURL.WomanSpeaking)
original_image = original_image.resize((1024, 1024))
```

---

21 https://oreil.ly/Vjrv-
22 https://oreil.ly/tYZu_

```python
# MiDAS 깊이 감지기 모델 로드
midas = MidasDetector.from_pretrained("lllyasviel/Annotators")

# MiDAS 깊이 감지 적용
processed_image_midas = midas(original_image).resize(
    (1024, 1024), Image.BICUBIC
)
```

마지막으로 프롬프트와 처리된 이미지를 파이프라인에 전달해 새 이미지를 생성할 수 있다. `controlnet_conditioning_scale`은 조건이 최종 결과에 얼마나 강하게 영향을 미칠지 결정한다.

```python
image = controlnet_pipeline(
    "A colorful, ultra-realistic masked super hero singing a song",
    image=processed_image_midas,
    controlnet_conditioning_scale=0.4,
    num_inference_steps=30,
).images[0]
image_grid([original_image, processed_image_midas, image], rows=1, cols=3)
```

컨트롤넷을 학습하는 방법은 이 책에서 다루지 않지만, 이 주제에 관심이 있다면 허깅 페이스 블로그의 'Train Your ControlNet with diffusers(디퓨저로 자신의 ControlNet 학습하기)'[23]를 읽어보기를 추천한다.

---

[23] https://oreil.ly/TYKXl

8.6 이미지 프롬프팅과 이미지 변형

텍스트 프롬프트는 훌륭하지만, 모델에 의도를 표현하려면 때로는 더 많은 것이 필요하다. 확산 모델에 이미지로 프롬프팅하면 입력 범위를 시각적 영역으로 확장할 수 있다.

8.6.1 이미지 변형

창의성을 발전시키려면 때로는 비슷하지만 다른 것을 봐야 할 필요가 있다. 이것이 이미지 변형의 목적이다. 이미지 변형은 주어진 이미지를 받아 재해석하여 친숙하면서도 다른 이미지 생성을 제공하는 것이다. CLIP 이미지 임베딩과 IP-어댑터(IP-Adapter)를 사용하는 두 가지 접근 방식을 살펴보자.

CLIP 이미지 임베딩 사용

5장에서 배웠듯이 스테이블 디퓨전은 CLIP을 텍스트 인코더로 사용한다. 이 외에도 이미지 임베딩을 생성하는 데 CLIP을 사용할 수도 있다. 일부 확산 모델은 이미지 임베딩을 입력으로 사용해 새로운 이미지 변형을 생성하도록 학습되었다. 카를로(karlo)[24]와 칸딘스키(kandinsky)[25]가 그런 모델에 해당된다. 스테이블 디퓨전에서는 이 기능은 기본적으로 작동하지 않지만 파인튜닝으로 가능해질 수 있다. 스테이블 디퓨전 이미지 변형(Stable Diffusion Image Variations)[26]은 CLIP 이미지 임베딩을 받아들이도록 파인튜닝된 스테이블 디퓨전 v1-5 모델이다. 허깅 페이스에서 데모를 직접 실행해 볼 수 있다.[27]

IP-어댑터 사용

모델을 파인튜닝하지 않아도 되는 또 다른 방식은 사전 학습된 IP-어댑터(이미지 프롬프트 어댑터(Image Prompt Adapter))를 활용하는 것이다. 이러한 어댑터는 이미지로 프롬프팅할 수 있게 하여 이미지 변형과 스타일 전송, 주체 정체성 보존(subject identity preservation), 구조 제어(structure control)와 같은 다양한 이미지 프롬프트 사용 사례를 제공한다.

---

[24] https://oreil.ly/WGWNf
[25] https://oreil.ly/_NsIS
[26] https://oreil.ly/ZVOmp
[27] https://oreil.ly/fA2sU

[그림 8-6]에서 볼 수 있듯이, IP-어댑터는 두 가지 구성 요소로 이루어진다. 이미지에서 특징을 추출하는 인코더와 사전 학습된 스테이블 디퓨전 U-Net에 부착되는 분리된 교차 어텐션 모듈이다.

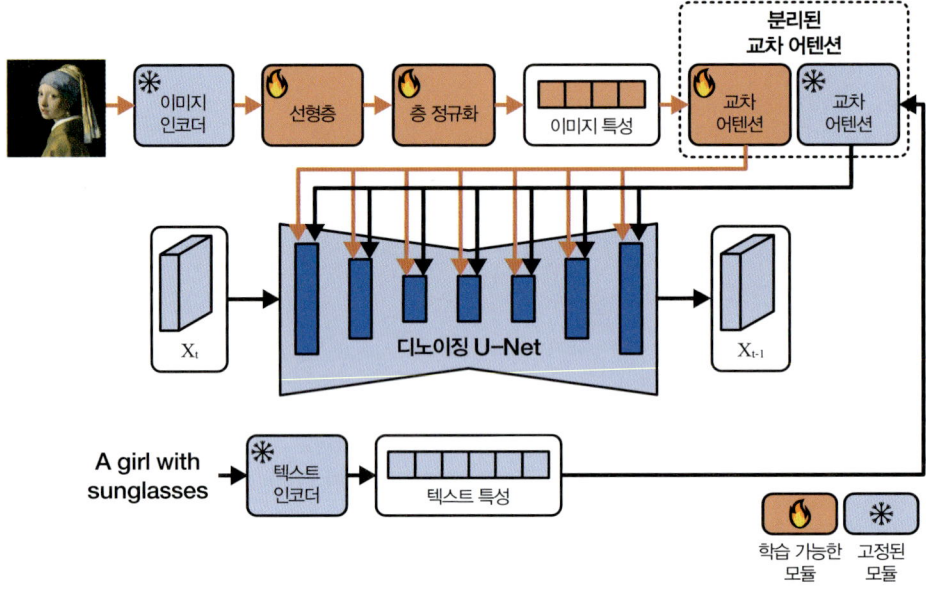

그림 8-6 IP-어댑터 아키텍처(IP-어댑터 논문[28]의 이미지를 참고함)

IP-어댑터를 사용하면 기본 SDXL 파이프라인에서 최소한의 변경만 필요하다.

- load_ip_adapter()를 사용해 IP-어댑터 모델을 로드한다.
- set_ip_adapter_scale()로 IP-어댑터 크기를 지정한다.

이것이 전부이다. IP-어댑터로 이미지 변형을 수행할 때 필요한 참조 이미지와 빈 프롬프트를 제공할 수 있으며, 그 결과는 다음과 같다.

```
from diffusers import StableDiffusionXLPipeline

sdxl_base_pipeline = StableDiffusionXLPipeline.from_pretrained(
    "stabilityai/stable-diffusion-xl-base-1.0",
```

---

28 https://arxiv.org/abs/2308.06721

```
        torch_dtype=torch.float16,
        variant="fp16",
)
sdxl_base_pipeline.to(device)

# IP-어댑터도 로드한다.
sdxl_base_pipeline.load_ip_adapter(
    "h94/IP-Adapter", subfolder="sdxl_models", weight_name="ip-adapter_sdxl.bin"
)

# IP-어댑터가 전체 결과에 얼마나 강한 영향을
# 미칠지 스케일을 설정할 수 있다.
sdxl_base_pipeline.set_ip_adapter_scale(0.8)

image = load_image(SampleURL.ItemsVariation)
original_image = image.resize((1024, 1024))

# 이미지 변형 생성
generator = torch.Generator(device=device).manual_seed(1)
variation_image = sdxl_base_pipeline(
    prompt="",
    ip_adapter_image=original_image,
    num_inference_steps=25,
    generator=generator,
).images

image_grid([original_image, variation_image[0]], rows=1, cols=2)
```

IP-어댑터를 사용해 이미지의 재해석을 생성했다(휘핑크림이 제거되었지만 큰 문제는 아니

다). 이를 활용해 흥미롭고 창의적인 활용이 가능하다. 또한 이미지 프롬프팅을 활용하면 IP-어댑터를 텍스트 프롬프팅 및 이 장에서 다룬 다양한 제어 기법과 함께 적용할 수 있다.

8.6.2 이미지 프롬프팅

IP-어댑터는 단순히 이미지 변형을 생성하는 것 이상의 기능을 제공한다. 이미지를 프롬프트로 활용할 수 있게 하여 스타일 전송과 이 장에서 배운 여러 기법을 적용할 수 있다. 또한 이미지 프롬프트와 텍스트 프롬프트를 함께 사용하게 해 준다.

스타일 변환

IP-어댑터는 기본적으로 스타일 변환^{style transfer} 성능이 뛰어나지만, InstantStyle 논문[29]의 연구자들은 IP-어댑터가 스테이블 디퓨전 모델의 U-Net의 특정 블록에만 적용되면 이미지 스타일에만 독점적으로 영향을 미칠 수 있음을 발견했다. 이 아이디어는 모델에 프롬프트와 스타일 이미지를 전달하면 모델이 프롬프트를 따르면서도 스타일 이미지의 스타일을 반영해 이미지를 생성한다는 것이다. 다음 예제에서는 브라질 화가 타르실라 두 아마라우^{Tarsila do Amaral}의 작품 'O Mamoeiro(파파야 나무)'의 스타일을 적용할 것이다. 주요 차이점은 IP-어댑터의 스케일과 입력 프롬프트가 비어 있지 않다는 점이다.

```
# 이전과 같이 모델과 IP-어댑터를 로드한다.
pipeline = StableDiffusionXLPipeline.from_pretrained(
    "stabilityai/stable-diffusion-xl-base-1.0", torch_dtype=torch.float16
).to(device)

# IP-어댑터를 모델에 로드한다.
pipeline.load_ip_adapter(
    "h94/IP-Adapter", subfolder="sdxl_models", weight_name="ip-adapter_sdxl.bin"
)

# IP-어댑터를 중간 블록에만 적용한다.
# 이는 SDXL에서 스타일에 매핑되어야 하는 곳이다.
scale = {"up": {"block_0": [0.0, 1.0, 0.0]}}
pipeline.set_ip_adapter_scale(scale)
```

---

[29] https://arxiv.org/abs/2404.02733

```python
image = load_image(SampleURL.Mamoeiro)
original_image = image.resize((1024, 1024))

# 스타일화된 이미지를 생성하기 위한 추론을 실행한다.
generator = torch.Generator(device=device).manual_seed(0)
variation_image = pipeline(
    prompt="a cat inside of a box",
    ip_adapter_image=original_image,
    num_inference_steps=25,
    generator=generator,
).images

image_grid([original_image, variation_image[0]], rows=1, cols=2)
```

추가 제어

이제 지금까지 배운 다양한 기법이 어떻게 어우러지는지 살펴보겠다. 컨트롤넷 마스크를 쓴 가수에 'O Mamoeiro' 스타일의 IP-어댑터를 추가해 보자.

```python
controlnet = ControlNetModel.from_pretrained(
    "diffusers/controlnet-depth-sdxl-1.0", torch_dtype=torch.float16
)

# 컨트롤넷 파이프라인 로드
controlnet_pipeline = StableDiffusionXLControlNetPipeline.from_pretrained(
```

```python
    "stabilityai/stable-diffusion-xl-base-1.0",
    controlnet=controlnet,
    torch_dtype=torch.float16,
    variant="fp16",
)
controlnet_pipeline.to(device)

# IP-어댑터 로드
controlnet_pipeline.load_ip_adapter(
    "h94/IP-Adapter", subfolder="sdxl_models", weight_name="ip-adapter_sdxl.bin"
)
# IP-어댑터를 중간 블록에만 적용한다.
# 이는 SDXL에서 스타일에 매핑되어야 하는 곳이다.
scale = {
    "up": {"block_0": [0.0, 1.0, 0.0]},
}
controlnet_pipeline.set_ip_adapter_scale(scale)

# 원본 이미지 로드
original_image = load_image(SampleURL.WomanSpeaking)
original_image = original_image.resize((1024, 1024))

# 스타일 이미지 로드
style_image = load_image(SampleURL.Mamoeiro)
style_image = style_image.resize((1024, 1024))

# MiDAS 깊이 추정 적용
processed_image_midas = midas(original_image).resize(
    (1024, 1024), Image.BICUBIC
)

image = controlnet_pipeline(
    "A masked super hero singing a song",
    image=processed_image_midas,
    ip_adapter_image=style_image,
    controlnet_conditioning_scale=0.5,
).images[0]
image_grid(
    [original_image, style_image, processed_image_midas, image], rows=1, cols=4
)
```

8.7 창의적 그림 생성 프로젝트

이제 직접 창의적으로 그림을 생성해 보자. 이 장에서는 창의적 활용과 표현을 위한 다양한 메커니즘을 소개했다. 앞서 제시한 최소 두 가지 기법을 자신만의 방식으로 통합해 보는 것이 이번 도전 과제다. 앞에서 'O Mamoeiro' 스타일의 마스크 슈퍼히어로를 생성한 것과 유사한 방식으로 다음과 같은 아이디어를 적용해 창의적인 실험을 해 보자.

- 컨트롤넷 캐니 엣지와 IP-어댑터 스타일을 활용해 생활 공간을 새롭게 디자인해 보자. 평소 좋아하는 이미지의 스타일을 참고해 적용하면 더욱 개성 있는 결과물을 얻을 수 있다.
- 종이에 도시의 대략적인 스케치를 그려 사진을 찍은 다음, 이미지-이미지를 적용해 그 도시를 솔라펑크 유토피아로 변환해 보자. 이제 스케치로 생성된 이 솔라펑크 유토피아의 스타일을 참고해 새 도시의 건물, 교통 시스템, 거주자를 만들어 보자.
- 또는 다른 방법으로 잠재 공간을 탐색해 보자.

8.8 요약

이 장에서는 세밀한 제어 기능으로 텍스트-이미지 모델의 성능을 확장하고 다루는 다양한 창의적 응용 사례를 살펴보았다. 이러한 기법은 서로 결합하고 호환되어, 단순히 텍스트를 입력하고 이미지를 출력받는 것을 넘어 복잡한 창작 파이프라인과 예술적 과정을 구현할 수 있다. 이미지 변환, 변형, 스타일 및 구조적 참조, 더 정밀한 프롬프트 제어를 조합함으로써 예술가와 창작 전문가들은 머신러닝 워크플로를 자신의 도구로 효과적으로 활용할 수 있다.

그러나 특히 실제 이미지를 모델의 잠재 공간으로 가져올 때, 이미지 생성을 넘어선 새로운 과제들이 등장한다. 주요 윤리적 문제로는 허위 정보, 기만, 저작권 등이 있다. 이미지 편집 기술을 (어도비 포토샵Adobe Photoshop 전문가뿐 아니라) 모든 사용자가 활용할 수 있게 됨에 따라, 딥페이크나 가상 콘텐츠로 타인을 오도할 수 있는 이미지 조작과 같은 새로운 위험과 도전 과제가 생겨난다. 저작권 문제도 중요하다. 예술적 스타일은 재구성될 수 있지만, 그러한 재구성의 공정한 활용에 관한 법적, 윤리적 경계는 여전히 명확하지 않다. 워터마킹과 같은 보완책은 이미 디퓨저 등의 라이브러리에 구현되었다. 그러나 머신러닝이 제공하는 이러한 새로운 능력을 어떻게 다룰지에 대해서는 사회적 차원의 더 깊은 논의가 필요하다.

하지만 이러한 새로운 모델의 창의적인 잠재력은 흥미로운 발전이다. 윤리적이고 책임감 있게 사용한다면 창작자들에게 상상 이상의 도구가 되어 줄 것이다.

추가로 다음 자료들을 읽어보기를 추천한다.

- IP-Adapter: All You Need to Know[30]
- Train Your ControlNet with diffusers[31]
- 디퓨저 문서의 인페인팅 가이드[32]
- Instruction-tuning Stable Diffusion with InstructPix2Pix[33]
- 이 장의 '참고 자료'에 있는 논문들

연습 문제

1. 인페인팅이 이미지 대 이미지 변환과 무엇이 다른지 설명하고 실용적인 적용 사례를 제시하라.
2. 프롬프트 가중치 부여가 확산 모델의 한계를 극복하는 데 어떻게 도움되는가?
3. 프롬프트-프롬프트 편집과 시맨틱 가이던스의 주요 차이점은 무엇인가?
4. 컨트롤넷은 확산 모델의 기능을 어떻게 향상하는가? 컨트롤넷에 사용할 수 있는 조건의 예를 제시하라.
5. 텍스트-이미지 모델에서 '인버전'이란 무엇이며, 이를 사용해 어떤 일을 할 수 있는가?

연습 문제의 해답은 이 책의 깃허브 저장소[34]에 있다.

[30] https://oreil.ly/yYsJo
[31] https://oreil.ly/TYKXl
[32] https://oreil.ly/UQpgR
[33] https://oreil.ly/8lx5x
[34] https://github.com/yk-genai/genaibook

참고 자료

1. Brack, Manuel, et al. "LEDITS++: Limitless Image Editing Using Text-to-Image Models." arXiv, November 30, 2023. *http://arxiv.org/abs/2311.16711*.
2. Brack, Manuel, et al. "SEGA: Instructing Text-to-Image Models Using Semantic Guidance." arXiv, January 29, 2023. *http://arxiv.org/abs/2301.12247*.
3. Brooks, Tim, et al. "InstructPix2Pix: Learning to Follow Image Editing Instructions." arXiv, November 17, 2022. *https://arxiv.org/abs/2211.09800*.
4. Chefer, Hila, et al. "Attend-and-Excite: Attention-Based Semantic Guidance for Text-to-Image Diffusion Models." arXiv, January 31, 2023. *http://arxiv.org/abs/2301.13826*.
5. Hertz, Amir, et al. "Prompt-to-Prompt Image Editing with Cross Attention Control." arXiv, August 2, 2022. *http://arxiv.org/abs/2208.01626*.
6. Mokady, Ron, et al. "Null-Text Inversion for Editing Real Images Using Guided Diffusion Models." arXiv, November 17, 2022. *http://arxiv.org/abs/2211.09794*.
7. Podell, Dustin, et al. "SDXL: Improving Latent Diffusion Models for High-Resolution Image Synthesis." arXiv, July 4, 2023. *http://arxiv.org/abs/2307.01952*.
8. Wang, Haofan, et al. "InstantStyle: Free Lunch Towards Style-Preserving in Text-to-Image Generation." arXiv, April 4, 2024. *http://arxiv.org/abs/2404.02733*.
9. Ye, Hu, et al. "IP-Adapter: Text Compatible Image Prompt Adapter for Text-to-Image Diffusion Models." arXiv, August 14, 2023. *http://arxiv.org/abs/2308.06721*.
10. Zhang, Lvmin, et al. "Adding Conditional Control to Text-to-Image Diffusion Models." arXiv, February 11, 2023. *https://arxiv.org/abs/2302.05543*.

CHAPTER 9

오디오 생성

1장에서 메타의 뮤직젠 모델에 기반한 트랜스포머 파이프라인을 사용해 오디오 생성의 가능성을 살펴봤다. 이번 장에서는 확산 모델과 트랜스포머 기반 기술을 모두 활용하는 생성형 오디오 분야를 깊이 탐구하며 새로운 과제와 활용 방안을 소개한다. 예를 들어 전화 통화 중 배경 소음을 실시간으로 제거하거나, 회의 내용을 명확하게 기록하고 요약하거나, 특정 가수가 부른 노래를 다른 언어 버전으로 재생성할 수 있다. 또는 모차르트와 빌리 아일리시의 곡을 마리아치 스타일로 편곡할 수도 있다. 이런 기술이 만들어가는 미래를 함께 살펴보자.

머신러닝과 오디오를 활용해 어떤 작업을 수행할 수 있을까? 가장 일반적인 두 가지 작업은 음성을 텍스트로 변환하는 자동 음성 인식 automatic speech recognition (ASR)과 텍스트를 음성으로 생성하는 텍스트 음성 변환 text to speech (TTS)이다. ASR에서는 모델이 한 사람(또는 여러 사람)이 말하는 오디오를 입력으로 받아 해당 텍스트를 출력한다. 일부 모델에서는 출력이 누가 언제 말했는지와 같은 추가 정보도 캡처한다. ASR 시스템은 가상 음성 비서부터 자막 생성기까지 널리 사용된다. 최근 몇 년간 대중에게 공개된 많은 오픈 액세스 모델 open-access model 덕분에 다국어 지원과 엣지 디바이스[1]에서의 직접 실행에 관한 흥미로운 연구가 진행되고 있다.

텍스트 음성 변환(TTS)에서는 모델이 합성된 음성을 생성하고 가능한 한 현실적인 음성을 생성한다. ASR과 마찬가지로 TTS에서도 엣지 디바이스에서의 모델 실행과 다국어 지원에 상당

---

[1] 옮긴이_ 중앙 서버가 아닌 사용자와 가까운 곳에서 데이터를 처리하는 장치로, 스마트폰, IoT 기기, 스마트 카메라, 자율주행차 등이 이에 해당한다. 이러한 장치는 클라우드 서버에 의존하지 않고 실시간으로 데이터를 분석하고 처리할 수 있으므로 지연 시간을 줄이고 개인정보 보호를 강화하는 데 유리하다.

한 관심이 모이고 있다. 또한 TTS는 여러 화자의 음성 생성, 더 자연스러운 목소리 구현, 억양, 쉼표, 감정 표현, 음높이^{pitch} 제어, 억양 같은 특성을 생성물에 반영하는 등의 고유한 과제를 안고 있다.

TTS와 ASR이 가장 인기 있는 작업이지만, 머신러닝과 오디오를 활용해 다양한 다른 작업도 수행할 수 있다([그림 9-1]에 일부 표시).

텍스트를 오디오로 변환
텍스트 음성 변환(TTS)을 텍스트-오디오^{text to audio}(TTA)로 일반화해 프롬프트를 기반으로 모델이 멜로디, 음향 효과, 노래 등을 생성할 수 있다.

음성 복제^{voice cloning}
톤, 음높이, 운율^{prosody}을 포함한 사람의 음성이 보존되어 새로운 소리를 생성한다.

오디오 분류
모델이 제공된 오디오를 분류한다. 일반적인 예로는 명령어 인식 및 화자 식별이 있다.

음성 향상
모델이 오디오에서 소음을 제거하고 음성을 더 선명하게 만든다.

오디오 번역
모델이 소스 언어 X의 오디오를 입력받아 대상 언어 Y의 오디오를 출력한다.

화자 분리^{speaker diarization}
모델이 특정 시간에 말하는 화자를 식별한다.

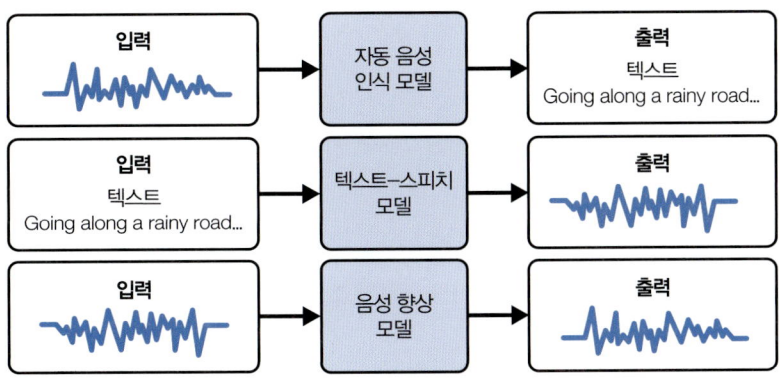

그림 9-1 오디오 작업의 예시

오디오 관련 작업에는 여러 어려움이 따른다. 첫째, 원시 오디오 신호로 작업하는 것은 텍스트로 작업하는 것보다 더 복잡하고 직관적이지 않다. 많은 응용 분야에서 오디오 모델은 실시간으로 실행되거나 엣지 디바이스에서 작동되어야 하므로 모델 크기와 추론 속도에 제약이 있다. 현재의 확산 모델은 대화형 번역에 사용하기에는 너무 느릴 것이다. 또한 생성 오디오 모델은 평가하기가 어려울 수 있다. 가령 모델이 생성한 노래의 품질이 좋은지를 어떻게 측정해야 할까?

이러한 작업에 활용할 수 있는 수백 개의 오픈 액세스 모델과 데이터셋이 있다. 모질라 재단에서 개발한 인기 있는 크라우드소싱 데이터셋인 커먼 보이스^{Common Voice}[2]에는 100개 이상의 언어로 된 2,000시간 이상 분량의 오디오 파일과 이를 전사한 텍스트가 포함된다. LibriSpeech, VoxPopuli, GigaSpeech 등 인기 있는 오디오 데이터셋들도 각각 고유한 도메인과 사용 사례에 적합하다. 오픈 소스 데이터셋과 마찬가지로 다수의 오픈 액세스 모델도 사용할 수 있다. 이 장에서는 메타의 Wav2Vec2, 오픈AI의 Whisper, 마이크로소프트의 SpeechT5, 스노 AI^{Suno AI}의 Bark와 같은 트랜스포머 기반 모델을 살펴본다. 또한 스테이블 디퓨전(노래용), 댄스 디퓨전^{dance diffusion}, AudioLDM과 같이 노래를 생성할 수 있는 흥미로운 확산 모델도 알아본다. 다른 모달리티로 전환하기가 어려울 수 있지만, 지금까지 살펴본 여러 생성 도구를 활용할 준비가 되었다.

---

[2] https://oreil.ly/AHfTa

9.1 오디오 데이터

우선, 오디오 데이터의 구성과 사용법을 살펴보자. LibriSpeech 데이터셋[3]은 책의 낭독 음성이 1,000시간 이상 포함되어서 음성 인식 시스템의 학습 및 평가에 유용하다. 오디오 데이터셋을 다룰 때 부딪히는 어려움 중 하나는 데이터 크기가 크다는 점이다. 오디오 데이터셋은 금방 테라바이트 단위로 커져 하드 드라이브 용량을 초과할 수도 있다.

`load_dataset_builder()`를 사용하면 모든 데이터를 로드하지 않고도 데이터셋 구조를 더 잘 파악할 수 있다.

```python
from datasets import load_dataset_builder

ds_builder = load_dataset_builder(
    "openslr/librispeech_asr", trust_remote_code=True
)
ds_builder.info.splits
```

```
{'test.clean': SplitInfo(name='test.clean',
                         num_bytes=368449831,
                         num_examples=2620,
                         shard_lengths=None,
                         dataset_name=None),
 'test.other': SplitInfo(name='test.other',
                         num_bytes=353231518,
                         num_examples=2939,
                         shard_lengths=None,
                         dataset_name=None),
 'train.clean.100': SplitInfo(name='train.clean.100',
                         num_bytes=6627791685,
                         num_examples=28539,
                         shard_lengths=None,
                         dataset_name=None),
 'train.clean.360': SplitInfo(name='train.clean.360',
                         num_bytes=23927767570,
                         num_examples=104014,
                         shard_lengths=None,
                         dataset_name=None),
```

---

[3] https://oreil.ly/Rw7-f

```
    'train.other.500': SplitInfo(name='train.other.500',
                                 num_bytes=31852502880,
                                 num_examples=148688,
                                 shard_lengths=None,
                                 dataset_name=None),
    'validation.clean': SplitInfo(name='validation.clean',
                                  num_bytes=359505691,
                                  num_examples=2703,
                                  shard_lengths=None,
                                  dataset_name=None),
    'validation.other': SplitInfo(name='validation.other',
                                  num_bytes=337213112,
                                  num_examples=2864,
                                  shard_lengths=None,
                                  dataset_name=None)}
```

이 데이터셋의 저자들은 코퍼스의 규모가 너무 커서 다루기 어려운 문제를 해결하려고 100시간, 360시간, 500시간 단위로 나눴다. 학습 데이터만 해도 60GB가 넘으니 그럴 만하다. 모든 데이터를 로드하지 않고도 `.info.features`를 사용해 특성을 살펴볼 수 있다.

```
ds_builder.info.features
```

```
{'file': Value(dtype='string', id=None),
 'audio': Audio(sampling_rate=16000, mono=True, decode=True, id=None),
 'text': Value(dtype='string', id=None),
 'speaker_id': Value(dtype='int64', id=None),
 'chapter_id': Value(dtype='int64', id=None),
 'id': Value(dtype='string', id=None)}
```

가장 중요한 특성은 text와 audio다. 이 두 가지 정보를 활용하면 기본적인 음성 인식 파이프라인을 구축할 수 있다. 즉, 음성과 그에 대응하는 텍스트 데이터가 제공된다. 각 특성은 내부적으로 특정한 타입을 가진다. 예를 들어 text는 string 데이터 타입으로 구성된 Value 특성이고, audio는 오디오 데이터를 포함하는 Audio 특성이다. 이미지와 마찬가지로 오디오는 여러 채널로 표현될 수 있다. mono 속성은 오디오가 모노(단일 채널, 균일한 소리 경험 제공)인지 스테레오(두 채널, 방향감 제공)인지를 나타낸다. 다음 절에서 sampling_rate와 decode가 무엇을 의미하는지 알아보자.

데이터셋이 매우 크므로 효율적으로 작업할 방법을 찾아야 한다. 전체 데이터셋을 내려받지 않고 `streaming` 모드를 사용해 한 번에 하나의 예제를 로드할 수 있다. 이렇게 하면 디스크 공간을 소비하지 않고 내려받으면서 데이터셋의 샘플을 바로 사용할 수 있다. datasets 라이브러리로 스트리밍 모드를 사용하면 일반적인 파이썬 반복자[iterator]처럼 사용할 수 있는 `IterableDataset`을 얻을 수 있다. 100시간 분할의 첫 번째 예제를 살펴보자.

```python
from datasets import load_dataset

ds = load_dataset(
    "openslr/librispeech_asr",
    split="train.clean.360",
    streaming=True,
)
sample = next(iter(ds))
sample
```

```
{'audio': {'array': array([ 9.15527344e-05, 4.57763672e-04, 5.18798828e-04, ...,
       -4.57763672e-04, -5.49316406e-04, -4.88281250e-04]),
  'path': '1487-133273-0000.flac',
  'sampling_rate': 16000},
 'chapter_id': 133273,
 'file': '1487-133273-0000.flac',
 'id': '1487-133273-0000',
 'speaker_id': 1487,
 'text': 'THE SECOND IN IMPORTANCE IS AS FOLLOWS SOVEREIGNTY MAY BE '
         'DEFINED TO BE THE RIGHT OF MAKING LAWS IN FRANCE THE KING '
         'REALLY EXERCISES A PORTION OF THE SOVEREIGN POWER SINCE '
         'THE LAWS HAVE NO WEIGHT'}
```

이 샘플은 오디오와 해당 텍스트를 제공한다. `audio` 항목은 다음과 같은 특성을 포함한다.

- 디코딩된 오디오 데이터가 있는 배열(array). 오디오 특성에 decode가 True로 설정되어 오디오가 이미 디코딩되어 있다. 그렇지 않으면 오디오에 바이트가 포함되어 직접 디코딩해야 한다.
- 내려받은 오디오 파일의 경로(path)
- 오디오를 올바르게 로드하는 데 필수적인 샘플링 레이트(sampling_rate)

지금부터 오디오의 정의를 배울 테니 이러한 개념이 생소하더라도 걱정하지 말자.

오디오는 시간에 따른 무한한 값의 집합이다. 컴퓨터는 연속적인 데이터로 작업할 수 없으므로 오디오 신호를 처리해 디지털 이산$^{\text{digital discrete}}$(유한)값으로 표현해야 한다. 이를 위해 많은 스냅샷을 찍는데, 1초 동안 스냅샷을 몇 번 찍었는지를 나타내는 값을 **샘플링 레이트**$^{\text{sampling rate}}$라고 한다. 예를 들어 이 오디오 샘플은 audio 특성에서 샘플링 레이트가 16,000(단위는 헤르츠)임을 볼 수 있다. 이는 1초당 16,000개의 샘플을 찍는다는 의미이고 1분짜리 오디오 파일이 있다면 거의 백만 개가 될 것이다. 오디오 데이터셋이 매우 큰 이유도 여기에 있다. [그림 9-2]는 샘플링 레이트 6을 사용해 샘플링된 오디오 파형을 보여준다.

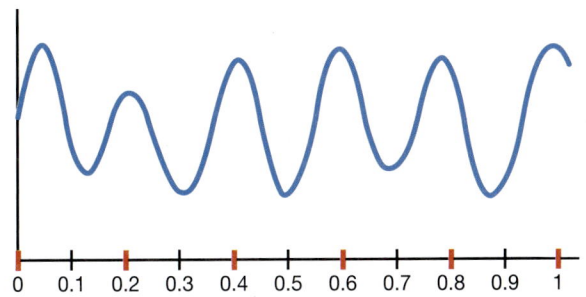

그림 9-2 샘플링 레이트로 6으로 샘플링된 파형으로, 1/6초 간격으로 분산된다.

샘플링 레이트는 필수 매개변수다. 오디오 머신러닝 작업 시에는 모든 오디오 샘플의 샘플링 레이트가 동일해야 한다. 모델은 특정 속도로 샘플링된 데이터로 사전 학습되므로, 파인튜닝이나 추론을 실행할 때 동일한 샘플링 레이트를 사용해야 한다. 인기 있는 오디오 데이터셋 중 일부는 샘플링 레이트가 16,000이지만, 항상 그렇지는 않으므로 전처리 단계에서 데이터를 재샘플링해야 한다.

```
array = sample["audio"]["array"]
sampling_rate = sample["audio"]["sampling_rate"]

# 처음 5초만 가져오기
array = array[: sampling_rate * 5]
```

```
print(f"Number of samples: {len(array)}. Values: {array}")
('Number of samples: 80000. Values: [9.15527344e-05 4.57763672e-04 '
 '5.18798828e-04 ... 7.05261230e-02\n'
```

```
 ' 5.92041016e-02 6.50329590e-02]')
```

Python.display.Audio() 함수를 사용하거나 공식 인터랙티브 데모[4]에 접속해 이 장의 모든 오디오 샘플을 들을 수 있다. 100시간 분할의 첫 번째 오디오 샘플을 들어보자.

```
import IPython.display as ipd

ipd.Audio(data=array, rate=sampling_rate)
```

> **NOTE** Audio 특성의 decode와 mono가 무엇인지 궁금할 수 있다. decode 속성은 데이터를 디코딩(부동 소수점 배열로 반환)해야 하는지를 지정한다. mono 속성은 오디오가 모노(한 채널)인지 다중 채널인지를 지정한다. 다음 절에서 이에 관한 예제를 살펴볼 것이다.

9.1.1 파형

이전 절에서는 오디오를 처리하는 데 디지털 이산 표현을 사용한다는 점을 확인했다. 내부적으로 오디오는 단순히 값의 배열로 구성된다. 이러한 배열은 다양한 작업을 모델에 학습시키는 데 필요한 정보를 포함하므로 응용 프로그램을 다루기 전에 배열을 이해하는 데 시간을 할애하는 것이 좋다.

배열은 무엇을 나타내는가? 배열의 각 값은 진폭^{amplitude}을 나타내며, 이는 소리의 세기를 설명하고 데시벨로 측정된다.[5] 진폭은 기준값보다 소리가 얼마나 큰지를 알려준다. 0dB(기준값)은 인간의 귀가 인식하는 가장 낮은 소리를 나타낸다. 숨소리는 약 10dB이고 강렬한 콘서트는 120dB(고통스러워지기 시작함) 정도이다. 1883년에 발생한 크라카토아^{Krakatoa} 화산 분화는 약 310dB로 추정되며 약 3,000마일(4,800킬로미터) 떨어진 곳에서도 소리를 들을 수 있었다고 한다(그림 9-3).

---

[4] https://oreil.ly/a5Yn_
[5] 정확히 말하면, 진동은 공기(또는 다른 매질)에서 변화를 일으켜 소리를 만든다. 이러한 진동은 소리파를 발생시키며, 귀에서 압력 변화를 일으킨다.

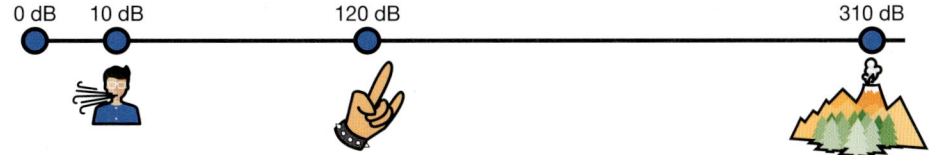

그림 9-3 데시벨(dB) 척도에서의 소리 진폭 예시

진폭은 일반적으로 데시벨로 측정되지만 배열은 −1에서 1 사이의 수로 정규화될 때가 많다. 오디오를 시각화하려면 시간에 따른 진폭을 나타내는 **파형**waveform을 사용할 수 있다. librosa라는 오디오 데이터 작업용 인기 라이브러리를 사용해 파형을 그려보자.

```
import librosa.display

librosa.display.waveshow(array, sr=sampling_rate);
```

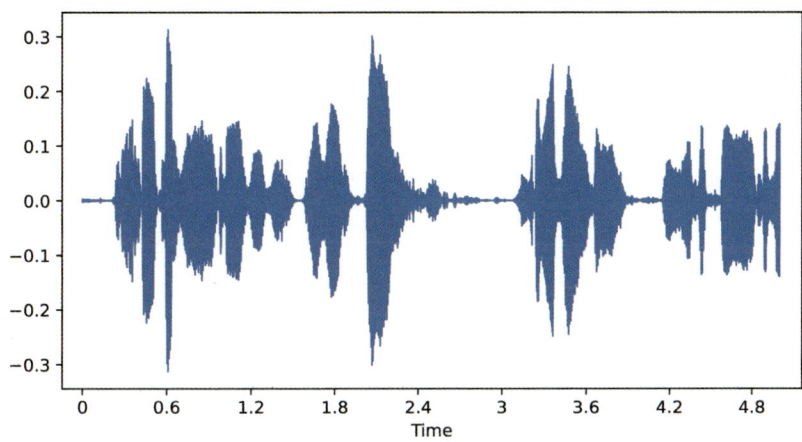

파형은 오디오 데이터를 처음 살펴볼 때 도움이 된다. 오디오를 들어보면 첫 번째 파형은 낭독자가 'the second in importance is as follows'라고 말한 후 짧게 멈춘 부분에 해당함을 확인할 수 있다. 일반적으로, 파형은 오디오의 불규칙성을 식별하고 신호와 그 패턴에 대한 전반적인 이해를 돕는 명확한 방법이다.

9.1.2 스펙트로그램

파형과 스펙트로그램spectrogram(그림 9-4)은 오디오 신호를 표현하는 방법이다. 이 절에서는 스펙트로그램이 무엇인지와 언제 사용하는지를 설명한다.

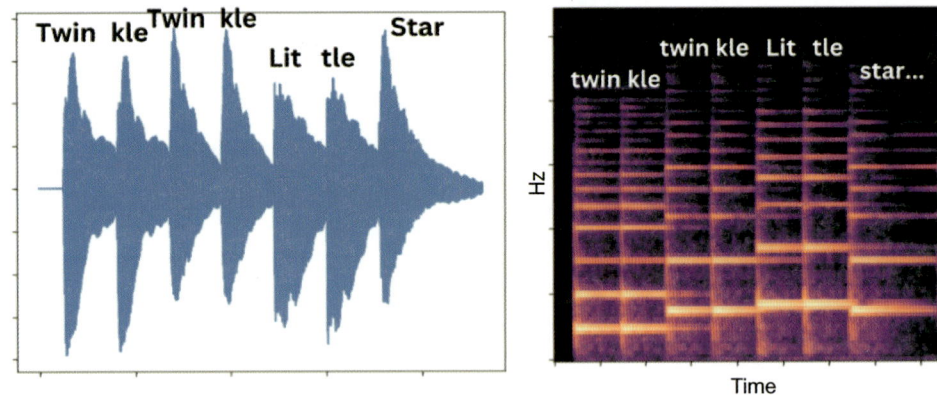

그림 9-4 동일한 오디오 클립을 표현하는 파형(왼쪽)과 멜 스펙트로그램mel spectrogram(오른쪽)

새로운 소리나 합성 음성을 만드는 생성 모델을 학습시키고 싶다고 가정해 보자. 간단한 방법은 원시 오디오 파형을 모델의 입력으로 사용하는 것이다. 파형은 소리를 직접적이고 직관적으로 나타내며 원래의 소리를 재생하는 데 필요한 모든 정보를 포함한다. 데이터셋에서 몇 가지 샘플을 들어보면 목소리나 음악 등 어떤 소리를 포함하든 쉽게 확인할 수 있다. 파형이 소리를 정확하게 표현할 수 있다면 왜 모델을 학습시키는 데 사용하지 않을까?

첫 번째 문제는 파형의 차원성이다. 파형은 1차원이지만 아주 많은 데이터 포인트로 이루어진다. 오디오의 매초에 모델이 처리해야 할 샘플이 수만 개에 이르러 데이터에서 패턴과 구조를 배우기가 어렵다. 이 높은 차원성 때문에 모델이 데이터를 효과적으로 학습하고 구조를 파악하기가 어려워진다.

또한 인간의 청각 시스템은 음의 주파수 특성과 관련된 음높이나 음색의 작은 차이에 아주 민감하다. 이 속성은 파형의 모양에 담겨 있지만, 파형을 보는 것만으로는 쉽게 식별하기가 어렵다. 파형에서 가장 쉽게 추출할 수 있는 정보는 시간에 따른 진폭 변화이며, 이를 **시간 도메인**time domain이라고 한다. 그러나 피아노와 바이올린 소리의 차이와 같은 주파수 특성은 파형만으로는 구분하기가 훨씬 더 어렵다(그림 9-5).

원시 파형 데이터를 사용해 모델을 학습시킬 수 있긴 하지만(이 장의 뒷부분에서 다룰 예정임), 데이터의 양이 많아 어려움이 따른다. 예를 들어 16,000Hz 샘플링 레이트인 1분 길이의 오디오에는 거의 백만 개의 샘플이 포함된다. 샘플을 평균화하거나 결합해 차원 수를 줄이면 주파수 도메인에서 중요한 세부 사항이 손실될 수 있다. 16,000Hz 샘플링 레이트는 음성에는 적당하지만 고품질 음악에는 충분하지 않다. CD에서 스트리밍 서비스에 이르기까지, 소비자 오디오 표준이 보통 44.1kHz 이상의 샘플링 레이트를 사용하는 데는 이유가 있다.

이러한 문제를 고려할 때, 더 효과적인 접근 방식은 오디오 파형을 **스펙트로그램**이라는 다른 형태로 변환하는 것이다. 스펙트로그램은 소리의 주파수와 진폭이 시간에 따라 어떻게 변화하는지를 시각적으로 표현한다. 주파수 세부 사항을 명확하게 캡처함으로써 오디오 신호의 구조적이고 유용한 표현을 제공해 모델 학습을 더 용이하게 한다. 스펙트로그램은 문제를 시간 도메인에서 시간-주파수 도메인time-frequency domain으로 변환하며, 이는 오디오를 포함한 머신러닝 작업에 더 적합할 때가 많다. 하지만 스펙트로그램은 손실 표현이라는 점을 유의해야 한다. 즉, 원래의 파형 데이터를 모두 보존하지는 않는다. 하지만 이런 손실은 보통 받아들일 수 있는 수준이다. 스펙트로그램은 인간의 청각 시스템과 관련된 중요한 특성을 보존하기 때문이다.

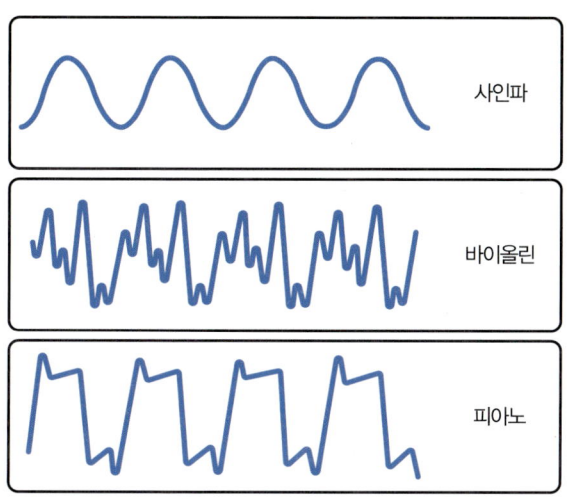

그림 9-5 여러 악기로 연주된 동일한 음표는 음높이(주파수)와 진폭이 동일하지만 파형의 모양 변화 때문에 소리가 다르다. 순수한 음표는 완벽한 사인파sine wave다.

스펙트로그램을 살펴보기 전에 주파수를 살펴보자. 진폭 범위는 동일하지만 주파수가 다른 네 개의 파형을 그려보자.

```python
import numpy as np
from matplotlib import pyplot as plt


def plot_sine(freq):
    sr = 1000  # 초당 샘플 수
    ts = 1.0 / sr  # 샘플링 간격
    t = np.arange(0, 1, ts)  # 시간 벡터
    amplitude = np.sin(2 * np.pi * freq * t)

    plt.plot(t, amplitude)
    plt.title("Sine wave with frequency {}".format(freq))
    plt.xlabel("Time")


fig = plt.figure()

plt.subplot(2, 2, 1)
plot_sine(1)

plt.subplot(2, 2, 2)
plot_sine(2)

plt.subplot(2, 2, 3)
plot_sine(5)

plt.subplot(2, 2, 4)
plot_sine(30)

fig.tight_layout()
plt.show()
```

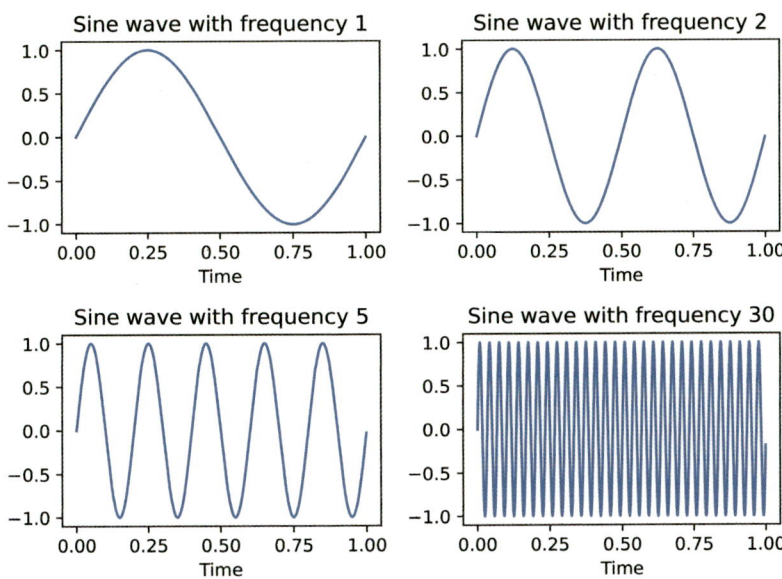

파형을 비교해 보면 진폭 범위는 동일하지만 주파수가 다르다. 이는 단순한 사인파이지만 실제 소리는 훨씬 더 복잡하다. 일반적으로 소리는 다양한 주파수와 진폭의 여러 파형이 합쳐진 형태다. 따라서 먼저 소리 파형을 여러 개의 더 단순한 구성 요소로 분해하는 과정이 필요하다. 그렇다면 이 과정이 왜 유용할까? 이 과정에서 모델이 활용할 수 있는 중요한 정보를 추출할 수 있기 때문이다. 즉, 다양한 주파수에서 시간에 따라 진폭이 어떻게 변하는지를 분석할 수 있다. 그렇다면 소리를 어떻게 분해해야 할까? 단일 함수를 여러 개의 함수로 분해하는 수학적 기법인 푸리에 변환Fourier transform(FT)을 활용하면 된다.[6]

간단한 사인 함수로 시작해 보자(그림 9-6). 첫 번째 열에는 사인 함수가 있고 두 번째 열에는 주파수 도메인의 함수인 FT 그래프가 있다.

---

[6] 푸리에 변환은 이 책에서 자세히 다루지 않지만, 3Blue1Brown의 푸리에 변환 설명 영상(https://oreil.ly/rByY0) 등 푸리에 변환을 다루는 교육 자료가 많다.

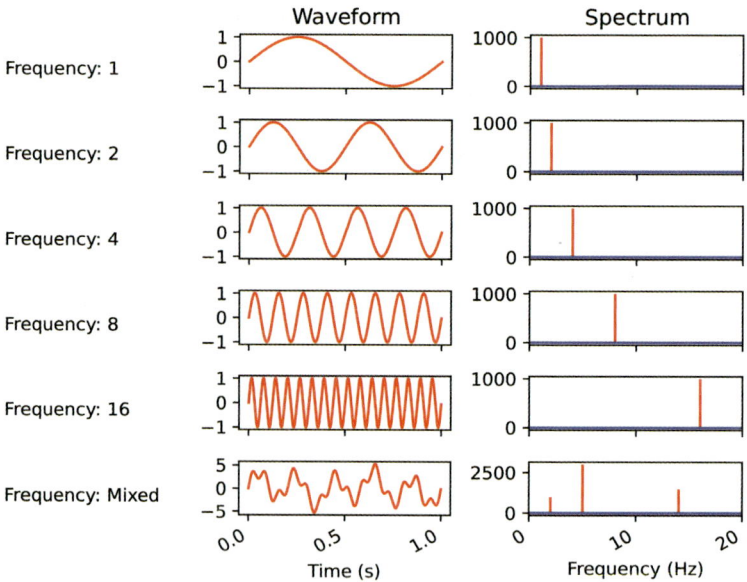

그림 9-6 일부 사인 함수와 해당 주파수 스펙트럼. 순수한 음(사인파)은 사인 주기에서 단일 피크를 나타내지만, 더 복잡한 소리는 주파수 도메인에서 여러 피크를 보여준다.

위쪽 행부터 분석해 보자. 왼쪽에는 주파수가 초당 한 사이클인 사인파(원본 파형)가 있다. 오른쪽의 FT 플롯은 x축에 주파수, y축에 주파수 도메인의 진폭을 나타낸다. 여기서 주파수 1에서 피크[peak]가 나타나는데, 이는 원본 파형의 주파수와 일치한다. 다음 행에서는 다른 주파수의 예시를 보여주며 동일한 패턴을 따른다. 즉 FT 플롯의 피크는 원본 파형의 주파수에서 관찰된다. y값은 샘플 수의 절반(이 예제에서는 샘플링 레이트가 2,000Hz이고 1초 길이이므로 총 2,000개 샘플)과 원본 파형의 진폭(첫 다섯 행에서는 1)을 곱한 값이다.[7]

이제 마지막 행을 살펴보자. 여기서는 더 흥미로운 예제를 다룬다. 이 파형은 세 개의 사인 함수를 결합한 것으로, 각각의 진폭(1, 3, 1.5)과 주파수(2, 5, 14)가 다르다. 파형만 보고 이 구성 요소를 구별하기는 어렵지만 주파수 도메인을 활용하면 이를 쉽게 분석할 수 있다. 실제로 주파수 도메인에서는 원래 함수의 주파수에 해당하는 세 개의 피크(2, 5, 14)Hz를 확인할 수 있다. 이를 바탕으로 초기 파형이 어떤 주파수 성분으로 구성되었는지를 역추적할 수 있다.

---

7 여기에는 몇 가지 중요한 점이 있다. 실수 신호의 푸리에 변환(FT)을 계산하면 절댓값이 대칭을 이루므로 주파수 도메인에서 좌우가 반사된 형태로 나타난다. 따라서 설명을 위해 주파수의 절반만 표시하여 시각화한다.

예를 들어 주파수 2Hz일 때 주파수 도메인에서의 진폭(오른쪽 y축값)은 1,000이다. 이를 1,000×2 / 2,000으로 계산하면 1이 되는데, 이는 원래 파형을 구성하는 첫 번째 사인 함수의 진폭과 일치한다. 같은 방식으로 주파수 5Hz에서는 진폭이 3,000이므로 3,000×2 / 2,000을 계산하면 3이 된다. 이러한 방식으로 분해된 사인파는 [그림 9-7]에서 확인할 수 있다. 푸리에 변환(FT)은 복잡한 파형을 분석하고 이를 구성하는 주파수를 파악할 수 있는 유용한 도구다. 이를 활용하면 소리에 숨겨진 복잡한 정보, 즉 단순한 파형에서는 쉽게 보이지 않는 세부적인 특징을 추출할 수 있다. 이러한 정보는 음성을 텍스트로 변환하거나 음악을 생성하는 모델을 학습하는 데 중요한 역할을 한다.

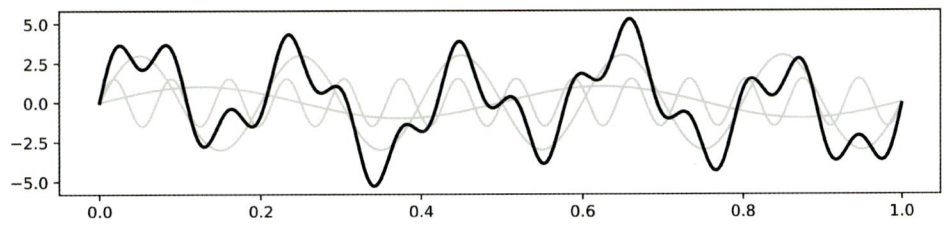

그림 9-7 복잡한 소리 파형은 스펙트럼 표현을 분석하여 사인 주파수로 분해될 수 있다.

이 장 초반에 나온 소리는 어떨까? [그림 9-7]에 있는 파형처럼 이 함수도 진폭과 주파수가 있는 여러 사인 함수로 분해될 수 있고 각각의 진폭과 주파수를 가진다. 주파수 도메인 그래프를 살펴보자.

```
# 입력 신호의 고속 푸리에 변환(FFT) 계산
X = np.fft.fft(array)

# FFT 결과의 길이(입력 신호의 길이와 동일)
N = len(X)

# FFT 결과에 해당하는 주파수 빈 계산
n = np.arange(N)
T = N / sampling_rate
freq = n / T

# 처음 8000개 주파수 빈에 대한 진폭 스펙트럼 플롯
# 모든 빈을 플롯할 수도 있지만, 스펙트럼의 미러 이미지를 얻게 됨
plt.stem(freq[:8000], np.abs(X[:8000]), "b", markerfmt=" ", basefmt="-b")
```

```
plt.xlabel("Frequency (Hz)")
plt.ylabel("Amplitude in Frequency Domain")
plt.show()
```

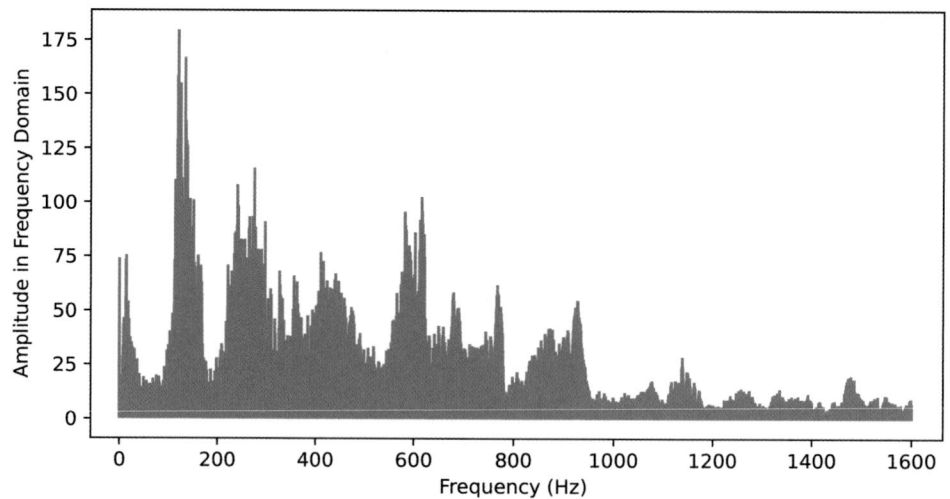

이 오디오는 이전 예제보다 해석하기 어렵다. 대부분의 소리가 0~800Hz 범위에 있고 약 170Hz 주변에 큰 소리가 있음을 유추할 수 있다. 이 플롯은 유의미하지만 시간 도메인에서의 정보를 잃어버린다. 특정 주파수의 소리가 언제 발생했는지 알 수 없다. 파형에는 진폭과 시간 정보가 있고 FT 플롯에는 진폭과 주파수 정보가 있다. 세 가지를 동시에 결합할 수 있을까?

스펙트로그램은 신호의 주파수와 진폭이 시간에 따라 변화하는 패턴을 시각화한다. 시간, 주파수, 진폭을 하나의 그래프로 보여주는 효과적인 도구다. 스펙트로그램을 생성하려면 원본 파형을 일정 구간으로 나누고 각 구간에 푸리에 변환을 적용해 시간에 따른 주파수 변화를 파악한다. 이렇게 얻은 각 구간의 결과를 순차적으로 배열하면 스펙트로그램이 완성된다. 이처럼 오디오를 작은 구간으로 나누어 분석하는 방식을 단시간 푸리에 변환$^{\text{short-time Fourier transform}}$이라고 한다.

librosa 라이브러리에서는 **stft()** 함수로 단시간 푸리에 변환을 수행할 수 있다. 스펙트로그램 계산에서는 진폭값을 데시벨 단위로 변환하는데, 이는 로그 스케일이며 시각화에 더 적합하다. 음압의 차이를 나타내는 진폭값은 매우 넓은 범위에 분포하므로 로그 스케일을 적용하면 가시성이 향상되고 인간의 청각 특성에 더 부합하는 표현을 할 수 있다.

> **NOTE** 데시벨은 로그 스케일이므로 10dB 증가는 실제 소리의 강도가 10배 증가했음을 의미한다. 그러나 인간이 체감하는 소리 크기는 이러한 물리적 변화와 정확히 일치하지 않는다. 데시벨 척도와 인지된 소리 크기 모두 로그 패턴을 따르지만 서로 다른 비율로 증가한다. 예를 들어 소리의 강도가 10dB 증가하면 실제 물리적 강도는 10배 증가하지만 인간은 약 2배 증가했다고 인식한다. 이는 인간의 청각 시스템이 넓은 범위의 강도 변화를 더 관리하기 쉬운 인지적 범위로 압축하기 때문이다.

다음으로 예제의 스펙트로그램을 살펴보자.

```python
# 단시간 푸리에 변환(STFT) 계산
# STFT의 절댓값을 취하여 각 주파수 빈의 진폭을 얻음
D = np.abs(librosa.stft(array))

# 진폭을 데시벨로 변환
# 로그 스케일임
S_db = librosa.amplitude_to_db(D, ref=np.max)

# 스펙트로그램 디스플레이 생성
librosa.display.specshow(S_db, sr=sampling_rate, x_axis="time", y_axis="hz")
plt.colorbar(format="%+2.0f dB");
```

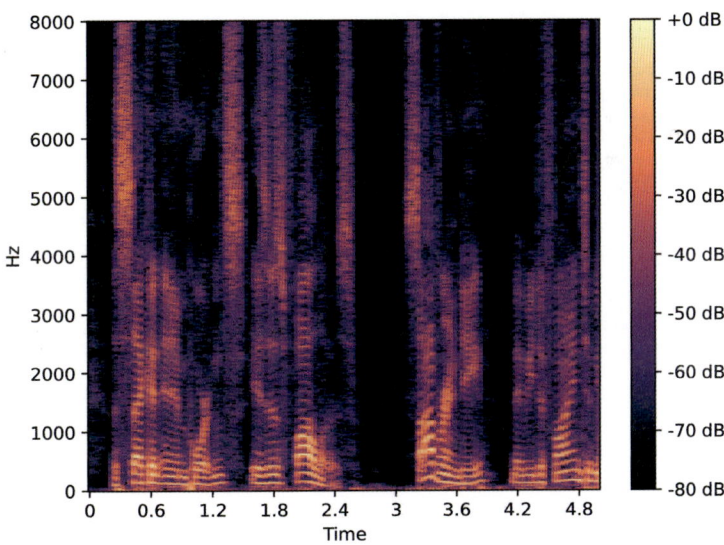

x축은 파형에서와 마찬가지로 시간이다. y축은 주파수(헤르츠, 선형 단위 사용)를 나타내고, 색상은 주어진 지점에서 주파수의 강도(데시벨)를 나타낸다. 검은색 영역은 에너지가 없는 영역(무음)을 나타낸다. 이전과 마찬가지로, 처음 2.4초와 마지막 1.6초에 일부 소음이 있음을 관찰할 수 있다. 가장 큰 지점은 낮은 주파수에서 발생한다(밝은 색상과 y축의 낮은 값). 이는 파형 및 주파수 도메인 플롯과 일치하며 낮은 주파수에서 높은 진폭을 얻었다.

> **NOTE** 왜 데시벨값이 음수인지 궁금할 수 있다. `amplitude_to_db()`를 ref=np.max와 함께 사용하면 스펙트로그램의 최댓값은 0dB이다. 나머지 값들은 이 최댓값에 상대적이다. 예를 들어 −20dB이라는 값은 최댓값보다 진폭이 20dB 낮다는 의미다.

멜 스펙트로그램mel spectrogram은 인기 있는 스펙트로그램 변형이다. 일반 스펙트로그램에서는 주파수의 단위가 선형이지만, 멜 스펙트로그램은 인간이 소리를 인식하는 방식과 유사한 스케일을 사용한다. 인간은 오디오를 로그적으로 인식하는데, 이는 낮은 주파수에서의 변화에 더 민감하고 높은 주파수에서는 덜 민감하다는 의미다. 500과 1,000Hz의 차이는 5,000과 5,500의 차이보다 훨씬 더 눈에 띈다. librosa 라이브러리는 다시 한번 멜 스펙트로그램을 계산하는 편리한 방법을 제공한다. 멜 스펙트로그램에서는 주파수(y축)의 동일한 거리가 동일한 지각적 거리를 갖는다. 멜 스펙트로그램을 그려보자.

```
# 오디오 신호에서 멜 스케일 스펙트로그램 생성
# 결과는 특정 시간에 (멜 스케일에서) 주파수 밴드의 파워에 해당하는 행렬이다.
S = librosa.feature.melspectrogram(y=array, sr=sampling_rate)

# 파워 스펙트로그램을 데시벨 스케일로 변환
S_dB = librosa.power_to_db(S, ref=np.max)

# 멜 스케일 스펙트로그램 표시
librosa.display.specshow(S_dB, sr=sampling_rate, x_axis="time", y_axis="mel")
plt.colorbar(format="%+2.0f dB");
```

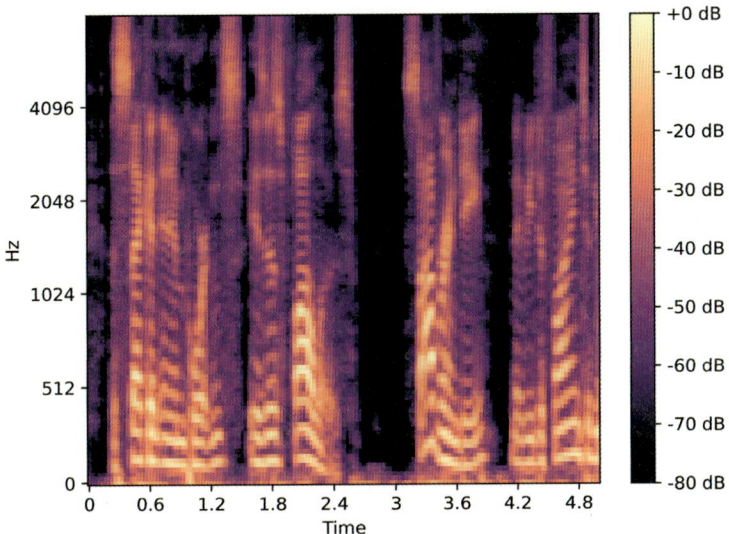

멜 스펙트로그램의 패턴은 원본과 유사하지만 몇 가지 차이점이 있다. 첫째, y-스케일이 선형이 아니다. 512와 1,024의 거리는 2,048과 4,096의 거리와 동일하다. 둘째, 저주파수에서 더 많은 에너지(더 많은 데시벨)를 가진 영역은 멜 스펙트로그램에서 훨씬 더 눈에 띈다. 이는 인간이 소리를 인식하는 방식에 해당한다.

스펙트로그램은 오디오 신호의 이해를 돕는 훌륭한 시각적 표현일 뿐만 아니라, 머신러닝 모델에서 이를 직접 사용할 때도 많다. 예를 들어 노래의 스펙트로그램은 장르를 분류하는 모델에 입력으로 사용될 수 있다. 또한 모델은 입력으로 일부 단어를 받아 사람이 그 단어를 말하는 오디오를 나타내는 스펙트로그램을 출력할 수도 있다.

9.2 트랜스포머 기반 아키텍처를 활용한 음성-텍스트 변환

이제 오디오 파일을 텍스트로 변환하는 작업인 ASR로 들어가 보자. 다른 많은 작업과 마찬가지로, 유용한 추론 래퍼인 트랜스포머 `pipeline()`을 사용해 모든 전처리와 후처리를 편리하게 처리할 수 있다. 오픈AI에서 출시한 인기 있는 오픈 소스 모델인 Whisper의 가장 작은 변형을 사용해 기본 성능을 측정해 보자.

```
from transformers import pipeline

pipe = pipeline(
    "automatic-speech-recognition",
    model="openai/whisper-small",
    max_new_tokens=200,
)
pipe(array)
```

```
{'text': ' The second in importance is as follows. Sovereignty may be defined
to be'}
```

작은 모델 버전(엣지 디바이스에서 효율적으로 실행될 수 있는 2억 4,400만 매개변수)을 사용했는데도 결과가 우수하다. 더 놀라운 것은, 원본 오디오를 들어보면 'be'라는 단어가 명확히 들리지 않는데도 이를 예측했다는 점이다. Whisper는 완성되지 않았더라도 전체 단어를 예측할 수 있다. 또한 Whisper는 구두점(⓶ 마침표)을 예측한다. 다음 절에서 ASR을 수행하는 모델이 어떻게 작동하는지 설명할 것이다. Whisper를 살펴보기 전에, 인코더 전용 모델을 ASR에 어떻게 적용할 수 있는지 살펴보자.

9.2.1 인코더 기반 기법

ASR 작업은 텍스트 토큰 분류 문제로 볼 수도 있다. 이는 자연어 처리(NLP)에서 BERT를 사용하는 방식과 유사하다. 먼저 인코더 전용 트랜스포머를 마스크드 언어모델 방식으로 사전 학습한다. 즉 레이블이 없는 대량의 데이터에서 입력 일부를 마스킹하고, 모델이 마스크된 부분을 예측하도록 학습하는 방식이다. 오디오에도 같은 원리를 적용할 수 있다. 텍스트 대신 오디오(정확히는 잠재 음성 표현)를 마스킹하면 모델이 맥락화된 표현을 학습할 수 있다. 이렇게 사전 학습된 모델을 화자 식별이나 ASR과 같은 다양한 오디오 작업에 맞춰 파인튜닝할 수 있다. 이 원리를 바탕으로 ASR을 어떻게 구현하는지 살펴보자.

오디오 샘플이 매우 길다는 점이 ASR의 주요 도전 과제이다. 샘플링 레이트가 16kHz인 30초 길이의 오디오는 480,000개의 샘플을 생성한다. 트랜스포머 인코더에 이 모든 값을 단일 입력으로 넣으면 엄청난 메모리와 컴퓨팅 자원이 필요하다. 이를 해결하는 한 가지 방법은 합성곱 신경망을 특성 인코더로 활용하는 것이다. 합성곱 신경망은 파형을 슬라이딩 윈도 방식으로 처리해 잠재 음성 표현을 생성한다. 예를 들어 1초 길이의 오디오를 20밀리초 간격으로 처리하면 50개의 잠재 표현을 얻을 수 있다(윈도가 겹치지 않는다고 가정하면 합성곱 신경망 용어로는 스트라이드^{stride}가 20이다). 이렇게 얻은 표현들은 트랜스포머 인코더로 전달되며, 사전 학습 시에는 일부 표현을 마스킹해 모델이 누락된 부분을 예측하도록 학습한다.

ASR을 위한 파인튜닝 단계에서는 인코더에 간단한 선형 분류 헤드를 추가한다. 이 분류기의 목표는 인코더가 처리한 각 오디오 윈도에 해당하는 텍스트를 예측하는 것이다. 분류할 단위는 설계에 따라 달라진다. 전체 단어, 음절, 개별 문자 중 선택할 수 있는데, 20밀리초 길이의 윈도에는 단어가 포함되기 어려우므로 문자 단위 분류가 적절하며 어휘 크기를 최소화할 수 있다는 장점도 있다. 예를 들어 영어에서는 26개의 알파벳과 소리가 없는 구간을 위한 토큰이나 알 수 없는 문자를 위한 특수 토큰 몇 개만 사용하면 된다. 텍스트를 모두 대문자로 변환하고 숫자는 단어로 변경해 어휘를 단순화하는 방식도 일반적이다(예 '14'를 'fourteen'으로 변환).

> **NOTE** 이 장의 초반에는 오디오의 진폭과 주파수 특성을 간결한 2D 시각적 표현으로 변환하는 데 스펙트로그램을 사용했다. 반면, 여기서는 스펙트로그램 변환 없이 합성곱 신경망을 활용해 직접 파형에서 특성을 추출한다.
> 이러한 접근 방식 중 무엇을 선택할지는 작업의 특성과 모델 설계에 따라 달라진다. 이후 살펴보겠지만, 스펙트로그램을 입력으로 사용하는 모델도 있고 원시 파형을 직접 사용하는 모델도 있다. 트랜스포머는 어텐션 메커니즘을 활용해 순차 데이터를 효과적으로 처리하므로 입력의 시간적 구조를 고려하는 것이 중요하다.

인코더 기반 모델을 사용하여 ASR을 수행하는 전체 흐름을 다시 살펴보자.

1. 진폭을 나타내는 원시 오디오 데이터(1차원 배열)를 받는다.
2. 데이터는 평균이 0이고 분산이 1이 되도록 표준화하여 서로 다른 진폭을 맞춘다.
3. 작은 합성곱 신경망(CNN)이 오디오를 잠재 표현으로 변환한다. 이는 입력 시퀀스의 길이를 줄인다.
4. 표현^{representation}은 각 표현에 대한 임베딩을 출력하는 인코더 모델로 전달된다.
5. 각 임베딩은 최종적으로 분류기를 통해 처리되어 각각에 대해 해당하는 문자를 예측한다.

이런 모델의 출력은 다음과 같다.

```
CHAAAAAPTTERRRSSIXTEEEEENIMMMIIGHT...
```

이는 텍스트처럼 보이지만, 분명히 정확하지 않다. 무슨 일이 일어났을까? 문자의 소리가 단일 윈도보다 긴 기간에 걸쳐 퍼진다면, 출력에 여러 번 나타날 수 있다. 모델은 학습 중에 각 문자가 언제 발생했는지 알지 못하므로 오디오와 텍스트를 직접 정렬할 수는 없다.

연결주의적 시간 분류 connectionist temporal classification (CTC)는 이를 해결하는 방법 중 하나로, 초기 순환 신경망(RNN)에서 사용했던 접근 방식이다. CTC를 오디오 처리에 적용하는 핵심 아이디어는 패딩 토큰을 추가하는 것이다. 패딩 토큰(예제에서는 문자 *)은 문자 그룹 사이의 경계를 구분하는 데 도움을 주며, 구분자 토큰(/)은 단어를 구분하는 역할을 한다. 모델은 이러한 토큰을 예측하는 법도 학습하게 된다. 추론 과정에서 모델이 출력하는 결과는 다음과 같은 형태일 수 있다.

```
CHAAAAA*PTT*ERRR/SS*IX*T*EE*EEN/I/MMM*II*GHT
```

이 출력으로 같은 그룹 내에서 연속된 같은 글자를 합쳐 중복을 제거하고 원하는 결과를 얻을 수 있다.

```
CHAPTER SIXTEEN I MIGHT
```

이러한 아이디어(인코더 전용 모델 사용, 합성곱 신경망으로 파형 처리, CTC를 이용한 분류 수행)는 메타의 Wav2Vec2(2020)[8]와 HuBERT(2021)[9] 같은 인코더 기반 구조의 기초를 이룬다. Wav2Vec2는 LibriSpeech와 LibriVox(두 가지 모두 레이블이 없는 데이터셋)로 사전 학습되었다. 10분 정도의 레이블이 붙은 데이터만으로도 세밀하게 조정되어 훨씬 많은 데이터로 학습된 모델보다 뛰어난 성능을 발휘할 수 있다. 이는 매우 흥미로운데, 많은 데이터 없이도 기본 모델을 특정 분야나 억양에 맞게 튜닝할 수 있기 때문이다. 여기서 해결되는 다운스트림 작업은 ASR이지만, 동일한 사전 학습된 모델은 화자 인식이나 언어 감지와 같은 다른 작업에 파인튜닝될 수 있다. 다음 코드는 Wav2Vec2로 추론을 실행하는 각 단계를 보여준다(고급 API로 `pipeline()`도 사용할 수 있음).

```
import torch
```

---

8 https://arxiv.org/abs/2006.11477
9 https://arxiv.org/abs/2106.07447

```python
from transformers import Wav2Vec2ForCTC, Wav2Vec2Processor

from genaibook.core import get_device

device = get_device()

# Wav2Vec2Processor는 사전 및 사후 처리가 통합되어 있음
wav2vec2_processor = Wav2Vec2Processor.from_pretrained(
    "facebook/wav2vec2-base-960h"
)
wav2vec2_model = Wav2Vec2ForCTC.from_pretrained(
    "facebook/wav2vec2-base-960h"
).to(device)

# 16kHz로 리샘플링을 확인하면서 정방향 패스 실행
inputs = wav2vec2_processor(
    array, sampling_rate=sampling_rate, return_tensors="pt"
)
with torch.inference_mode():
    outputs = wav2vec2_model(**inputs.to(device))

# 소리 기록
predicted_ids = torch.argmax(outputs.logits, dim=-1)
transcription = wav2vec2_processor.batch_decode(predicted_ids)
print(transcription)
```

['THE SECOND IN IMPORTANCE IS AS FOLLOWS SOVEREIGNTY MAY BE DEFINED TO']

> **NOTE** 모델이 특정 샘플링 레이트로 사전 학습되었으므로 추론 중에도 동일한 샘플링 레이트의 오디오를 사용해야 한다. 이는 데이터를 다시 샘플링하거나(ⓓ `dataset.cast_column("audio", Audio(sampling_rate=16_000))`) 앞의 코드에서처럼 `sampling_rate`를 `processor`에 지정해 사용할 수 있다.

HuBERT는 BERT와 유사한 사전 학습 개념을 따라 유용한 음성 표현을 학습하지만, 원래 BERT의 마스크드 언어 모델(MLM) 목표를 음성 처리에 맞게 변형했다.[10] Wav2Vec2는 문

---

[10] 이들 모델의 학습 손실 함수와 아키텍처는 이 책에서 자세히 설명하지 않는다. 관심 있는 독자들은 원논문을 참고하기 바란다.

자를 직접 예측하지만 HuBERT는 파형을 클러스터링 기법으로 처리해 이산적인 음성 단위를 학습한다. 이는 자연어 처리에서의 토큰과 유사한 개념이다. 모델은 이후 무작위로 마스킹된 위치에서 이러한 음성 단위를 예측하는 방식으로 학습한다.

Wav2Vec2와 HuBERT는 영어만 지원한다. Wav2Vec2 출시 직후, 메타는 동일한 구조의 XLSR-53을 발표했는데, 이 모델은 53개 언어로 된 56,000시간의 음성 데이터로 사전 학습되었다. XLSR은 여러 언어에 공통된 음성 단위를 학습하므로 디지털 자원이 적은 언어에서도 좋은 성능을 보인다. 2021년에는 XLS-R[11]이 출시되었다. 이는 XLSR과 구분되는 모델로, 매개변수가 20억 개이며 128개 언어로 된 436,000시간의 비라벨링 데이터로 학습되었다.

이러한 모델은 순수하게 소리 기반이라는 점이 중요하다. 즉, 출력이 전적으로 입력 소리에 기반하며 언어적 맥락 정보가 부족하다. 따라서 철자 오류, 단어가 아닌 문자열 출력, 동음이의어 혼동(CN) 'bear'와 'bare') 등의 문제가 발생할 수 있다. 이를 해결하는 방법은 생성 단계에서 언어 정보를 추가하는 것이다.

일반적으로는 `argmax(logits)`로 가장 확률이 높은 문자를 예측하지만, 더 나은 접근법은 문자 시퀀스를 기반으로 단어 확률을 예측하는 언어 모델을 도입하는 것이다. n-그램 모델은 $n-1$개의 이전 단어를 바탕으로 다음 단어의 확률을 예측하는 언어 모델이다. 바이그램($n=2$)은 단어 쌍을, 트라이그램($n=3$)은 세 단어 그룹을 고려한다. 이 모델은 언어의 맥락과 구조를 잘 파악하면서도 매우 효율적이다. 2장에서 소개한 트랜스포머 기반 언어 모델도 사용해도 되지만, n-그램을 사용하면 훨씬 적은 계산 자원으로 상당한 품질 향상을 얻을 수 있다.

n-그램 점수는 빔 검색에 통합될 수 있다. 빔 검색은 가장 유력한 k개의 텍스트 시퀀스를 생성하는 알고리즘으로, 여기에 언어 모델을 결합하면 음향 및 언어 모델 점수를 모두 평가해 철자 오류를 수정하고 의미 없는 단어를 걸러낼 수 있다. 이 결합 접근법은 생성된 텍스트의 정확성과 일관성을 크게 향상한다.

> **NOTE** 언어 모델에 없는 단어나 도메인 특화 용어와 같은 특정 단어의 인식 확률을 높이고 싶을 때, 출력에서 핫 워드hot word[12]의 빈도를 측정하고 그 확률을 높이는 방법도 활용할 수 있다.

---

11 https://arxiv.org/abs/2111.09296
12 옮긴이_ 텍스트 생성 시 특별히 강조하고 싶은 중요 단어나 구문이다. 예를 들어 새로운 단어나 의학 용어, 기술 용어, 회사명 등 특정 분야의 전문 용어 등이 있다.

9.2.2 인코더-디코더 기법

CTC 헤드를 갖춘 인코더 모델은 음성 인식(ASR)에서 널리 사용되는 접근법이다. 앞서 언급했듯이, 순수 음향 모델은 철자 오류를 발생시킬 수 있어 n-그램 모델 통합이 필요하다. 이러한 문제를 해결하는 데 인코더-디코더 아키텍처가 주목받고 있다.

ASR 문제는 단순 분류가 아닌 시퀀스-투-시퀀스 문제로 접근할 수 있다. 이 장의 앞부분에서 소개한 오픈 소스 모델 Whisper(그림 9-8)가 바로 이 방식을 채택했다. Wav2Vec2나 HuBERT와 달리, Whisper는 680,000시간 이상의 텍스트가 라벨링된 오디오 데이터로 지도 학습 방식으로 학습되었다. 참고로 Wav2Vec2는 60,000시간 미만의 비라벨링 데이터로 학습됐다. Whisper 학습 데이터의 약 1/3은 다국어 자료로, 96개 언어로 음성 인식이 가능하다. 라벨링된 데이터로 학습되었으므로 Whisper는 별도의 파인튜닝 없이 사전 학습 단계에서 직접 음성-텍스트 매핑을 학습한다. 또한 Whisper는 어텐션 마스크 없이도 작동하도록 설계되어 입력의 어떤 부분을 무시할지 직접 추론할 수 있다.

Wav2Vec2와 달리, Whisper는 스펙트로그램을 입력으로 사용한다. 처리 과정은 오디오 샘플 배치를 균일한 길이로 패딩하거나 잘라내고, 이를 로그-멜 스펙트로그램$^{log-mel\ spectrogram}$으로 변환한 후, 합성곱 신경망으로 처리해 인코더에 전달하는 것으로 시작한다. 인코더의 출력은 디코더로 전달되며, 디코더는 (라마와 같은 모델처럼) 자기회귀적^{autoregressively} 방식으로 다음 토큰을 순차적으로 예측하고 종료 토큰이 생성될 때까지 계속한다. 인코더-디코더 구조는 인코더만 사용하는 방식보다 느릴 수 있지만 Whisper는 긴 오디오 샘플을 처리하고 구두점을 예측할 수 있으며, 추론 시 별도의 언어 모델 없이도 작동한다는 장점이 있다.

인코더 전용 모델에서는 음향 모델이 생성한 철자 오류를 해결하기 위해 언어 모델을 통합해야 하며, 주로 외부 n-그램 모델을 활용한다. 반면 Whisper에서는 디코더가 텍스트 전사본을 생성함과 동시에 언어 모델 역할도 한다.[13] 디코더가 언어 모델 역할을 할 수 있는 이유는 인코더의 문맥 정보를 바탕으로 전사[14] 시퀀스의 다음 토큰을 예측하는 방법을 학습했기 때문이다. 따라서 Whisper는 추론 과정에서 외부 언어 모델이 필요하지 않다.

---

[13] 시스템이 언어 모델을 내부적으로 통합하면 이를 '**딥 퓨전**(deep fusion)'이라고 한다. CTC와 n-그램을 사용한다면 언어 모델은 외부에 위치하며 이를 '**섈로 퓨전**(shallow fusion)'이라고 한다.
[14] 옮긴이_ 음성 데이터를 텍스트 형태로 변환하는 작업을 의미하며 주로 음성 인식(ASR) 시스템에서 사용한다.

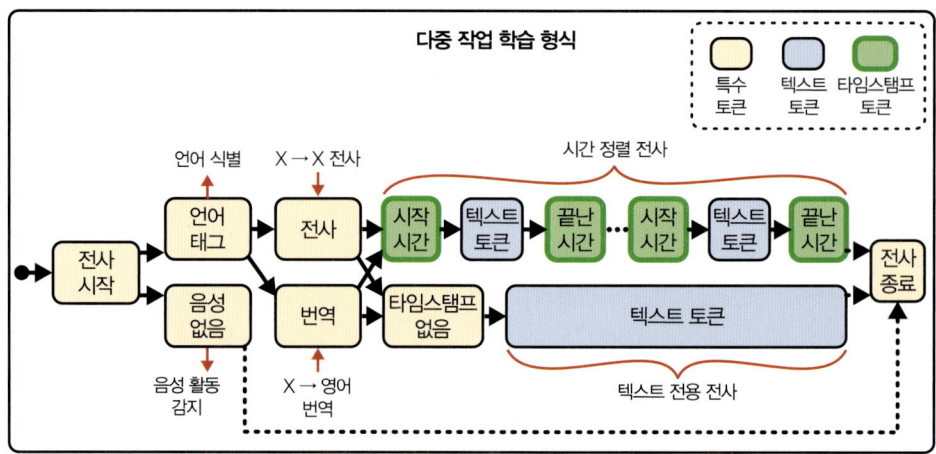

그림 9-8 Whisper 학습은 번역, 전사, 다국어 음성 인식 등 다양한 작업을 포함하는 시퀀스-투-시퀀스 방식으로 모델링된다. 특수 토큰은 작업, 언어 및 데이터의 흥미로운 지점을 식별하는 데 사용되어 모델이 원하는 작업을 수행하도록 조건화한다(Whisper 논문[15]의 그림을 참고함).

Whisper는 특정한 순서 형식을 사용하므로 그 생성 과정을 이해하는 데 [그림 9-8]이 도움이 된다. 특수 토큰은 언어나 작업을 나타내며 모델이 원하는 결과를 얻는 데 사용된다. 이는 이전 장에서 다룬 조건화 방법과 유사하다. 가장 중요한 토큰은 다음과 같다.

- 음성은 `startoftranscript` 토큰으로 시작한다.
- 언어가 영어가 아니면 `languagetag` 토큰이 있다(❶ 힌디어는 `hi`).
- 언어 태그를 사용하면 언어 식별, 전사, 영어로 번역 등의 작업을 할 수 있다.
- `nospeech` 토큰이 있으면 Whisper가 음성 활동을 감지하는 데 사용된다.

스페인어 예시와 해당 형식을 살펴보자.

```
from transformers import WhisperTokenizer

tokenizer = WhisperTokenizer.from_pretrained(
    "openai/whisper-small", language="Spanish", task="transcribe"
) ❶

input_str = "Hola, ¿cómo estás?"
labels = tokenizer(input_str).input_ids ❷
```

---

[15] https://arxiv.org/pdf/2212.04356

```python
decoded_with_special = tokenizer.decode(
    labels, skip_special_tokens=False
) ❸
decoded_str = tokenizer.decode(labels, skip_special_tokens=True) ❹

print(f"Input:                          {input_str}")
print(f"Formatted input w/ special:     {decoded_with_special}")
print(f"Formatted input w/out special: {decoded_str}")
```

```
'Input:                          Hola, ¿cómo estás?'
'Formatted input w/ special:     '
'<|startoftranscript|><|es|><|transcribe|><|notimestamps|>Hola, '
'¿cómo estás?<|endoftext|>'
'Formatted input w/out special: Hola, ¿cómo estás?'
```

❶ 사전 학습된 토크나이저를 로드한다. Whisper를 사용하려면 언어 ID 토큰과 작업 식별자 같은 토큰을 추가해야 하므로 language와 task 매개변수를 지정해야 한다.

❷ 입력된 문자열을 토큰화한다.

❸ 토큰 ID를 특수 토큰을 포함하여 원래 문자열로 다시 디코딩한다.

❹ 토큰 ID를 특수 토큰을 제외하고 원래 문자열로 다시 디코딩한다.

Whisper로 전사본을 만드는 것은 Wav2Vec2를 사용할 때와 크게 다르지 않다.

1. 프로세서를 사용해 모델의 예상 형식에 맞게 오디오를 준비한다. 여기서는 원시 음성에서 멜 스펙트로그램을 추출한 다음 처리해 모델이 사용할 준비가 되도록 한다.
2. 모델은 전사에 해당하는 토큰 ID를 생성한다.
3. 프로세서는 ID를 디코딩하고 사람이 읽을 수 있는 문자열로 변환한다.

오픈AI는 3,900만에서 15억 매개변수에 이르는 아홉 가지 Whisper 변형을 출시했으며 다국어 및 영어 전용 설정을 위한 모델 체크포인트를 제공한다. 이 예제에서는 중간 규모의 작은 다국어 모델을 사용할 것이다. 이 모델은 2GB의 GPU 메모리로 실행할 수 있으며 가장 큰 모델보다 6배 빠르다.

> **NOTE** 대형 모델의 두 번째와 세 번째 버전 같은 새로운 모델이 계속 출시되고 있다. 또한 Distil Whisper 프로젝트[16]는 고품질의 소형 변형 모델 개발에 성공했으며 원래 모델보다 최대 6배 빠르고 크기는 49% 더 작다.

```python
from transformers import WhisperForConditionalGeneration, WhisperProcessor

whisper_processor = WhisperProcessor.from_pretrained("openai/whisper-small")
whisper_model = WhisperForConditionalGeneration.from_pretrained(
    "openai/whisper-small"
).to(device)

inputs = whisper_processor(
    array, sampling_rate=sampling_rate, return_tensors="pt"
)
with torch.inference_mode():
    generated_ids = whisper_model.generate(**inputs.to(device))

transcription = whisper_processor.batch_decode(
    generated_ids, skip_special_tokens=False
)[0]
print(transcription)
```

```
('<|startoftranscript|><|en|><|transcribe|><|notimestamps|> The '
 'second in importance is as follows. Sovereignty may be defined to '
 'be<|endoftext|>')
```

이는 WhisperProcessor[17]를 깊이 알아볼 수 있는 좋은 기회다. 다음을 수행하면 앞의 코드를 더 잘 이해할 수 있을 것이다.

- 문서를 검토한다.
- 프로세서의 두 구성 요소를 확인한다.
- 프로세서의 출력(앞 코드의 inputs)을 식별하고 검사한다.

---

16 https://oreil.ly/C6OwW
17 https://oreil.ly/I4IDB

9.2.3 모델에서 파이프라인으로

이전 절에서는 다양한 아키텍처와 접근 방식을 사용해 음성 인식을 수행하는 방법을 배웠다. 하지만 생성형 AI를 실제로 사용할 때는 다음과 같은 세 가지 문제가 존재한다.

긴 오디오 전사본

첫 번째 제한은 트랜스포머가 일반적으로 처리할 수 있는 유한한 입력 길이가 있다는 것이다. 예를 들어 Wav2vec2는 이차 복잡도를 가진 어텐션을 사용한다. Whisper는 어텐션 메커니즘이 없지만 30초 길이의 오디오에서 작동하도록 설계되었으며 더 긴 오디오는 잘라낸다. 이를 해결하는 간단한 접근 방식은 청킹chunking이다. 오디오를 더 짧은 샘플로 분할/청크화하고, 각 청크chunk에 대해 추론을 실행한 다음 출력을 재구성한다. 이는 효율적이지만 청킹 경계 주변에서는 품질 저하가 발생할 수 있다. 겹치는 청크를 가진 스트라이드를 사용한 청킹을 해서 이를 해결할 수 있다. 전체 길이 오디오에 대해 모델이 예측했을 때와 동일하지는 않겠지만, 비슷한 결과를 얻을 것이다. 청크를 배치 처리해 모델을 통해 병렬로 실행할 수 있으므로 전체 오디오 파일을 순차적으로 전사할 때보다 더 효율적이다. 청킹과 청크 일괄 처리는 ASR `pipeline`의 `chunk_length_s`와 `batch_size` 매개변수를 사용해 빠르게 수행할 수 있다.

실시간 추론

실시간 ASR 수행은 많은 응용 프로그램에서 유용하다. 청킹하는 방법을 배웠으니 이제 작은 청크(예 5초)와 1초 스트라이드로 모델을 사용할 수 있다. CTC 모델로 실시간 추론을 하면 디코더를 포함할 때보다 더 빠를 것이다(인코더 전용 아키텍처이므로). Whisper는 더 느리지만 동일한 청킹 로직을 수행해 청크를 실시간으로 전사할 수 있고 전사 성능도 우수하다.

타임스탬프

짧은 오디오 구간의 시작 및 종료 시각을 나타내는 타임스탬프는 전사를 입력 오디오와 정렬하는 데 유용할 수 있다. 예를 들어 화상 통화에서 자막을 생성할 때는 각 전사가 어느 시간 세그먼트에 속하는지 알고 싶을 것이다. `return_timestamps`를 사용하여 이를 쉽게 활성화할 수 있다. 내부적으로, 각 출력 토큰의 컨텍스트 윈도와 CTC 모델의 `sampling_rate`를 알고 있다.

이제 더 긴 1분짜리 오디오에 모든 것을 합쳐 보자.

```python
from genaibook.core import generate_long_audio

long_audio = generate_long_audio()
device = get_device()

pipe = pipeline(
    "automatic-speech-recognition", model="openai/whisper-small", device=device
)
pipe(
    long_audio,
    generate_kwargs={"task": "transcribe"},
    chunk_length_s=5,
    batch_size=8,
    return_timestamps=True,
)
```

```
{'chunks': [{'text': ' the second in importance is as follows.',
             'timestamp': (0.0, 3.0)},
            {'text': ' Sovereignty may be defined to be the right of '
                     'making laws.',
             'timestamp': (3.0, 6.33)},
            {'text': ' In France, the king really exercises a '
                     'portion of the sovereign power, since the laws '
                     'have no weight till he has given his assent to '
                     'them.',
             'timestamp': (6.33, 16.89)},
            {'text': ' He is moreover the executor of the laws, but '
                     'he does not really cooperate in their '
                     'formation since the refusal of his asset does '
                     'not annul them. He is therefore merely to be '
                     'considered as the agent of the sovereign '
                     'power.',
             'timestamp': (16.89, 36.61)},
            {'text': ' But not only does the king of France exercise '
                     'a portion of the sovereign power, He also '
                     'contributes to the nomination of the '
                     'legislature, which exercises the other '
                     'portion. He has the privilege of appointing '
                     'the members of one chamber and of dissolving '
                     'the United States has no share in the '
```

```
                  'formation of the legislative body',
           'timestamp': (36.61, 59.75)},
          {'text': ' and cannot dissolve any part of it. The king '
                   'has the same right of bringing forward '
                   'measures as the chambers.',
           'timestamp': (59.75, 67.09)},
          {'text': ' A right which the president does not possess.',
           'timestamp': (67.09, 70.43)}],
 'text': ' the second in importance is as follows. Sovereignty may '
         'be defined to be the right of making laws. In France, the '
         'king really exercises a portion of the sovereign power, '
         'since the laws have no weight till he has given his assent '
         'to them. He is moreover the executor of the laws, but he '
         'does not really cooperate in their formation since the '
         'refusal of his asset does not annul them. He is therefore '
         'merely to be considered as the agent of the sovereign '
         'power. But not only does the king of France exercise a '
         'portion of the sovereign power, He also contributes to the '
         'nomination of the legislature, which exercises the other '
         'portion. He has the privilege of appointing the members of '
         'one chamber and of dissolving the United States has no '
         'share in the formation of the legislative body and cannot '
         'dissolve any part of it. The king has the same right of '
         'bringing forward measures as the chambers. A right which '
         'the president does not possess.'}
```

전사본은 대부분 정확하지만 한두 문장이 누락되었다. 이는 작은 Whisper 모델에서 발생하는 흔한 문제다. 이는 생성 모델이므로(소리를 토큰으로 직접 분류하지 않고 텍스트를 생성함) 때때로 단어를 놓치거나 심지어 환각[hallucination][18]이 발생할 수 있다. 이러한 모델을 평가하는 몇 가지 전략을 살펴보자.

9.2.4 평가

ASR을 수행할 수 있는 모델은 다양하므로 적합한 모델을 선택하는 과정이 복잡할 수 있다. 사전 학습된 모델을 평가할 때는 일반적으로 여러 다운스트림 작업에서의 성능을 검토한다. ASR

---

[18] 옮긴이_ AI 모델이 입력 데이터에 실제로 존재하지 않는 정보를 생성하거나 잘못된 정보를 출력하는 현상을 말한다. 음성 인식 맥락에서는 오디오에 실제로 없는 단어나 문장을 모델이 '들었다고' 인식하여 전사하는 경우를 의미한다.

이 가장 일반적인 평가 다운스트림 작업이지만, 키워드 스포팅[keyword spotting][19], 의도 분류, 화자 식별과 같은 작업에서 파인튜닝된 사전 학습 모델의 성능도 평가 대상이 될 수 있다. 다운스트림 작업의 성능뿐만 아니라 모델의 크기, 추론 속도, 학습된 언어, 학습 데이터와 추론 데이터 간의 유사성과 같은 요소도 고려해야 한다. 예를 들어 특정 억양에 대한 작업을 수행할 때는 해당 억양의 데이터로 모델을 파인튜닝해야 할 수 있다. 실시간 추론이 요구될 때는 더 작은 모델 변형을 선택하는 것이 적합하다.

이 절에서는 영어 음성 인식 모델들에 대한 고수준 평가를 진행한다. 이는 특정 사용 사례에 최적화된 모델을 선택하는 완전한 엔드-투-엔드 평가 프레임워크를 제공하지는 않지만, 모델 성능을 분석하는 실용적인 방법에 관한 통찰을 제공한다. 소규모 다국어 모델인 다국어 Whisper(매개변수 7,400만 개)와 Wav2Vec2(매개변수 9,400만 개)를 평가해 보겠다. 우선 추론 속도와 GPU 메모리 사용량을 비교할 수 있다.

```python
from genaibook.core import measure_latency_and_memory_use

wav2vec2_pipe = pipeline(
    "automatic-speech-recognition",
    model="facebook/wav2vec2-base-960h",
    device=device,
)
whisper_pipe = pipeline(
    "automatic-speech-recognition", model="openai/whisper-base", device=device
)

with torch.inference_mode():
    measure_latency_and_memory_use(
        wav2vec2_pipe, array, "Wav2Vec2", device, nb_loops=100
    )
    measure_latency_and_memory_use(
        whisper_pipe, array, "Whisper", device=device, nb_loops=100
    )
```

```
Wav2Vec2 execution time: 0.009195491333007812 seconds
Wav2Vec2 max memory footprint: 1.7330821120000002 GB
Whisper execution time: 0.092218232421875 seconds
```

---

[19] 옮긴이_ 특정 단어나 구를 음성 스트림에서 감지하는 기술이다.

```
Whisper max memory footprint: 1.6933248 GB
```

예상한 대로 두 모델의 최대 메모리 사용량(VRAM 사용량)은 매우 비슷하다. 두 모델의 매개 변수 수가 비슷하므로 이해할 만하다. 1.7GB의 크기는 비교적 작아서 노트북이나 성능이 좋은 일부 휴대전화에서도 실행할 수 있다. Wav2Vec2가 훨씬 더 빠르게 작동하는데, Whisper의 디코더가 한 번에 하나의 토큰씩 텍스트를 생성한다는 점을 고려하면 예상된 결과이다.

이제 두 모델이 얼마나 우수한 예측을 하는지 살펴보자. ASR 모델을 평가하는 가장 일반적인 지표는 단어 오류율$^{word\ error\ rate}$(WER)이며, 예측과 원래 레이블 사이의 차이를 비교해 오류 수를 계산한다. 오류는 예측에서 레이블로 가는 데 필요한 대체, 삽입, 삭제 수를 기반으로 판단한다. 예를 들어 정답이 'how can the llama jump'이고 예측이 'can the lama jump up'이라면 다음과 같다.

- 삭제 1개: 'how'가 누락됨
- 대체 1개: 'llama'가 'lama'로 대체됨
- 삽입 1개: 'up'이 예측에만 있음

WER은 오류의 총수를 레이블의 단어 수로 나눈 값이므로 여기서 WER은 0.6이 된다(3개 오류 / 5개 단어). 'llama'와 'lama'는 한 글자만 다르지만 단어 전체가 오류로 계산된다는 점에 유의해야 한다. 문자 오류율$^{character\ error\ rate}$(CER)과 같은 대안적 지표는 각 문자를 기반으로 차이를 평가한다. 그러나 업계에서는 WER을 ASR 평가의 표준 지표로 널리 채택한다. evaluate 라이브러리는 이러한 지표를 사용하기 위한 고수준 API 인터페이스를 제공한다. 다음 코드에서 WER 지표를 로드하고 계산하는 방법을 살펴보자.

```python
from evaluate import load

wer_metric = load("wer")

label = "how can the llama jump"
pred = "can the lama jump up"
wer = wer_metric.compute(references=[label], predictions=[pred])

print(wer)
```

```
0.6
```

평가하기 전에 고려해야 할 두 번째 측면은 다른 ASR 모델이 학습 데이터에 따라 다른 출력 형식을 가질 수 있다는 점이다. 예를 들어 Whisper는 대소문자와 구두점이 포함된 상태로 학습되었으므로 전사에도 이들이 포함된다. WER을 계산하기 전에 레이블과 예측을 정규화해 모델을 공정하게 평가하는 방법이 있다. 이는 완벽한 방법은 아니지만 대소문자와 구두점을 학습하는 모델이 그렇지 않은 모델보다 더 낮은 오류율을 얻지 않도록 해 줄 수 있으며, 신뢰할 수 있는 평가의 출발점이 될 수 있다.

이 트랜스포머 라이브러리는 여러 정규화 도구(🔘 BasicNormalizer, EnglishTextNormalizer)를 제공한다. BasicTextNormalizer는 연속된 공백과 기본 구두점을 제거하고 텍스트를 소문자로 변환한다. EnglishNormalizer는 더 고급 기능을 제공하며, 숫자를 표준화하고 (🔘 'million'을 '1000000'로 변환), 축약어를 관리하는 등의 작업을 수행한다. BasicNormalizer를 사용해 보자. 이는 효과적으로 작동하며, 모든 텍스트와 전사를 일관되게 정규화한다는 점이 중요하다.

```
from transformers.models.whisper.english_normalizer import BasicTextNormalizer

normalizer = BasicTextNormalizer()
print(normalizer("I'm having a great day!"))
```

```
i m having a great day
```

커먼 보이스라는 인기 있는 크라우드 소싱 다국어 데이터셋을 사용해 모델을 비교할 것이다. 시연 목적으로 데이터셋의 영어와 프랑스어 테스트 분할의 일부를 사용하겠지만, 다른 언어도 사용할 수 있다(토큰화에 주의해야 함). 언어마다 200개의 샘플에 대해 WER과 CER을 모두 평가할 것이다.

> **NOTE** 커먼 보이스는 공개 데이터셋이지만 이용 약관에 동의하고 모질라 재단과 이름과 이메일을 공유해야 한다(회원가입을 하지 않고 약관에 동의해도 된다). 데이터셋 페이지[20]를 방문해 동의 버튼을 클릭하면 이 단계를 쉽게 완료할 수 있다. 약관에 동의하지 않는다면 평가에 다른 데이터셋이나 여러분의 데이터를 사용해도 된다.

---

20 https://oreil.ly/7tMt5

먼저 평가 파이프라인을 구현해 보자.

```python
# 이 예제 코드는 설명을 위해 최적화됨
# 추론은 속도 향상을 위해 배치로 수행될 수 있음
from datasets import Audio


def normalize(batch):  # ❶
    batch["norm_text"] = normalizer(batch["sentence"])
    return batch


def prepare_dataset(language="en", sample_count=200):
    dataset = load_dataset(
        "mozilla-foundation/common_voice_13_0",
        language,
        split="test",
        streaming=True,
    )  # ❷
    dataset = dataset.cast_column("audio", Audio(sampling_rate=16000))  # ❸
    dataset = dataset.take(sample_count)  # ❹
    buffered_dataset = [sample for sample in dataset.map(normalize)]  # ❺
    return buffered_dataset


def evaluate_model(pipe, dataset, lang="en", use_whisper=False):
    predictions, references = [], []

    for sample in dataset:
        if use_whisper:
            extra_kwargs = {
                "task": "transcribe",
                "language": f"<|{lang}|>",
                "max_new_tokens": 100,
            }  # ❻
            transcription = pipe(
                sample["audio"]["array"],
                return_timestamps=True,
                generate_kwargs=extra_kwargs,
            )
        else:
            transcription = pipe(sample["audio"]["array"])
        predictions.append(normalizer(transcription["text"]))
```

```
        references.append(sample["norm_text"])
    return predictions, references
```

❶ Whisper 영어 정규화를 사용해 배치를 정규화하는 함수를 구현한다.

❷ 커먼 보이스 데이터셋을 스트리밍 모드로 로드한다.

❸ 오디오 데이터셋을 16kHz로 다시 샘플링한다.

❹ 데이터셋에서 샘플 200개를 추출한다.

❺ 데이터셋을 정규화한다. 데이터셋을 리스트에 저장해 스트리밍 데이터셋 대신 사용할 수 있도록 준비한다.

❻ Whisper의 생성에는 추가 매개변수를 추가한다(❼ 언어와 작업을 지정).

평가 파이프라인을 구현했으니 이제 두 모델과 두 언어로 시도해 보자. 먼저 스위트를 지정한다.

```
eval_suite = [
    ["Wav2Vec2", wav2vec2_pipe, "en"],
    ["Wav2Vec2", wav2vec2_pipe, "fr"],
    ["Whisper", whisper_pipe, "en"],
    ["Whisper", whisper_pipe, "fr"],
]
```

모든 구성 요소가 준비되었으므로 평가를 실행해 보자.

```
cer_metric = load("cer")

# 영어 및 프랑스어 데이터셋 전처리
processed_datasets = {
    "en": prepare_dataset("en"),
    "fr": prepare_dataset("fr"),
}

for config in eval_suite:
    model_name, pipeline, lang = config[0], config[1], config[2]
    
    dataset = processed_datasets[lang]
    
    predictions, references = evaluate_model(
        pipeline, dataset, lang, model_name == "Whisper"
    )
    
    # 평가 지표 계산
```

```
wer = wer_metric.compute(references=references, predictions=predictions)
cer = cer_metric.compute(references=references, predictions=predictions)

print(f"{model_name} metrics for lang: {lang}. WER: {wer}, CER: {cer}")
```

```
Reading metadata...: 16372it [00:00, 26197.69it/s]
Reading metadata...: 16114it [00:00, 36235.41it/s]
Wav2Vec2 metrics for lang: en. WER: 0.44012772751463547, CER: 0.22138
Wav2Vec2 metrics for lang: fr. WER: 1.0099113197704748, CER: 0.57450
Whisper metrics for lang: en. WER: 0.2687599787120809, CER: 0.14674
Whisper metrics for lang: fr. WER: 0.5477308294209703, CER: 0.27584
```

결과를 논의해 보자.

- Whisper는 영어와 프랑스어 모두에서 Wav2Vec2보다 명확하게 성능이 우수하다(오류율이 낮을수록 더 좋음).
- 영어의 Wav2Vec2 WER은 높지만 CER이 훨씬 낮다. 앞서 논의했듯이 Wav2Vec2는 음향 모델이며 철자 오류를 생성할 수 있다. 반면에 Whisper에는 언어 모델링이 내장되어서 올바른 단어를 생성할 가능성이 더 높다.
- Whisper가 프랑스어에서 Wav2Vec2보다 성능이 우수한 것은 당연한 결과다. Whisper는 다국어 데이터로 학습되었지만 Wav2Vec2는 영어 데이터로만 학습되었기 때문이다.

더 큰 Whisper 모델 변형을 사용하면 프랑스어 WER[21] 더 낮출 수 있다(가장 큰 변형은 기본 버전보다 20배 크다). 흥미롭게도 Whisper는 영어에서도 Wav2Vec2보다 더 좋은 성능을 보였다. Whisper는 다국어 모델이므로 영어 전용 데이터로 조정된 모델보다 영어에서 성능이 떨어질 것이라 예상할 수도 있지만, 결과는 그렇지 않았다. 또한 오픈AI는 크기는 동일하지만 전적으로 영어 데이터로 학습된 Whisper 모델도 공개했다. 만약 모든 사용자가 영어만 사용하는 실제 서비스에 Whisper를 사용한다면 영어 전용 변형으로 전환하는 편이 더 효과적일 것이다.

Whisper는 자기회귀 모델이라는 점에 유의해야 한다. 이러한 특성 때문에 '환각' 현상이 발생하거나 불필요한 토큰 생성이 계속될 수도 있다. 이는 인코더 전용 접근 방식과 비교했을 때 주요한 단점 중 하나이다. WER은 상한이 없으므로 단 하나의 환각만으로도 WER이 많이 증가

---

21 옮긴이_ 음성 인식의 정확도를 측정하는 지표로, 인식된 텍스트와 실제 텍스트 간의 오류 비율을 나타낸다. 단어의 삽입, 삭제, 대체 오류 수를 전체 단어 수로 나눈 값이며 낮을수록 인식이 정확함을 의미한다.

할 수 있다. 이 문제를 해결하는 한 가지 방법은 생성되는 토큰의 최대 수를 제한하는 것이다. Whisper는 30초 세그먼트를 전사하도록 설계되었으므로 약 60단어(또는 100토큰) 정도로 제한할 수 있다. 환각을 방지하는 또 다른 방법은 타임스탬프를 반환하도록 강제하여 모델이 실제 오디오 데이터에 더 충실하게 따르도록 하여 환각을 줄이는 것이다. 모델이 각 단어나 구문이 발생한 정확한 시간을 제공해야 하므로, 실제로 오디오에 존재하지 않는 내용을 만들어내기 어렵게 된다. 100개 샘플에 대한 초기 실험에서 이 방법만으로도 WER이 1.72에서 0.84로 감소했다.[22] 환각이라는 문제가 있는데도 어떻게 Whisper가 이전 평가에서 Wav2Vec2보다 더 좋은 성능을 보였을까? 이는 Whisper의 언어 모델링 능력, 레이블이 있는 학습 데이터, 사전 학습에 사용된 방대한 양의 데이터가 결합한 결과이다.

다음과 같은 실험을 해 보기를 제안한다.

- 다양한 모델 크기(예 매개변수가 3,900만 개인 Whisper Tiny, 매개변수가 15억 개인 Large V2, 축소된 변형들)
- 다양한 모델(예 프랑스어로 파인튜닝된 Wav2Vec2 모델들)이나 영어 전용으로 학습된 Whisper 변형 모델
- 다양한 생성 매개변수

> **NOTE** ASR 평가 주제에 관심이 있다면 「엔드-투-엔드 음성 벤치마크End-to-End Speech Benchmark」 논문[23]을 읽어보기를 제안한다. 이 벤치마크는 통합된 평가를 사용하여 많은 데이터셋으로 여러 엔드-투-엔드 시스템을 비교할 것을 제안한다. 또한 정기적으로 최신 모델로 업데이트되는 음성 인식 모델을 위한 공개 오픈 소스 리더보드[24]도 있다.

지금까지 ASR의 전체적인 기술 개요를 살펴보았다. 이제는 반대로 텍스트를 음성으로 변환하고 오디오 생성으로 확장하는 방법을 알아보자.

---

[22] return_timestamps=True 설정이 긴 형식 평가에서 환각을 줄이는 데 도움이 된다는 사실이 경험적으로 확인되었다. 이에 관한 개략적인 설명은 허깅 페이스 포럼(https://oreil.ly/HzHrI)에서 찾아볼 수 있다.
[23] https://arxiv.org/abs/2210.13352
[24] https://oreil.ly/MKes3

9.3 텍스트에서 음성으로, 생성 오디오로

지금까지 트랜스포머 기반 모델을 사용한 고품질 전사 방법을 알아봤다. 이 절에서는 오디오 생성 기술, 평가 방법 및 관련 과제를 다룬다. SpeechT5와 Bark라는 두 가지 인기 있는 TTS 모델을 소개한 후 뮤직젠, AudioLDM, 오디오젠^{AudioGen}과 같이 음성을 넘어 음악 등 다른 형태의 오디오로 확장할 수 있는 모델을 간략히 설명한다. 마지막으로 리퓨전^{Riffusion}과 댄스 디퓨전을 활용해 확산 모델로 오디오를 생성하는 방법을 살펴본다.[25]

처음부터 TTA 모델을 학습하고 평가하는 데는 상당한 비용과 어려움이 따른다. ASR과 달리, TTA 모델은 여러 개의 정확한 출력이 가능하다. TTS 모델[26]을 예로 들면, 생성된 음성은 다양한 발음, 억양, 말하기 스타일을 가질 수 있으며 이 모두가 정확할 수 있다. 또한 커먼 보이스와 같은 인기 있는 ASR 데이터셋은 다양한 조건에서 강건한 시스템을 구축하고자 보통 소음을 포함하는 경향이 있다. 그러나 TTA에서는 소음이 바람직하지 않은 특성이다. 모델이 소음 생성 방법까지 학습하게 되기 때문이다. 생성된 음성의 배경에 개 짖는 소리나 자동차 경적이 포함된 상황을 생각해 보자. 그러므로 TTA용 학습 데이터셋은 고품질이어야 한다.

9.3.1 시퀀스-투-시퀀스 모델로 오디오 생성하기

SpeechT5는 마이크로소프트에서 개발한 사전 학습된 오픈 모델로, ASR 및 화자 변환과 같은 음성-텍스트 작업, 음성 향상 및 음성 변환과 같은 음성-음성 작업, TTS를 수행할 수 있다. [그림 9-9]에 보이듯이, SpeechT5는 입력과 출력이 모두 음성이나 텍스트가 될 수 있는 인코더-디코더 구조를 사용한다. 다양한 형태의 입력을 처리하고자 음성 및 텍스트 사전 신경망이 입력을 인코더가 처리할 수 있는 은닉 표현으로 변환한다. 구체적으로 인코더 사전 신경망은 파형과 텍스트를 인코더가 기대하는 공통 은닉 표현으로 변환한다. 유사하게 디코더 입력과 출력은 음성 및 텍스트 디코더 사전 신경망과 사후 신경망으로 전처리 및 후처리된다. 이는 여섯 개의 추가 신경망을 통해 동일한 모델로 여러 작업을 수행할 수 있는 유연성을 제공한다.

---

[25] 이 절에서 모델 선정은 인기도, 크기, 품질 등 여러 요소를 고려해 이루어졌다. SpeechT5는 여러 작업을 처리할 수 있는 다재다능한 모델이다. Bark는 표현력 있는 음성을 생성하는 최고의 오픈 모델 중 하나이다. 확산 기반 기술은 많이 사용되지는 않지만, 높은 인기를 누렸던 시기가 있다.

[26] TTS는 텍스트-오디오 작업의 한 유형임을 상기하자.

텍스트 인코더 사전 신경망^{text encoder pre-net}

인코더가 기대하는 은닉 표현에 매핑하는 텍스트 임베딩 층이다.

음성 인코더 사전 신경망^{speech encoder pre-net}

Wav2Vec2의 특성 추출기와 동일한 개념으로, 입력 파형을 전처리하는 합성곱 신경망이다.

텍스트 디코더 사전 신경망^{text decoder pre-net}

사전 학습 중에는 텍스트 인코더 사전 신경망과 동일하다. 파인튜닝 시 수정된다.

음성 디코더 사전 신경망^{speech decoder pre-net}

로그-멜 스펙트로그램을 가져와 은닉 표현으로 압축한다.

텍스트 디코더 사후 신경망^{text decoder post-net}

어휘에 대한 확률로 투영하는 단일 선형 층이다.

음성 디코더 사후 신경망^{speech decoder post-net}

출력 스펙트로그램을 예측하고 추가 합성곱 층을 사용해 정제한다.

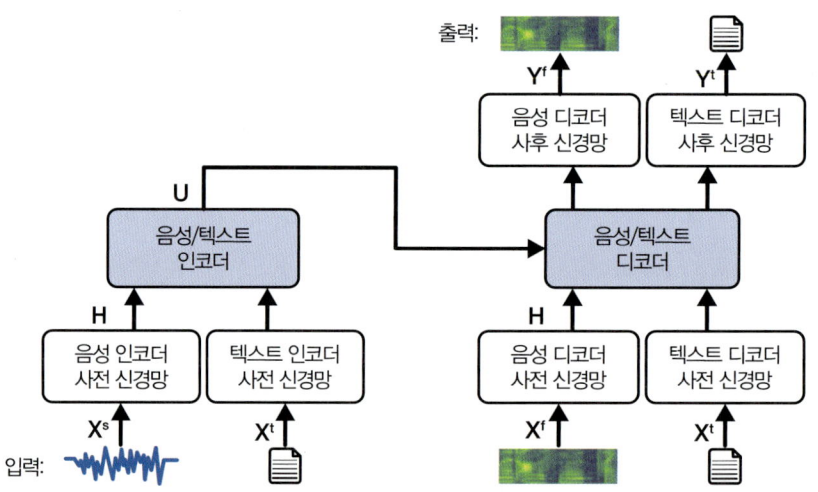

그림 9-9 SpeechT5 모델의 구조(원본 논문[27]의 그림을 참고함)

---

27 https://arxiv.org/abs/2110.07205

예를 들어 ASR을 하려면 입력은 오디오가 되고 출력은 텍스트가 된다. 그렇다면 음성 인코더 사전 신경망과 텍스트 디코더 신경망(사전 및 사후 신경망 모두)을 사용하고자 할 것이다. 트랜스포머 라이브러리는 오디오 및 텍스트 입력과 출력을 처리하는 기능을 제공하는 프로세서 클래스(SpeechT5Processor)를 제공한다. 구조는 9.2.1절 '인코더 기반 기법'과 매우 유사하다.

```python
from transformers import SpeechT5ForSpeechToText, SpeechT5Processor

processor = SpeechT5Processor.from_pretrained("microsoft/speecht5_asr")
model = SpeechT5ForSpeechToText.from_pretrained("microsoft/speecht5_asr")

inputs = processor(
    audio=array, sampling_rate=sampling_rate, return_tensors="pt"
)
with torch.inference_mode():
    predicted_ids = model.generate(**inputs, max_new_tokens=70)

transcription = processor.batch_decode(predicted_ids, skip_special_tokens=True)
print(transcription)
```

```
['chapter sixteen i might have told you of the beginning i might '
 'have told you of the beginning of the beginning of the beginning '
 'of the beginning of the beginning chapter sixteen']
```

이제 TTS를 수행해 보겠다. 텍스트 입력과 음성 출력을 다루므로 텍스트 인코더 사전 네트워크와 음성 디코더 신경망을 사용한다. SpeechT5는 다화자 TTS를 지원하고자 **화자 임베딩**speaker embedding을 입력받는다. 이 임베딩에는 화자의 음성과 억양 같은 특성 정보가 있어서 SpeechT5가 해당 스타일로 음성을 생성할 수 있게 한다. 임베딩은 x-벡터[28]를 통해 추출되는데, 이는 입력 오디오 길이에 상관없이 고정 차원 임베딩으로 변환하는 기술이다. SpeechT5는 음성 디코더 사전 신경망의 출력과 x-벡터를 결합함으로써 디코딩 과정에서 화자 정보를 효과적으로 반영한다.

무작위 화자 임베딩(🔘 torch.zeros(1, 512))을 사용할 수도 있지만, 그러면 결과물에 많은

---

28 옮긴이_ 화자 인식을 위해 설계된 신경망 임베딩 기술로, 화자의 음성 특성을 고정 길이 벡터로 표현한다.

노이즈가 발생할 수 있다. 다행히 온라인에서 이미 만들어진 화자 임베딩을 활용할 수 있다.

```python
from transformers import SpeechT5ForTextToSpeech

from genaibook.core import get_speaker_embeddings

processor = SpeechT5Processor.from_pretrained("microsoft/speecht5_tts")
model = SpeechT5ForTextToSpeech.from_pretrained("microsoft/speecht5_tts")

inputs = processor(text="There are llamas all around.", return_tensors="pt")
speaker_embeddings = torch.tensor(get_speaker_embeddings()).unsqueeze(0)

with torch.inference_mode():
    spectrogram = model.generate_speech(inputs["input_ids"], speaker_embeddings)
plt.figure()
plt.imshow(np.rot90(np.array(spectrogram)))
plt.show()
```

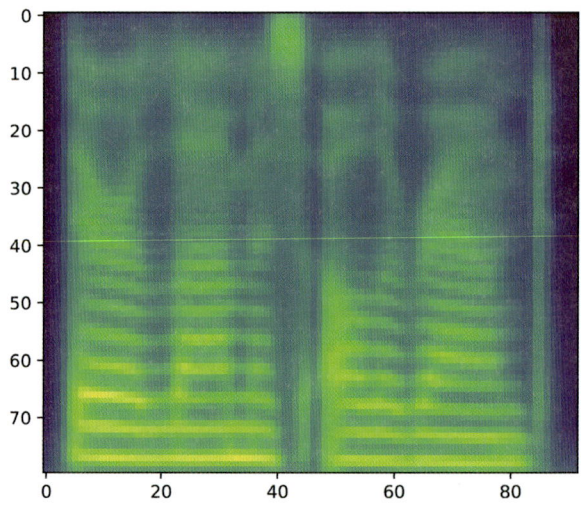

보다시피, 모델 출력은 파형이 아닌 로그-멜 스펙트로그램이다. 스펙트로그램은 유용한 도구이지만 한계가 있다. 단시간 푸리에 변환을 사용해 파형을 스펙트로그램으로 변환하는 일은 간단하지만, 스펙트로그램을 파형으로 역변환하는 과정은 그렇지 않다. 안타깝게도, 스펙트로그램은 원래 소리를 재구성하는 데 필요한 모든 정보를 포함하지 않는다. 사인파의 일반 공식을 살펴보며 이러한 한계를 이해해 보자.

$$F(t) = A\sin(2\pi ft + \Phi)$$

A는 진폭, f는 주파수, t는 입력 시간을 나타낸다. 이 모든 정보는 스펙트로그램에 존재한다. 하지만 Φ(파이)라는 한 요소가 누락되었다. Φ는 위상을 나타내며 신호에 관한 추가 정보를 제공한다. 진폭과 음높이가 더 중요한 속성이지만 위상 정보는 정확한 오디오 재구성에 필수적이다. 따라서 스펙트로그램에서 원래 파형(위상 정보 포함)을 재구성하는 기술이 필요하며, 이는 보코더vocoder [29]에 관해 배울 좋은 기회이다.

전통적인 재구성 방법인 Griffin-Lim 알고리즘은 예측된 스펙트로그램에서 파형을 재구성하는 반복적 알고리즘이다. 이 알고리즘은 간단하고 빨라서 널리 사용되지만 출력 오디오의 품질이 낮을 수 있다. Griffin-Lim 알고리즘은 일부 스펙트로그램 생성에는 충분하지만 이전 예제에서 생성된 스펙트로그램의 품질을 더 향상할 여지가 있다. 이러한 스펙트로그램을 전통적인 기술로 파형으로 변환하면 많은 노이즈와 아티팩트가 발생하므로 신경망을 활용한 더 정교한 기술이 필요하다.

스펙트로그램-파형spectrogram-to-waveform 재구성에 필요한 학습 데이터는 쉽게 구할 수 있으므로 최근 몇 년간 **신경 보코더**neural vocoder라는 특성 표현이나 스펙트로그램을 파형으로 변환하는 학습 가능한 모델에 관한 연구가 증가했다. 그중 하나인 WaveNet은 딥마인드DeepMind가 개발한 고품질 음성 합성을 구현한 유명한 모델이다. WaveNet은 품질이 뛰어나지만 자기회귀 모델이므로 처리 속도가 느려 실제로 사용하기에는 적합하지 않았다. WaveNet에 많은 최적화 작업이 이루어졌지만 여전히 많은 최적화와 강력한 GPU가 필요하다.

생성적 적대 신경망(GAN) 기반 접근 방식은 스펙트로그램-파형 재구성을 위한 인기 있는 고품질 실시간 대안이 되었다. 개념적으로 이 방식은 멜 스펙트로그램을 받아 파형을 출력하는 모델(생성자)의 오디오 품질이 실제 데이터에 충분히 가까운지 판단하는 판별자 모델과 함께 적대적 학습 방식을 사용한다. 이 과정에서 생성자와 판별자 모두 개선된다. MelGAN과 HiFiGAN은 인기 있는 GAN 기반 접근 방식이다. 이들은 빠르고 병렬 처리가 가능하며, 품질은 WaveNet에 준하고, 우수한 오픈 소스 구현이 있다. SpeechT5의 보코더로 HiFiGAN을 사용할 것이다. HiFiGAN의 생성자는 합성곱 신경망으로 구성되었으며, 오디오의 다양한 측면을 평가하는 두 개의 판별자와 함께 작동해 합성곱 신경망으로 이 고품질 오디오를 생성하도록 한다. 트랜스포머 라이브러리에서 `SpeechT5HifiGan`을 사용해 스펙트로그램을 직접 전달

---

29 옮긴이_ 음성 신호의 특성 표현을 파형으로 변환하는 장치나 알고리즘이다.

할 수 있다(또는 음성 생성 시 vocoder 매개변수를 지정해도 된다).

```
from transformers import SpeechT5HifiGan

vocoder = SpeechT5HifiGan.from_pretrained("microsoft/speecht5_hifigan")
with torch.inference_mode():
    # 또는
    # model.generate_speech(
    #     inputs["input_ids"],
    #     speaker_embeddings,
    #     vocoder=vocoder)
    speech = vocoder(spectrogram)
```

노트북에서 Audio(array, rate=sampling_rate)를 사용해 오디오를 재생하거나 이미 생성된 결과물[30]을 확인할 수 있다.

SpeechT5로 스펙트로그램을 생성하고 HiFiGAN으로 이를 파형으로 변환할 수 있다. SpeechT5는 영어로 학습되었으므로 다른 언어에서는 성능이 떨어질 것이다. 다른 언어에 대해 파인튜닝할 수 있지만 영어 외 문자를 지원하지 않는 등의 한계가 있다. 또한 비영어 화자에 대한 화자 임베딩을 얻어야 하므로 모델 성능이 더 낮아질 것으로 예상된다. 다양한 화자 임베딩으로 실험해 보면 결과 품질이 화자 임베딩에 크게 의존함을 알 수 있다. 더 개선할 방법은 없을까?

이상적인 TTS 시스템은 (스펙트로그램 생성기와 보코더를 별도로 사용하는 대신) 단일 모델을 사용하고, 엔드-투-엔드로 학습하며, 여러 화자에게 유연하게 적용할 수 있고, 긴 오디오를 생성하면서도 추론 속도가 빨라야 한다. 이러한 요구사항은 **VITS**[31]라는 새로운 모델로 이어진다. VITS는 입력부터 출력까지 한 번에 처리하는 종단 간 방식으로, 여러 계산을 동시에 수행하는 병렬 구조를 가진 모델이다. 개념적으로 VITS는 조건부 변이형 오토인코더(VAE)로 볼 수 있다. VITS는 이미 알려진 여러 기법을 결합하는데, 주 인코더로 트랜스포머 인코더를 사용하고 디코더로 HiFiGAN 생성자를 활용한다. 다른 구성 요소들은 TTS의 일대다 문제를 해결하기 위한 품질과 유연성을 향상하는 데 기여한다. 학습 과정에서 사용된 또 하나의 중

---

30 https://oreil.ly/a5Yn_
31 옮긴이_ Variational Inference with adversarial learning for end-to-end Text-to-Speech의 약자로, 종단 간 텍스트-음성 변환을 위한 변분 추론 및 적대적 학습 기반 모델이다.

요한 기법은 원시 파형이 아닌 멜 스펙트로그램을 비교하여 재구성 손실을 계산하는 것이었다. 멜 스펙트로그램은 인간의 청각 인식 방식에 더 가까우므로 학습 과정이 지각적 품질 향상에 집중하도록 도와준다. 재구성 손실에 이를 통합함으로써 모델이 더 명확하게 인식될 수 있는 음성을 생성하도록 유도한다.

VITS는 2021년 카카오 엔터프라이즈에서 출시했으며 당시 SOTA 모델 중 하나였다. 2023년, 메타는 대규모 다국어 음성$^{\text{massively multilingual speech}}$(MMS)이라는 광범위한 다국어 데이터셋을 공개했다. 이 데이터셋은 여러 중요한 성과로 이어졌다. 첫째, 4,000개의 구어 언어를 식별할 수 있는 데이터를 포함한다(오디오 분류 작업). 또한 메타는 1,100개 이상의 언어에 대한 TTS 및 ASR 데이터를 출시했다. 연구팀은 새로운 사전 학습된 Wav2Vec2 모델을 구축하고 1,100개 언어에 대한 다국어 ASR 파인튜닝 모델을 배포했다. 이는 TTS와 어떤 관련이 있을까? MMS 연구팀은 언어별로 개별 VITS 모델을 학습시켜 베트남어와 네덜란드어 같은 많은 언어에 대한 고품질 TTS 모델을 구현했으며, 원래 VITS 모델보다 더 우수한 결과를 얻었다.[32] 이는 학습 데이터 개선이 성능 향상으로 이어질 수 있음을 보여주는 좋은 사례이다. 이 모델을 사용해 음성을 생성해 보자.

```python
from transformers import VitsModel, VitsTokenizer, set_seed

tokenizer = VitsTokenizer.from_pretrained("facebook/mms-tts-eng")
model = VitsModel.from_pretrained("facebook/mms-tts-eng")

inputs = tokenizer(text="Hello - my dog is cute", return_tensors="pt")

set_seed(555)  # 결정론적으로 만들기
with torch.inference_mode():
    outputs = model(inputs["input_ids"])

outputs.waveform[0]
```

9.3.2 음성을 넘어서는 Bark의 활용

SpeechT5와 VITS를 사용해 음성을 생성하는 방법을 알아봤다. 이 기술은 다양한 용도로 활

---

[32] 모든 MMS 기반 모델은 허깅 페이스에서 찾을 수 있다.

용할 수 있지만, 음성을 넘어선 다른 오디오 생성 응용 분야도 존재한다. 예를 들어 웃음이나 울음 같은 소리를 만들어내는 모델이 필요할 수도 있고, 노래를 생성하는 모델을 원할 수도 있다.

다음으로 살펴볼 생성 모델은 Suno AI[33]의 Bark(그림 9-10)로, 이 역시 트랜스포머 기반 모델이다. Bark는 현재 매우 널리 사용되는 오픈 소스 오디오 생성 모델이다. 이 모델은 음성을 비롯한 다양한 소리를 생성할 수 있다. 예를 들어 프롬프트에 laugh나 sigh를 포함하면 해당 소리(웃음이나 한숨)가 음성에 자연스럽게 통합된다. 또한 프롬프트에 ♪ 기호를 사용해 음악적 요소를 추가할 수도 있다. Bark는 다국어를 지원하며 음성 프리셋 라이브러리(화자 임베딩과 유사한 개념)를 포함하고 있어 다양한 목소리로 오디오를 생성할 수 있다.

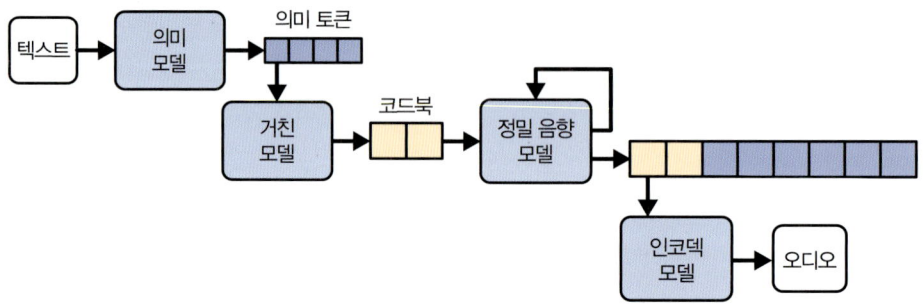

그림 9-10 Bark 파이프라인은 텍스트를 의미 토큰으로 변환하고, 의미 토큰을 거친 토큰으로 변환semantic-to-coarse token하며, 거친 토큰을 정밀 토큰으로 변환coarse-to-fine token하는 세 가지 구성 요소를 사용한다.

Bark의 세부 사항을 살펴보기 전에 오디오 **코덱**codec이라는 개념을 이해해야 한다. 오디오 압축의 목표는 음질을 최대한 유지하면서 파일 크기(또는 비트레이트)를 줄이는 것이다. 연구자들은 이 작업에 신경망을 활용하는 방법을 수년간 연구했고, 그 결과 SoundStream과 EnCodec과 같은 고급 도구가 개발되었다. 메타에서 개발한 EnCodec은 실시간으로 고품질 오디오를 압축하는 인기 있는 오픈 소스 신경 코덱neural codec[34]이다.

EnCodec은 3단계 과정으로 작동한다. 첫째, 인코더가 오디오를 잠재 표현으로 압축한다. 둘째, 양자화 계층quantization layer이 이를 더 컴팩트하고 효율적인 형식(압축된 표현)으로 변환한

---

33 https://suno.com
34 옮긴이_ 신경망을 활용해 오디오 데이터를 압축하고 해제하는 기술이다.

다.[35] 마지막으로 디코더가 압축된 데이터에서 오디오를 재구성한다. 양자화된 잠재 공간은 코드북codebook[36]으로 표현되며 각 코드북은 여러 가능한 벡터를 포함한다. 예를 들어 입력 오디오는 양자화된 잠재 공간에서 32개의 코드북 벡터(각각 1,024개 항목 포함)로 표현될 수 있다.

코덱에 대한 이해를 바탕으로 Bark로 돌아가 보자. Bark의 목표는 텍스트를 받아 코드북에 매핑하는 것이다. 이후 Bark는 신경 코덱의 디코더 부분을 사용해 코드북을 오디오로 변환한다. 이 과정은 네 가지 구성 요소를 통해 이루어진다.

텍스트 모델

상단에 언어 모델링 헤드가 있는 자기회귀 디코더 트랜스포머autoregressive decoder transformer로, 텍스트 프롬프트를 고수준 의미 토큰으로 변환한다. 이를 통해 Bark는 음향 효과나 가사와 같이 학습 데이터 외의 소리도 일반화할 수 있다.

거친 음향 모델coarse acoustics model

텍스트 모델과 구조가 동일하며, 텍스트 모델의 의미 토큰을 처음 두 개의 오디오 코드북으로 매핑한다.

정밀 음향 모델fine acoustics model

초기 코드북의 합계를 기반으로 다음 코드북을 반복해서 예측하는 비인과적 오토인코더 트랜스포머이다. 총 두 개의 거친 코드북과 여섯 개의 생성된 코드북을 출력한다.

코덱

모든 8개의 코드북 채널이 예측되면, 인코덱 모델의 디코더 부분이 출력 오디오 배열을 디코딩한다.

다양한 구성 가능한 매개변수가 있다. 예를 들어 거친 음향 모델과 정밀 음향 모델로 생성된 코드북의 수를 수정할 수 있다. 또한 공식 구현에서는 1,024로 설정된 각 코드북의 크기[37]도 변

---

35 인코더 출력을 양자화하는 방법은 설계상의 결정 사항이다. EnCodec 개발자들은 잔차 벡터 양자화라는 기술을 사용했다.
36 옮긴이_ 복잡한 오디오 신호를 제한된 수의 기본 소리 패턴으로 변환하는 사전과 같은 역할을 한다. 각 사전 항목(코드워드)은 특정 소리 특성을 나타내며, 이 사전을 통해 다양한 오디오를 효율적으로 압축하고 생성할 수 있다.
37 옮긴이_ 각 코드북에 포함된 '코드워드' 또는 '중심점(centroid)'의 개수를 나타낸다. 이것은 오디오 신호의 특정 부분을 얼마나 세밀하게 표현할 수 있는지를 결정한다.

경할 수 있다. 이 아키텍처는 모델이 다국어로 새로운 소리나 음성 등을 생성하도록 해 준다. 한번 시도해 보자.

```python
from transformers import AutoModel, AutoProcessor

processor = AutoProcessor.from_pretrained("suno/bark-small")
model = AutoModel.from_pretrained("suno/bark-small").to(device)

inputs = processor(
    text=[
        """Hello, my name is Suno. And, uh — and I like pizza. [laughs]
        But I also have other interests such as playing tic tac toe."""
    ],
    return_tensors="pt",
).to(device)


speech_values = model.generate(**inputs, do_sample=True)
```

좋은 결과다. 사전 정의된 화자에 따라 출력이 들리도록 조건을 지정하고 싶다고 가정해 보자. 그렇다면 저자들이 공유한 공식 라이브러리[38]에서 화자 임베딩을 사용할 수도 있다. 여러분의 음성으로 이러한 화자 임베딩을 학습시켜 자신의 말투를 따르는 합성 오디오를 생성할 수도 있다. 사전 정의된 목소리 중 하나를 사용해 보자.

```python
voice_preset = "v2/en_speaker_6"

inputs = processor("Hello, my dog is cute", voice_preset=voice_preset)

audio_array = model.generate(**inputs.to(device))
audio_array = audio_array.cpu().numpy().squeeze()
```

9.3.3 AudioLM과 MusicLM

음성 생성에 다양한 소리를 추가하는 것도 흥미롭지만, 완전한 멜로디를 생성할 수도 있을까?

---

[38] https://oreil.ly/ozUYr

답은 '그렇다'이다. 먼저 AudioLM과 MusicLM을 살펴보자. 이들은 2023년에 구글에서 발표한 주목할 만한 모델이며 오디오와 음악을 생성할 수 있다. 이러한 기술은 비디오 효과음 생성, 팟캐스트 배경 음악 추가, 게임 사운드 디자인 등 다양한 분야에 활용할 수 있다.

AudioLM은 몇 초 길이의 오디오 녹음을 입력받아 화자의 특성과 말하는 스타일을 유지하는 고품질 연속 오디오를 생성한다. 이 모델은 대본이나 주석 없이 학습되었다는 점에서 상당히 인상적이다. AudioLM은 어떻게 이를 달성할까? 개념적으로 AudioLM은 Bark와 유사하지만 목적이 다르다. 즉 텍스트-오디오 변환이 아닌 오디오 연속 생성이 목적이다.

AudioLM(그림 9-11)은 먼저 w2v-BERT를 사용해 파형을 의미 토큰으로 변환한다(이는 Bark에서 텍스트에서 의미 토큰을 생성하는 언어 모델을 사용한 방식과 유사하다). 그다음, 의미 모델이 미래 토큰을 예측해 오디오 시퀀스의 고수준 구조를 모델링한다. 두 번째 모델인 거친 음향 모델은 생성된 의미 토큰과 이전 음향 토큰을 사용해 새 토큰을 생성한다. 이전 음향 토큰은 어떻게 얻을까? 입력 파형을 코덱에 전달해 코드북(양자화된 잠재 표현)을 추출할 수 있다. 이 과정은 화자의 특성을 보존하고 더 일관된 오디오를 생성하는 데 기여한다. 네 번째 모델인 정밀 음향 모델은 오디오에 세부 사항을 추가해 품질을 높이고 이전 단계에서 발생한 압축 아티팩트를 제거한다. 마지막으로 생성된 토큰들은 파형 재구성을 위해 신경 코덱(Bark에서는 EnCodec, AudioLM에서는 SoundStream)에 입력된다.

AudioLM은 피아노 녹음과 같은 음악에도 학습되어 리듬과 멜로디를 유지하는 일관된 연속 음악을 생성할 수 있다. 기본 모델은 다르지만 전체 과정은 Bark와 유사하다. 코드북을 생성하는 일련의 모델을 학습시킨 후 신경 코덱(Bark의 EnCodec, AudioLM의 SoundStream)을 사용해 최종 파형을 생성한다.

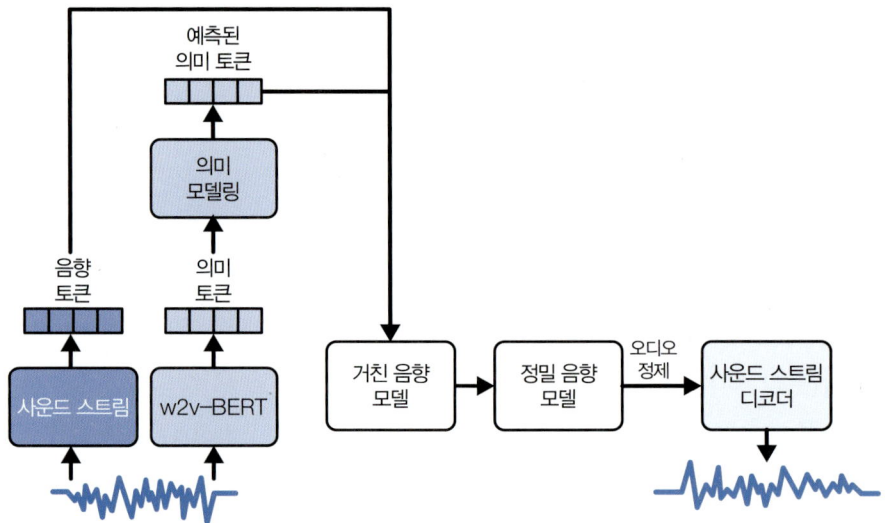

그림 9-11 AudioLM 모델 파이프라인에서 AudioLM은 입력된 오디오를 토큰 시퀀스로 변환하고 언어 모델링 기법을 사용해 오디오 생성을 수행한다(원본 논문[39]의 그림을 참고함).

MusicLM(그림 9-12)은 텍스트 설명에 정확히 부합하는 고품질 음악 생성에 초점을 맞춰 한 단계 더 발전했다. 예를 들어 'an intense rock concert with violins'와 같은 텍스트 설명을 프롬프트로 사용할 수 있다. MusicLM은 AudioLM의 다단계 구조를 활용하면서 텍스트 조건화를 추가로 통합했다.

고품질 레이블이 있는 TTS 데이터를 확보하기 어렵지만, 레이블이 있는 TTA 데이터를 확보하는 일은 더 복잡하다. TTA 시스템은 환경 소리와 음악을 포함한 더 넓은 범위의 오디오 유형을 다뤄야 한다. 다양한 소리를 높은 정확도로 주석 처리하는 작업은 더 어렵고 많은 노력이 필요하다. MusicLM은 MuLan이라는 추가 모델을 활용해 이 문제를 해결한다. 이 모델은 이미지-텍스트 쌍을 위한 CLIP과 유사하게 텍스트와 해당 오디오를 동일한 임베딩 공간에 매핑할 수 있다. 이를 통해 MuLan은 학습 과정에서 캡션 없이도 방대한 양의 오디오 데이터로 학습할 수 있게 되었다. 구체적으로, 학습 중에는 MusicLM이 오디오에서 계산된 임베딩으로 모델을 조건화하고 추론 중에는 텍스트 임베딩을 사용한다.

[39] https://arxiv.org/abs/2209.03143

> **NOTE** 이 글을 작성하는 현재, 이러한 모델 중 어느 것도 오픈 소스로 제공되지 않는다. LAION에서는 MuLan의 대안으로 CLAP[40]을 출시했다. 이는 MuLan보다 20배 적은 데이터로 학습되었지만 다양한 음악 샘플을 생성할 수 있다. 또한 SoundStream의 오픈 소스 대안으로는 EnCodec이 있다.

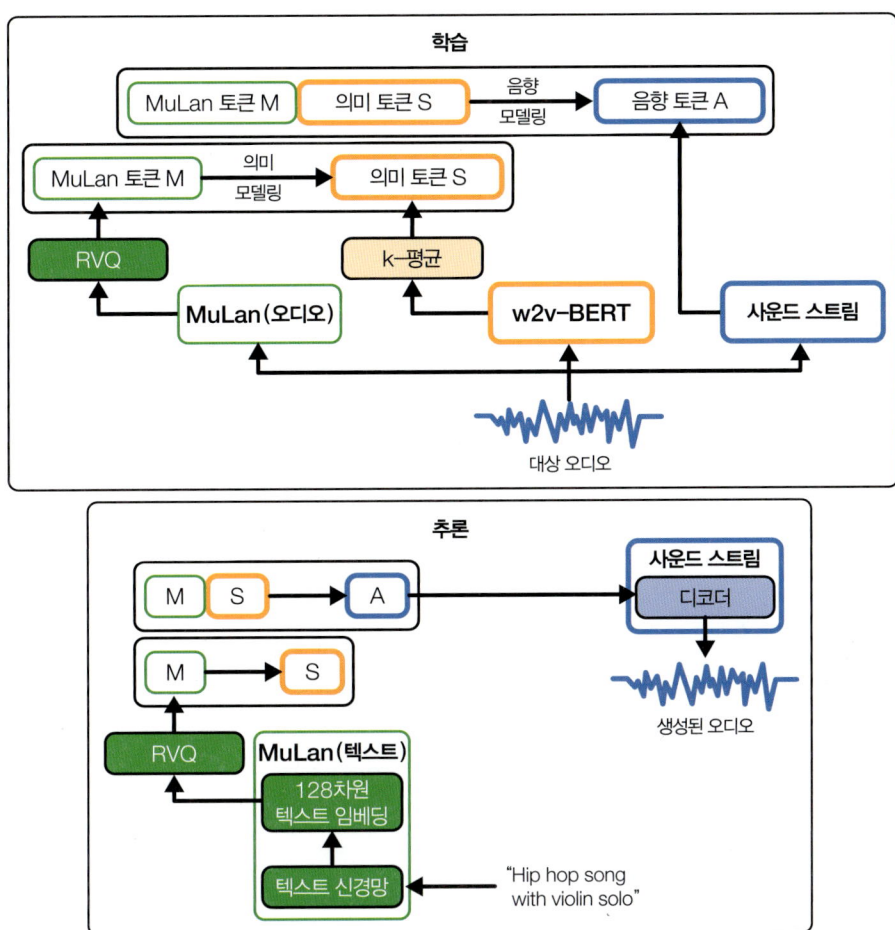

그림 9-12 MusicLM은 프롬프트를 기반으로 오디오를 생성하기 위해 텍스트 조건화를 AudioLM 아키텍처에 통합한다(원본 논문[41]의 그림을 참고함).

---

40 https://arxiv.org/abs/2211.06687
41 https://arxiv.org/abs/2301.11325

9.3.4 오디오젠과 뮤직젠

2022년과 2023년에 메타는 텍스트 기반 오디오 생성을 위한 여러 오픈 모델을 동시에 출시했다. 오디오젠은 소리와 환경 효과(@ 개 짖는 소리나 문 두드리는 소리)를 생성할 수 있고, Bark나 AudioLM과 유사한 구조를 따른다. 텍스트 임베딩을 생성하고 생성 과정을 조건화하는 데 T5의 텍스트 인코더를 사용한다. 디코더는 이전 단계의 텍스트 및 오디오 토큰으로 조건화된 오디오 토큰을 자기회귀적으로 생성한다. 최종 오디오 토큰은 마지막으로 신경 코덱으로 디코딩된다.

오디오젠의 오픈 소스 버전은 원래 아키텍처의 변형이다. 신경 코덱으로는 환경 소리 데이터에 맞게 EnCodec을 재학습시켰다. Bark와 AudioLM의 방식과 유사하기 때문에 과정이 익숙하게 느껴질 수 있다. 오디오젠으로는 다음 세 가지 작업을 수행할 수 있다.

- 전체 아키텍처를 사용해 텍스트 조건부 오디오를 생성할 수 있다(@ '트럼펫을 연주하는 동안 개가 짖는다').
- 텍스트 인코더를 제거하면 조건 없이 소리를 생성할 수 있다.
- 기존 오디오의 오디오 토큰을 활용해 오디오 연속 생성을 수행할 수 있다.

메타는 오디오젠을 기반으로 뮤직젠을 출시했는데, 이는 텍스트로 조건화된 음악을 생성하도록 학습되었으며 여러 평가 지표에서 MusicLM보다 더 나은 결과를 보였다. 뮤직젠은 텍스트 설명을 텍스트 인코더(@ T5, Flan T5)에 통과시켜 임베딩을 얻는다. 그다음, 이 임베딩으로 조건화된 오디오 코드북을 생성하는 데 언어 모델을 사용한다. 마지막으로 오디오 토큰은 EnCodec을 통해 디코딩되어 파형을 생성한다. 현재 여러 뮤직젠 모델이 공개되어 있다.

> **NOTE** 오디오젠은 공개 데이터셋(@ AudioSet, AudioCaps)으로 학습되었다. 반면 뮤직젠은 메타가 소유하거나 특별히 라이선스를 취득한 2만 시간 분량의 음악으로 학습되었으며 내부 데이터셋, 셔터스톡Shutterstock, Pond5의 음악 데이터를 결합했다.

매개변수가 3억 개인 가장 작은 뮤직젠 모델을 사용하고 각 구성 요소를 로드해 보자.

```
from transformers import AutoProcessor, MusicgenForConditionalGeneration

model = MusicgenForConditionalGeneration.from_pretrained(
    "facebook/musicgen-small"
```

```
).to(device)
processor = AutoProcessor.from_pretrained("facebook/musicgen-small")
inputs = processor(
    text=["an intense rock guitar solo"],
    padding=True,
    return_tensors="pt",
).to(device)

audio_values = model.generate(
    **inputs, do_sample=True, guidance_scale=3, max_new_tokens=256
)
```

Bark, SpeechT5, 뮤직젠과 같은 여러 오디오 생성 모델 사용법을 배웠다. API 추상화에 따라, 모델과 프로세서를 독립적으로 로드하고 모든 추론 코드를 직접 작성하는 대신, 트랜스포머에서 제공하는 text-to-audio와 text-to-speech 파이프라인을 사용한다. 이들은 로직을 추상화하고 추론을 실행하는 데 유용하다.

```
from transformers import pipeline

pipe = pipeline("text-to-audio", model="facebook/musicgen-small", device=device)
data = pipe("electric rock solo, very intense")
```

9.3.5 오디오 확산과 리퓨전

오디오 생성을 위한 확산 기반 접근 방식을 살펴보자. 스펙트로그램을 사용하면 소리의 설계도 역할을 하는 시각적 표현을 얻을 수 있으며, 이를 다시 소리로 변환할 수 있다. 확산 모델처럼 이미지 생성이 가능한 모델이 있다면 스펙트로그램을 활용해 흥미로운 작업을 할 수 있다. 4장에서 설명했듯이, 확산 파이프라인을 사용해 조건부 또는 무조건부 이미지를 생성할 수 있다.

오디오 확산 Audio Diffusion은 이 간단한 아이디어를 오디오로 확장한다. 노래 데이터베이스에서 수천 개의 멜 스펙트로그램을 선택해 무조건 확산 모델을 학습시킨 후 멜 스펙트로그램 이미지를 생성하고, 이를 오디오로 변환할 수 있다. 놀랍도록 단순한 접근법이지만 괜찮은 결과를 보여준다. 예를 들어 teticio/audio-diffusion-ddim-256[42]은 제작자가 선정한 2만 개의 노래

---

42 https://oreil.ly/cbXde

이미지로 학습된 모델이다. 이 모델로 노래를 생성해 보자.

```python
from diffusers import AudioDiffusionPipeline

pipe = AudioDiffusionPipeline.from_pretrained(
    "teticio/audio-diffusion-ddim-256"
).to(device)

output = pipe()
```

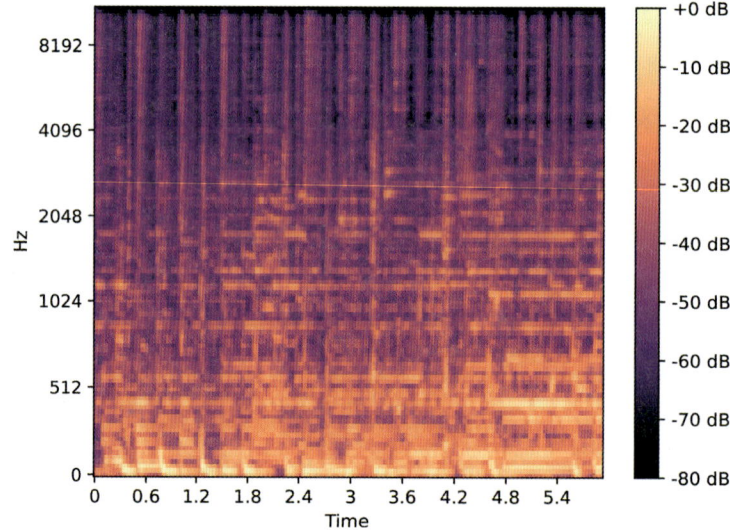

AudioDiffusionPipeline의 결과(output.images)를 통해 스펙트로그램에 접근할 수 있다. 다행히 AudioDiffusionPipeline은 스펙트로그램을 오디오로 변환하는 과정을 알아서 처리하고(내부적으로 Griffin-Lim 알고리즘을 사용) 해당 오디오를 반환한다(output.audios). 이 모델은 스펙트로그램을 직접 디노이징한다는 점을 알아두자. 다른 방법으로 5장에서처럼 오토인코더를 사용해 이미지를 인코딩하고 잠재 공간에서 작업할 수도 있다. 이는 모델 학습과 추론 속도를 크게 향상하므로 더 깊이 탐구하고 싶다면 좋은 실습 주제가 될 것이다.

> **NOTE** output.images[0]에서 스펙트로그램을 시각화할 때, 오디오 출력에서 얻은 이전 스펙트로그램과 차이가 있음을 알 수 있다. 모델은 흑백 이미지를 생성하도록 학습되었지만 멜 스펙트로그램은 컬러

이다. 또한 생성된 스펙트로그램은 학습 데이터의 구조 때문에 수평으로 뒤집힌다. 여기서 표시된 스펙트로그램은 이 장의 다른 예시들과 일관성을 유지하려고 다시 뒤집었다.

이 아이디어를 더 발전시켜 텍스트 조건부 모델을 사용해 텍스트 프롬프트 기반으로 스펙트로그램을 생성할 수 있다. 예를 들어 리퓨전은 텍스트 프롬프트를 기반으로 스펙트로그램 이미지를 생성할 수 있는 스테이블 디퓨전의 파인튜닝 버전이다. 이 아이디어가 특이하게 들릴 수 있지만, 의외로 잘 작동한다.

```python
from diffusers import StableDiffusionPipeline

pipe = StableDiffusionPipeline.from_pretrained(
    "riffusion/riffusion-model-v1", torch_dtype=torch.float16
)
pipe = pipe.to(device)
prompt = "slow piano piece, classical"
negative_prompt = "drums"
spec_img = pipe(
    prompt, negative_prompt=negative_prompt, height=512, width=512
).images[0]
```

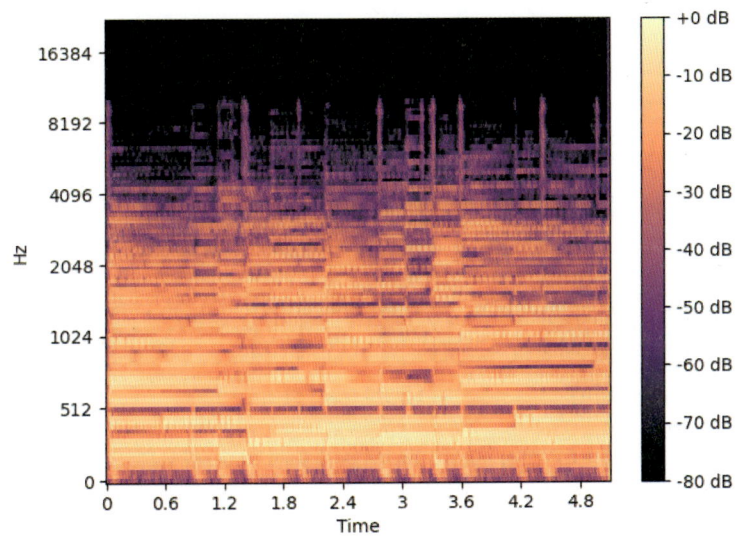

스테이블 디퓨전 활용의 단순함은 많은 이점을 제공한다. 이미지-이미지, 인페인팅, 네거티브 프롬프트negative prompt, 보간interpolation과 같은 일반적인 도구를 즉시 적용할 수 있다. 예를 들어 어쿠스틱 솔로를 일렉트릭 기타 솔로로 변환하거나 타자 소리에서 재즈로 부드럽게 전환하여 독특한 음향 효과를 만들 수 있다. 이전에 생성된 스펙트로그램을 가져와 이미지-이미지 파이프라인과 새로운 프롬프트를 사용해 피아노 연주를 기타 연주로 변환해 보자.

```python
from diffusers import StableDiffusionImg2ImgPipeline

pipe = StableDiffusionImg2ImgPipeline.from_pretrained(
    "riffusion/riffusion-model-v1", torch_dtype=torch.float16
)
pipe = pipe.to(device)

prompt = "guitar, acoustic, calmed"
generator = torch.Generator(device=device).manual_seed(1024)
image = pipe(
    prompt=prompt,
    image=spec_img,
    strength=0.7,
    guidance_scale=8,
    generator=generator,
).images[0]
```

9.3.6 댄스 디퓨전

스펙트로그램을 생성하고 오디오 클립으로 변환하는 방식은 효과적이지만, 오디오 모델 학습에 이미지를 사용하는 것은 다소 직관적이지 않다. 스펙트로그램 대신 원시 오디오 데이터(숫자 배열)로 직접 작업 가능한 모델을 탐색할 수 있다. 4장에서 봤듯이, U-Net은 일련의 다운샘플링 층 다음에 업샘플링 층이 있는 합성곱 신경망이다. 지금까지 2D 데이터용 U-Net(UNet2DModel)을 사용했지만 원시 오디오 데이터용 U-Net, 즉 1차원 부동 소수점 숫자 배열(UNet1DModel)에 작동하는 U-Net도 사용할 수 있다.[43]

댄스 디퓨전은 오디오 파형을 직접 생성하는 무조건부 오디오 생성을 위한 오픈 소스 모델군

---

[43] 생성된 오디오 데이터에는 두 개의 배열이 있다. 이는 댄스 디퓨전이 스테레오 사운드로 학습되었기 때문이다.

이다. 다양한 데이터셋으로 학습된 여러 모델이 있다. 예를 들어 `harmonai/maestro-150k`는 200시간 분량의 피아노 클립으로 학습된 모델이며 무조건부로 피아노 소리를 생성할 수 있다.

```python
from diffusers import DanceDiffusionPipeline

pipe = DanceDiffusionPipeline.from_pretrained(
    "harmonai/maestro-150k", torch_dtype=torch.float16
)
pipe = pipe.to(device)
audio = pipe(audio_length_in_s=5, num_inference_steps=50).audios[0]
```

댄스 디퓨전의 구성은 4장에서 본 것과 유사하다. `UNet2DModel`과 데이터를 변경함으로써 바로 좋은 결과를 얻을 수 있다. 댄스 디퓨전을 위한 최소한의 학습 루틴을 설정하는 작업은 비교적 간단하고 큰 준비가 필요하지 않다. 이러한 모델의 품질은 적절하지만 개선할 수 있는 부분이 분명히 있다.

9.3.7 생성 오디오를 위한 그 밖의 확산 모델

확산 모델에는 추론 속도가 매우 느리다는 문제가 있다. 스테이블 디퓨전에서 영감을 받아, 디프사운드^{DiffSound}와 AudioLDM 모델은 잠재 공간에서 작동하도록 설계되었다. 이 잠재 공간은 CLAP 잠재 임베딩 공간이다. MusicLM의 MuLan과 이미지 도메인의 CLIP처럼, CLAP은 텍스트와 오디오를 공유 잠재 공간에 매핑하는 모델이다. 이렇게 하면 확산 과정이 훨씬 빨라지고 레이블이 달린 데이터가 필요하지 않게 된다.

이 방식은 스테이블 디퓨전과 비슷한 원리를 다른 모달리티에 적용한 것처럼 작동한다. 이미지와 텍스트를 연결하는 CLIP 대신 오디오와 텍스트를 연결하는 CLAP을 사용한다. 핵심 구조는 스테이블 디퓨전과 동일한 U-Net을 기반으로 하며, 변이형 오토인코더를 사용해 압축된 정보를 풀어 멜 스펙트로그램으로 변환한다. 그리고 앞서 TTS에서 살펴봤듯이, HiFiGAN 보코더를 사용해 스펙트로그램을 실제 들을 수 있는 오디오로 변환한다. AudioLDM은 이러한 구조를 통해 텍스트 기반으로 오디오를 다양하게 조작할 수 있다. 예를 들어 오디오의 특정 부분만 수정하거나, 낮은 품질의 오디오를 고품질로 변환하거나, 소리의 스타일을 바꾸는 작업을 할 수 있다.

MusicLDM은 AudioLDM을 음악 전용으로 특화한 모델이다. 원래 CLAP은 데이터셋 대부분이 음향 효과 등으로 이루어졌으며 음악 데이터가 부족해 바로 사용하기 어려웠다. 연구팀은 텍스트와 음악이 쌍을 이루는 데이터셋으로 CLAP을 다시 학습시켜 음악에 대한 이해도를 높이는 방식으로 이를 해결했다. 또한 HiFiGAN 보코더도 음악 데이터로 재학습하여 더 자연스러운 음악 파형을 생성하도록 했다.

텍스트를 음악으로 변환하는 생성형 AI의 한 가지 문제점은 다양한 학습 데이터가 부족할 때, 확산 과정이 원래 학습 데이터의 예제를 그대로 복제할 가능성이 높아진다는 것이다. 이를 방지하고자 MusicLDM은 데이터 증강 기법을 활용해 모델이 더 넓은 범위의 음악 데이터를 경험하도록 한다. 예를 들어 믹스업mixup 기법으로 두 개의 오디오 샘플을 혼합해 새로운 샘플을 만든다. 이는 모델이 특정 데이터에 과도하게 적응하는 것을 막고 다양한 상황에 더 잘 대응하도록 돕는다.

9.4 오디오 생성 시스템 평가

이미지 생성과 마찬가지로 TTS와 TTA는 정답이 하나로 정해져 있지 않아서 평가하기 어렵다. 더구나 오디오 품질은 인간의 주관적 인식에 크게 의존한다. 서로 다른 모델로 텍스트 프롬프트에 따라 노래를 생성한다고 가정해 보자. 사람마다 선호도가 다르므로 모델 간 비교는 복잡하고 비용이 많이 든다.

객관적인 평가 지표를 정의하려는 시도도 있었다. 프레셰 오디오 거리Frechet audio distance (FAD)는 참조 오디오 없이도 오디오 모델의 품질을 평가할 수 있다. 이 지표는 인간의 인식과 상관관계가 있어 그럴듯한 오디오를 식별하는 데 도움이 되지만, 생성된 오디오가 입력 프롬프트와 얼마나 일치하는지 평가하지 못할 수 있다. 참조 오디오가 있다면 분류기를 활용해 생성된 오디오와 참조 오디오에 대한 클래스 예측을 계산한 후, 두 확률 분포 간의 KL 발산을 측정하는 방법이 있다. 참조 데이터가 부족하다면 CLAP을 사용해 입력 프롬프트와 출력 오디오를 같은 임베딩 공간에 매핑하고 이들 간의 유사도를 계산할 수 있다. 다만 이 방법은 CLAP 사전 학습에 사용된 데이터에 크게 영향을 받는다.

결국 TTS와 TTA 시스템에는 인간 평가가 필수적이다. 앞서 언급했듯이 생성물의 품질은 주관적이므로 이상적으로는 배경이 다양한 여러 사람이 시스템 품질을 평가해야 한다. 이는 사람들에게 특정 척도로 생성물을 평가하도록 요청해 평균 의견 점수$^{\text{mean opinion score}}$(MOS)를 계산해서 수행할 수 있다. 또는 두 가지 다른 모델에서 생성된 결과물을 입력 프롬프트와 함께 사람들에게 보여주고 어느 쪽을 선호하는지 물어보는 방법도 있다.

9.5 향후 발전 방향

생성 오디오 분야는 전례 없는 혁신과 성장을 경험하고 있다. 오디오와 음성 기술의 최근 발전은 놀라운 수준이지만, 이 분야는 계속 진화하며 새롭고 흥미로운 연구 영역을 제공하고 있다.

예를 들어 실시간 고품질 오디오 생성은 주목할 만한 신흥 분야이다. 실시간으로 고품질 오디오를 생성하는 기술은 접근성 도구부터 게임 개발에 이르기까지 다양한 분야에 새로운 가능성을 열어준다. 코키^{Coqui}의 XTTS[44], 일레븐랩스^{ElevenLabs}의 TTS 도구[45], 큐타이^{Kyutai}의 Moshi 같은 최근 출시된 모델들이 좋은 예시이다.

또 다른 유망한 연구 분야는 다양한 작업을 유연하게 처리하는 통합 모델링이다. Seamless M4T[46]와 같은 모델은 확장 가능한 통합 음성-번역 시스템을 제공한다. 이 단일 모델로 TTS, 음성-음성 번역, 텍스트-음성 번역(다른 언어로 합성 음성 생성) 등 다양한 오디오 작업을 수행할 수 있다. 이 장에서는 인기 있는 고품질 음성, 오디오, 음악 생성 모델을 살펴봤다. 이 세 가지 데이터 도메인의 차이점은 세 종류의 오디오를 모두 생성하는 통합 모델을 학습하는 데 어려움을 준다. 그러나 AudioLDM 2와 같은 최신 모델은 이러한 방향으로 발전하고 있다. 이런 모델은 오디오의 통합 언어를 제시하여 다양한 유형의 오디오를 생성하면서도 작업별 모델과 비교해 동등하거나 더 나은 결과를 보여준다.

오디오 생성 기술의 과제는 단순한 모델링을 넘어 더 넓은 범위에 걸쳐 있다. 주요 윤리적 문제로는 데이터 출처, 저작권법, 정보 기억, 소유권 등이 있다. 개인의 음성을 복제하는 기술은 인상적이지만, 동의 없이 다른 사람의 목소리에 적용하면 심각한 윤리적 문제가 발생할 수 있다. 음악 모델을 학습시키는 것은 지적이고 창의적인 실험이지만, 공정한 데이터셋 사용 기준을 정

---

[44] https://oreil.ly/00Ugv
[45] https://oreil.ly/k0hd2
[46] https://oreil.ly/WTVBw

하는 것은 여전히 풀어야 할 과제이다. 예를 들어 동의 없이 광고에 유명인의 목소리를 합성하여 사용하는 것은 개인 권리 침해로 볼 수 있다.

또한 최근 오디오 관련 머신러닝 연구는 주로 영어에 중점을 두어 다국어 분야에서 발전할 여지가 크게 남아 있다. 음성 인식 모델이 소수의 언어에만 최적화되면 다른 언어 사용자들은 품질이 낮거나 접근하기 어려운 서비스를 받게 된다. 이러한 윤리적 고려 사항은 머신러닝 기술의 책임 있는 개발과 적용의 중요성을 강조한다. 이런 문제를 미리 해결하면 신뢰를 키우고 기술의 혜택이 공평하게 분배되도록 할 수 있다.

9.6 엔드-투-엔드 대화 시스템 프로젝트

여러 장에 걸쳐 텍스트 생성(2장과 6장), 확산 모델을 이용한 이미지 생성(4장과 5장), 음성 전사 및 생성 모델(9장), Gradio 데모 구축(5장) 등 트랜스포머 모델 활용법을 배웠다. 이 프로젝트의 목표는 다음 기능이 있는 엔드-투-엔드 Gradio 앱을 구축하는 것이다.

- 사용자가 **프롬프트**를 텍스트나 음성으로 입력할 수 있다.
- **프롬프트**는 대화형일 수도 있고 이미지 생성 요청일 수도 있다.
- **프롬프트**에 따라 모델은 이미지나 텍스트로 응답한다.
- 시스템은 이미지와 텍스트를 출력하며, 텍스트 응답에는 음성도 함께 생성해 제공한다.

이 프로젝트는 여러 설계 결정이 필요하다. 어떤 모델을 선택할 것인가? 품질과 속도 사이의 균형을 어떻게 맞출 것인가? 프롬프트가 이미지 생성을 요청하는지 어떻게 판단할 것인가?[47] 이 개방형 프로젝트[48]는 여러 장에 걸쳐 배운 기술을 적용하므로 간단한 버전으로 시작한 다음 점진적으로 개선하는 방식이 좋다. 이 프로젝트에서 모델을 처음부터 학습시킬 필요는 없으며 원한다면 모델을 파인튜닝할 수 있다. 목표는 사용자 프롬프트에 따라 이미지, 텍스트, 오디오를 생성하는 재미있고 상호작용하는 대화형 시스템을 구축하는 것이다.

---

[47] 힌트: 예를 들어, 휴리스틱, 제로샷 분류, 문장 유사도를 활용할 수 있다.
[48] 옮긴이_ 명확한 정답이나 고정된 해결 방법이 없는 프로젝트를 의미한다. 참여자는 문제 해결에 필요한 다양한 접근 방식을 자유롭게 탐색할 수 있으며, 창의적이고 비판적인 사고를 활용한다.

9.7 요약

생성 오디오 분야를 깊이 탐구하는 흥미로운 경험이었다. 생성 오디오 분야는 새로운 모델이 계속 등장하고, 더 높은 품질의 데이터셋이 출시되며, 새로운 연구진이 생성 오디오 환경에 진입하는 등 역동적인 시기를 맞이했다. 오디오 도메인에서 사용되는 다양한 모델에 압도감을 느끼는 것은 자연스러운 일이다. 이 분야는 매우 빠르게 발전하며, 언어 모델이나 잠재 공간 확산 모델과 같은 다른 분야의 기술이 우리가 활용한 다양한 도구에 영향을 미쳤다. 오디오의 복잡한 특성 때문에 스펙트로그램과 파형을 변환하는 보코더, 오디오를 압축하고 복원하는 신경 코덱 같은 새로운 기술을 살펴보았다. 이 장에서는 오디오 도메인을 소개하며 최신 연구를 더 깊이 탐구하는 기반이 될 기초 지식을 살펴봤다.

더 자세히 알아보고 싶다면 다음 주제를 연구해 보기를 제안한다.

CTC

Wav2Vec2가 사용하는 CTC 알고리즘을 배우려면 'CTC를 이용한 시퀀스 모델링Sequence Modeling with CTC'라는 대화형 블로그 글[49]을 참고하라.

파를러TTS

파를러TTS ParlerTTS는 TTS용 학습 및 추론 라이브러리(및 모델군)이다. 이 라이브러리는 가볍고 고품질이며 사용자 맞춤형 음성을 생성할 수 있다. 파를러TTS 깃허브 저장소[50]를 살펴보고 추론 및 학습 예제를 시도해 보길 권장한다.

보코더

이 장에서는 멜 스펙트로그램을 음성으로 변환하는 HiFiGAN과 같은 보코더를 간략히 소개했다. WaveNet, MelGAN, HiFiGAN 보코더를 더 자세히 알아보면 좋다. 이들의 차이점은 무엇인가? 어떻게 평가되는가?

---

49 https://oreil.ly/7v4tV
50 https://github.com/huggingface/parler-tts

모델 최적화

다양한 모델 최적화^{model optimization} 기술은 품질 저하를 최소화하면서 오디오 생성 속도를 훨씬 더 빠르게 해 준다. 'AudioLDM 2, but Faster ⚡'[51]와 '추측적 디코딩으로 2배 빠른 Whisper 추론^{Speculative Decoding for 2x Faster Whisper Inference}'[52] 같은 블로그 글을 읽어보길 권장한다.

기타 인기 있는 모델

이 장에서 다룬 다양한 모델과 함께 Tacotron 2, FastSpeech, FastSpeech 2, TorToiSe TTS, VALL-E와 같은 주요 모델을 살펴보면 좋다. 이러한 모델에 관한 전반적인 이해는 전체 생태계를 파악하는 데 도움이 될 것이다.

수많은 데이터셋과 모델을 접했으므로 [표 9-1]과 [표 9-2]에 추가 연구를 위한 주요 자료를 간결하게 요약해 두었다.

표 9-1 데이터셋 요약

데이터셋	설명	학습 시간	권장 사용법
LibriSpeech	오디오북 낭독	영어: 960	벤치마킹과 사전 학습 모델
다국어 LibriSpeech	LibriSpeech의 다국어 버전	영어: 44,659 총: 65,000	벤치마킹과 사전 학습 모델
Common Voice 13	품질이 다양한 크라우드소싱 다국어	영어: 2,400 총: 17,600	다국어 시스템
VoxPopuli	유럽 의회 녹음	영어: 543 총: 1,800	다국어 시스템, 도메인별 사용, 비원어민 화자
GigaSpeech	오디오북, 팟캐스트, 유튜브에서 제공되는 영어 콘텐츠	영어: 10,000	여러 도메인에 걸친 강건성
FLEURS	병렬 다국어 코퍼스	102개 언어에서 각각 10시간	다국어 설정에서의 평가(낮은 디지털 자원 설정 포함)
MMS-labeled	신약 성경 낭독	1,100개 언어에서 총 37,000시간	다국어 시스템
MMS-unlabeled	이야기와 노래 녹음	3,800개 언어에서 총 7,700시간	다국어 시스템

---

[51] https://oreil.ly/Hs1BQ
[52] https://oreil.ly/0HoGz

표 9-2 모델 요약

모델	작업	모델 유형	참고
Wav2Vec2	영어 음성 인식	CTC를 사용하는 인코더 트랜스포머	레이블이 없는 영어 데이터로 학습됨. 쉽게 파인튜닝 가능.
HuBERT	영어 음성 인식	CTC를 사용하는 인코더 트랜스포머	레이블이 없는 영어 데이터로 학습됨. 쉽게 파인튜닝 가능.
XLS-R	다국어 음성 인식	CTC를 사용하는 인코더 트랜스포머	128개의 언어로 된 라벨이 없는 데이터로 학습됨.
Whisper	다국어 음성 인식	인코더-디코더 트랜스포머	다양한 언어로 된 방대한 양의 데이터로 학습됨.
SpeechT5	ASR, TTS, S2S	인코더-디코더 트랜스포머	같은 공간에 음성과 텍스트를 매핑하기 위해 사전 및 사후 신경망 추가.
HiFiGAN	스펙트로그램을 음성으로	다중 판별기를 사용하는 GAN	한 가지 유형의 보코더.
EnCodec 및 SoundStream	오디오 압축	인코더-디코더	양자화된 잠재 공간을 사용함.
Bark	다국어 TTA	다단계 자기회귀	코드북을 예측하고 인코덱을 사용해 재구성함.
MuLan 및 CLAP	텍스트와 오디오를 같은 공간에 매핑	텍스트를 위한 트랜스포머 인코더와 오디오를 위한 합성곱 신경망	CLAP은 MuLan의 오픈 소스 복제본.
AudioLM	오디오 연속	다단계 자기회귀	개념적으로 Bark와 비슷하지만 오디오 입력을 사용함.
MusicLM	텍스트 음악 변환 (TTM)	MuLan과 AudioLM을 결합	MuLan을 통합하여 레이블이 붙은 데이터가 필요하지 않도록 함.
AudioGen	TTA	다단계 자기회귀	EnCodec은 환경 소리 데이터를 바탕으로 새롭게 학습됨.
MusicGen	TTM	오디오젠과 동일	여러 변형이 오픈 소스로 제공됨.
AudioLDM	TTA	잠재 공간 확산(스테이블 디퓨전과 동일)	CLAP을 사용해 잠재 공간을 활용함.
MusicLDM	TTM	AudioLDM과 동일	음악 분야에서 CLAP과 HiFiGAN을 다시 학습함.

연습 문제

1. 파형과 스펙트로그램을 사용하는 장단점은 무엇인가?
2. 스펙트로그램이란 무엇이며, 멜 스펙트로그램은 무엇인가? 어떤 것을 모델에서 사용하는가?
3. CTC는 어떻게 작동하는가? 인코더 기반 ASR 모델에 왜 필요한가?
4. 모델이 16kHz의 샘플링 레이트로 학습되었는데 추론 데이터의 샘플링 레이트는 8kHz라면 어떤 일이 일어날까?
5. 인코더 기반 모델에 n-그램 모델을 추가하면 어떻게 작동하는가?
6. ASR에서 인코더 기반 모델과 인코더-디코더 기반 모델의 장단점은 무엇인가?
7. ASR 평가 시, 어떤 상황에 WER 대신 CER을 선호하는가?
8. SpeechT5가 사용하는 여섯 개의 신경망은 무엇인가? 음성 변환을 수행하려면 어떤 설정이 필요한가?
9. 보코더란 무엇인가? 언제 사용하는가?
10. 인코덱 모델의 목적은 무엇인가?
11. TTA 모델은 레이블이 있는 데이터의 필요성을 완화하는 데 MuLan/CLAP을 어떻게 활용하는가?

연습 문제와 도전 과제의 해답은 이 책의 깃허브 저장소[53]에 있다.

도전 과제

1. **Whisper 탐색**: 다음 코드는 무작위 배열과 Whisper 특성 추출기를 처음부터 생성한다.

```
import numpy as np
from transformers import WhisperFeatureExtractor

array = np.zeros((16000, ))
feature_extractor = WhisperFeatureExtractor(feature_size=100)
features = feature_extractor(
    array, sampling_rate=16000, return_tensors="pt"
)
```

feature_size, hop_length, chunk_length의 변경이 입력 특성의 모양에 미치는 영향을 탐색해 보자.

---

[53] https://github.com/yk-genai/genaibook

그리고 문서[54]에서 WhisperFeatureExtractor의 기본값을 살펴보고 각각이 무엇을 의미하는지 알아본 후, 오디오 청크에 대해 얼마나 많은 특성이 생성될지 계산해 보자.

2. **음성 변환**: SpeechT5를 사용해 입력 오디오가 다른 화자의 목소리로 말해지도록 음성 변환을 구현해 보자.

3. **댄스 디퓨전 학습**: 댄스 디퓨전을 위한 작은 학습 파이프라인을 구현해 보자. 4장의 코드를 기본 코드로 사용할 수 있다.

참고 자료

1. Agostinelli, Andrea, et al. "MusicLM: Generating Music From Text." arXiv, January 26, 2023. *http://arxiv.org/abs/2301.11325*.

2. Ao, Junyi, et al. "SpeechT5: Unified-Modal Encoder-Decoder Pre-Training for Spoken Language Processing." arXiv, May 24, 2022. *http://arxiv.org/abs/2110.07205*.

3. Ardila, Rosana, et al. "Common Voice: A Massively-Multilingual Speech Corpus." arXiv, March 5, 2020. *http://arxiv.org/abs/1912.06670*.

4. Babu, Arun, et al. "XLS-R: Self-Supervised Cross-Lingual Speech Representation Learning at Scale." arXiv, December 16, 2021. *http://arxiv.org/abs/2111.09296*.

5. Baevski, Alexei, et al. "Wav2vec 2.0: A Framework for Self-Supervised Learning of Speech Representations." arXiv, October 22, 2020. *http://arxiv.org/abs/2006.11477*.

6. Barrault et al. SeamlessM4T web page. August 22, 2022. *https://oreil.ly/WTVBw*.

7. Borsos, Zalán, et al. "AudioLM: A Language Modeling Approach to Audio Generation." arXiv, July 25, 2023. *http://arxiv.org/abs/2209.03143*.

8. Chen, Ke, et al. "MusicLDM: Enhancing Novelty in Text-to-Music Generation Using Beat-Synchronous Mixup Strategies." arXiv, August 3, 2023. *http://arxiv.org/abs/2308.01546*.

9. Conneau, Alexis, et al. "FLEURS: Few-Shot Learning Evaluation of Universal Representations of Speech." arXiv, May 24, 2022. *http://arxiv.org/abs/2205.12446*.

10. Conneau, Alexis, et al. "Unsupervised Cross-lingual Representation Learning for Speech Recognition." arXiv, December 15, 2020. *http://arxiv.org/abs/2006.13979*.

11. Copet, Jade, et al. "Simple and Controllable Music Generation." arXiv, June 8, 2023. *http://arxiv.org/abs/2306.05284*.

12. Défossez, Alexandre, et al. "High Fidelity Neural Audio Compression." arXiv, October 24,

---

[54] *https://oreil.ly/zhipN*

2022. http://arxiv.org/abs/2210.13438.

13. Gandhi, Sanchit. "A Complete Guide to Audio Datasets." Hugging Face blog, December 15, 2022. https://oreil.ly/CXGff.

14. Gandhi, Sanchit, et al. "ESB: A Benchmark for Multi-domain End-to-End Speech Recognition." arXiv, October 24, 2022. http://arxiv.org/abs/2210.13352.

15. Gandhi, Sanchit, et al. Hugging Face audio course. Hugging Face, June 14, 2023. https://oreil.ly/Z-IZ0.

16. Hollemans, Matthijs. "Speech Synthesis, Recognition, and More With SpeechT5." Hugging Face blog, February 8, 2023. https://oreil.ly/xar9H.

17. Hsu, Wei-Ning, et al. "HuBERT: Self-Supervised Speech Representation Learning by Masked Prediction of Hidden Units." arXiv, June 14, 2021. http://arxiv.org/abs/2106.07447.

18. Huang, Qingqing, et al. "MuLan: A Joint Embedding of Music Audio and Natural Language." arXiv, August 25, 2022. http://arxiv.org/abs/2208.12415.

19. Kim, Jaehyeon, et al. "Conditional Variational Autoencoder with Adversarial Learning for End-to-End Text-to-Speech." arXiv, June 10, 2021. http://arxiv.org/abs/2106.06103.

20. Kong, Jungil, et al. "HiFi-GAN: Generative Adversarial Networks for Efficient and High Fidelity Speech Synthesis." arXiv, October 23, 2020. http://arxiv.org/abs/2010.05646.

21. Kreuk, Felix, et al. "AudioGen: Textually Guided Audio Generation." arXiv, March 5, 2023. http://arxiv.org/abs/2209.15352.

22. Kucsko, Georg. 2023. Bark GitHub repository. September 17, 2023. https://oreil.ly/Pq2K5.

23. Liu, Haohe, et al. "AudioLDM: Text-to-Audio Generation with Latent Diffusion Models." arXiv, September 9, 2023. http://arxiv.org/abs/2301.12503.

24. Panayotov, Vassil, et al. "Librispeech: An ASR Corpus Based on Public Domain Audio Books." In 2015 IEEE International Conference on Acoustics, Speech and Signal Processing, pp. 5206–10. IEEE, 2015. https://oreil.ly/MOIUF.

25. Patry, Nicolas. "Making Automatic Speech Recognition Work on Large Files with Wav2Vec2 in Transformers." Hugging Face blog, February 1, 2022. https://oreil.ly/gh801.

26. Pratap, Vineel, et al. "Scaling Speech Technology to 1,000+ Languages." arXiv, May 22, 2023. http://arxiv.org/abs/2305.13516.

27. Radford, Alec, et al. "Robust Speech Recognition via Large-Scale Weak Supervision." arXiv, December 6, 2022. http://arxiv.org/abs/2212.04356.

28. Von Platen, Patrick. "Boosting Wav2Vec2 with N-Grams in Transformers." Hugging Face blog, January 12, 2022. https://oreil.ly/o0HLV.

29. Wu, Yusong, et al. "Large-Scale Contrastive Language-Audio Pretraining with Feature

Fusion and Keyword-to-Caption Augmentation." arXiv, April 7, 2023. *http://arxiv.org/abs/2211.06687*.

30. Yang, Dongchao, et al. "Diffsound: Discrete Diffusion Model for Text-to-Sound Generation." arXiv, April 28, 2023. *http://arxiv.org/abs/2207.09983*.

31. Zeghidour, Neil, et al. "SoundStream: An End-to-End Neural Audio Codec." arXiv, July 7, 2021. *http://arxiv.org/abs/2107.03312*.

CHAPTER 10

생성형 AI 분야의 발전과 최신 동향

생성형 AI 분야는 놀라운 속도로 발전하고 있다. 이 책을 집필하는 중에도 GPT-4, 라마 3, 제미나이, 소라와 같은 혁신적인 모델이 등장했다. 이 외에도 다양한 기본 대규모 언어 모델(LLM), 오디오 모델, 확산 기법들이 계속 개발되고 있다. 서문에서 언급했듯이, 이 책은 이 분야가 계속 진화하더라도 적용할 수 있는 일반 원칙과 기본 개념에 중점을 둔다.

책을 마무리하기 전에, 생성형 AI에서 가장 빠르게 발전하는 주목할 만한 분야들을 살펴보려 한다. 이 장에서는 이러한 주제를 개괄적으로 설명하면서 더 깊이 탐구하는 데 도움이 되는 자료를 제공한다. 이 장의 목표는 이러한 주제에 대한 전문성을 갖추게 하는 것이 아니라, 앞으로의 학습 지속을 위한 안내서 역할을 하는 것이다.

10.1 선호도 최적화

6장에서는 OpenAssistant 데이터셋의 대화를 기반으로 지도 학습 방식으로 채팅 모델을 학습했다. 전통적인 파인튜닝 방법을 사용했지만, 최근에는 사용자 선호도를 반영하는 모델 개발 추세가 강해지고 있다. 이러한 모델은 특정 기대에 부합하는 응답을 생성하도록 학습된다. 예를 들어 일부 기업은 어떤 요청에도 항상 도움을 주는 매우 협조적인 모델을 선호한다. 반면 다른 기업들은 더 중립적이고 유해한 콘텐츠 생성을 방지하는 모델을 개발하려 한다.

모델이 특정 요청에 도움을 줄 수 없다고 응답하는 것은 선호도 최적화$^{preference\ optimization}$의 결과이다. 선호도 최적화는 대규모 언어 모델(LLM)이 원하는 방향으로 행동하도록 유도하는 기술로, 오류가 적은 코드 생성, 대화체 스타일의 텍스트 작성, 특정 주제에 대한 콘텐츠 생성 거부 등 다양한 목적으로 활용된다.

인간 피드백을 통한 강화 학습(RLHF)은 선호도 조정에 사용되는 대표적인 방법으로, 기존의 파인튜닝 과정을 확장한 형태다. 6장에서 설명했듯이, 첫 단계는 지도 학습을 통한 모델 파인튜닝이다. RLHF에서는 이 파인튜닝된 모델을 사용해 **보상 모델**reward model을 학습한다. 모델이 각 프롬프트에 대해 여러 가능한 응답을 생성하면 평가자가 응답들의 순위를 매긴다. 보상 모델은 이 평가 점수를 예측하도록 학습된다. 평가자는 주로 인간이지만 최근에는 다른 대형 모델을 평가자로 활용하는 경향도 있다 (📖 RLAIF 논문[1]에서는 LLM을 순위 평가에 활용함). 마지막 단계는 이 보상 모델을 사용해 원래 파인튜닝된 모델을 추가로 조정하는 것으로, 모델이 높은 평가를 받은 응답과 유사한 출력을 생성하도록 학습시킨다. RLHF는 라마 2 채팅 모델과 챗GPT 개발의 핵심 요소다.

파인튜닝 과정에 보상 모델을 도입하는 개념은 흥미롭지만, [그림 10-1]과 같이 상당히 복잡한 과정이 추가된다. 따라서 보상 모델을 새로운 손실 함수로 대체하려는 다양한 연구가 진행되었다. 직접 선호 최적화direct preference optimization[2] (DPO), 정체성 선호 최적화identity preference optimization[3] (IPO), 카너먼-트버스키 최적화Kahneman-Tversky optimization (KTO)[4] 등의 최근 연구는 이러한 탐구의 주목할 만한 사례다. 이러한 방법은 학습이 어렵고 불안정하다고 알려진 강화 학습 요소를 완전히 제거한다는 장점이 있다.

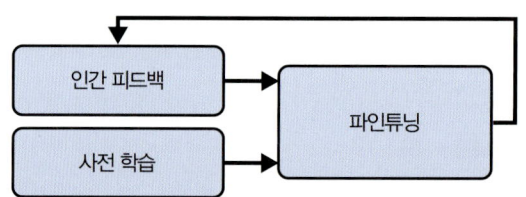

그림 10-1 RLHF에는 사전 학습, 파인튜닝, 인간 피드백의 세 가지 핵심 구성 요소가 있다.

---

1 https://arxiv.org/abs/2309.00267
2 https://arxiv.org/abs/2305.18290
3 https://arxiv.org/abs/2310.12036
4 https://arxiv.org/abs/2402.01306

RLHF는 확산 모델에도 적용할 수 있다(그림 10-2). 디노이징 확산 정책 최적화$^{\text{denoising diffusion policy optimization}}$(DDPO)는 강화 학습으로 확산 모델을 보강하고 모델을 파인튜닝해 생성된 이미지의 품질을 향상하는 방법이다.

그림 10-2 확산 모델에 적용된 RLHF

이 주제를 더 자세히 알고 싶다면 다음 자료들을 추천한다.

- 허깅 페이스 RLHF 소개 블로그 글[5]은 RLHF에 관한 훌륭한 단계별 개요를 제공한다.

---

5 https://oreil.ly/RjZ8c

- 세바스찬 라시카[Sebastian Rashka]의 RLHF 블로그 글[6]은 RLHF와 그 대안의 개요를 잘 설명한다.
- 확산 모델의 맥락에서 RLHF를 배우고 싶다면 DDPO 블로그 글[7]이나 타니슈크 아브라함[Tanishq Abraham]의 블로그 글[8]을 읽어보기를 추천한다.
- DPO, IPO, KTO를 자세히 알고 싶다면 허깅 페이스 블로그 글[9]을 읽어보길 바란다.
- 헌법적 AI[Constitutional AI][10]는 LLM을 특정 가치 집합에 맞추는 또 다른 접근 방식이다. 허깅 페이스 블로그 글[11]은 이를 자세히 알아볼 수 있는 좋은 자료이다.

10.2 긴 컨텍스트

이 책에서 살펴본 대부분의 LLM은 최대 몇천 개의 토큰까지 처리할 수 있으며 라마 3.1은 128,000개, 일부는 수십만 개의 토큰까지 처리할 수 있다. 독점 모델들은 훨씬 더 긴 컨텍스트를 지원하는데, 제미나이는 최대 200만 토큰, 앤트로픽[Anthropic]의 클로드는 20만 토큰을 지원한다. 매우 긴 컨텍스트를 처리하는 능력은 6.8절에서 구현한 RAG 시스템에 매우 유용하며, 전체 코드베이스를 컨텍스트로 사용할 수 있어 코드 생성 및 이해 시스템에서도 중요하다.

입력이 너무 길어지면 여러 가지 문제가 발생한다.

- LLM이 긴 컨텍스트를 처리하려면 더 많은 VRAM이 필요하다.
- 컨텍스트가 커질수록 생성 품질이 낮아지는 경향이 있다. 모델이 그렇게 긴 컨텍스트에서 학습되지 않아서 토큰 간의 의존성을 파악하지 못할 수 있다.
- 생성 속도가 느려진다. 전통적인 어텐션 메커니즘은 이차적 복잡성을 요구하므로 병목 현상이 발생한다.

한 가지 해결책은 LLM에 공급되는 토큰 수를 제한하는 윈도 어텐션[window attention]을 사용하는 것이다. 윈도 어텐션은 입력 텍스트 위를 이동하는 슬라이딩 윈도로 생각할 수 있다. 이는 GPU 사용량을 제한하지만, 윈도 범위 밖에 필수 정보를 담은 토큰이 있을 수 있으므로 품질은 여전히 저하된다. 윈도 어텐션은 어텐션 싱크[12]와 같은 방법을 사용해 초기 토큰을 잘 고려하도록

---

6 https://oreil.ly/SlmvA
7 https://oreil.ly/zoWD2
8 https://oreil.ly/um6Vq
9 https://oreil.ly/bEdGk
10 옮긴이_ 특정 원칙과 가치에 부합하도록 AI를 학습시키는 접근 방법이다.
11 https://oreil.ly/EBOjt
12 옮긴이_ 긴 컨텍스트에서 어텐션 메커니즘을 최적화하는 방법이다.

조정할 수 있으며, 이는 멀티턴 대화$^{multiround\ dialogue}$에 특히 유용하다. 다른 접근 방식은 어텐션 메커니즘을 더 효율적으로 만드는 것이다. 준이차 스케일링$^{sub-quadratic\ scaling}$[13]과 같은 데이터 처리 효율성을 높이는 다양한 방법이 제안되고 있다. 예를 들어 롱포머^{Longformer}[14]는 윈도 기법과 전역 어텐션 기능을 결합해 효율성을 높이고, 플래시 어텐션[15]은 작업을 통합해 메모리 전송을 최적화하는 방법을 사용한다. 특히 플래시 어텐션은 추론 중에 필요한 메모리 공간이 선형적으로 늘어나므로 메모리 사용을 최적화하는 인기 있는 솔루션으로 자리 잡고 있다.

지금까지 언급한 접근 방법들은 어텐션 알고리즘을 더 빠르게 하거나 계산적으로 더 효율적으로 만드는 데 초점을 맞추지만, 회전 위치 임베딩(RoPE) 스케일링[16]으로 사전 학습된 LLM을 확장하는 연구도 있다. 라마를 선택해 사전 학습된 것보다 더 많은 토큰을 처리하도록 할 수 있을까? RoPE는 위치 정보가 통합되는 방식을 변경해 트랜스포머가 장거리 의존성을 파악할 수 있게 한다. 최소한의 파인튜닝만으로 컨텍스트 윈도를 확장할 수 있다. 예를 들어 메타는 원래 라마 모델의 컨텍스트 윈도를 2,048 토큰에서 32,768 토큰으로 확장하는 데 성공했다.

길이 제한이 없는 긴 문맥을 다루는 방법을 연구하는 분야도 있다. 링 어텐션[17]과 무한 어텐션[18]은 무한히 긴 컨텍스트를 다루는 연구의 예다. 긴 컨텍스트 모델의 평가에 관한 연구는 아직 초기 단계에 있다. [그림 10-3]의 '건초 더미에서 바늘 찾기$^{needle\ in\ a\ haystack}$'[19]는 긴 컨텍스트를 검색하는 방법의 예시다.

---

13 옮긴이_ 데이터 처리 시 계산량이 이차적으로 증가하지 않고, 더 효율적으로 확장될 수 있도록 설계된 방법이다.
14 *https://arxiv.org/abs/2004.05150*
15 *https://arxiv.org/abs/2205.14135*
16 *https://arxiv.org/abs/2104.09864*
17 *https://arxiv.org/abs/2310.01889*, 옮긴이_ 무한히 긴 컨텍스트를 처리하는 연구 접근 방법이다.
18 *https://arxiv.org/abs/2404.07143*, 옮긴이_ 무한히 긴 컨텍스트를 처리하는 또 다른 접근 방법이다.
19 옮긴이_ 긴 컨텍스트에서 특정 정보를 검색하는 능력을 평가하는 방법이다.

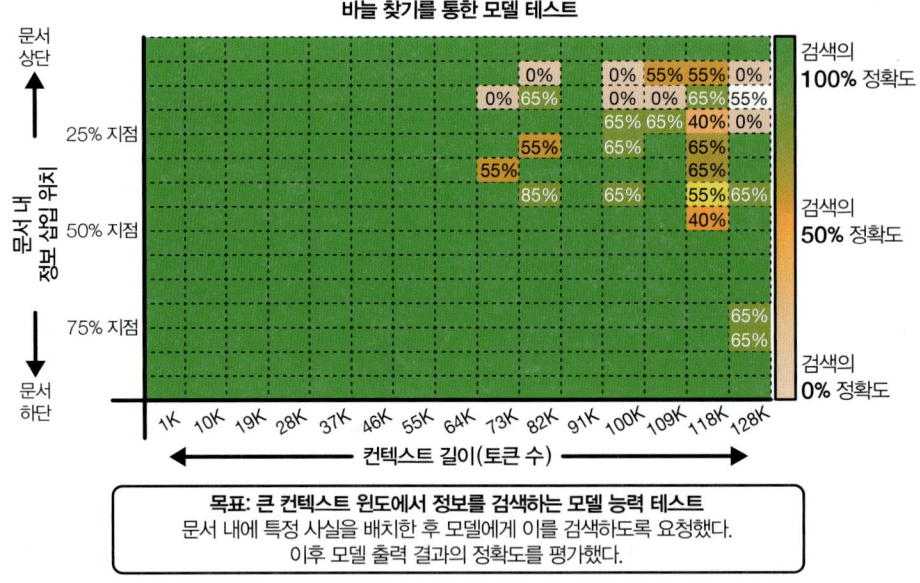

그림 10-3 바늘 찾기는 긴 컨텍스트에서 맥락 내 검색을 평가한다.

생태계에서는 완전히 다른 아키텍처를 사용하기 위한 노력도 동시에 진행 중이다. 그중 하나는 순환 신경망(RNN)을 사용하는 방법이다. 이러한 순환 신경망 접근법을 활용한 RWKV[20]는 매우 효율적이고 병렬화 가능한 학습을 유지하면서 선형 어텐션 덕분에 효율적인 추론을 달성하는 오픈 소스 모델군이다. 또 다른 방법은 상태 공간 모델(state space model)(SSM)을 사용하는 것이다. 맘바(Mamba)[21]는 SSM을 사용해 토큰 수에 대한 선형 메모리 스케일링을 달성하고 매우 빠른 추론을 제공한다.

이 주제를 더 자세히 알고 싶다면 다음 자료들을 추천한다.

- 어텐션 싱크(Attention Sinks) 블로그 글[22]은 어텐션 싱크의 작동 방식과 다양한 실험 결과를 설명한다.
- 플래시 어텐션[23] 및 플래시 어텐션 2[24] 논문

---

20 https://oreil.ly/Crkoi
21 https://oreil.ly/vQx4R
22 https://oreil.ly/pThW2
23 https://arxiv.org/abs/2205.14135
24 https://arxiv.org/abs/2307.08691

- RoPE를 사용한 컨텍스트 확장에 관한 연구 자료는 머신러닝에 뛰어든 실무자[25]부터 메타의 연구[26]까지 다양하다.
- RWKV에 관해 더 알고 싶으면 발표 블로그 글[27]이나 논문[28], 구조적 개선이 있는 최근의 논문[29]을 읽어 보면 좋다.
- SSM과 맘바에 관해 배우려면 'The Annotated S4'[30]와 'Mamba: The Hard Way'[31]를 읽어보기를 추천한다.

10.3 전문가 혼합

최근 몇 년간, 전문가 혼합mixture of experts(MoE)은 LLM을 위한 매력적인 접근법으로 부상했으며, 가장 주목할 만한 사례는 2023년 12월 미스트랄 팀이 출시한 Mixtral 8x7B이다.[32] 트랜스포머 모델 관점에서 MoE는 기존의 밀집형dense 트랜스포머(그림 10-4)와 구조적으로 매우 유사하지만, 학습 효율성과 생산 환경에서의 확장성 측면에서 상당한 이점을 제공한다. 모델 학습에 사용할 수 있는 컴퓨팅 자원이 정해져 있을 때, MoE는 밀집형 모델보다 학습 성능 곡선에서 더 높은 수준에 도달할 수 있다. 또한 대규모 서비스 환경에서 MoE는 초당 더 많은 요청을 처리하는 데 효율적이다.

MoE 모델의 핵심 요소는 트랜스포머 블록의 피드포워드 신경망 일부 또는 전체를 희소sparse MoE 블록으로 대체하는 것이다. 각 MoE 블록은 '전문가expert'[33] 신경망의 집합으로 구성되며, 각 전문가는 서로 다른 모델(주로 다른 피드포워드 신경망)이다. 특정 토큰을 처리할 때 일부 전문가만 동적으로 활성화되고[34] 나머지는 사용되지 않는다. 어떤 전문가를 활성화할지 결정하고자 MoE는 학습과 추론 과정에서 토큰을 적절한 전문가에게 동적으로 할당하는 게이트 신

---

25 https://oreil.ly/nfVf7
26 https://arxiv.org/abs/2306.15595
27 https://oreil.ly/224i0
28 https://arxiv.org/abs/2305.13048
29 https://arxiv.org/abs/2404.05892
30 https://oreil.ly/W5rQ7
31 https://oreil.ly/IV35L
32 GPT-4가 MoE 아키텍처를 사용한다는 소문이 있다.
33 옮긴이_ MoE 모델에서 개별적인 신경망 하위 모듈을 의미하며, 특정 입력에 따라 선택적으로 활성화되어 작업을 수행한다.
34 활성화되는 전문가의 수는 조정할 수 있는 설정 매개변수이다.

경망(또는 라우터)을 사용한다. 이 게이트 신경망은 토큰이 전문가들 사이에 효과적으로 분배되도록 하는 교통 관제사와 같은 역할을 한다. 이러한 특성 덕분에 게이트는 MoE의 중요한 구성 요소가 되며 많은 연구가 더 효율적인 게이트 신경망 학습 방법을 개발하는 데 초점을 맞춘다.

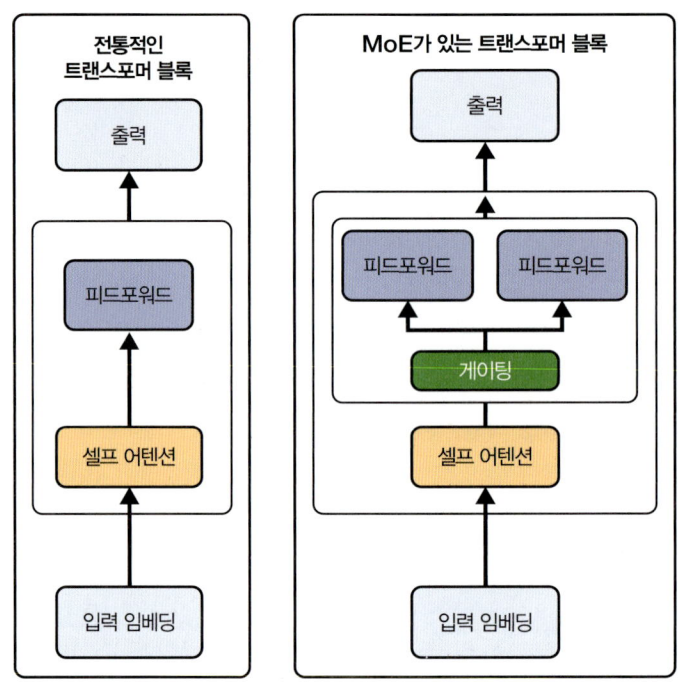

그림 10-4 단순화된 전통적인 트랜스포머 블록과 두 개의 전문가를 포함한 MoE 방식의 대응 구조

MoE 모델에서 전문가 수가 단순히 선형적인 매개변수 증가로 이어지지 않는다는 점을 이해해야 한다. 예를 들어 Mixtral 8x7B는 모델 이름만 보면 각각 매개변수가 70억 개인 8개의 전문가가 모여 총 560억 개의 매개변수를 가질 것으로 생각할 수 있다. 그러나 실제로는 공유되는 구성 요소가 있어 매개변수를 470억 개 포함하며, 이름의 '8'은 각 MoE 블록에 포함된 전문가 수를 의미한다. 또한 오직 피드포워드 신경망만 MoE 블록으로 대체되며 어텐션 블록과 같은 나머지 신경망은 여전히 모든 전문가가 공유한다.

이는 실제로 모델을 로드하려면 470억 개의 매개변수를 담을 수 있는 GPU 메모리가 필요함을 의미한다. 반면 특정 토큰을 처리할 때는 일부 전문가만 활성화된다(Mixtral은 8개 중 2개).

따라서 실제로 활성화되는 매개변수 수는 훨씬 적다(Mixtral은 약 120억 개). 따라서 MoE는 개인 사용자의 로컬 환경에서는 큰 메모리 요구량 때문에 활용하기 어려울 수 있지만, 다수의 동시 요청을 처리하는 서비스 환경에서는 매우 효율적이다. 요청마다 토큰당 활성화되는 매개변수가 적으므로 MoE는 동일한 하드웨어 자원으로 밀집형 모델보다 더 많은 요청을 처리할 수 있다.

MoE에 관한 또 다른 흔한 오해는 각 전문가가 특정 작업이나 데이터 타입을 전문적으로 처리한다는 것이다. 실제로 전문가들은 작업 부하가 균등하게 분배되도록 하는 손실 함수로 학습된다. 게이트 메커니즘은 부하 분산기처럼 작동하며, 각 전문가가 고유한 작업 영역을 담당한다는 증거는 현재까지 없다.

MoE 모델은 뛰어난 품질과 생산 환경에서의 효율성 덕분에 AI 생태계에서 널리 인기를 얻고 있다. 잘 알려진 Mixtral 8x7B 모델[35] 외에도 Snowflake Arctic Instruct[36], Databricks DBRX[37], Mixtral 8x22B[38], DeepSeekMoE[39], Qwen 1.5 MoE[40] 등 다양한 모델이 개발되었다.

MoE에 관해 더 깊이 알아보려면 다음 자료를 참고하라.

- 허깅 페이스의 MoE 소개 블로그 글[41]은 MoE 연구에 관한 높은 수준의 개요와 함께 작동 방식을 간단히 설명한다.
- Switch Transformers 논문[42]은 MoE(혼합 전문가 모델)를 만들고 학습할 때 마주치는 도전 과제와 설계 결정을 다룬다. MoE로 작업할 때 직면하는 설계 질문을 이해하는 데 도움이 되는 훌륭한 논문이다.
- DeepSeekMoE 논문[43]은 전문가를 더 작은 단위로 분할하고 항상 활성화될 공유 전문가를 도입하는 등 MoE에 관한 몇 가지 새로운 아이디어를 소개한다. 이 논문은 이 분야의 최첨단 연구를 이해하는 데 훌륭한 읽을거리이다.
- Mixtral 논문[44]은 Mixtral 8x7B가 어떻게 학습되었는지에 관한 좋은 읽을거리이다. 새로운 아키텍처나

---

35 https://oreil.ly/N5d0z
36 https://oreil.ly/eSSVK
37 https://oreil.ly/k-Yr6
38 https://oreil.ly/A04z8
39 https://oreil.ly/DDB0a
40 https://oreil.ly/c_Hg0
41 https://oreil.ly/J6EN6
42 https://arxiv.org/abs/2101.03961
43 https://arxiv.org/abs/2401.06066
44 https://arxiv.org/abs/2401.04088

학습 아이디어를 소개하지는 않지만 MoE가 실제로 어떻게 학습되는지 이해하는 데 도움이 된다. 이는 Mixtral이 공개적으로 이용 가능한 첫 번째 고품질 MoE 모델이었다는 점에서 특히 흥미롭다.

10.4 최적화와 양자화

최적화 기법은 전통적으로 두 가지 이유로 인기가 있었다.

- 채팅 UI나 수천 명의 사용자가 동시에 이용하는 생성 API와 같이 높은 부하가 걸리는 환경에서는 모델의 성능을 극대화하는 것이 중요하다. 서버당이나 시간 단위당 더 많은 요청을 처리할 수 있다면 비용을 절감할 수 있으며 더 많은 사용자가 원활하게 서비스를 이용할 수 있다.
- 학습 시간과 자원 사용량을 줄이는 것도 중요한 최적화 목표다. 대형 모델은 메모리 사용량이나 학습 완료까지 걸리는 시간을 일부만 줄이더라도 학습 속도가 크게 향상되며, 필요한 하드웨어 자원을 대폭 줄일 수 있다. 이는 소규모 연구실이나 개인 연구자가 작은 모델을 학습할 때도 유용하다. 학습 속도가 빨라지면 더 짧은 반복 주기로 다양한 실험을 수행할 수 있기 때문이다.

이와 더불어, 최근 몇 년간 커뮤니티에서는 소비자용 하드웨어에서 LLM을 비롯한 다양한 모델을 실행하는 데 큰 관심을 보였다. 이러한 관심이 증가한 이유는 여러 가지다. API 호출 제한 없이 자유롭게 모델을 실험하고, 내부 활성화 상태를 분석해 모델의 작동 방식을 이해하며, 클라우드 서비스에 많은 비용과 노력을 들이지 않고도 개인 컴퓨터에서 비공개로 모델을 실행하거나 인터넷 연결 없이 사용하고, 데이터 파인튜닝을 로컬 환경에서 수행할 수 있기 때문이다.

이러한 요구에 따라 커뮤니티에서는 다양한 최적화 기법과 효율적인 방법들을 개발했다. 대표적인 기법 중 하나는 양자화로, 모델의 메모리 사용량을 줄이고 소비자 하드웨어에 적합하도록 모델 매개변수의 정밀도를 낮추는 방법이다. 이는 모델의 품질 저하를 최소화하면서도 더 가벼운 환경에서 실행할 수 있도록 돕는다. 이 장에서 소개할 또 다른 중요한 최적화 기법은 플래시 어텐션이다. 이 방법은 더 긴 컨텍스트 윈도를 허용할 뿐만 아니라, 4장에서 살펴본 것처럼 LLM을 비롯한 다양한 생성 모델에서 메모리 사용량을 크게 줄이는 데 효과적이다.

또한 **추론 디코딩**speculative decoding도 흥미로운 속도 향상 기법이다. 이는 **보조 생성**이라고도 불리며, 주로 LLM과 같은 자기회귀적 모델에 적용된다. 이 방법은 두 개의 서로 다른 모델을 사용하는데, 하나는 작은 모델로 빠르게 동작하고, 다른 하나는 크고 더 높은 품질을 제공한다. 작은 모델이 여러 개의 토큰을 먼저 생성한 후, 이를 큰 모델이 단일 패스에서 검증하는 방식으로 작동한다. 큰 모델이 확인한 토큰만 최종 출력으로 사용되며 나머지는 폐기된다. 하지만 작은 모델과 큰 모델이 일정 수준 이상 일치하면 큰 모델 단독으로 실행하는 것보다 훨씬 빠르게 동작할 수 있다. 이 기법은 특히 코드와 같은 구조화된 텍스트에서 유용하다. 두 모델을 사용해야 하므로 메모리 사용량은 증가하지만 처리량이 크게 향상되는 장점이 있다.

이와 유사한 또 다른 방법으로 **메두사 디코딩**Medusa decoding이 있다. 이는 기존 모델에 새로운 **헤드**를 추가해 한 번에 여러 토큰을 생성할 수 있도록 파인튜닝하는 방식이다. 앞서 언급한 추론 디코딩과 마찬가지로 여러 후보 토큰을 미리 생성한 후 검증하는 방식으로 작동한다. 결과적으로 메두사를 사용하지 않은 원래 방식과 동일한 출력을 보장한다.

이와 같은 최적화 및 가속화 기법을 더 깊이 알고 싶다면 다음 자료를 참고하라.

- 메르베 노얀Merve Noyan의 글[45]은 양자화 개념을 쉽게 설명하며 심화 학습용 추가 자료도 제공한다.
- llama.cpp 코드베이스[46]는 윈도우와 애플 실리콘을 포함한 소비자 하드웨어에서 추론을 가속화하기 위한 다양한 양자화 및 최적화 기법을 포함한다.
- TheBloke(톰 조빈스Tom Jobbins)[47]가 준비한 LLM의 양자화된 모델 버전: 수백만 번 다운로드되었으며, 다양한 실험에 활용할 수 있다.
- 허깅 페이스의 추론 디코딩 관련 문서[48]는 추론 디코딩의 원리와 적용 방법을 설명한다.
- 주앙 간트Joao Gante의 블로그 글[49]은 보조 생성 및 추론 디코딩에 대한 훌륭한 개요를 제공한다.
- 비비엔 트란-티엔Vivien Tran-Thien의 연구[50]는 추론 디코딩의 변형 기법을 탐색하는 연구를 소개한다.

10.5 데이터

이 책에서는 주로 모델과 그 응용에 관해 논의했지만 이러한 모델을 학습시키는 데 사용하는 데이터도 머신러닝에서 중요한 요소다. 대부분의 사전 학습 모델은 대규모 웹 데이터를 활용하지만 데이터 필터링을 적용하거나 다른 LLM을 활용하여 합성 데이터를 생성하면 작은 모델도 대형 모델에 필적하는 성능을 낼 수 있다. 고품질 데이터는 마이크로소프트의 Phi-3[51]와 같은

---

45 https://oreil.ly/79V4L
46 https://oreil.ly/DprKF
47 https://oreil.ly/BHVH_
48 https://oreil.ly/hJ-CS
49 https://oreil.ly/AUJp8
50 https://oreil.ly/6q80C
51 https://oreil.ly/naQMt

소형 모델의 성능을 크게 향상할 수 있다. FineWeb[52]은 고품질로 필터링된 오픈 웹 데이터셋으로 출시되었으며 데이터 필터링 과정이 상세히 설명된 기술 보고서[53]를 제공한다.

합성 데이터 자체는 새로운 개념이 아니지만 Phi 모델은 LLM이 생성한 대규모 합성 데이터셋(수십억 개의 토큰)을 탐색하는 계기를 마련했다. 예를 들어 Phi의 첫 번째 버전(13억 개의 매개변수)은 고품질 웹 데이터 60억 토큰과 GPT-3.5로 생성된 교과서 및 연습 문제 10억 토큰으로 학습되었다. 또한 Cosmopedia[54]는 다양한 주제를 포함하는 250억 토큰 규모의 합성 데이터셋으로, Mixtral 8x7B를 활용하여 생성되었다.

데이터 품질을 높이는 방법에는 여러 가지가 있으며, 이를 지원하는 도구로는 아르질라^{Argilla}의 디스틸라벨^{distilabel}[55]이 있다. 이 도구는 합성 데이터 생성 및 AI 피드백을 용이하게 하므로 사전 학습뿐만 아니라 RLHF에도 활용할 수 있다. Phi와 Cosmopedia는 사전 학습에 사용하는 대규모 합성 데이터에 집중하는 한편, 최신 머신러닝 모델들은 선호도 데이터셋을 생성하거나 모델 평가를 확장하는 데 점점 더 많이 활용된다.

Cosmopedia 출시 블로그 외에도, 유진 얀의 블로그 글 '합성 데이터 생성 및 활용$^{generating\ and\ using\ synthetic\ data}$'[56], TinyStories 논문[57], Phi의 원본 논문「모든 것은 교과서에 있다」$^{Textbooks\ Are\ All\ You\ Need}$[58], Phi-1.5[59]와 Phi-3[60]에 대한 후속 보고서를 읽어 보기를 추천한다.

이미지나 오디오와 같은 다른 양식에는 이미지와 오디오 데이터셋뿐만 아니라 데이터에 캡션을 달거나 전사하는 텍스트 데이터셋도 필요하다. LAION-2B(스테이블 디퓨전 초기 모델을 학습시키는 데 사용됨), COYO 700M, DataComp 1B와 같은 텍스트-이미지 쌍이 있는 웹 규모 데이터셋이 출시되었다. 그러나 필터링되지 않은 수십억 개의 이미지를 오픈 인터넷에서 스크래핑하는 것은 부적절하거나 불법적인 콘텐츠를 포함할 수 있으므로, 이 필터링되지 않은 데이터로 학습된 모델은 저작권과 공정 사용에 관한 문제뿐만 아니라 안전 문제도 초래할 수

---

52 https://oreil.ly/_Ge0a
53 https://oreil.ly/ddh7Q
54 https://oreil.ly/StEIR
55 https://oreil.ly/3PhBd
56 https://oreil.ly/sKgmn
57 https://arxiv.org/abs/2305.07759
58 https://arxiv.org/abs/2306.11644
59 https://arxiv.org/abs/2309.05463
60 https://arxiv.org/abs/2404.14219

있다. 커먼캔버스[61]와 같은 공개 라이선스의 크리에이티브 커먼즈 이미지-텍스트 쌍이 있는 대체 데이터셋이 이러한 문제를 완화하고자 출시되었다. 오디오에는 모질라의 커먼 보이스[62]와 같은 음성을 위한 오픈 데이터셋과 FreeSound[63] 및 Free Music Archive[64]와 같은 효과음용 데이터셋이 널리 사용된다. 오디오에 대한 인터넷 스크래핑 데이터셋과 라이선스 데이터셋이 존재하지만, 이미지 도메인의 COYO나 DataComp처럼 오디오 데이터셋을 체계적으로 정리한 중앙 집중식 인덱스는 아직 부족한 상황이다.

10.6 모든 것을 해결하는 단일 모델

대규모 언어 모델과 기타 생성 모델을 특정 사용 사례에 적용하는 방법은 세 가지로 나뉜다. 복잡성이 높은 순서대로 정리하면 다음과 같다.

1. 새로운 모델을 처음부터 학습한다.
2. 사전 학습된 모델을 사용 사례에 맞게 파인튜닝한다.
3. 기존 모델을 프롬프트 엔지니어링이나 검색 증강 생성(RAG) 기법과 함께 활용한다.

어떤 접근법을 선택할지는 보유한 자원과 우선순위에 따라 달라진다. 새로운 모델을 처음부터 학습하는 것은 대부분의 기업에 비용 부담이 크기 때문에 실질적으로는 거의 사용되지 않는다. 고품질의 오픈 소스 모델이 등장하면서 파인튜닝으로 우수한 성능을 얻기가 훨씬 쉬워졌다. 예를 들어 금융 분야의 BloombergGPT[65], 천문학 분야의 AstroLLaMA[66], 의학 데이터를 활용한 BioMistral[67] 모델은 특정 도메인 데이터로 파인튜닝하면 기존 모델을 그대로 활용할 때보다 더 나은 결과를 낼 수 있음을 보여준다.

다만 최신 모델들의 제로샷 성능이 향상되면서 별도의 파인튜닝 없이도 다양한 사용 사례에서 충분한 성능을 발휘할 수 있게 되었다. 프로젝트의 특성과 요구사항에 따라 데이터를 정제하고

---

61 https://oreil.ly/Qzq0k
62 https://oreil.ly/ngE2F
63 https://freesound.org
64 https://oreil.ly/zFWQB
65 https://arxiv.org/abs/2303.17564
66 https://arxiv.org/abs/2309.06126
67 https://oreil.ly/amvEB

모델을 반복 개선하는 데 시간을 투자하는 것이 최종 성능을 높이는 데 더 효과적일 수 있다. 예를 들어 메타가 라마 3의 고품질 지시형$^{instruction-tuned}$ 버전을 출시했을 때, 모델의 성능이 이미 뛰어나서 커뮤니티에서 파인튜닝으로 성능을 개선하기가 쉽지 않았다.

모델을 배포하고 활용하는 방식도 중요한 고려 요소다. 모델을 운영하는 방법에는 자체 서버에서 호스팅하는 방식, 클라우드 제공업체의 서비스를 활용하는 방식, 오픈AI나 코히어와 같은 모델 개발사의 API를 사용하는 방식이 있다. 특정 환경과 요구사항에 따라 최적의 방법을 선택해야 한다. 최근에는 langchain이나 llamaindex 같은 도구가 등장하면서 특정 모델 제공업체에 종속되지 않고 다양한 솔루션을 유연하게 전환하도록 지원한다. 따라서 필요에 맞게 모델을 쉽게 평가하고 교체할 수 있는 구조로 시스템을 설계하는 것이 바람직하다.

10.7 컴퓨터 비전

컴퓨터 비전은 머신러닝 기법이 등장하기 전부터 발전해 온 광범위한 연구 분야로, 이미지에서 의미 있는 정보를 추출하고 이를 기반으로 자율 주행, 공장 결함 감지, 객체 탐지, 교통 모니터링 등의 작업을 수행하는 기술이다. 딥러닝이 발전하면서 컴퓨터 비전 기술도 비약적으로 발전했으며, 특히 강력한 표현 학습 기법이 이미지 생성 모델의 성능을 크게 향상하는 데 기여했다.

전통적으로 컴퓨터 비전 문제는 하나의 거대한 문제를 **해결**하기보다는 여러 개의 개별 작업으로 나누어 접근하는 것이 효과적이었다. 대표적인 작업 유형은 다음과 같다.

이미지 분류

이미지 분류는 주어진 이미지의 내용을 가장 잘 설명하는 일련의 카테고리 중 하나를 결정하는 문제다. 이 작업은 2009년에 오픈 이미지넷 데이터셋[68]이 공개되고 이미지넷 대규모 시각 인식 챌린지(ILSVRC)가 시작된 이후로 크게 발전했다. 2012년에 알렉스 크리제브스키$^{Alex\ Krizhevsky}$, 일리야 수츠케버$^{Ilya\ Sutskever}$, 제프리 E. 힌튼$^{Geoffrey\ E.\ Hinton}$이 만든 딥 러닝 신경망[69]이 그해의 챌린지에서 우승하여, 여러 해 동안의 미미한 진전 후에 두 번째로 좋은

---

68 https://oreil.ly/8fMPA
69 https://oreil.ly/fwc_I

솔루션보다 41% 더 나은 뛰어난 성능을 보여주었다. 이 사건은 전통적으로 딥러닝 혁명의 시작으로 간주되며 머신러닝과 컴퓨터 비전 작업에 접근하는 방식을 뒤흔들었다.

객체 탐지

객체 탐지object detection는 이미지 내부에서 특정 유형의 객체나 주제를 찾는 작업(그림 10-5)이다. 입력 이미지가 주어지면 객체 감지 모델은 모델이 인식하는 클래스에 속하는 객체 주위에 직사각형(경계 상자bounding box)을 생성하고 각 상자 내의 객체가 예측된 클래스에 속할 확률에 대한 신뢰도 점수를 제공한다.

그림 10-5 YOLOv10 모델이 인식하는 객체 클래스 집합에서 탐지한 일부 객체

분할

분할segmentation은 탐지를 넘어 한 단계 더 나아간다. 이 작업은 이미지 내의 개별 픽셀을 사전 정의된 클래스 집합에 따라 분류하는 문제를 해결하려고 시도한다. 예를 들어 도시 사진에 대해 학습된 분할 모델은 이미지에서 도로, 나무, 거리를 걷는 사람, 자동차에 해당하는 픽셀을 예측할 것이다. 동일한 클래스에 속하는 여러 객체 사이에 구별이 없을 때(모든 사

람에 속하는 픽셀에는 동일한 레이블 식별자가 할당됨) **의미적 분할**semantic segmentation이라고 하거나, 모델이 동일한 클래스에 속하는 서로 다른 객체의 다른 인스턴스를 식별할 수 있을 때 **전체적 분할**panoptic segmentation이라고 한다.

깊이 추정

깊이 추정depth estimation은 추가 정보 없이 단일 이미지만 주어진 상태에서 이미지에서 객체가 얼마나 멀리 있는지 추정하는 작업이다(그림 10-6). 이는 다른 시스템이 스테레오 입력(두 개의 이미지)이나 다른 형식의 추가 데이터를 사용하는 것과 구별하고자 **단안 깊이 추정**monocular depth estimation이라고 부른다. 단안 깊이 추정은 컴퓨터 그래픽, 3D, 게임, 사진 및 예술적 작업에 유용하다.

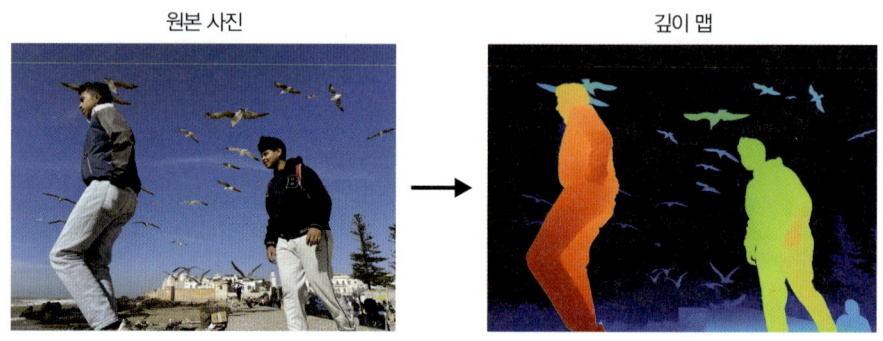

그림 10-6 사진에서 깊이 맵을 추정하는 데 사용한 애플의 뎁스 프로Depth Pro 모델

이미지 분류, 감지, 분할 모델은 전통적으로 특정 클래스 집합을 기준으로 학습되었다. 예를 들어 이미지넷 챌린지는 1,000개의 카테고리를 대상으로 진행되었다(원래 데이터셋에는 약 22,000개의 클래스가 포함된다). 그러나 이러한 방식에는 규모의 문제가 있다. 세상의 모든 것을 이해하는 모델을 학습시키려면 가능한 모든 클래스와 그들 간의 미세한 차이를 다룰 수 있는 충분한 양의 학습 데이터가 필요하다. **제로샷 작업**은 모델이 특정 클래스에 대해 학습 받지 않았더라도 해당 작업을 수행할 수 있는 능력을 의미한다. 예를 들어 CLIP 모델은 인터넷에서 이미지와 텍스트 쌍을 학습했으므로 이미지와 텍스트 간의 관계를 잘 이해한다. 3장에서 살펴봤듯이 학습된 CLIP 모델은 해당 카테고리에 대해 별도로 학습받지 않고서도 사용자가 제공하는 임의의 카테고리에서 이미지를 분류할 수 있다.

모델이 점점 더 많은 데이터를 기반으로 학습되면서 더는 명시적으로 학습되지 않아도 제로샷 방식으로 다양한 작업을 처리할 수 있게 된다. 또한 이러한 대형 모델은 풍부하고 설명적인 표현을 사용하므로 특정 작업에 맞게 파인튜닝하기가 쉬워진다. 특히 텍스트와 이미지를 결합하는 멀티 모달 모델(**비전 LM**이라고도 함)은 이미지에 대한 자연어 질문을 처리할 수 있어, 특정 작업에 최적화된 모델 대신 다양한 워크플로에서 활용할 수 있다. 이러한 변화는 중요한 질문을 제기한다. 특정 작업에 집중하는 것보다 대규모 데이터셋으로 학습된 모델을 사용하는 것이 더 유리할까? 아니면 특정 작업에 맞춰 파인튜닝된 작은 모델이 여전히 더 유리할까?

10.8 3D 컴퓨터 비전

컴퓨터 비전은 전통적으로 2D 이미지와 비디오 데이터를 다루었지만 최근에는 3D 데이터를 이해하고 생성하는 연구가 활발해지고 있다. 3D 컴퓨터 비전은 로봇공학, 증강 현실(AR), 의료 영상 분석, 게임, 자율 주행 등 다양한 분야에서 활용된다. 전통적으로 3D 객체는 메시^{mesh} 구조(정점, 모서리, 면으로 이루어진 다각형 모델)로 표현되었지만, 머신러닝 모델이 이를 다루는 데 어려움을 겪으면서 신경 방사장$^{neural\ radiance\ field}$(NeRF)이나 가우시안 스플래팅$^{Gaussian\ splatting}$과 같은 새로운 표현 방식이 등장했다.

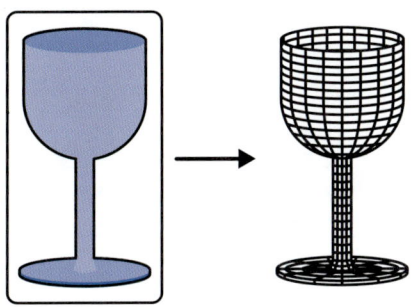

그림 10-7 단일 이미지에서도 메시를 생성할 수 있다.

NLP와 달리, 3D 머신러닝 생태계는 작고 연구 지향적이다. 결과적으로 많은 오픈 도구가 실험적이고 개발 초기 단계에 있다. 이 분야는 빠르게 발전하고 있다. 예를 들어 첫 번째 NeRF 논문은 2020년에 발표되었고, 가우시안 스플래팅은 2023년에 등장했다.

이 분야를 더 탐구하고 싶다면 다음 자료를 읽어 보기를 추천한다.

- 프랭크 델라어트 Frank Dellaert는 2020년, 2021년, 2022년에 NeRF 생태계에서 일어난 일을 정리한 블로그 글[70]을 발표했다. 이를 시간순으로 읽어 보기를 권장한다.
- 허깅 페이스는 3D 머신러닝에 관한 무료 강좌를 제공한다. 이 과정은 3D 렌더링 파이프라인의 다른 단계에 적용할 수 있는 생성적 머신러닝 기법에 관한 고수준의 실용적인 개요를 제공한다.

10.9 비디오 생성

이미지 생성 모델이 생성적 머신러닝에서 실행 가능한 사용 사례로 자리 잡으면서, 자연스럽게 비디오 영역으로 연구 분야가 확장되었다. 비디오는 결국 인간 뇌에 움직임의 환상을 만들기에 충분히 빠르게 움직이는 이미지의 시퀀스다. 따라서 비디오 생성의 한 가지 접근 방식은 사전 학습된 이미지 생성 모델을 활용해 시간적·시각적으로 일관된 그림 시퀀스를 생성하는 것이다(그림 10-8). AnimateDiff[71]와 같은 프레임워크는 모션 사전 지식을 도출해 스테이블 디퓨전과 같은 모델이 시간상으로 일관된 비디오를 생성하도록 조정한다. Deforum[72]과 같은 파이프라인은 미적 요소로 프레임 변형을 받아들이면서 카메라 컨트롤로 애니메이션을 만든다.

그림 10-8 젠모Genmo의 Mochi-1 프리뷰는 텍스트를 기반으로 짧은 동영상을 만드는 텍스트-비디오 모델이다.

비디오-비디오 기법도 비디오 공간에서 생성 모델을 활용하는 방법이다. 기존 비디오를 기반으로 새로운 스타일이나 새로운 주제를 제공하면 생성형 AI가 비디오를 변형하거나 스케치를

---

70 https://oreil.ly/VrvrH
71 https://oreil.ly/u0MKW
72 https://oreil.ly/U4ytr

애니메이션으로 바꿀 수 있다. 런웨이ML의 Gen-1 논문[73]은 효율적이고 성능이 좋은 비디오-비디오 변환 방법을 보여준다. 이 모델은 현재 런웨이ML의 상업적 제품으로 제공된다.

하지만 새로운 비디오를 더 효율적으로 생성하기 위한 원천 비디오 생성 기법은 현재 빠르게 발전하는 연구 분야이다. 네이티브 비디오 생성 모델을 학습할 때의 중요한 도전 과제는 의미론적으로 일관되고 학습에 효과적인 비디오-텍스트 쌍을 생성하는 어려움이다.

칭화 대학교의 CogVideo[74](최초의 오픈 액세스 텍스트-비디오 모델)와 2022년 메타 AI가 출시한 Make-A-Video[75]와 같은 모델은 캡션이 없는 비디오를 텍스트-이미지 데이터셋 및 텍스트-이미지 변환 기법과 연계하는 방식을 사용해 이 문제를 해결한다. 특히 Make-A-Video는 이미지-텍스트 쌍에서 시각-텍스트 이해를 학습하고 그 지식을 감독되지 않은 비캡션 비디오에서 학습한 움직임 이해와 결합함으로써 비디오-텍스트 쌍 데이터 제한을 극복한다. 따라서 모델은 명시적인 비디오-텍스트 페어링 없이도 사물이 어떻게 생겼는지와 어떻게 움직이는지를 배울 수 있어 텍스트-비디오와 이미지-비디오 작업이 가능해진다.

이 기법을 스테이블 디퓨전에 적용하면 알리바바의 ModelScope 텍스트-비디오[76]와 같은 더 효율적인 텍스트-비디오 오픈 모델에 대한 추가 반복이 가능해진다. 이러한 모델을 학습시키는 데 필요한 비디오 데이터셋의 크기를 확장하는 것도 스테이블 비디오 디퓨전$^{\text{Stable Video Diffusion}}$[77] 모델을 통해 달성되었다. 이 모델은 비디오 잠재 확산 모델을 학습시키고 이를 스테이블 디퓨전 텍스트-이미지 모델과 페어링한다. 스테이블 비디오 디퓨전의 이미지-비디오 변형은 오픈 액세스로 공개[78]되었으며 Make-A-Video와 ModelScope 샘플보다 모델 품질이 향상되었다.

비디오 생성을 위한 추가적인 확장된 접근법도 발표되었는데, 오픈AI의 소라[79]가 그 시작이다. 소라는 매우 고품질의 현실적이고 시간상으로 일관된 텍스트-비디오 모델이다. 모델은 인상적이지만 기술 보고서에는 거의 기술적 세부 사항이 공개되지 않았다. 이와 같은 고품질 텍스트-

---

73 https://arxiv.org/abs/2302.03011
74 https://oreil.ly/bYCY3
75 https://oreil.ly/S1yhT
76 https://oreil.ly/aGMGS
77 https://arxiv.org/abs/2311.15127
78 https://oreil.ly/YQS6y
79 https://oreil.ly/zXwRf

비디오 생성 분야에서 구글 딥마인드는 소라의 경쟁 모델인 Veo[80]를 공개했다. 콰이^{Kuai}는 공개 액세스가 가능한 최초의 소라 수준 모델인 Kling[81]을 출시했으며, 런웨이ML은 몇 주 후에 Gen-3[82]를 출시했다.

오픈 소스와 오픈 액세스 측면에서, 칭화 대학교의 THUDM 그룹은 CogVideoX 2B[83]와 CogVideoX 5B[84]를 출시했다. 이는 이전에 언급된 비공개 소스 대안과 동등한 수준으로 현실적이고 시간상으로 일관된 텍스트-비디오를 생성하는 공개 가중치 모델 계열이다. 또한 빠른 진행 속도를 보이는 Open-Sora[85]라는 소라의 오픈 소스 복제 프로젝트도 있다.

10.10 멀티 모달리티

이전 장에서는 텍스트, 이미지, 오디오와 같은 여러 모달리티에 생성 모델을 활용하는 방법을 살펴보았다. 스테이블 디퓨전과 같은 일부 모델은 한 모달리티(텍스트)의 입력을 바탕으로 다른 모달리티(이미지)의 출력을 생성한다. 그러나 단일 모달리티를 입력받아 단일 모달리티로 출력하는 모델(텍스트-음성 모델과 음성-텍스트 모델 포함)은 일반적으로 멀티 모달리티^{multimodality} 모델로 분류되지 않는다. 멀티 모달리티란 일반적으로 하나의 모델이 동시에 둘 이상의 모달리티로 입력을 처리하거나 출력을 생성하는 능력을 의미한다. 이제 멀티 모달리티 분야의 최근 발전을 살펴보자.

CLIP은 2021년 오픈AI가 개발한 모델 아키텍처로, 수백만 개의 이미지와 해당 이미지들의 설명 캡션으로 학습되었다. 학습이 완료되면, 이 모델은 이미지와 텍스트를 모두 입력으로 받아 의미적으로 연관된 동일한 벡터 공간에 인코딩한다. 이러한 특성 덕분에 모델은 이미지 분류와 같은 다양한 제로샷 작업을 수행할 수 있으며, 이미지 간이나 텍스트 간 의미적 비교도 할 수 있다. CLIP는 3장에서 소개했으며 5장에서는 CLIP 텍스트 인코더가 스테이블 디퓨전 모델의 핵심 구성 요소임을 확인했다.

---

80 https://oreil.ly/g1z_i
81 https://oreil.ly/nzT9U
82 https://oreil.ly/YK9C4
83 https://oreil.ly/KR41E
84 https://oreil.ly/Ctxka
85 https://oreil.ly/o2Rp4

BLIP^Bootstrapping Language-Image Pre-training for Unified Vision-Language Understanding and Generation[86]은 2022년에 세일즈포스Salesforce가 개발한 프레임워크 및 모델 아키텍처이며 CLIP처럼 이미지-텍스트 쌍을 학습한다. 그러나 이 모델은 추가로 텍스트 출력을 생성하도록 학습되었다. 텍스트나 이미지(또는 둘 다)를 입력받아 이미지 캡셔닝이나 시각적 질의응답과 같은 제로샷 작업을 수행할 수 있다(그림 10-9). BLIP-2[87]와 같은 후속 모델은 이 개념을 더욱 발전시켜 고정된 이미지 인코더와 대규모 언어 모델을 결합했다.

A pizza with pepperoni and cheese on a plate

그림 10-9 BLIP 캡셔닝

시각 언어 모델visual language model(VLM)은 때로 **시각적 대규모 언어 모델**visual large language model(VLLM)이라고도 하며, 이미지와 텍스트를 모두 입력으로 받아 텍스트 출력을 생성할 수 있다(그림 10-10). 이 분야의 주요 연구는 2022년 딥마인드의 Flamingo 논문[88]이지만 이 모델은 공개되지 않았다. IDEFICS[89]와 같은 오픈 소스 대안이 존재하지만 처음부터 VLM을 학습시키려면 매우 비용이 많이 드는 것으로 밝혀졌다. 기존 사전 학습된 대규모 언어 모델(LLM)

---

86 *https://oreil.ly/pm9fY*
87 *https://arxiv.org/abs/2301.12597*
88 *https://arxiv.org/abs/2204.14198*
89 *https://oreil.ly/5lXpU*

에 고정된(학습 불가능한) 이미지 인코더의 출력을 입력받도록 파인튜닝하는 접근법이 효율적이면서도 성능이 뛰어남이 입증되었다. BLIP-2와 같은 아키텍처가 이런 접근법을 선도했지만, 여전히 제한적인 응용 영역(예 캡셔닝, 질의응답)에 국한되었고 LLM의 모든 기능을 유지하지는 못했다. 2023년 마이크로소프트 리서치Microsoft Research가 발표한 LLaVA[90]는 비전 인코더와 LLM의 연결을 모든 추론 능력을 유지하면서 가능하게 했다. 이 접근법으로 오픈 소스 커뮤니티에서는 작고 효율적인 모델부터 상업용 모델과 경쟁하는 최첨단 VLM까지 다양한 기법과 모델이 폭발적으로 등장했다. 이 분야의 발전을 따라가려면 Open VLM 리더보드[91]나 허깅페이스의 이미지-텍스트-텍스트 트렌딩 모델image-text-to-text trending model[92]을 참고하면 좋다. 실제 경험을 쌓으려면 트랜스포머 라이브러리를 사용한 VLM 추론[93]으로 시작할 수 있다. 오픈 AI의 GPT-4나 앤트로픽의 클로드와 같은 상업용 모델도 VLM 기능을 갖추었다.

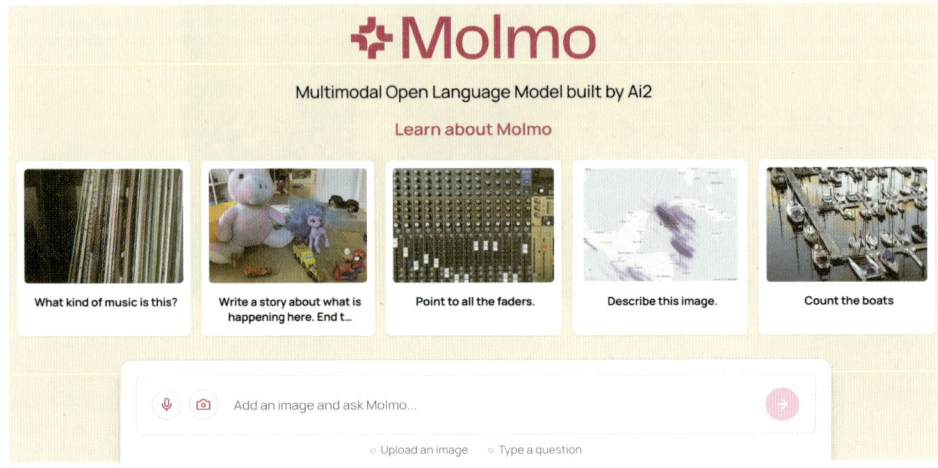

그림 10-10 VLM 인터페이스

VLM과 유사한 논리로, 다른 모달리티도 고정된 인코더를 활용하여 구현할 수 있다. 예를 들어 Gazelle[94]은 사전 학습된 LLM(미스트랄 7B)과 고정된 오디오 인코더(Wav2Vec2)를 결합

---

90 https://llava-vl.github.io/
91 https://oreil.ly/owXmF
92 https://oreil.ly/7EVZg
93 https://oreil.ly/0vMqw
94 https://oreil.ly/NJU2r

한 음성-언어 통합 모델이다. 이 모델은 오디오 입력을 직접 처리하고 추론하는 능력이 있다.

멀티 모달 출력 모델은 이 분야의 다음 도전 과제다. 연구 및 상업용 모델이 계속 발전하고 있으며, 조만간 새로운 오픈 소스 멀티 모달 출력 모델이 등장할 것으로 예상된다. 이 분야의 기초 연구 중 하나는 메타 AI의 Chameleon 아키텍처[95]로, 텍스트와 이미지 입력을 받아 텍스트와 이미지 출력을 모두 생성할 수 있다. 이 모델은 이미지 지시 이행, 이미지 편집, 이미지 캡셔닝, 질의응답 등의 작업에 대한 제로샷 능력을 갖추었다. 앨런인공지능연구소Allen Institute for AI의 Unified-IO와 Unified-IO 2[96] 같은 더 광범위한 멀티 모달 입출력 기능을 위한 아키텍처도 제안되었지만 아직 널리 확산되지는 않았다. 상업용 모델로는 오픈AI가 2024년 5월에 이미지, 텍스트, 오디오를 입력으로 받아 같은 모달리티의 이미지, 텍스트, 오디오를 출력할 수 있는 멀티 모달 GPT-4o 모델을 출시했다.

10.11 커뮤니티

머신러닝 생태계는 매우 빠르게 발전하고 있다. 최신 연구와 개발 동향을 따라가는 가장 좋은 방법은 커뮤니티의 일원이 되는 것이다. 디스코드Discord 서버나 레딧Reddit 커뮤니티에 참여하거나, 자신의 작업을 다른 사람들과 공유하거나, 논문을 읽거나, X(구 트위터Twitter)에서 연구자와 실무자를 팔로우하는 등 다양한 방법이 있다.

모든 연구가 전통적인 연구실에서 이루어지던 시대에서 분산된 환경에서 영향력 있는 연구가 진행되는 시대로 변화했다. 엘루서AI, 누스 리서치Nous Research, 빅코드, LAION 등이 그 예로, 이들의 활동에 참여하는 것은 단순히 디스코드 서버에 가입하는 것만큼 간단할 수 있다. 많은 커뮤니티에서 논문 읽기 모임, 비동기 채팅 토론, 해커톤 등을 개최한다.

이러한 커뮤니티 중 일부는 자신에게 중요한 문제를 해결하고자 오픈 소스 모델을 탐구하는 개인 기여자들이 형성했다. 처음부터 대형 모델을 학습시키려면 많은 비용이 들지만, 이 분야에 관심 있는 사람들을 위한 다양한 연구 및 개발 기회가 존재한다. 지금이야말로 시작하기에 가장 좋은 시기다.

---

95 https://oreil.ly/voppT
96 https://oreil.ly/gxHqt

APPENDIX A

오픈 소스 도구

이 책은 오픈 소스 없이는 불가능했을 것이다. 여기서 논의한 주제들과 대부분의 ML 연구는 오픈 소스 기여에 의존하며 주피터 노트북, 쾌르토^{Quarto}, nbdev와 같은 오픈 소스 소프트웨어를 사용한 제작 도구 체인도 마찬가지이다.

이 부록에서는 머신러닝 실무자를 위한 다양한 오픈 소스 도구를 살펴본다. 이 책에서 사용한 도구를 포함한 알아두면 좋은 도구들이다. 이러한 도구에 익숙해지면 방금 배운 응용 프로그램과 기술을 확장하는 데 충분한 준비가 될 것이다.

A.1 허깅 페이스 스택

이 책 전반에 걸쳐 허깅 페이스 스택의 핵심 라이브러리들을 접했다. 다음은 우리가 사용한 두 가지 주요 라이브러리이다.

트랜스포머

다양한 모달리티에서 트랜스포머 기반 모델을 학습하고 추론을 실행하기 위한 주요 라이브러리이다. 높은 수준의 `pipeline`과 `Trainer`부터 자체 파이토치 학습 루프 실행을 지원하는 등 여러 수준의 추상화를 제공한다.

디퓨저

트랜스포머와 유사하게, 디퓨저 라이브러리는 사전 학습된 확산 기반 모델을 실행할 수 있게 한다. 주로 이미지 생성 기능으로 알려졌지만 오디오, 비디오, 3D도 지원한다.

두 라이브러리 모두 사용성^{usability}, 단순성^{simplicity}, 사용자 정의 가능성^{customizability}을 우선시하는 설계 철학이 있다. 이는 최종 사용자에게 어떤 의미가 있는가? 첫째, 두 라이브러리는 모델 전반에 걸쳐 일관된 사양을 제공하는 것을 목표로 한다. 라마나 젬마를 사용할 때, 이들 간의 전환은 이상적으로 단일 코드 라인 변경만으로 가능해야 한다. 두 라이브러리 모두 빠른 추론을 위한 다양한 기능을 제공하지만, 모델은 기본적으로 항상 가장 높은 정밀도와 가장 낮은 최적화로 로드된다. 이는 플랫폼 간 사용성을 보장하고 복잡한 설치를 피할 수 있지만, 최적화 설정 없이는 모델이 기본적으로 더 느리게 실행된다는 의미이기도 하다.

일반적으로 사용되는 두 가지 추가 허깅 페이스 라이브러리는 다음과 같다.

accelerate

학습과 추론 모두에서 분산 환경에서 파이토치 코드를 실행할 수 있게 한다. GPU, 다중 GPU, CPU 오프로딩이 있는 GPU, 또는 전적으로 CPU에서 모델을 실행하더라도 accelerate는 모든 복잡성을 추상화한다. 트랜스포머와 디퓨저 모두 내부적으로 이를 사용하므로 대부분의 사용자는 accelerate API를 자세히 알 필요가 없다.

peft

이 라이브러리는 더 낮은 계산 및 저장 비용으로 모델을 파인튜닝 할 수 있는 매개변수로 효율적 파인튜닝 기법을 지원한다. 트랜스포머 및 디퓨저와 잘 통합되어 있다. 이 책은 주로 LoRA를 다루지만 p-tuning, prefix tuning, IA3, OFT, DoRA와 같은 다른 방법도 다양하다.

A.2 데이터

데이터셋 처리, 레이블링, 생성을 위한 오픈 소스 생태계는 최근 몇 년간 크게 성장했다. 다음은 데이터 작업용 도구의 간략한 목록이다.

데이터셋

이 책은 멀티 모달리티를 위한 오픈 데이터셋에 접근, 공유, 처리하는 인기 라이브러리인 datasets에 크게 의존한다. 트랜스포머나 디퓨저와 마찬가지로, datasets는 일관된 API를 제공해 사용자가 특정 모달리티에 대한 데이터셋을 쉽게 교체할 수 있다.

아르질라

아르질라는 고품질 데이터셋을 구축하는 도구다. 사람들이 데이터를 평가할 수 있는 간단한 UI를 제공하며 모델 생성 비교(RLHF에 중요), 고전적인 NLP 작업용 데이터셋 생성(개체 인식), 평가 데이터셋 생성과 같은 작업에 유용하다.

디스틸라벨

합성 데이터 생성의 부상으로 디스틸라벨과 같은 새로운 도구들이 등장했다. 이를 사용해 합성 데이터를 생성하는 파이프라인을 만들 수 있다.

A.3 래퍼

생태계가 성장함에 따라 **트랜스포머**를 중심으로 다양한 커뮤니티 및 연구 도구가 구축되었다.

axolotl

이 도구는 모델 파인튜닝을 간소화한다. 파인튜닝 작업을 설정하려면 간단한 구성 파일만 생성하면 된다. 일반적인 데이터셋 형식과 모델 아키텍처를 지원한다.

unsloth

최적화된 커널을 통합한 `FastLanguageModel` 클래스를 사용하여 트랜스포머 위에서 LLM의 매우 빠른 파인튜닝을 제공한다.

sentence-transformers

2장에서 논의했듯이 트랜스포머 모델은 문장, 단락, 문서 전체에 대한 임베딩을 계산하는 데도 사용할 수 있다. sentence-transformers 라이브러리는 사전 학습된 모델로 임베딩을 계산하거나 자체 모델을 파인튜닝하는 간단한 API를 제공한다.

trl

RLHF의 부상과 함께, trl은 트랜스포머 및 확산 모델을 파인튜닝하고 정렬하는 간단한 API를 제공한다. 6장에서는 지도 기반 파인튜닝(SFT)을 수행하는 방법을 살펴보았지만, trl은 보상 모델링과 DPO 같은 여러 방법을 포함한다.

A.4 로컬 추론

오픈 모델의 주요 장점 중 하나는 자체 하드웨어에서 로컬로 많은 모델을 실행할 수 있다는 점이다. 이는 개인정보 보호, 사용자 정의 가능성, 로컬 통합(🔁 로컬 IDE 확장으로 코드 모델 사용)과 같은 이점을 제공한다. 사용 사례에 따라 다양한 도구를 사용할 수 있다.

llama.cpp

다양한 하드웨어에서 LLM 추론을 수행할 수 있다. 여러 양자화 기술(1.5비트에서 8비트까지)을 지원하며 커뮤니티에서 널리 채택되었다. 일반적으로 로컬에서 LLM과 대화하거나 다른 로컬 서비스에서 사용할 로컬 엔드포인트를 설정하는 데 사용된다.

Transformers.js

서버 없이 브라우저에서 직접 모델을 실행할 수 있게 한다. 이는 지연 시간이 적고 추론 비용이 없는 서비스를 쉽게 배포하거나, 실시간 통화 기록이나 자막 작성과 같은 개인정보 중심 사용 사례에 매우 유용하다.

A.5 배포 도구

단일 쿼리에 대한 추론 실행은 간단할 수 있지만, 프로덕션 환경에서 LLM을 배포하는 작업은 더 복잡하다. 이를 돕는 많은 도구가 제공되며 다음은 인기 있는 두 가지 도구다.

vLLM

유연하고 인기 있는 모델들과 잘 통합된 LLM 서빙을 위한 간단한 라이브러리이다.

TGI

LLM 배포를 위한 상용 수준의 툴킷이다.

다른 옵션으로는 lmdeploy와 엔비디아의 TensorRT-LLM이 있다. 이렇게 많은 대안이 있으면 무엇을 선택해야 할지 고민될 수 있다. 이들을 직접 탐색하고 사용 사례에 가장 적합한 도구를 찾아야 한다. 모두 활발히 개발 중이며 모델 지원 범위, 커뮤니티 채택, 확장성, 클라우드 서비스 및 자체 호스팅 환경과의 통합 등 다양한 특성이 있다.

APPENDIX B

LLM 메모리 요구사항

모델은 모든 크기로 제공된다. 예를 들어, 라마 3.1은 8B, 70B, 405B 변형으로 출시되었다. LLM을 로드하고 사용하려면 모델을 저장할 충분한 메모리가 필요하다. 매개변수의 수와 정밀도 등 여러 요소가 LLM의 메모리 요구사항에 영향을 미친다.

메모리가 충분하지 않다면 어떻게 해야 할까? 다음 옵션들을 시도해 볼 수 있다.

- 사용 중인 모델의 정밀도를 줄인다. float16 대신 int8을 사용할 수 있다.
- 더 작은 모델을 사용한다. 고품질의 작은 모델이 많이 있다.
- 사용하지 않는 모델 부분을 언로드한다. 이는 CPU RAM 더 느린 추론 속도를 대가로 모델의 메모리 요구사항을 줄이는 일반적인 기술인 오프로딩을 통해 가능하다. 메모리가 충분하지 않으면 어떻게 될까? 남은 모델 부분을 디스크에 저장하고 필요에 따라 로드할 수 있다. 다행히도 accelerate 라이브러리는 device_map="auto"를 사용해 이를 처리하며, 필요에 따라 모델 부분을 자동으로 오프로드한다.

B.1 추론 메모리 요구사항

다음과 같이 메모리 요구사항을 대략 추정할 수 있다.

$$GPU\ 메모리\ 필요량 = 매개변수\ 수 \times 매개변수당\ 바이트$$

매개변수당 바이트는 사용된 정밀도에 따라 달라진다. 너무 자세한 내용은 다루지 않지만, [표 B-1]은 다양한 정밀도 수준(float32, float16, int8, int4, int2)을 사용해 2B, 8B, 70B,

405B 모델을 로드하는 데 필요한 메모리를 보여준다.

표 B-1 모델과 정밀도 수준에 따른 추론 메모리 요구사항

모델	float32	float16	int8	int4	int2
2B	8GB	4GB	2GB	1GB	512MB
8B	32GB	16GB	8GB	4GB	2GB
70B	280GB	140GB	70GB	35GB	17.5GB
405B	1.62TB	810GB	405GB	202.5GB	101.25GB

참고로, H100의 메모리는 80GB이므로 라마 3.1 405B를 8비트 정수로 로드하려면 모델을 로드하는 데 최소한 전체 노드(8개의 H100)가 필요하다. 이는 대략적인 추정치이며 입력 및 출력 텐서에 필요한 메모리와 중간 계산에 필요한 메모리도 고려해야 한다. 예를 들어 긴 시퀀스에는 짧은 시퀀스보다 더 많은 메모리가 필요하며, 특히 100,000개 이상의 토큰으로 갈 때 그렇다.

이 글을 작성하는 현재, 성능 손실을 최소화하면서 모델을 int8로 양자화할 수 있다. 매개변수당 8비트 미만으로 가는 기술은 성능 저하와 함께 제공되며 활발한 연구 영역이다.

B.2 학습 메모리 요구사항

학습 요구사항 계산은 모델 및 학습 스크립트의 구현 세부 사항에 따라 더 까다로워질 수 있다. 메모리 요구사항은 배치 크기, 데이터셋 샘플의 토큰 수, 학습 기술(예 전체 파인튜닝 대 PEFT), 학습 병렬성 설정에 따라 크게 변할 수 있다.

학습의 메모리 요구사항 세부 사항은 이 책의 범위를 벗어난다. 그러나 LLM 학습을 위한 메모리 요구사항에 대한 추정치를 제공할 수 있다. [표 B-2]는 라마 파인튜닝에 필요한 대략적인 GPU 요구사항을 보여준다.

표 B-2 모델과 학습 기법에 따른 메모리 요구사항

모델	전체 파인튜닝	LoRA	QLoRA
8B	60GB	16GB	6BGB
70B	500GB	160GB	48GB
405B	3.25TB	950GB	250GB

B.3 추가 자료

LLM의 메모리 요구사항을 더 자세히 알아보려면 다음 자료를 확인해 보라.

- 엘루서AI의 '트랜스포머 수학 101 Transformer Math 101'[1]은 다양한 설정에서 모델 학습에 필요한 메모리 요구사항을 자세히 설명한다.
- 'GPU VRAM 사용량 분석 Breaking Down GPU VRAM Consumption'[2]은 GPU 메모리를 소비하는 구성 요소를 설명하는 짧은 블로그 글이다.

---

1 https://oreil.ly/ECVgw
2 https://oreil.ly/FX3zH

APPENDIX C

엔드-투-엔드 검색 증강 생성

LLM의 인기 있는 응용 프로그램 중 하나는 입력 프롬프트와 외부에서 검색된 정보를 모두 기반으로 한 콘텐츠 생성이다. 이 부록에서는 사전 학습된 LLM과 사전 학습된 문장 트랜스포머를 활용해 사용자 입력과 문서 세트를 기반으로 콘텐츠를 생성하는 파이프라인을 구축하는 방법을 보여준다. 이 책 전반에 걸쳐 이에 필요한 구성 요소들을 이미 살펴보았다. 2장에서는 LLM을 사용한 텍스트 생성과 문장 인코딩에 문장 트랜스포머를 사용하는 방법을 논의했다. 6장에서는 최소한의 RAG 파이프라인을 구축하는 프로젝트도 구현해 보았다.

RAG 시스템의 구성 요소를 살펴보자([그림 C-1]에 도식적으로 표시함).

1. 사용자가 질문을 입력한다.
2. 파이프라인은 질문과 가장 유사한 문서를 검색한다.
3. 파이프라인은 질문과 검색된 문서를 모두 LLM에 전달한다.
4. 파이프라인이 응답을 생성한다.

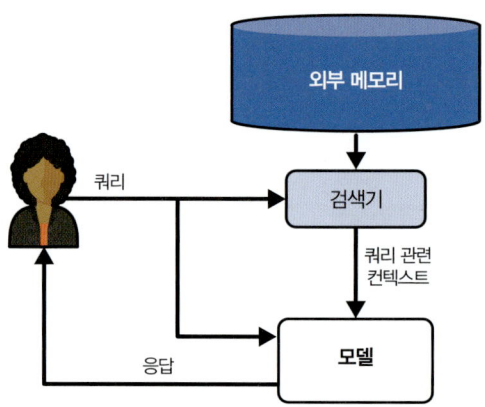

그림 C-1 단순화한 RAG 파이프라인

C.1 데이터 처리

모든 머신러닝 프로젝트와 마찬가지로, 첫 번째 단계는 데이터 로딩과 처리이다. 단일 주제에 초점을 맞춰 간단하게 유지하겠다. 모델이 유럽 연합 AI 법에 관련된 콘텐츠를 생성하기를 원한다고 가정해 보자. 사용할 모델이 유럽연합 인공지능법[European Union AI Act]이 생성되기 전에 학습되었으므로 법안 관련 내용이 포함되지 않았을 가능성이 높다. 먼저 문서를 로드하자.

```python
import urllib.request

# 파일 이름과 URL 정의
file_name = "The-AI-Act.pdf"
url = "https://artificialintelligenceact.eu/wp-content/uploads/2021/08/The-AI-Act.pdf"

# 파일 다운로드
urllib.request.urlretrieve(url, file_name)
print(f"{file_name} downloaded successfully.")
```

```
The-AI-Act.pdf downloaded successfully.
```

문서가 한 번에 처리하기에는 너무 길 수 있으므로 더 작은 청크로 나누어 각 청크를 별도로 임베딩할 것이다. 각 청크는 사용자 입력과 비교할 별도의 **문서**가 될 것이다. 간단히 **langchain**에서 일부 전처리 도구를 사용할 것이다. 이는 RAG 시스템을 만들기 위한 유틸리티 함수를 제공하는 라이브러리이다. 예를 들어 PDF에서 텍스트를 추출하고 청킹을 처리하는 편리한 PyPDFLoader 클래스[1]가 있다.

먼저 필요한 프로그램을 설치한다.

```
!pip install langchain_community pypdf langchain-text-splitters
```

이제 PyPDFLoader를 사용해서 문서를 불러오고 전처리하자.

```
from langchain_community.document_loaders import PyPDFLoader

loader = PyPDFLoader(file_name)
docs = loader.load()
print(len(docs))
```

```
108
```

PyPDFLoader가 PDF를 페이지당 하나의 문서로 분할해 108개의 문서가 생성되었다. 이들을 더 작은 청크로 나눌 것이다. langchain 라이브러리는 다양한 유형의 텍스트 분할을 돕는 클래스를 제공한다. 여기서는 RecursiveCharacterTextSplitter를 사용하며 주요 매개변수는 다음과 같다.

chunk_size
각 청크의 문자 수다. 일반적으로 임베딩 모델이 처리할 수 있는 최대 토큰 수와 연결하는 것이 좋은데, 대부분의 문장 트랜스포머에서는 이 값이 낮다. 그렇지 않으면 문서의 일부가 잘릴 위험이 있다.

---

[1] https://oreil.ly/m-1Wj

chunk_overlap

각 청크가 이전 청크와 겹치는 문자 수다. 이는 문장 중간에서 분할되는 것을 피하는 데 유용하다. 임의로 100자(선택한 청크 크기의 5분의 1)로 설정할 것이다.

```python
from langchain_text_splitters import RecursiveCharacterTextSplitter

text_splitter = RecursiveCharacterTextSplitter(
    chunk_size=500, chunk_overlap=100
)
chunks = text_splitter.split_documents(docs)
print(len(chunks))
```

854

텍스트 청크를 배열에 저장하자.

```python
chunked_text = [chunk.page_content for chunk in chunks]
```

다음은 청크 중 하나의 모습이다.

```python
chunked_text[404]
```

```
('user or for own use on the Union market for its intended '
 'purpose;  \n'
 '(12) 'intended purpose' means the use for which an AI system is '
 'intended by the provider, \n'
 'including the specific context and conditions of use,  as '
 'specified in the information \n'
 'supplied by the provider in the instructions for use, promotional '
 'or sales materials \n'
 'and statements, as well as in the technical documentation;  \n'
 '(13) 'reasonably foreseeable misuse' means the use of an AI system '
 'in a way tha t is not in')
```

C.2 문서 임베딩

문서(청크)가 있으므로 이제 임베딩을 생성해야 한다. 사용자 질문과 컬렉션 내 문서 임베딩 간의 유사성을 계산해 주어진 질문에 가장 관련성 있는 내용을 찾는 검색 엔진 역할을 하는 **검색기**[retriever] 로 문장 트랜스포머 모델을 사용할 것이다. 이 과정은 사용자 쿼리와 문서 컬렉션 임베딩 간의 유사성을 계산하는 것을 기반으로 한다. 모든 문서 임베딩을 미리 계산하는 데는 2장의 '연습 문제'에서 예제를 사용하여 사전 학습된 문장 트랜스포머 모델을 사용하며 다음 코드는 사전 학습된 문장 트랜스포머 모델인 BAAI/bge-small-en-v1.5를 로드하고 두 문장을 인코딩하는 데 사용한다.

```python
from sentence_transformers import SentenceTransformer, util

sentences = ["I'm happy", "I'm full of happiness"]
model = SentenceTransformer("BAAI/bge-small-en-v1.5")

# 두 문장 모두에 대한 임베딩 계산
embedding_1 = model.encode(sentences[0], convert_to_tensor=True)
embedding_2 = model.encode(sentences[1], convert_to_tensor=True)
```

문장 트랜스포머는 전체 문장에 대해 단일 임베딩을 반환한다. 트랜스포머 모델은 일반적으로 토큰당 하나의 임베딩을 출력하지만, 문장 트랜스포머는 토큰 임베딩을 텍스트의 의미적 의미를 추출하는 단일 문장 임베딩으로 풀링하도록 학습되었다.

```
embedding_1.shape
```

```
torch.Size([384])
```

그런 다음 코사인 유사도에 기반해 문서를 비교할 수 있다.

```
util.pytorch_cos_sim(embedding_1, embedding_2)
```

```
tensor([[0.8367]], device='cuda:0')
```

코사인 유사도는 3장에서 보았듯이 두 임베딩 벡터의 내적이다.

```
embedding_1 @ embedding_2
```

```
tensor(0.8367, device='cuda:0')
```

또는 대안으로 다음과 같은 방법이 있다.

```
import torch

torch.dot(embedding_1, embedding_2)
```

```
tensor(0.8367, device='cuda:0')
```

문장을 임베딩하는 방법을 알았으니 이제 모든 문서를 임베딩해 보자.

```
chunk_embeddings = model.encode(chunked_text, convert_to_tensor=True)
```

이는 각 청크에 대해 384차원의 임베딩 벡터를 반환한다.

```
chunk_embeddings.shape
```

```
torch.Size([854, 384])
```

C.3 검색

임베딩된 문서를 사용해 주어진 질문에 가장 관련성 있는 문서를 검색할 수 있다. 질문과 각 문서 간의 코사인 유사도를 계산하는 데 이전과 동일한 접근 방식을 사용할 것이다.[2] 다행히 유사

---

2 이 용도에서는 sentence_transformers의 편리한 semantic_search 메서드를 사용할 수도 있다.

도 계산에는 반복이 필요 없다. 내장된 파이토치 행렬 곱셈 기본 연산을 사용해 효율적으로 수행할 수 있다.

```python
def search_documents(query, top_k=5):
    # 쿼리를 벡터로 인코딩
    query_embedding = model.encode(query, convert_to_tensor=True)

    # 쿼리와 모든 문서 청크 간의 코사인 유사도 계산
    similarities = util.pytorch_cos_sim(query_embedding, chunk_embeddings)

    # 가장 유사한 상위 k개 청크 가져오기
    top_k_indices = similarities[0].topk(top_k).indices

    # 해당하는 문서 청크 검색
    results = [chunked_text[i] for i in top_k_indices]

    return results
```

예제를 시도해 보자. 여기서는 지면 관계상 잘라냈지만 로컬 환경에서 코드를 실행하면 전체 출력을 볼 수 있다.

```
search_documents("What are prohibited ai practices?", top_k=2)
```

```
('TITLE II \n'
 'PROHIBITED ARTIFICIAL INTELLIGENCE PRACTICES \n'
 'Article 5  \n'
 '1. The following artificial intelligence practices shall be '
 'prohibited:  \n'
 '(a) the placing on the market, putting into service o')
('low or minimal risk. The list of prohibited practices in Title II '
 'comprises all those AI systems \n'
 'whose use is considered unacceptable as contravening Unio n '
 'values, for instance by violating \n'
 'fundame')
```

모델이 입력 질문에서 관련 정보를 올바르게 검색한다.

C.4 생성

다음 단계는 질문과 검색된 문서를 기반으로 응답을 생성하는 것이다. 앞에서도 사용한 SmolLM의 instruct 버전을 사용해 보자.[3] 다른 모델로 실험해 봐도 좋다.

```python
from transformers import pipeline

from genaibook.core import get_device

device = get_device()
generator = pipeline(
    "text-generation", model="HuggingFaceTB/SmolLM-135M-Instruct", device=device
)
```

대화 템플릿이 있는 instruct 모델을 사용할 것이다. 6장에서 논의했듯이 트랜스포머는 모델 기대에 맞게 프롬프트를 포맷하는 유틸리티를 제공한다. RAG 예시에서는 검색된 문서를 프롬프트에 추가하고자 한다.

```python
def generate_answer(query):
    # 관련 청크 검색
    context_chunks = search_documents(query, top_k=2)

    # 청크를 단일 컨텍스트 문자열로 결합
    context = "\n".join(context_chunks)

    # 컨텍스트를 사용하여 응답 생성
    prompt = f"Context:\n{context}\n\nQuestion: {query}\nAnswer:"

    # 모델에 전달할 컨텍스트 정의
    system_prompt = (
        "You are a friendly assistant that answers questions about the AI Act. "
        "If the user is not making a question, you can ask for clarification"
    )
    messages = [
        {"role": "system", "content": system_prompt},
        {"role": "user", "content": prompt},
    ]
```

---

[3] 이 모델이 어떻게 학습되었는지에 관한 자세한 내용은 허깅 페이스 블로그(https://oreil.ly/GkxE5)에서 확인할 수 있다.

```python
response = generator(messages, max_new_tokens=300)
return response[0]["generated_text"][2]["content"]
```

예제를 시도해 보자.

```python
answer = generate_answer("What are prohibited ai practices in the EU act?")
print(answer)
```

```
('The EU Act prohibits the use of artificial intelligence practices '
 'that are harmful to individuals, such as:\n'
 '\n'
 '* The placing on the market, putting into service or use of an A I '
 'system that is subliminal, that is, it is not intended to be used '
 'for any purpose other than to deceive or manipulate individuals.\n'
 '* The use of A I systems that are designed to deceive or '
 'manipulate individuals, such as those used in advertising, '
 'marketing, or customer service.\n')
```

모델은 입력 질문과 올바르게 검색된 정보를 기반으로 응답을 생성한다. 여기서는 아주 작은 생성 모델을 사용한다. 더 큰 모델로 확장하면 더 높은 품질의 생성을 얻고 컨텍스트 길이를 늘일 수 있어, 컨텍스트에 전달할 수 있는 검색된 문서의 수를 늘릴 수 있다.

C.5 프로덕션 수준의 RAG

앞에서 보여준 코드는 RAG 시스템의 간단한 예시이다. 프로덕션 수준 시스템에서는 몇 가지 추가 요소를 고려해야 한다.

청킹

실제 데이터에서의 과제 중 하나는 문서가 매우 길 수 있다는 점이다. 적절한 청크 크기 찾기는 데이터와 모델에 따라 달라지는 설계 결정 사항이다. 너무 작으면 아이디어를 잘라내고 너무 크면 아이디어를 희석한다. '텍스트 분할의 5가지 수준'[4]에서 분할을 더 자세히 알아볼 수 있다.

더 작은 임베딩

큰 임베딩은 메모리를 많이 사용할 수 있다. 품질을 유지하면서 임베딩을 더 작게 만드는 연구가 활발히 진행 중이다. 이러한 주제에 관심이 있다면 Matryoshhka 임베딩 모델[5]과 임베딩 양자화^{Embeddings Quantization}[6]에 관해 읽어보기를 권장한다.

재순위화

검색 단계는 RAG 시스템에서 매우 중요하다. 검색 모델은 빠르고 수천에서 수백만 개의 문서를 비교하는 데 필수적이지만 반드시 가장 정확한 것은 아니다. `top_k` 문서를 검색한 후, 더 느리지만 품질이 더 높은 모델을 사용하여 재순위화^{re-ranking}할 수 있다. sentence_transformers 문서[7]나 '교차 인코더 및 재순위화에 대한 심층 분석^{Deep Dive into Cross-encoders and Re-ranking}'[8]에서 재순위화를 더 자세히 알아볼 수 있다.

임베딩 모델 평가

수십 개의 문장 트랜스포머 모델이 있다. 사용 사례에 가장 적합한 모델을 선택하려면 대규모 텍스트 임베딩 벤치마크^{Massive Text Embedding Benchmark}[9]를 확인하면 좋다. 이 벤치마크는 수십 개의 작업에 걸친 모델 크기, 임베딩 차원, 품질과 같은 정보를 제공한다. 검색 작업에는 일반적으로 매우 작고 빠른 모델이 필요하므로 결정에 있어 핵심 요소가 되어야 한다.

프로덕션 구성 요소

실제 사용 시에는 쿼리 재작성, 개인 식별 정보(PII) 수정, 캐싱, 입력 가드레일과 같은 다

---

4 https://oreil.ly/WV5A4
5 https://oreil.ly/ZCsWv
6 https://oreil.ly/t1yFL
7 https://oreil.ly/Eu-Ub
8 https://oreil.ly/-ogvA
9 https://oreil.ly/8m_wr

양한 구성 요소를 통합해 모델의 부적절한 사용을 방지할 수 있다.[10] 이를 더 알아보려면 칩 후옌^{Chip Huyen}의 'Building a Generative AI Platform(생성형 AI 플랫폼 구축하기)'[11]라는 훌륭한 글을 참고하기 바란다.

마지막으로 RAG 시스템을 구축하기 위한 많은 오픈 소스 도구가 있다. 다음은 확인해 볼만한 몇 가지 추천 도구다.

ColBERT[12]

빠르고 정확한 BERT 기반 검색 모델이다.

RAGatouille[13]

검색 모델을 사용하고 학습시키기 위한 시스템이다.

대규모 데이터셋으로 작업할 때는 Milvus[14], Weaviate[15], Qdrant[16]와 같은 오픈 벡터 데이터베이스가 유용할 수 있다. 벡터 데이터베이스는 이 책에서 자세히 다루지 않지만 이 또한 빠르게 성장하는 분야이다. 2023년의 비교 자료는 'picking a vector database(벡터 데이터베이스 선택하기)' 블로그 글[17]에서 확인할 수 있다.

---

10 옮긴이_ 쿼리 재작성(사용자 질문을 명확하고 검색 적합한 형태로 변환), PII 수정(이름, 주민번호 등 개인정보 탐지 및 마스킹), 입력 가드레일(유해하거나 부적절한 콘텐츠 사전 차단) 등을 통해 모델의 안전하고 적절한 사용을 보장한다. 이러한 구성 요소들은 데이터 유출 방지, 개인정보 보호, 모델 오남용 방지에 필수적이다.

11 https://oreil.ly/l4R4h
12 https://oreil.ly/JEfYG
13 https://oreil.ly/fPMGq
14 https://oreil.ly/vX05S
15 https://oreil.ly/BWy95
16 https://oreil.ly/pARYU
17 https://oreil.ly/875vL

찾아보기

가중치 감소　265
객체 탐지　439
거친 음향 모델　403
게이트 순환 유닛　71
깊이 맵　344
깊이 추정　440
뉴클리어스 샘플링　56, 60

다중 모델 파인튜닝　269
단시간 푸리에 변환　372
단안 깊이 추정　440
대조 손실　135
드림부스　300, 309
디퓨저　32
로짓　49

ㅁ

마스크드 언어 모델링　73
매개변수　33
매개변수 효율적 파인튜닝　273
멀티 모달　87
멀티 모달리티　444
메두사 디코딩　435
모델　31
모델 파인튜닝　303

반복 정제　156
변이형 오토인코더　120, 212
보상 모델　426
보코더　417
분산 보존　181
분산 폭발　181
분할　439

비전 타워　140
빔 검색　54

사전 보존 손실　309
상대 엔트로피　125
상수 학습률　266
샘플링 레이트　363
생성　31
생성 모델　31
생성 모델링　31
생성적 적대 신경망　399
셀프 어텐션　44, 50
셀프 어텐션 메커니즘　69
순환 인터페이스 네트워크　190
스테이블 디퓨전　32, 197
스테이블 디퓨전 파인튜닝　299
스테이블 디퓨전 XL　217
스펙트로그램　367
스펙트로그램-파형　399
시각 언어 모델　445
시각적 대규모 언어 모델　445
시간 도메인　366
시간-주파수 도메인　367
시퀀스-투-시퀀스　395
신경 보코더　399

어댑터　269, 273
업데이트 행렬　274
엣지　344
역전된 스케줄러　338
연속 시간　175
오디오 생성　357
오디오 확산　409
오토인코더　97

오프로딩　282
오픈 소스 릴리스　40
오픈 액세스　31
유도 확산 모델　337
음성 복제　358
음성 향상 모델　359
의미적 분할　440
이미지 분류　438
이미지-이미지 변환　325
이미지 프롬프트 어댑터　347
이미지 프롬프팅　350
이산 시간　175
인과 언어 모델　48
인버전　337
인코더-디코더 기법　381
인코더 은닉 상태　210
인페인팅　318
임베딩　68
임베딩 벡터　135

자기 지도 사전 학습　78
자기회귀 디코더 트랜스포머　403
자기회귀 모델　48
자동 음성 인식　357
자동 음성 인식 모델　359
잠재 표현　105
잠재 확산　207
장단기 메모리　71
재귀성　190
재현율　246
전이 학습　77
전체적 분할　440
정밀도　33, 246, 278
정밀 음향 모델　403
정확도　246

제로샷 63
조건부 확산 모델 197
지도 기반 파인튜닝 269

ㅋ

컨텍스트 윈도 82
컨트롤넷 343
코덱 402, 403
코사인 어닐링 266
쿨백-라이블러 발산 125

ㅌ

타임스텝 175
탐욕적 디코딩 53
텍스트-스피치 모델 359
텍스트 음성 변환 357
텍스트 인버전 300
텍스트 조건부 메커니즘 341
토큰 43
토큰화 45
트랜스포머 31, 35, 43
트랜스포머 블록 69

ㅍ

파괴적 망각 309
파를러TTS 417
파인튜닝 67
퍼플렉시티 289
포즈 추정 344
퓨샷 65
프롬프트 34, 47
프롬프트 가중치 330
프롬프팅 269
피드포워드 신경망 69

ㅎ

학습률 266
학습률 스케줄러 유형 266
화자 임베딩 397
확산 31
확산 모델 155

A B

absmax 양자화 280
Audio Diffusion 409
AudioLM 404
automatic speech recognition 357
autoregressive model 48
Bark 401
beam search 54
BLEU 290

C

catastrophic forgetting 309
causal language model 48
CLIP 134
codec 402
ConfusionMatrixDisplay 255
context window 82
continuous time 175
contrastive loss 135
ControlNet 343
CTC 417

D

DDIM Inverse 338
diffusers 32
diffusion 31
discrete time 175

DistilBERT 248
DreamBooth 300

E

embedding 68
encoder hidden states 210
evaluate 255

F

F1 점수 246
F1 score 246
feed-forward neural network 69
few-shot 65
fine-tuning 67

G

GAN 399
gated recurrent unit 71
generate 31
generative model 31
generative modeling 31
GPQA 260
GPT-2 44
Gradio 229
greedy decoding 53
GRU 71
guided diffusion model 337

I K

IFEval 261
image to image 325
inversed scheduler 338
inversion 337
IP-어댑터 347
iterative refinement 156

찾아보기 **471**

찾아보기

kullback-leibler divergence 125

LAION-5B 227
latent diffusion 207
latent representation 105
learning rate 266
learning_rate 305
learning-rate scheduler type 266
LEDITS++ 339
logit 49
long short-term memory 71
LoRA 300, 315
LSTM 71

Medusa decoding 435
MMLU-Pro 260
model 31
monocular depth estimation 440
multimodal 87
MusicLM 404
MuSR 261

neural vocoder 399
nucleus sampling 56
num_train_epochs 305
object detection 439
open access 31
open source release 40

panoptic segmentation 440
parameter 33
Parameter-Efficient Fine-Tuning 273
Perplexity 289
PIL 라이브러리 85
precision 33
prior preservation loss 309
prompt 34
pythae 101

QLoRA 283
Qwen2 44
recall 246
recurrence 190
relative entropy 125
ROUGE 290

sampling rate 363
segmentation 439
self-attention 44
self-supervised pretraining 78
semantic segmentation 440
short-time Fourier transform 372
SmolLM 45
SOTA 32
speaker embedding 397
spectrogram-to-waveform 399
Stable Diffusion 32
state-of-the-art 32

stft() 372
streamlit 229
supervised fine-tuning 269

text-conditioning mechanism 341
text-to-image 32
text to speech 357
Textual Inversion 300
time domain 366
time-frequency domain 367
token 43
tokenization 45
Top-P 샘플링 60
Top-K 샘플링 60
transfer learning 77
transformer 31
transformer block 69

U-Net 164
use_ema 305
VAE 120
variance exploding 181
variance preserving 181
voice cloning 358
weight decay 265
zero-shot 63

기타

3D 컴퓨터 비전 441
8비트 양자화 280